『十二五』國家重點出版規劃項目

陳垣全集

CHEN YUAN QUANJI

第六册

二十史朔閏表

主編 陳智超

北京师范大学出版集团
BEIJING NORMAL UNIVERSITY PUBLISHING GROUP
安徽大学出版社

圖書在版編目(CIP)數據

陳垣全集.第6册,二十史朔閏表/陳垣著.—合肥:
安徽大學出版社,2009.8(2021.3重印)
ISBN 978-7-81110-388-5

Ⅰ.①陳… Ⅱ.①陳… Ⅲ.①陳垣(1880~1971)—全集
②曆書對照表—中國、西方國家—公元前202~1911年
Ⅳ.①C52 ②P196 ③K208

中國版本圖書館CIP數據核字(2009)第155407號

陳垣全集 第六册
二十史朔閏表
陳 垣 著 陳智超 主編

安徽大學出版社出版發行
(合肥市肥西路3號 郵編230039 電話0551-65107716
網址 www.ahupress.com.cn)
合肥遠東印務有限責任公司印製
責任總編輯 楊應芹 彭君華
本册編輯 劉中飛 封面設計 孟獻輝
開本 880×1230 1/32 印張 7.75 字數 151千
2009年12月第1版 2021年3月第3次印刷
ISBN 978-7-81110-388-5
定價 2480.00圓(全二十三册)

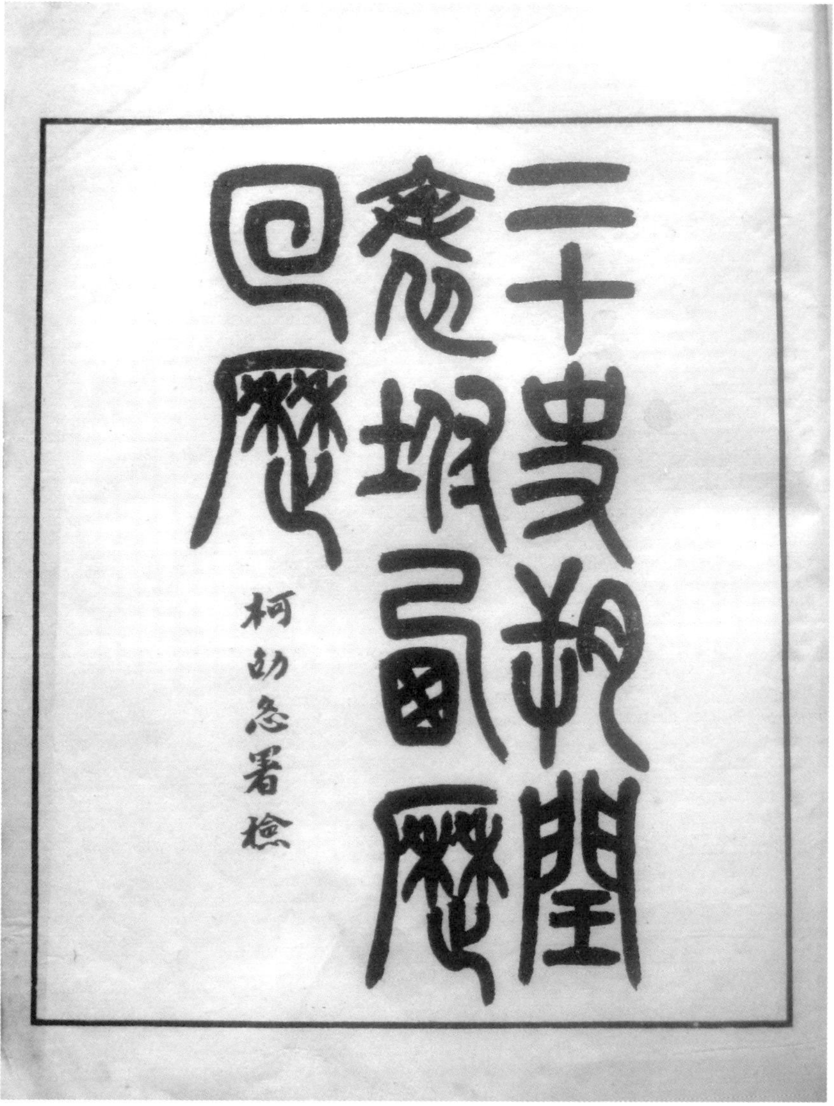

《二十史朔閏表》書影

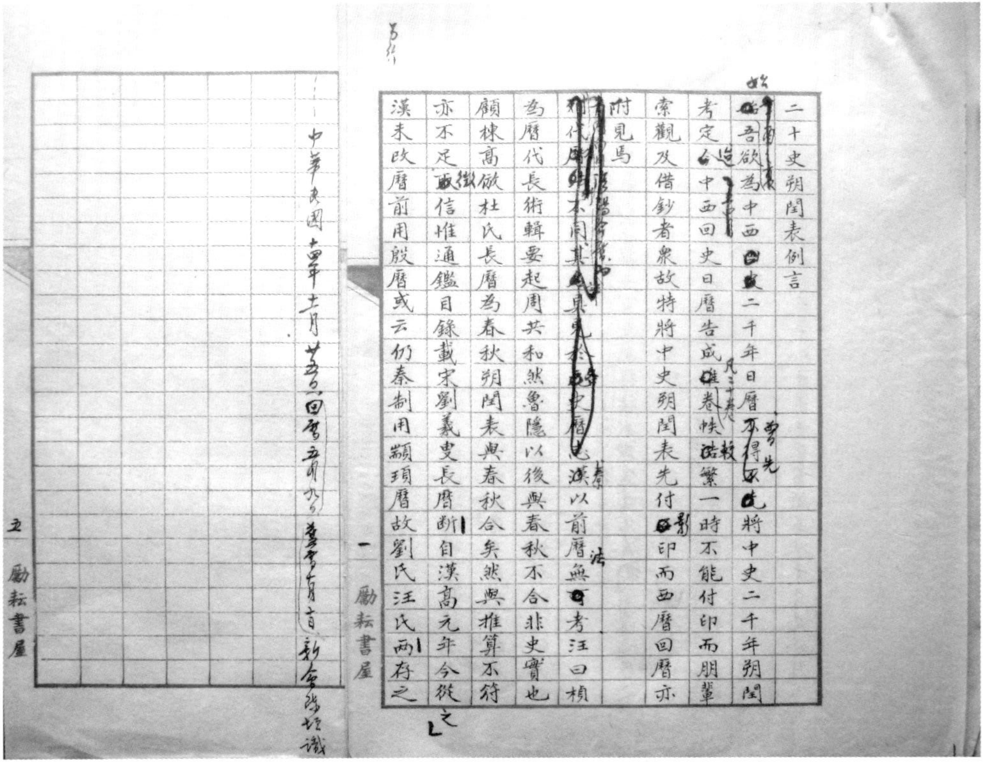

《二十史朔閏表例言》稿本

陳垣全集之十

二十史朔閏表

（附西曆回曆）

安徽大學出版社

内容提要

本书是考史的重要工具书，它为中国年代学开闢了一条道路。一九二六年曾由北京大学研究所国学门印行，三十餘年来给历史科学工作者以极大的便利。我国自唐以来，与海外交通频繁，有关中西交通的历史记载需用西曆回曆处渐多，而我国从来没有中西回曆比照的年表，因此古代文献典籍，凡涉及中回曆比较时，很少有不错的。自本书出版後，才把回曆与中西曆固定下来，为治中西交通史者奠定了研究基础。现据一九六二年修订本重印。

二十史朔閏表例言

始吾欲為中西二千年日曆，曾先將中史二千年朔閏考定，迨中西回史日曆告成，凡二十卷，卷帙較繁，一時不能付印。而朋輩索觀及借鈔者衆，故特將中史朔閏表先付影印，而西曆回曆亦附見焉。

秦以前曆法無考。汪曰楨為歷代長術輯要，起周共和，然魯隱以後與春秋不合，非史實也。顧棟高倣杜氏長曆為春秋朔閏表，與春秋合矣，然與推算不符，亦不足徵信。惟通鑑目錄載宋劉羲叟長曆，斷自漢高元年，今從之。

漢未改曆前用殷曆，或云仍秦制用顓頊曆，故劉氏汪氏兩存之。今考紀志多與殷合，故從殷曆。

劉氏長曆止於五代，續之者有耶律儼遼宋閏朔考，載於遼史曆象志。南宋金元有錢侗四史朔閏考，明以來有汪氏長術，清有萬年書。今表即根據諸書，參以各史紀志，正其譌誤，終於清宣統三年，為舊曆作一總結。

清萬年書每朝例預推二百年，然預推之朔日，後來每有改定。今悉以當年頒行之時憲書為主，不以萬年書預推之月朔為主。幸故宮圖書館歷年時憲書尚存，可供參校。

漢未改曆前，仍秦制建亥，以十月為歲首，然不改十月為正月，不改正月為四月也。莽用丑正，則改寅正之十二月為正月，改正月為二月。魏景初之用丑正亦然。今表於月份之排列，既取整齊，而對於不用寅正之年，則悉以粗線誌之，以明月之地位不移，而月之名稱有已改易者。

易號改元應從下令之日為始，未必追改以前之月日。今表於年中改元者，悉仍其舊號，而繫新號於二年，並於表下著其改元之月日。蓋觀二年即知有元年，若削去末年而冠以新元，則何以知漢之始元有七年，晉之咸寧有六年，甚非史實。且凡未改元前，條教號令及民間契約必仍用前元，史家豈能一一代為追改。

至於兩朝遞嬗之際，亦用此例。凡前朝未盡覆亡，必著其年號於上，而將新朝年號著於下。如陳之禎明、宋之祥興、明之永曆是也。汪氏長術於明萬曆四十四年即冠以清元，甚所不取，今特矯之。

又正統閏位之說，今日實無辯論之價值。惟當列國分立之際，本表限於篇幅，不能將諸國年號並列，故祇得取史家通例，任擇一國列之，而將同時與國之年號分列於下，固無正閏之見存也。

三國南北朝朔閏異同，亦以一國為主，其殊異少者記於本年之下，其殊異較多者另為一表，附於卷末。

泰西之用陽曆，始於羅馬帝儒略，以羅馬七〇九年一月一日實行，即耶穌紀元前四十五年，漢元帝初元三年十一月二十九日也。

儒略曆原定每間三年一閏，即逢我子辰申歲，平年三百六十五日，閏年三百六十六日。

儒略曆每月日數，原定一三五七九十一等月各三十一日，四六八十十二等月各三十日，二月平年二十九日，閏年三十日。
然儒略曆實行以後，誤為每三年一閏，積三十六年應閏九日者，已閏十二日。奥古斯督帝覺其誤，乃下令連十二年不置閏，並改定每月日數一三五七八十十二等月各三十一日，四六九十一等月各三十日，二月平年二十八日，閏年二十九日，是為奥古斯督修正之儒略曆，亦稱舊曆。

至一五八二年，教王格勒哥里又覺曆法不合，乃議改曆。以是年十月五日為十五日，中間消去十日，並定逢百之年不閏，逢四百年仍閏，是為格勒哥里曆，又稱新曆。

儒略改曆以前，曆法紛亂不可記。儒略改曆以後，因誤置閏者三十餘年，不置閏者又十餘年，每月日數又與今曆不同。故此編斷自耶穌元年始，一五八二年以前用舊曆，一五八二年以後用新曆。新曆雖較舊曆精密，然一五八二年以前，舊曆却為史實也。

泰西各國採用新曆，先後不同。大抵天主教各國採用最先，至一千七百年耶穌教各國始用之，一七五二年英國始用之，一九一八年俄國始用之。今我國所用者即格勒哥里曆，日本則一八七三年已採用之也。

以耶穌降生之歲紀元，本起於五二七年羅馬教士之推定。今表於羅馬未亡以前，並記羅馬紀年。又耶穌之生，實在今紀元之前數年，第各國沿用已久，不便更正，故仍之耳。

回曆以摩訶末由墨克遷至默地那之明日為元，即西曆六二二年七月十六日也。洪武甲子為回曆七八六年，明史曆志由洪武甲子上推七八六年，誤以中曆計算，遂謂回曆起於隋開皇己未。不知以回曆計算實起於唐武德五年壬午六月三日也。

回曆係純太陰曆，不置閏月，又無三十一日，故四時寒暑無定，積三十二三年，即比中西曆多一年，積七百八十六年，遂比中西曆多二十三年，至今一千三百四十四年，遂比中西曆多四十年也。

回曆月法，以見新月為月首，不以實朔為月首。故其月首日期，恒在中曆初二三日之後。

回曆月法有一定，單月大盡各三十日，雙月小盡各二十九日。惟隔二三年置一閏日於十二月之末，故平年三百五十四日，閏年三百五十五日。

回曆以三十年為一周，每周平年十九，閏年十一。其閏年居每周之第二五七十十三十六十八廿一廿四廿六廿九等年。

本表即按右法推算，畫定回曆三十年一周，而記其歲首當我國之某月某日。閏年旁置點。

西曆回曆均有七日來復之制，今卷末附日曜表七。每表四年，何年起應用何表，悉以數字記於眉端。遇有失閏或改曆等年，則須超越他表。如西曆元年起應用日曜表一，惟因第四年羅馬失閏，則從是年三月起須改用日曜表五。又如西曆一五八一年起應用日曜表一，惟因一五八二年十月十五日改曆，則從是日起須改用日曜表六是也。

西曆一九二五年十一月二十五日舊曆十月十日回曆五月九日新會陳垣識

將本表所載歷代年號，依筆畫繁簡列之，下注西曆紀年。

三畫

年號	西曆
大興	318
大明	457
大通	527
大同	535
大同	947
大統	535
大寶	550
大成	579
大象	579
大定	581
大定	1161
大業	605
大足	701
大曆	766
大中	847
大順	890
大中祥符	1008
大安	1085
大安	1209
大觀	1107
大德	1297
上元	674
上元	760
久視	700

四畫

年號	西曆
元光	前134
元光	1222
元朔	前128
元狩	前122
元鼎	前116
元封	前110
元鳳	前80
元平	前74
元康	前65
元康	291
元延	前12
元壽	前2
元始	1
元和	84
元和	806
元興	105
元興	264
元興	402
元初	114
元嘉	151
元嘉	424
元熙	419
元徽	473
元象	538
元豐	1078
元祐	1086
元符	1098
元貞	1295
元統	1333
太初	前104
太初元將	前5
太始	前96
太和	227
太和	366
太和	477
太和	827
太元	251
太平	256
太平	556
太平	1021
太康	280
太康	1075
太熙	290
太安	302
太安	455
太寧	323
太寧	561
太元	376
太延	435

太平真君 440
太昌 532
太清 547
太建 569
太極 712
太平興國 976
天漢 前100
天鳳 14
天册 275
天璽 276
天紀 277
天興 398
天興 1232
天賜 404
天安 466
天監 502
天平 534
天保 550

天正 551
天成 555
天成 926
天嘉 560
天統 565
天康 566
天和 566
天授 690
天册萬歲 695
天寶 742
天復 901
天祐 904
天贊 922
天顯 926
天福 936
天福 947
天祿 947
天禧 1017

天禧 1178
天聖 1023
天慶 1111
天輔 1117
天會 1123
天眷 1138
天德 1149
天曆 1328
天順 1328
天順 1457
天啟 1621
中平 184
中興 501
中興 531
中大通 529
中大同 546
中和 881
中統 1260

五鳳 前57
五鳳 254
升平 357
仁壽 601
文明 684
文德 888

五畫

本始 前73
本初 146
正始 240
正始 504
正元 254
正平 451
正光 520
正隆 1156
正大 1224
正統 1436
正德 1506

甘露 前53
甘露 256
弘道 683
弘治 1488
弘光 1645
永光 前43
永光 465
永始 前16
永平 58
永平 291
永平 452
永平 508
永元 89
永元 499
永興 153
永興 304
永興 409

永興 532
永和 107
永初 420
永寧 120
永寧 301
永建 126
永和 136
永和 345
永嘉 145
永嘉 307
永壽 155
永康 167
永康 300
永安 258
永安 304
永安 528
永熙 290
永熙 532

永昌 322
永昌 689
永明 483
永泰 498
永泰 765
永定 557
永徽 650
永隆 680
永淳 682
永貞 805
永樂 1403
永曆 1647

六畫

地節 前69
地皇 20
光和 178
光熙 306
光大 567

光宅 684
光啟 885
光化 898
光緒 1875
至德 583
至德 756
至道 995
至和 1054
至寧 1213
至元 1264
至元 1335
至大 1308
至治 1321
至順 1330
至正 1341
如意 692
先天 712
同光 923

同治 1862
收國 1115
成化 1465

七畫

初元 前48
初始 8
初平 190
更始 23
延平 106
延光 122
延熹 158
延康 220
延熙 238
延和 432
延和 712
延興 471
延興 494
延昌 512

延載 694
延慶 1124
延祐 1314
赤烏 238
孝建 454
孝昌 525

八畫

征和 前92
始元 前86
始建國 9
始光 424
河平 前28
河清 562
居攝 6
和平 150
和平 460
青龍 233
炎興 263

承明 476
承聖 552
承光 577
承安 1196
昇明 477
武泰 528
武定 543
武成 559
武平 570
武德 618
垂拱 685
長壽 692
長安 701
長慶 821
長興 930
明道 1032
明昌 1190
治平 1064

九畫

建元 前140
建元 343
建元 479
建昭 前38
建始 前32
建平 前6
建武 25
建武 304
建武 317
建武 494
建武中元 56
建初 76
建光 121
建康 144
建和 147
建寧 168
建安 196

建衡 269
建興 223
建興 252
建興 313
建義 528
建明 530
建德 572
建中 780
建隆 960
建中靖國 1101
建炎 1127
建文 1399
後元 前88
神爵 前61
神鳳 252
神瑞 414
神麚 428
神龜 518

神功 697
神龍 705
神冊 916
咸熙 264
咸寧 275
咸和 326
咸康 335
咸安 371
咸亨 670
咸通 860
咸平 998
咸雍 1065
咸清 1144
咸淳 1265
咸豐 1851
皇始 396
皇興 467
皇建 560

皇祐 1049
皇統 1141
皇慶 1312
保定 561
保寧 969
保大 1121
宣政 578
宣和 1119
宣德 1426
宣統 1909
貞觀 627
貞元 785
貞元 1153
貞明 915
貞祐 1213
重熙 1032
重和 1118
政和 1111

洪武 1368
洪熙 1425

十畫

泰始 265
泰始 465
泰常 416
泰豫 472
泰和 1201
泰定 1324
泰昌 1620
唐隆 710
祥興 1278
致和 1328

十一畫

黃龍 前49
黃龍 229
黃初 220
黃武 222
竟寧 前33
章和 87
章武 221
紹泰 555
紹聖 1094
紹興 1131
紹興 1151
紹熙 1190
紹定 1228
乾明 560
乾封 666
乾元 758
乾符 874
乾寧 894
乾化 911
乾祐 948
乾德 963
乾亨 979
乾興 1022
乾統 1101
乾道 1165
乾隆 1736
清泰 934
清寧 1055
淳化 990
淳熙 1174
淳祐 1241
康定 1040
康國 1134
康熙 1662
崇寧 1102
崇福 1164
崇慶 1212
崇禎 1628

十二畫

陽朔 前24
陽嘉 132
景初 237
景耀 258
景元 260
景平 423
景和 465
景明 500
景龍 707
景雲 710
景福 892
景福 1031
景德 1004
景祐 1034
景定 1260
景炎 1276
景泰 1450
隆和 362
隆安 377
隆昌 494
隆化 576
隆興 1163
隆慶 1567
隆武 1646
登國 386
開皇 581
開耀 681
開元 713
開成 836
開平 907
開運 944
開寶 968
開泰 1012
開禧 1205
開興 1232
開慶 1259
統和 983

順治 1644
道光 1821

十三畫

綏和 前8
義熙 405
義寧 617
普通 520
普泰 531
禎明 587
嗣聖 684
載初 689
萬歲登封 696
萬歲通天 696
萬曆 1573
聖曆 698
會昌 841
會同 938
雍熙 984

雍正 1723
靖康 1126

十四畫

漢安 142
嘉禾 232
嘉平 249
嘉祐 1056
嘉泰 1201
嘉定 1208
嘉熙 1237
嘉靖 1522
嘉慶 1796
鳳皇 272
鳳曆 913
寧康 373
廣德 763
廣明 880
廣順 951

端拱 988
端平 1234
壽昌 1095
壽隆 1095

十五畫

熙平 516
熙寧 1068
德昌 576
德祐 1273
儀鳳 676
調露 679
慶曆 1041
慶元 1195

十六畫

熹平 172
興平 194
興寧 363
興安 452

興光 454
興和 539
興元 784
興定 1217

十七畫

鴻嘉 前20
龍朔 661
龍紀 889
龍德 921
總章 668
應順 934
應曆 951

十九畫

證聖 695

二十畫

寶應 762
寶曆 825
寶元 1038

寶慶 1225
寶祐 1253
寶鼎 266

二十三畫

顯慶 656
顯德 954

二十四畫

麟德 664

二十史朔閏表

新會陳垣援菴撰

自漢迄清，凡二十史，各依本曆著其朔閏。三國南北朝朔閏異同，另標出之。

自漢元始元年起，加入西曆，以中曆之月朔，求西曆之月日。

西曆一五八二年以前用奧古斯督修正之儒略曆，一五八二年後用格勒哥里曆。

自唐武德五年起，加入回曆，以回曆每年之一月一日，求中曆之月日。

卷末附日曜表，何年起應用何表，以數字識於眉端。

		乙未 漢高祖元	丙申 二	丁酉 三	戊戌 四	己亥 五	庚子 六
正		乙卯	庚戌	甲戌	戊辰	壬戌	丙戌
二		乙酉	己卯	癸卯	戊戌	壬辰	丙辰
三		甲寅	己酉	癸酉	丁卯	辛酉	乙酉
四		甲申	戊寅	壬寅	丁酉	辛卯	乙卯
五		甲寅	戊申	壬申	丙寅	辛酉	甲申
六		癸未	丁丑	辛丑	丙申	庚寅	甲寅
七		癸丑	丁未	辛未	乙丑	庚申	癸未
八		壬午	丙子	庚子	乙未	己丑	癸丑
九		壬子	丙午	庚午	甲子	己未	癸未
十	丁亥	辛巳	乙巳	己亥	甲午	戊午	壬子
十一	丙辰	辛亥	乙亥	己巳	癸亥	丁亥	壬午
十二	丙戌	庚辰	甲辰	戊戌	癸巳	丁巳	辛亥
閏			九丙子			九戊子	

羅馬548　西曆前206

漢承秦制，仍以十月為歲首，用殷曆，閏在歲末，謂之後九月。

		正	二	三	四	五	六	七	八	九	十	十一	十二	閏
辛丑	七	辛巳	庚戌	庚辰	己酉	己卯	戊申	戊寅	丁未	丁丑	丙午	丙子	丙午	
壬寅	八	乙亥	乙巳	甲戌	甲辰	癸酉	癸卯	壬申	壬寅	辛未	庚午	庚子	己巳	九辛丑
癸卯	九	己亥	戊辰	戊戌	戊辰	丁酉	丁卯	丙申	丙寅	乙未	乙丑	甲午	甲子	
甲辰	一〇	癸巳	癸亥	壬辰	壬戌	辛卯	辛酉	庚寅	庚申	庚寅	己丑	戊午	戊子	九己未
乙巳	一一	丁巳	丁亥	丙辰	丙戌	乙卯	乙酉	甲寅	甲申	癸丑	癸未	癸丑	壬午	
丙午	一二	壬子	辛巳	辛亥	庚辰	庚戌	己卯	己酉	戊寅	戊申	丁丑	丁未	丙子	
丁未	惠帝元	丙午	乙亥	乙巳	乙亥	甲辰	甲戌	癸卯	癸酉	壬寅	辛丑	辛未	庚子	九壬申
戊申	二	庚午	己亥	己巳	戊戌	戊辰	丁酉	丁卯	丁酉	丙寅	丙申	乙丑	乙未	
己酉	三	甲子	甲午	癸亥	癸巳	壬戌	壬辰	辛酉	辛卯	庚申	庚寅	庚申	己丑	
庚戌	四	己未	戊子	戊午	丁亥	丁巳	丙戌	丙辰	乙酉	乙卯	甲寅	癸未	癸丑	九甲申
辛亥	五	壬午	壬子	壬午	辛亥	辛巳	庚戌	庚辰	己酉	己卯	戊申	戊寅	丁未	
壬子	六	丁丑	丙午	丙子	乙巳	乙亥	乙巳	甲戌	甲辰	癸酉	壬申	壬寅	辛未	九癸卯
癸丑	七	辛丑	庚午	庚子	己巳	己亥	戊辰	戊戌	丁卯	丁酉	丁卯	丙申	丙寅	
甲寅	高后元	乙未	乙丑	甲午	甲子	癸巳	癸亥	壬辰	壬戌	辛卯	辛酉	庚寅	庚申	
乙卯	二	己丑	己未	己丑	戊午	戊子	丁巳	丁亥	丙辰	丙戌	乙酉	甲寅	甲申	九乙卯
丙辰	三	癸丑	癸未	壬子	壬午	壬子	辛巳	辛亥	庚辰	庚戌	己卯	己酉	戊寅	
丁巳	四	戊申	丁丑	丁未	丙子	丙午	乙亥	乙巳	甲戌	甲辰	甲戌	癸卯	癸酉	
戊午	五	壬寅	壬申	辛丑	辛未	庚子	庚午	己亥	己巳	戊戌	丁酉	丁卯	丁酉	九戊辰
己未	六	丙寅	丙申	乙丑	乙未	甲子	甲午	癸亥	癸巳	壬戌	壬辰	辛酉	辛卯	
庚申	七	庚申	庚寅	己未	己丑	己未	戊子	戊午	丁亥	丁巳	丙戌	丙辰	乙酉	

羅馬554 西曆前200

干支	年	正	二	三	四	五	六	七	八	九	十	十一	十二	閏	備注
辛酉	八	乙卯	甲申	甲寅	癸未	癸丑	壬午	壬子	辛巳	辛亥	庚戌	庚辰	己酉	九辛巳	羅馬574　西曆前180
壬戌	文帝元	己卯	戊申	戊寅	丁未	丁丑	丙午	丙子	乙巳	乙亥	甲辰	甲戌	甲辰		
癸亥	二	癸酉	癸卯	壬申	壬寅	辛未	辛丑	庚午	庚子	己巳	戊辰	戊戌	丁卯	九己亥	
甲子	三	丁酉	丙寅	丙申	丙寅	乙未	乙丑	甲午	甲子	癸巳	癸亥	壬辰	壬戌		
乙丑	四	辛卯	辛酉	庚寅	庚申	己丑	己未	己丑	戊午	戊子	丁巳	丁亥	丙辰		
丙寅	五	丙戌	乙卯	乙酉	甲寅	甲申	癸丑	癸未	壬子	壬午	辛巳	辛亥	庚辰	九辛亥	
丁卯	六	庚戌	己卯	己酉	戊寅	戊申	丁丑	丁未	丙子	丙午	乙亥	乙巳	甲戌		
戊辰	七	甲辰	癸酉	癸卯	癸酉	壬寅	壬申	辛丑	辛未	庚子	庚午	己亥	己巳		
己巳	八	戊戌	戊辰	丁酉	丁卯	丙申	丙寅	丙申	乙丑	乙未	甲午	癸亥	癸巳	九甲子	
庚午	九	壬戌	壬辰	辛酉	辛卯	庚申	庚寅	己未	己丑	戊午	戊子	戊午	丁亥		
辛未	一〇	丁巳	丙戌	丙辰	乙酉	乙卯	甲申	甲寅	癸未	癸丑	壬子	辛巳	辛亥	九壬午	
壬申	一一	辛巳	庚戌	庚辰	己酉	己卯	戊申	戊寅	丁未	丁丑	丙午	丙子	乙巳		
癸酉	一二	乙亥	甲辰	甲戌	癸卯	癸酉	癸卯	壬申	壬寅	辛未	辛丑	庚午	庚子		羅馬滅馬基頓
甲戌	一三	己巳	己亥	戊辰	戊戌	丁卯	丁酉	丙寅	丙申	乙丑	乙丑	甲午	甲子	九乙未	
乙亥	一四	癸巳	癸亥	壬辰	壬戌	辛卯	辛酉	庚寅	庚申	己丑	己未	戊子	戊午		
丙子	一五	戊子	丁巳	丁亥	丙辰	丙戌	乙卯	乙酉	甲寅	甲申	癸丑	癸未	壬子		
丁丑	一六	壬午	辛亥	辛巳	庚戌	庚辰	庚戌	己卯	己酉	戊寅	丁丑	丁未	丙子	九戊申	
戊寅	後元	丙午	乙亥	乙巳	甲戌	甲辰	癸酉	癸卯	癸酉	壬寅	壬申	辛丑	辛未		
己卯	後二	庚子	庚午	己亥	己巳	戊戌	戊辰	丁酉	丁卯	丙申	乙未	乙丑	乙未	九丙寅	劉氏長曆後九在明年，與殷曆不合、
庚辰	後三	甲子	甲午	癸亥	癸巳	壬戌	壬辰	辛酉	辛卯	庚申	庚寅	己未	己丑		

年	年號	正	二	三	四	五	六	七	八	九	十	土	土	閏
辛巳	後四	戊午	戊子	丁巳	丁亥	丁巳	丙戌	丙辰	乙酉	乙卯	甲申	甲寅	癸未	
壬午	後五	癸丑	壬午	壬子	辛巳	辛亥	庚辰	庚戌	庚辰	己酉	戊申	戊寅	丁未	九己卯
癸未	後六	丁丑	丙午	丙子	乙巳	乙亥	甲辰	甲戌	癸卯	癸酉	壬寅	壬申	壬寅	
甲申	後七	辛未	辛丑	庚午	庚子	己巳	己亥	戊辰	戊戌	丁卯	丁酉	丙寅	丙申	
乙酉	景帝元	乙丑	乙未	乙丑	甲午	甲子	癸巳	癸亥	壬辰	壬戌	辛酉	庚寅	庚申	九辛卯
丙戌	二	己丑	己未	戊子	戊午	丁亥	丁巳	丁亥	丙辰	丙戌	乙卯	乙酉	甲寅	
丁亥	三	甲申	癸丑	癸未	壬子	壬午	辛亥	辛巳	庚戌	庚辰	己酉	己卯	己酉	
戊子	四	戊寅	戊申	丁丑	丁未	丙子	丙午	乙亥	乙巳	甲戌	癸酉	癸卯	壬申	九甲辰
己丑	五	壬寅	壬申	辛丑	辛未	庚子	庚午	己亥	己巳	戊戌	戊辰	丁酉	丁卯	
庚寅	六	丙申	丙寅	乙未	乙丑	甲午	甲子	甲午	癸亥	癸巳	壬辰	辛酉	辛卯	九壬戌
辛卯	七	庚申	庚寅	己未	己丑	戊午	戊子	丁巳	丁亥	丁巳	丙戌	丙辰	乙酉	
壬辰	中元	乙卯	甲申	甲寅	癸未	癸丑	壬午	壬子	辛巳	辛亥	庚辰	庚戌	己卯	
癸巳	中二	己酉	己卯	戊申	戊寅	丁未	丁丑	丙午	丙子	乙巳	甲辰	甲戌	癸卯	九乙亥
甲午	中三	癸酉	壬寅	壬申	辛丑	辛未	辛丑	庚午	庚子	己巳	己亥	戊辰	戊戌	
乙未	中四	丁卯	丁酉	丙寅	丙申	乙丑	乙未	甲子	甲午	甲子	癸巳	癸亥	壬辰	
丙申	中五	壬戌	辛卯	辛酉	庚寅	庚申	己丑	己未	戊子	戊午	丁巳	丙戌	丙辰	九丁亥
丁酉	中六	丙戌	乙卯	乙酉	甲寅	甲申	癸丑	癸未	壬子	壬午	辛亥	辛巳	庚戌	
戊戌	後元	庚辰	己酉	己卯	己酉	戊寅	戊申	丁丑	丁未	丙子	丙午	乙亥	乙巳	
己亥	後二	甲戌	甲辰	癸酉	癸卯	壬申	壬寅	辛未	辛丑	辛未	庚午	己亥	己巳	九庚子
庚子	後三	戊戌	戊辰	丁酉	丁卯	丙申	丙寅	乙未	乙丑	甲午	甲子	癸巳	癸亥	

羅馬594 西曆前160

干支	紀年	正	二	三	四	五	六	七	八	九	十	十一	十二	閏
辛丑	漢武帝 建元元	癸巳	壬戌	壬辰	辛酉	辛卯	庚申	庚寅	己未	己丑	戊子	丁巳	丁亥	九戊午
壬寅	二	丙辰	丙戌	丙辰	乙酉	乙卯	甲申	甲寅	癸未	癸丑	壬午	壬子	辛巳	
癸卯	三	辛亥	庚辰	庚戌	己卯	己酉	戊寅	戊申	戊寅	丁未	丁丑	丙午	丙子	
甲辰	四	乙巳	乙亥	甲辰	甲戌	癸卯	癸酉	壬寅	壬申	辛丑	辛丑	庚午	庚子	九辛未
乙巳	五	己巳	己亥	戊辰	戊戌	丁卯	丁酉	丙寅	丙申	乙丑	乙未	甲子	甲午	
丙午	六	癸亥	癸巳	癸亥	壬辰	壬戌	辛卯	辛酉	庚寅	庚申	己丑	己未	戊子	
丁未	元光元	戊午	丁亥	丁巳	丙戌	丙辰	乙酉	乙卯	乙酉	甲寅	癸丑	癸未	壬子	九甲申
戊申	二	壬午	辛亥	辛巳	庚戌	庚辰	己酉	己卯	戊申	戊寅	戊申	丁丑	丁未	
己酉	三	丙子	丙午	乙亥	乙巳	甲戌	甲辰	癸酉	癸卯	壬申	辛未	辛丑	庚午	九壬寅
庚戌	四	庚子	庚午	己亥	己巳	戊戌	戊辰	丁酉	丁卯	丙申	丙寅	乙未	乙丑	
辛亥	五	甲午	甲子	癸巳	癸亥	癸巳	壬戌	壬辰	辛酉	辛卯	庚申	庚寅	己未	
壬子	六	己丑	戊午	戊子	丁巳	丁亥	丙辰	丙戌	乙卯	乙酉	甲申	甲寅	癸未	九乙卯
癸丑	元朔元	癸丑	壬午	壬子	辛巳	辛亥	庚辰	庚戌	己卯	己酉	戊寅	戊申	丁丑	
甲寅	二	丁未	丁丑	丙午	丙子	乙巳	乙亥	甲辰	甲戌	癸卯	癸酉	壬寅	壬申	
乙卯	三	辛丑	辛未	庚子	庚午	庚子	己巳	己亥	戊辰	戊戌	丁酉	丙寅	丙申	九丁卯
丙辰	四	乙丑	乙未	甲子	甲午	癸亥	癸巳	壬戌	壬辰	壬戌	辛卯	辛酉	庚寅	
丁巳	五	庚申	己丑	己未	戊子	戊午	丁亥	丁巳	丙戌	丙辰	乙酉	乙卯	乙酉	
戊午	六	甲寅	甲申	癸丑	癸未	壬子	壬午	辛亥	辛巳	庚戌	己酉	己卯	戊申	九庚辰
己未	元狩元	戊寅	丁未	丁丑	丁未	丙子	丙午	乙亥	乙巳	甲戌	甲辰	癸酉	癸卯	
庚申	二	壬申	壬寅	辛未	辛丑	庚午	庚子	己巳	己亥	己巳	戊辰	丁酉	丁卯	九戊戌

羅馬614 西曆前140

年	年號	正	二	三	四	五	六	七	八	九	十	十一	十二	閏
辛酉	三	丙申	丙寅	乙未	乙丑	甲午	甲子	癸巳	癸亥	壬辰	壬戌	壬辰	辛酉	
壬戌	四	辛卯	庚申	庚寅	己未	己丑	戊午	戊子	丁巳	丁亥	丙辰	丙戌	乙卯	
癸亥	五	乙酉	甲寅	甲申	甲寅	癸未	癸丑	壬午	壬子	辛巳	庚辰	庚戌	己卯	九辛亥
甲子	六	己酉	戊寅	戊申	丁丑	丁未	丙子	丙午	丙子	乙巳	乙亥	甲辰	甲戌	
乙丑	元鼎元	癸卯	癸酉	壬寅	壬申	辛丑	辛未	庚子	庚午	己亥	己巳	己亥	戊辰	
丙寅	二	戊戌	丁卯	丁酉	丙寅	丙申	乙丑	乙未	甲子	甲午	癸巳	壬戌	壬辰	九癸亥
丁卯	三	辛酉	辛卯	辛酉	庚寅	庚申	己丑	己未	戊子	戊午	丁亥	丁巳	丙戌	
戊辰	四	丙辰	乙酉	乙卯	甲申	甲寅	甲申	癸丑	癸未	壬子	辛亥	辛巳	庚戌	九壬午
己巳	五	庚辰	己酉	己卯	戊申	戊寅	丁未	丁丑	丙午	丙子	丙午	乙亥	乙巳	
庚午	六	甲戌	甲辰	癸酉	癸卯	壬申	壬寅	辛未	辛丑	庚午	庚子	己巳	己亥	
辛未	元封元	戊辰	戊戌	戊辰	丁酉	丁卯	丙申	丙寅	乙未	乙丑	甲子	癸巳	癸亥	九甲午
壬申	二	壬辰	壬戌	辛卯	辛酉	辛卯	庚申	庚寅	己未	己丑	戊午	戊子	丁巳	
癸酉	三	丁亥	丙辰	丙戌	乙卯	乙酉	甲寅	甲申	癸丑	癸未	癸丑	壬午	壬子	
甲戌	四	辛巳	辛亥	庚辰	庚戌	己卯	己酉	戊寅	戊申	丁丑	丙子	丙午	丙子	九丁未
乙亥	五	乙巳	乙亥	甲辰	甲戌	癸卯	癸酉	壬寅	壬申	辛丑	辛未	庚子	庚午	
丙子	六	己亥	己巳	戊戌	戊辰	戊戌	丁卯	丁酉	丙寅	丙申	乙未	甲子	甲午	九乙丑
丁丑	太初元	癸亥	壬辰	壬戌	辛卯	辛酉	庚寅	庚申	己丑	己未	戊子	戊午	丁亥	
戊寅	二	丁巳	丙戌	丙辰	丙戌	乙卯	乙酉	甲寅	甲申	癸丑	癸未	壬子	壬午	
己卯	三	辛亥	辛巳	庚戌	庚辰	己酉	己卯	戊寅	戊申	丁丑	丁未	丙子	丙午	六戊申
庚辰	四	乙亥	乙巳	甲戌	甲辰	癸酉	癸卯	壬申	壬寅	辛未	辛丑	辛未	庚子	

劉氏長曆、汪氏長術，均閏在十月，然改曆前閏必九月，

五月改曆，以正月為歲首，寅正之廢千數百年，至此始復。

羅馬634 西曆前120

干支	年	正	二	三	四	五	六	七	八	九	十	十一	十二	閏
辛巳	天漢元	庚午	己亥	己巳	戊戌	戊辰	丁酉	丁卯	丙申	丙寅	乙未	乙丑	甲午	
壬午	二	甲子	癸巳	癸亥	壬戌	壬辰	辛酉	辛卯	庚申	庚寅	己未	己丑	戊午	三癸巳
癸未	三	戊子	丁巳	丁亥	丙辰	丙戌	丙辰	乙酉	乙卯	甲申	甲寅	癸未	癸丑	
甲申	四	壬午	壬子	辛巳	辛亥	庚辰	庚戌	己卯	己酉	戊寅	戊申	戊寅	丁未	十二丁丑
乙酉	太始元	丙午	丙子	乙巳	乙亥	甲辰	甲戌	癸卯	癸酉	壬寅	壬申	辛丑	辛未	
丙戌	二	庚子	庚午	庚子	己巳	己亥	戊辰	戊戌	丁卯	丁酉	丙寅	丙申	乙丑	
丁亥	三	乙未	甲子	甲午	癸亥	癸巳	癸亥	壬辰	壬戌	辛卯	庚寅	庚申	己丑	九辛酉
戊子	四	己未	戊子	戊午	丁亥	丁巳	丙戌	丙辰	乙酉	乙卯	乙酉	甲寅	甲申	
己丑	征和元	癸丑	癸未	壬子	壬午	辛亥	辛巳	庚戌	庚辰	己酉	己卯	戊申	戊寅	
庚寅	二	戊申	丁丑	丁未	丙子	丙午	乙巳	甲戌	甲辰	癸酉	癸卯	壬申	壬寅	五乙亥
辛卯	三	辛未	辛丑	庚午	庚子	庚午	己亥	己巳	戊戌	戊辰	丁酉	丁卯	丙申	
壬辰	四	丙寅	乙未	乙丑	甲午	甲子	癸巳	癸亥	壬辰	壬戌	壬辰	辛酉	辛卯	
癸巳	後元元	庚申	己未	己丑	戊午	戊子	丁巳	丁亥	丙辰	丙戌	乙卯	乙酉	乙卯	正庚寅
甲午	二	甲申	甲寅	癸未	癸丑	壬午	壬子	辛巳	辛亥	庚辰	庚戌	己卯	己酉	
乙未	漢昭帝始元元	戊寅	戊申	丁丑	丁未	丁丑	丙午	丙子	乙巳	乙亥	甲辰	癸卯	癸酉	十甲戌
丙申	二	壬寅	壬申	辛丑	辛未	庚子	庚午	庚子	己巳	己亥	戊辰	戊戌	丁卯	
丁酉	三	丁酉	丙寅	丙申	乙丑	乙未	甲子	甲午	癸亥	癸巳	壬戌	壬辰	壬戌	
戊戌	四	辛卯	辛酉	庚寅	庚申	己丑	己未	戊子	丁亥	丁巳	丙戌	丙辰	乙酉	七戊午
己亥	五	乙卯	甲申	甲寅	甲申	癸丑	癸未	壬子	壬午	辛亥	辛巳	庚戌	庚辰	
庚子	六	己酉	己卯	戊申	戊寅	丁未	丁丑	丁未	丙子	丙午	乙亥	乙巳	甲戌	

羅馬654　西曆前100

年	年號	正	二	三	四	五	六	七	八	九	十	十一	十二	閏	
辛丑	七	甲辰	癸酉	癸卯	壬寅	辛未	辛丑	庚午	庚子	己巳	己亥	己巳	戊戌	三壬申	八月改元元鳳、
壬寅	元鳳二	戊辰	丁酉	丁卯	丙申	丙寅	乙未	乙丑	甲午	甲子	癸巳	癸亥	壬辰		
癸卯	三	壬戌	壬辰	辛酉	辛卯	庚申	庚寅	己未	己丑	戊午	戊子	丁巳	丙辰	十二丁亥	劉氏長曆閏十二月、
甲辰	四	丙戌	乙卯	乙酉	甲寅	甲申	甲寅	癸未	癸丑	壬午	壬子	辛巳	辛亥		
乙巳	五	庚辰	庚戌	己卯	己酉	戊寅	戊申	丁丑	丁未	丙子	丙午	丙子	乙巳		
丙午	六	乙亥	甲辰	甲戌	癸卯	癸酉	壬寅	壬申	辛丑	庚子	庚午	己亥	己巳	八辛未	
丁未	元平元	己亥	戊辰	戊戌	丁卯	丁酉	丙寅	丙申	乙丑	乙未	甲子	甲午	癸亥		
戊申	漢宣帝本始元	癸巳	壬戌	壬辰	辛酉	辛卯	辛酉	庚寅	庚申	己丑	己未	戊子	戊午		
己酉	二	丁亥	丁巳	丙戌	丙辰	乙酉	甲申	甲寅	甲申	癸丑	癸未	壬子	壬午	五乙卯	
庚戌	三	辛亥	辛巳	庚戌	庚辰	己酉	己卯	戊申	戊寅	丁未	丁丑	丙午	丙子		
辛亥	四	丙午	乙亥	乙巳	甲戌	甲辰	癸酉	癸卯	壬申	壬寅	辛未	辛丑	庚午		
壬子	地節元	庚子	己亥	戊辰	戊戌	戊辰	丁酉	丁卯	丙申	丙寅	乙未	乙丑	甲午	正己巳	
癸丑	二	甲子	癸巳	癸亥	壬辰	壬戌	辛卯	辛酉	辛卯	庚申	庚寅	己未	己丑		
甲寅	三	戊午	戊子	丁巳	丁亥	丙辰	丙戌	乙卯	乙酉	甲寅	癸丑	癸未	癸丑	九甲申	劉氏長曆閏十月、
乙卯	四	壬午	壬子	辛巳	辛亥	庚辰	庚戌	己卯	己酉	戊寅	戊申	丁丑	丁未		
丙辰	元康元	丙子	丙午	丙子	乙巳	乙亥	甲辰	甲戌	癸卯	癸酉	壬寅	壬申	辛丑		
丁巳	二	辛未	庚子	庚午	己亥	己巳	戊戌	戊辰	丁卯	丁酉	丙寅	丙申	乙丑	七戊戌	羅馬滅西利國、遂併小亞細亞諸國、
戊午	三	乙未	甲子	甲午	癸亥	癸巳	壬戌	壬辰	辛酉	辛卯	庚申	庚寅	庚申		汪氏長術十丙申、誤、
己未	四	己丑	己未	戊子	戊午	丁亥	丁巳	丙戌	丙辰	乙酉	乙卯	甲申	甲寅		
庚申	神爵元	癸未	癸丑	癸未	壬子	辛亥	辛巳	庚戌	庚辰	己酉	己卯	戊申	戊寅	四壬午	三月改元、

羅馬674 西曆前80

羅馬694 西曆前60

干支	年	正	二	三	四	五	六	七	八	九	十	十一	十二	閏	附註
辛酉	二	丁未	丁丑	丙午	丙子	乙巳	乙亥	乙巳	甲戌	甲辰	癸酉	癸卯	壬申		
壬戌	三	壬寅	辛未	辛丑	庚午	庚子	己巳	己亥	戊辰	戊戌	戊辰	丁酉	丁卯	十二丙申	
癸亥	四	丙寅	乙未	乙丑	甲午	甲子	癸巳	癸亥	壬辰	壬戌	辛卯	辛酉	庚寅		
甲子	五鳳元	庚申	庚寅	己未	己丑	戊午	戊子	丁巳	丁亥	丙辰	丙戌	乙卯	乙酉		
乙丑	二	甲寅	甲申	癸丑	癸未	壬子	壬午	壬子	辛巳	庚辰	庚戌	己卯	己酉	八辛亥	
丙寅	三	戊寅	戊申	丁丑	丁未	丙子	丙午	乙亥	乙巳	乙亥	甲辰	甲戌	癸卯		
丁卯	四	癸酉	壬寅	壬申	辛丑	辛未	庚子	庚午	己亥	己巳	戊戌	戊辰	丁酉		
戊辰	甘露元	丁卯	丁酉	丙寅	丙申	乙丑	甲子	甲午	癸亥	癸巳	壬戌	壬辰	辛酉	五乙未	
己巳	二	辛卯	庚申	庚寅	庚申	己丑	己未	戊子	戊午	丁亥	丁巳	丙戌	丙辰		
庚午	三	乙酉	乙卯	甲申	甲寅	癸未	癸丑	壬午	壬子	壬午	辛亥	辛巳	庚戌		
辛未	四	庚辰	己酉	戊申	戊寅	丁未	丁丑	丙午	丙子	乙巳	乙亥	甲辰	甲戌	二己卯	
壬申	黃龍元	甲辰	癸酉	癸卯	壬申	壬寅	辛未	辛丑	庚午	庚子	己巳	己亥	戊辰		
癸酉	漢元帝初元元	戊戌	丁卯	丁酉	丁卯	丙申	丙寅	乙未	乙丑	甲午	甲子	癸亥	壬辰	十癸巳	
甲戌	二	壬戌	辛卯	辛酉	庚寅	庚申	己丑	己未	己丑	戊午	戊子	丁巳	丁亥		
乙亥	三	丙辰	丙戌	乙卯	乙酉	甲寅	甲申	癸丑	癸未	壬子	壬午	壬子	辛巳		
丙子	四	辛亥	庚辰	庚戌	己卯	己酉	戊寅	丁丑	丁未	丙子	丙午	乙亥	乙巳	六戊申	羅馬帝儒略始用太陽曆、其一月一日爲初元三年十一月二十九日庚辰、
丁丑	五	甲戌	甲辰	甲戌	癸卯	癸酉	壬寅	壬申	辛丑	辛未	庚子	庚午	己亥		
戊寅	永光元	己巳	戊戌	戊辰	丁酉	丁卯	丙申	丙寅	丙申	乙丑	乙未	甲子	甲午		
己卯	二	癸亥	癸巳	壬戌	辛酉	辛卯	庚申	庚寅	己未	己丑	己未	戊子	戊午	三壬辰	
庚辰	三	丁亥	丁巳	丙戌	丙辰	乙酉	乙卯	甲申	甲寅	癸未	癸丑	壬午	壬子		

歲次	年	正	二	三	四	五	六	七	八	九	十	十一	十二	閏	備註
辛巳	四	辛巳	辛亥	辛巳	庚戌	庚辰	己酉	己卯	戊申	戊寅	丁未	丁丑	丙午	十二丙子	
壬午	五	乙巳	乙亥	甲辰	甲戌	甲辰	癸酉	癸卯	壬申	壬寅	辛未	辛丑	庚午		
癸未	建昭元	庚子	己巳	己亥	戊辰	戊戌	丁卯	丁酉	丙寅	丙申	丙寅	乙未	乙丑		
甲申	二	甲午	甲子	癸巳	癸亥	壬辰	壬戌	辛卯	辛酉	庚申	己丑	己未	戊子	八庚寅	
乙酉	三	戊午	戊子	丁巳	丁亥	丙辰	丙戌	乙卯	乙酉	甲寅	甲申	癸丑	癸未		
丙戌	四	壬子	壬午	辛亥	辛巳	辛亥	庚辰	庚戌	己卯	己酉	戊寅	戊申	丁丑		
丁亥	五	丁未	丙子	丙午	乙亥	甲戌	甲辰	癸酉	癸卯	癸酉	壬寅	壬申	辛丑	四乙巳	
戊子	竟寧元	辛未	庚子	庚午	己亥	己巳	戊戌	戊辰	丁酉	丁卯	丙申	丙寅	丙申		
己丑	漢成帝 建始元	乙丑	乙未	甲子	甲午	癸亥	癸巳	壬戌	壬辰	辛酉	辛卯	庚申	庚寅		
庚寅	二	己未	戊午	戊子	戊午	丁亥	丁巳	丙戌	丙辰	乙酉	乙卯	甲申	甲寅	正己丑	
辛卯	三	癸未	癸丑	壬午	壬子	辛巳	辛亥	庚辰	庚戌	庚辰	己酉	己卯	戊申		
壬辰	四	戊寅	丁未	丁丑	丙午	丙子	乙巳	乙亥	甲辰	甲戌	癸卯	癸酉	壬申	十癸酉	
癸巳	河平元	壬寅	辛未	辛丑	庚午	庚子	己巳	己亥	戊辰	戊戌	丁卯	丁酉	丙寅		三月改元、
甲午	二	丙申	乙丑	乙未	乙丑	甲午	甲子	癸巳	癸亥	壬辰	壬戌	辛卯	辛酉		
乙未	三	庚寅	庚申	己丑	己未	戊子	戊午	丁巳	丁亥	丙辰	丙戌	乙卯	乙酉	六戊子	
丙申	四	甲寅	甲申	癸丑	癸未	壬子	壬午	辛亥	辛巳	庚戌	庚辰	庚戌	己卯		
丁酉	陽朔元	己酉	戊寅	戊申	丁丑	丁未	丙子	丙午	乙亥	乙巳	甲戌	甲辰	癸酉		汪氏長術六庚子、八己亥、誤、
戊戌	二	癸卯	壬申	壬寅	辛丑	辛未	庚子	庚午	己亥	己巳	戊戌	戊辰	丁酉	三壬申	
己亥	三	丁卯	丙申	丙寅	乙未	乙丑	乙未	甲子	甲午	癸亥	癸巳	壬戌	壬辰		
庚子	四	辛酉	辛卯	庚申	庚寅	己未	己丑	戊午	戊子	丁巳	丁亥	丁巳	丙戌	十二丙辰	

羅馬 714　西曆前 40

干支	年	正	二	三	四	五	六	七	八	九	十	十一	十二	閏	附註
辛丑	鴻嘉元	乙酉	乙卯	甲申	甲寅	癸未	癸丑	壬午	壬子	辛巳	辛亥	庚辰	庚戌		羅馬734 西曆前20
壬寅	二	庚辰	己酉	己卯	戊申	戊寅	丁未	丁丑	丙午	丙子	乙巳	乙亥	甲辰		
癸卯	三	甲戌	癸卯	癸酉	壬寅	壬申	壬寅	辛未	辛丑	庚午	己巳	己亥	戊辰	九庚子	
甲辰	四	戊戌	丁卯	丁酉	丙寅	丙申	乙丑	乙未	甲子	甲午	甲子	癸巳	癸亥		
乙巳	永始元	壬辰	壬戌	辛卯	辛酉	庚寅	庚申	己丑	己未	戊子	戊午	丁亥	丁巳		
丙午	二	丁亥	丙辰	丙戌	乙卯	乙酉	甲申	癸丑	癸未	壬子	壬午	辛亥	辛巳	五甲寅	
丁未	三	庚戌	庚辰	己酉	己卯	己酉	戊寅	戊申	丁丑	丁未	丙子	丙午	乙亥		
戊申	四	乙巳	甲戌	甲辰	癸酉	癸卯	壬申	壬寅	壬申	辛丑	辛未	庚子	庚午		
己酉	元延元	己亥	戊戌	戊辰	丁酉	丁卯	丙申	丙寅	乙未	乙丑	甲午	甲子	甲午	正己巳	
庚戌	二	癸亥	癸巳	壬戌	壬辰	辛酉	辛卯	庚申	庚寅	己未	己丑	戊午	戊子		
辛亥	三	丁巳	丁亥	丙辰	丙戌	丙辰	乙酉	乙卯	甲申	甲寅	癸未	壬午	壬子	十癸丑	
壬子	四	辛巳	辛亥	庚辰	庚戌	己卯	己酉	己卯	戊申	戊寅	丁未	丁丑	丙午		
癸丑	綏和元	丙子	乙巳	乙亥	甲辰	甲戌	癸卯	癸酉	壬寅	壬申	辛丑	辛未	辛丑		
甲寅	二	庚午	庚子	己巳	己亥	戊辰	戊戌	丁卯	丙寅	丙申	乙丑	乙未	甲子	七丁酉	劉氏長曆閏三月、
乙卯	漢哀帝 建平元	甲午	甲子	癸巳	癸亥	壬辰	壬戌	辛卯	辛酉	庚寅	庚申	己丑	己未		
丙辰	二	戊子	戊午	丁亥	丁巳	丙戌	丙辰	丙戌	乙卯	乙酉	甲寅	甲申	癸丑		六月改為太初元將元年、八月復稱建平二年。
丁巳	三	癸未	壬子	壬午	辛巳	庚戌	庚辰	己酉	己卯	戊申	戊寅	丁未	丁丑	三辛亥	
戊午	四	丁未	丙子	丙午	乙亥	乙巳	甲戌	甲辰	癸酉	癸卯	壬申	壬寅	辛未		
己未	元壽元	辛丑	辛未	庚子	庚午	己亥	己巳	戊戌	戊辰	丁酉	丁卯	丙申	乙未	十一丙寅	劉氏長曆閏十二月、
庚申	二	乙丑	甲午	甲子	癸巳	癸亥	癸巳	壬戌	壬辰	辛酉	辛卯	庚申	庚寅		

月	辛酉 1 漢平帝 元始元	壬戌 二	癸亥 三	甲子 5 四	乙丑 6 五	丙寅 孺子嬰 居攝元	丁卯 二	戊辰 三	己巳 7 新王莽 始建國元	庚午 二
正	二11 己未	二1 甲寅	二20 戊寅	二9 壬申	一29 丙寅	二17 庚寅	二7 乙酉	一27 己卯	二14 癸卯	二3 丁酉
二	三13 己丑	三2 癸未	三21 丁未	三10 辛丑	二28 丙申	三19 庚申	三8 甲寅	三26 戊寅	三15 壬申	三5 丁卯
三	四11 戊午	四1 癸丑	四20 丁丑	四9 辛未	三29 乙丑	四17 己丑	四7 甲申	四25 戊申	四14 壬寅	四3 丙申
四	五11 戊子	四30 壬午	五19 丙午	五8 庚子	四28 乙未	五17 己未	五6 癸丑	五24 丁丑	五13 辛未	五3 丙寅
五	六9 丁巳	五30 壬子	六18 丙子	六7 庚午	五27 甲子	六15 戊子	六5 癸未	六23 丁未	六12 辛丑	六1 乙未
六	七9 丁亥	六28 辛巳	七17 乙巳	七7 庚子	七25 癸亥	七15 戊午	七4 壬子	七22 丙子	七11 庚午	七1 乙丑
七	八7 丙辰	七28 辛亥	八16 乙亥	八5 己巳	八24 癸巳	八13 丁亥	八3 壬午	八21 丙午	八10 庚子	七30 甲午
八	九6 丙戌	八26 庚辰	九14 甲辰	九4 己亥	九23 癸亥	九12 丁巳	九1 辛亥	九19 乙亥	九9 庚午	八29 甲子
九	十6 丙辰	十24 己卯	十14 甲戌	十3 戊辰	十22 壬辰	十11 丙戌	十1 辛巳	十19 乙巳	十8 己亥	九27 癸巳
十	十一4 乙酉	十一23 己酉	十一12 癸卯	十一2 戊戌	十一21 壬戌	十一10 丙辰	十30 庚戌	十一17 甲戌	十一7 己巳	十一25 壬辰
十一	十二4 乙卯	十二22 戊寅	十二12 癸酉	十二1 丁卯	十二20 辛卯	十二9 乙酉	十一29 庚辰	十二17 甲辰	十二6 戊戌	十二25 壬戌
十二	一2 甲申	一21 戊申	一10 壬寅	十二31 丁酉	一19 辛酉	一8 乙卯	十二28 己酉	一15 癸酉	一5 戊辰	一24 壬辰
閏		九25 八庚戌			六26 五甲午			二25 正戊申		十27 九癸亥
	西曆五二七年羅馬教士始推定本年為耶穌降生元年，其一月一日為元壽二年十一月十九日戊寅。	凡眉端數字係日曜表次第。		本年羅馬失閏，三月起應改用日曜表五。				十一月戊午改初始，十二月朔莽改始建國，以十二月為正。		莽閏丑正之十月，即寅正之九月，劉氏閏十壬辰，蓋誤閏寅正十月。

羅馬754

西曆1

年	紀年	正	二	三	四	五	六	七	八	九	十	十一	十二	閏
辛未	三	辛酉 二22	辛卯 三24	庚申 四22	庚寅 五22	己未 六20	己丑 七20	戊午 八18	戊子 九17	丁巳 十16	丁亥 十一15	丙辰 十二14	丙戌 一13	
壬申	四	乙卯 二11	乙酉 三12	乙卯 四11	甲申 五10	甲寅 六9	癸未 七8	癸丑 八7	壬午 九5	壬子 十5	辛巳 十一3	辛亥 十二3	庚辰 一1	
1 癸酉	五	庚戌 一31	己卯 三1	己酉 三31	戊寅 四29	戊申 五29	丁丑 六27	丁未 七27	丙午 九24	丙子 十24	乙巳 十一22	乙亥 十二22	甲辰 一20	七 丁丑 八26
甲戌	天鳳元	甲戌 二19	癸卯 三20	癸酉 四19	壬寅 五18	壬申 六17	辛丑 七16	辛未 八15	庚子 九13	庚午 十13	庚子 十一12	己巳 十二11	己亥 一10	
乙亥	二	戊辰 二8	戊戌 三10	丁卯 四8	丁酉 五8	丙寅 六6	丙申 七6	乙丑 八4	乙未 九3	甲子 十2	甲午 十一1	癸亥 十一30	癸巳 十二30	
丙子	三	壬戌 一28	壬辰 二27	壬戌 三28	辛卯 四26	庚寅 六24	庚申 七24	己丑 八22	己未 九21	戊子 十20	戊午 十一19	丁亥 十二18	丁巳 一17	四 辛酉 五26
丁丑	四	丙戌 二15	丙辰 三17	乙酉 四15	乙卯 五15	甲申 六13	甲寅 七13	甲申 八12	癸丑 九10	癸未 十10	壬子 十一8	壬午 十二8	辛亥 一6	
2 戊寅	五	辛巳 二5	庚戌 三6	庚辰 四5	己酉 五4	己卯 六3	戊申 七2	戊寅 八1	丁未 八30	丁丑 九29	丁未 十29	丙子 十一27	丙午 十二27	十二 乙亥 一25
己卯	六	乙巳 二24	甲戌 三25	甲辰 四24	癸酉 五23	癸卯 六22	壬申 七21	壬寅 八20	辛未 九18	辛丑 十18	庚午 十一16	庚子 十二16	己巳 一14	
庚辰	地皇元	己亥 二13	己巳 三14	戊戌 四12	戊辰 五12	丁酉 六10	丁卯 七10	丙申 八8	丙寅 九7	乙未 十6	乙丑 十一5	甲午 十二4	甲子 一3	

汪氏長術十甲子誤、

羅馬764　西曆11

	辛巳 3	壬午	癸未	甲申	乙酉 4	丙戌	丁亥	戊子	己丑 5	庚寅
	二	三	四	淮陽王 更始 二	三	光武帝 建武 二	三	四	五	六
正	二 1 癸巳	二 20 丁巳	二 10 壬子	一 30 丙午	二 17 庚午	二 6 甲子	一 27 乙未	二 15 癸未	二 3 丁丑	二 22 辛丑
二	三 3 癸亥	三 22 丁亥	三 11 辛巳	二 29 丙子	三 18 己亥	三 8 甲午	二 25 戊子	三 15 壬子	三 4 丙午	三 23 庚午
三	四 1 壬辰	四 20 丙辰	四 10 辛亥	三 29 乙巳	四 17 己巳	四 6 癸亥	四 25 丁亥	四 14 壬午	四 3 丙子	四 22 庚子
四	五 1 壬戌	五 20 丙戌	五 9 庚辰	四 28 乙亥	五 17 己亥	五 6 癸巳	五 25 丁巳	五 13 辛亥	五 3 丙午	五 21 己巳
五	五 31 壬辰	六 18 乙卯	六 8 庚戌	五 27 甲辰	六 15 戊辰	六 4 壬戌	六 23 丙戌	六 12 辛巳	六 1 乙亥	六 20 己亥
六	六 29 辛酉	七 18 乙酉	七 7 己卯	七 25 癸卯	七 15 戊戌	七 4 壬辰	七 23 丙辰	七 11 庚戌	七 1 乙巳	七 19 戊辰
七	七 29 辛卯	八 16 甲寅	八 6 己酉	八 24 癸酉	八 13 丁卯	八 2 辛酉	八 21 乙酉	八 10 庚辰	七 30 甲戌	八 18 戊戌
八	八 27 庚申	九 15 甲申	九 4 戊寅	九 22 壬寅	九 12 丁酉	九 1 辛卯	九 20 乙卯	九 8 己酉	八 29 甲辰	九 17 戊辰
九	十 25 己未	十 15 甲寅	十 4 戊申	十 22 壬申	十 11 丙寅	十 1 辛酉	十 19 甲申	十 8 己卯	九 27 癸酉	十 16 丁酉
十	十一 24 己丑	十一 13 癸未	十一 2 丁丑	十一 20 辛丑	十一 10 丙申	十 30 庚寅	十一 18 甲寅	十一 6 戊申	十 27 癸卯	十一 15 丁卯
十一	十二 23 戊午	十二 13 癸丑	十二 2 丁未	十二 20 辛未	十二 9 乙丑	十一 29 庚申	十二 18 甲申	十二 6 戊寅	十二 25 壬寅	十二 14 丙申
十二	一 22 戊子	一 11 壬午	十二 31 丙子	一 18 庚子	一 8 乙未	十二 28 己丑	一 16 癸丑	一 4 丁未	一 23 辛未	一 13 丙寅
閏	九 26 八 庚寅			六 26 五 甲戌			三 27 二 戊午		十一 25 十 壬申	
			莽三月辛巳，淮陽王改元更始。十月莽亡。	本年以後仍用寅正。	六月己未光武改元建武。		汪氏長術正丁未誤。			

羅馬774

西曆21

干支	年	正	二	三	四	五	六	七	八	九	十	十一	十二	閏
辛卯	七	二11 乙未	三13 乙丑	四11 甲午	五11 甲子	六9 癸巳	七9 癸亥	八7 壬辰	九6 壬戌	十5 辛卯	十一4 辛酉	十二4 辛卯	一2 庚申	
壬辰	八	二1 庚寅	三1 己未	三31 己丑	四29 戊午	五29 戊子	六27 丁巳	八25 丙辰	九24 丙戌	十23 乙卯	十一22 乙酉	十二21 甲寅	一20 甲申	七27 六丁亥
6 癸巳	九	二18 癸丑	三20 癸未	四19 癸丑	五18 壬午	六17 壬子	七16 辛巳	八15 辛亥	九13 庚辰	十13 庚戌	十一11 己卯	十二11 己酉	一9 戊寅	
甲午	一〇	二8 戊申	三9 丁丑	四8 丁未	五7 丙子	六6 丙午	七6 丙子	八4 乙巳	九3 乙亥	十2 甲辰	十一1 甲戌	十一30 癸卯	十二30 癸酉	
乙未	一一	一28 壬寅	二27 壬申	三28 辛丑	五26 庚子	六25 庚午	七24 己亥	八23 己巳	九21 戊戌	十21 戊辰	十一20 戊戌	十二19 丁卯	一18 丁酉	四27 三辛未
丙申	一二	二16 丙寅	三17 丙申	四15 乙丑	五15 乙未	六13 甲子	七13 甲午	八11 癸亥	九10 癸巳	十9 壬戌	十一8 壬辰	十二7 辛酉	一6 辛卯	
7 丁酉	一三	二4 庚申	三6 庚寅	四5 庚申	五4 己丑	六3 己未	七2 戊子	八1 戊午	八30 丁亥	九24 丁巳	十28 丙戌	十一27 丙辰	十二26 乙酉	一25 十二乙卯
戊戌	一四	二23 甲申	三25 甲寅	四23 癸未	五23 癸丑	六22 癸未	七21 壬子	八20 壬午	九18 辛亥	十18 辛巳	十一16 庚戌	十二16 庚辰	一14 己酉	
己亥	一五	二13 己卯	三14 戊申	四13 戊寅	五12 丁未	六11 丁丑	七10 丙午	八9 丙子	九7 乙巳	十7 乙亥	十一6 乙巳	十二5 甲戌	一4 甲辰	
庚子	一六	二2 癸酉	三3 癸卯	四1 壬申	五1 壬寅	五30 辛未	六29 辛丑	七28 庚午	八27 庚子	十25 己亥	十一23 戊辰	十二23 戊戌	一22 戊辰	九25 八己巳

羅馬784

西曆31

	辛丑 1 一七	壬寅 一八	癸卯 一九	甲辰 二〇	乙巳 2 二一	丙午 二二	丁未 二三	戊申 二四	己酉 3 二五	庚戌 二六
正	二20 丁酉	二9 辛卯	一30 丙戌	二18 庚戌	二6 甲辰	一26 戊戌	二14 壬戌	二4 丁巳	二22 辛巳	二11 乙亥
二	三22 丁卯	三11 辛酉	二28 乙卯	三18 己卯	三8 甲戌	三26 丁酉	三16 壬辰	三4 丙戌	三23 庚戌	三12 甲辰
三	四20 丙申	四9 庚寅	三30 乙酉	四17 己酉	四6 癸卯	四25 丁卯	四14 辛酉	四3 丙辰	四22 庚辰	四11 甲戌
四	五20 丙寅	五9 庚申	四28 甲寅	五16 戊寅	五6 癸酉	五25 丁酉	五14 辛卯	五2 乙酉	五21 己酉	五11 甲辰
五	六18 乙未	六8 庚寅	六26 癸丑	六15 戊申	六4 壬寅	六23 丙寅	六12 庚申	六1 乙卯	六20 己卯	六9 癸酉
六	七18 乙丑	七7 己未	七26 癸未	七14 丁丑	七4 壬申	七23 丙申	七12 庚寅	六30 甲申	七19 戊申	七9 癸卯
七	八16 甲午	八6 己丑	八24 壬子	八13 丁未	八2 辛丑	八21 乙丑	八11 庚申	七30 甲寅	八18 戊寅	八7 壬申
八	九15 甲子	九4 戊午	九23 壬午	九11 丙子	九1 辛未	九20 乙未	九9 己丑	八28 癸未	九16 丁未	九6 壬寅
九	十14 癸巳	十4 戊子	十23 壬子	十11 丙午	九30 庚子	十19 甲子	十9 己未	九27 癸丑	十16 丁丑	十5 辛未
十	十一13 癸亥	十一2 丁巳	十一21 辛巳	十一9 乙亥	十30 庚午	十一18 甲午	十一7 戊子	十26 壬午	十一14 丙午	十一4 辛丑
十一	十二12 壬辰	十二2 丁亥	十二21 辛亥	十二9 乙巳	十一28 己亥	十二17 癸亥	十二7 戊午	十一25 壬子	十二14 丙子	十二3 庚午
十二	一11 壬戌	十二31 丙辰	一19 庚辰	一8 乙亥	十二28 己巳	一16 癸巳	一5 丁亥	一23 辛亥	一12 乙巳	一2 庚子
閏			五28 四甲申			二25 正戊辰		十二25 十壬子		

羅馬794

西曆41

月	辛亥	壬子	癸丑 4	甲寅	乙卯	丙辰	丁巳 5	戊午	己未	庚申
	二七	二八	二九	三〇	三一	三二	建武中元二	漢明帝永平元	二	三
正	一 31 己巳	二 19 癸巳	二 8 戊子	一 28 壬午	二 16 丙午	二 5 庚子	二 23 甲子	二 13 己未	二 2 癸丑	二 21 丁丑
二	三 2 己亥	三 20 癸亥	三 9 丁巳	二 27 壬子	三 17 乙亥	三 6 庚午	三 25 甲午	三 14 戊子	三 3 壬午	三 21 丙午
三	三 31 戊辰	四 18 壬辰	四 8 丁亥	三 28 辛巳	四 16 乙巳	四 4 己亥	四 23 癸亥	四 13 戊午	四 2 壬子	四 20 丙子
四	四 30 戊戌	五 18 壬戌	五 7 丙辰	五 26 庚辰	五 15 甲戌	五 4 己巳	五 23 癸巳	五 12 丁亥	五 1 辛巳	五 19 乙巳
五	五 29 丁卯	六 16 辛卯	六 6 丙戌	六 25 庚戌	六 14 甲辰	六 2 戊戌	六 21 壬戌	六 11 丁巳	五 31 辛亥	六 18 乙亥
六	六 28 丁酉	七 16 辛酉	七 5 乙卯	七 24 己卯	七 14 甲戌	七 2 戊辰	七 21 壬辰	七 10 丙戌	六 30 辛巳	七 17 甲辰
七	八 26 丙申	八 14 庚寅	八 4 乙酉	八 23 己酉	八 12 癸卯	七 31 丁酉	八 19 辛酉	八 9 丙辰	七 29 庚戌	八 16 甲戌
八	九 25 丙寅	九 13 庚申	九 2 甲寅	九 21 戊寅	九 11 癸酉	八 30 丁卯	九 18 辛卯	九 7 乙酉	八 28 庚辰	九 15 甲辰
九	十 24 乙未	十 12 己丑	十 2 甲申	十 21 戊申	十 10 壬寅	九 28 丙申	十 17 庚申	十 7 乙卯	九 26 己酉	十 14 癸酉
十	十一 23 乙丑	十一 11 己未	十 31 癸丑	十一 19 丁丑	十一 9 壬申	十 28 丙寅	十一 16 庚寅	十一 5 甲申	十一 24 戊申	十一 13 癸卯
十一	十二 22 甲午	十二 11 己丑	十一 30 癸未	十二 19 丁未	十二 8 辛丑	十一 27 丙申	十二 15 己未	十二 5 甲寅	十二 24 戊寅	十二 12 壬申
十二	一 21 甲子	一 9 戊午	十二 29 壬子	一 17 丙子	一 7 辛未	十二 26 乙丑	一 14 己丑	一 3 癸未	一 22 丁未	一 11 壬寅
閏	七 28 六丁卯			四 27 三辛亥		一 25 十二乙未			十 26 九己卯	

四月癸酉改元.

羅馬804　西曆51

勵耘書屋

	6 辛酉 四	壬戌 五	癸亥 六	甲子 七	7 乙丑 八	丙寅 九	丁卯 一〇	戊辰 一一	1 己巳 一二	庚午 一三
正	二9 辛未	一30 丙寅	二17 乙丑	二7 甲申	一26 戊寅	二14 壬寅	二3 丙申	二22 庚申	二11 乙卯	一31 乙酉
二	三11 辛丑	二28 乙未	三19 己未	三7 癸丑	三26 丁丑	三16 壬申	三5 丙寅	三23 庚寅	三12 甲申	三2 己卯
三	四9 庚午	三30 乙丑	四17 戊子	四6 癸未	四25 丁未	四14 辛丑	四4 丙申	四21 己未	四11 甲寅	三31 戊申
四	五9 庚子	四28 甲午	五17 戊午	五5 壬子	五24 丙子	五14 辛未	五3 乙丑	五21 己丑	五10 癸未	四30 戊寅
五	六7 己巳	五28 甲子	六16 戊子	六4 壬午	六23 丙午	六12 庚子	六2 乙未	六19 戊午	六9 癸丑	五29 丁未
六	七7 己亥	七26 癸亥	七15 丁巳	七3 辛亥	七22 乙亥	七12 庚午	七1 甲子	七19 戊子	七8 壬午	六28 丁丑
七	八5 戊辰	八24 壬辰	八14 丁亥	八2 辛巳	八21 乙巳	八10 己亥	七31 甲午	八18 戊午	八7 壬子	七27 丙午
八	九4 戊戌	九23 壬戌	九12 丙辰	九1 辛亥	九19 甲戌	九9 己巳	八29 癸亥	九16 丁亥	九5 辛巳	九24 乙巳
九	十3 丁卯	十22 辛卯	十12 丙戌	九30 庚辰	十19 甲辰	十8 戊戌	九28 癸巳	十16 丁巳	十5 辛亥	十24 乙亥
十	十一2 丁酉	十一21 辛酉	十一10 乙卯	十30 庚戌	十一17 癸酉	十一7 戊辰	十27 壬戌	十一14 丙戌	十一3 庚辰	十一22 甲辰
十一	十二1 丙寅	十二20 庚寅	十二10 乙酉	十一28 己卯	十二17 癸卯	十二6 丁酉	十一25 辛酉	十二14 丙辰	十二3 庚戌	十二22 甲戌
十二	十二31 丙申	一19 庚申	一8 甲寅	十二28 己酉	一16 癸酉	一5 丁卯	一24 辛卯	一12 乙酉	一2 庚辰	一20 癸卯
閏		六26 五癸巳			二25 正戊申		十一26 十壬辰			八26 七丙子
							汪氏長術十壬辰誤			汪氏長術十甲申誤

羅馬814

西曆61

羅馬824 西曆71

干支	年	正	二	三	四	五	六	七	八	九	十	十一	十二	閏
辛未	一四	癸酉 二19	癸卯 三21	壬申 四19	壬寅 五19	辛未 六17	辛丑 七17	庚午 八15	庚子 九14	己巳 十13	己亥 十一12	戊辰 十二11	戊戌 一10	
壬申	一五	丁卯 二8	丁酉 三9	丙寅 四7	丙申 五7	乙丑 六5	乙未 七5	乙丑 八4	甲午 九2	甲子 十2	癸巳 十31	癸亥 十一30	壬辰 十二29	
癸酉 2	一六	壬戌 一28	辛卯 二26	辛酉 三28	庚申 五26	己丑 六24	己未 七24	戊子 八22	戊午 九21	戊子 十21	丁巳 十一19	丁亥 十二19	丙辰 一17	三庚寅 四26
甲戌	一七	丙戌 二16	乙卯 三17	乙酉 四16	甲寅 五15	甲申 六14	癸丑 七13	癸未 八12	壬子 九10	壬午 十10	辛亥 十一8	辛巳 十二8	庚戌 一6	
乙亥	一八	庚辰 二5	庚戌 三7	己卯 四5	己酉 五5	戊寅 六3	戊申 七3	丁丑 八1	丁未 八31	丙子 九29	丙午 十29	乙亥 十一27	甲戌 一25	十一乙巳 十二27
丙子	漢章帝 建初元	甲辰 二24	癸酉 三24	癸卯 四23	壬申 五22	壬寅 六21	壬申 七21	辛丑 八19	辛未 九18	庚子 十17	庚午 十一16	己亥 十二15	己巳 一14	
丁丑 3	二	戊戌 二12	戊辰 三14	丁酉 四12	丁卯 五12	丙申 六10	丙寅 七10	乙未 八8	乙丑 九7	乙未 十7	甲子 十一5	甲午 十二5	癸亥 一3	
戊寅	三	癸巳 二2	壬戌 三3	壬辰 四2	辛酉 五1	辛卯 五31	庚申 六29	庚寅 七29	己未 八27	戊午 十25	戊子 十一24	丁巳 十二23	丁亥 一22	八己丑 九26
己卯	四	丁巳 二21	丙戌 三22	丙辰 四21	乙酉 五20	乙卯 六19	甲申 七18	甲寅 八17	癸未 九15	癸丑 十15	壬午 十一13	壬子 十二13	辛巳 一11	
庚辰	五	辛亥 二10	庚辰 三10	庚戌 四9	庚辰 五9	己酉 六7	己卯 七7	戊申 八5	戊寅 九4	丁未 十3	丁丑 十一2	丙午 十二1	丙子 十二31	

劉氏長曆閏十二月.

年	年號	正	二	三	四	五	六	七	八	九	十	十一	十二	閏	附注
4 辛巳	六	一29 乙巳	二28 乙亥	三29 甲辰	四28 甲戌	五27 癸卯	七25 壬寅	八24 壬申	九23 壬寅	十22 辛未	十一21 辛丑	十二20 庚午	一19 庚子	六26 五癸酉	汪氏長術二甲辰、四癸卯、誤、
壬午	七	二17 己巳	三19 己亥	四17 戊辰	五17 戊戌	六15 丁卯	七15 丁酉	八13 丙寅	九12 丙申	十11 乙丑	十一10 乙未	十二9 甲子	一8 甲午		
癸未	八	二7 甲子	三8 癸巳	四7 癸亥	五6 壬辰	六5 壬戌	七4 辛卯	八3 辛酉	九1 庚寅	十1 庚申	十30 己丑	十一29 己未	十二28 戊子		
甲申	九	一27 戊午	三26 丁巳	四25 丁亥	五24 丙辰	六23 丙戌	七22 乙卯	八21 乙酉	九19 甲寅	十19 甲申	十一17 癸丑	十二17 癸未	一15 壬子	二25 正丁亥	八月癸酉改元、
5 乙酉	元和二	二13 辛巳	三15 辛亥	四13 庚辰	五13 庚戌	六11 己卯	七11 己酉	八9 戊寅	九8 戊申	十7 丁丑	十一6 丁未	十二5 丙子	一4 丙午		
丙戌	三	二2 乙亥	三4 乙巳	四2 甲戌	五2 甲辰	六1 甲戌	六30 癸卯	七30 癸酉	八28 壬寅	九27 壬申	十26 辛丑	十二24 庚子	一23 庚午	十一25 十辛未	
丁亥	四	二21 己亥	三23 己巳	四21 戊戌	五21 戊辰	六19 丁酉	七19 丁卯	八17 丙申	九16 丙寅	十16 丙申	十一14 乙丑	十二14 乙未	一12 甲子		七月壬戌改元、
戊子	章和二	二11 甲午	三11 癸亥	四10 癸巳	五9 壬戌	六8 壬辰	七7 辛酉	八6 辛卯	九4 庚申	十4 庚寅	十一2 己未	十二2 己丑	一1 己未		
6 己丑	漢和帝 永元元	一30 戊子	三1 戊午	三30 丁亥	四29 丁巳	五28 丙戌	六27 丙辰	七26 乙酉	九23 甲申	十23 甲寅	十一21 癸未	十二21 癸丑	一19 壬午	八25 七乙卯	
庚寅	二	二18 壬子	三19 辛巳	四18 辛亥	五18 辛巳	六16 庚戌	七16 庚辰	八14 己酉	九13 己卯	十12 戊申	十一11 戊寅	十二10 丁未	一9 丁丑		

羅馬834

西曆81

西曆91　羅馬844

年	干支	正	二	三	四	五	六	七	八	九	十	十一	十二	閏	備註
三	辛卯	丙午 二7	丙子 三9	乙巳 四7	乙亥 五7	甲辰 六5	甲戌 七5	甲辰 八4	癸酉 九2	癸卯 十2	壬申 十31	壬寅 十一30	辛未 十二29		劉氏長曆本年閏三月、據本紀閏當在明年。
四	壬辰	辛丑 一28	庚午 二26	庚子 三27	己亥 五25	戊辰 六23	戊戌 七23	丁卯 八21	丁酉 九20	丙寅 十19	丙申 十一18	丙寅 十二18	乙未 一16	三 乙巳 四25	
五	癸巳	乙丑 二15	甲午 三16	甲子 四15	癸巳 五14	癸亥 六13	壬辰 七12	壬戌 八11	辛卯 九9	辛酉 十9	庚寅 十一7	庚申 十二7	己丑 一5		
六	甲午	己未 二4	戊子 三5	戊午 四4	戊子 五4	丁巳 六2	丁亥 七2	丙辰 七31	丙戌 八30	乙卯 九28	乙酉 十28	甲寅 十一26	癸丑 一24	十一 甲申 十二26	劉氏長曆閏十二月、
七	乙未	癸未 二23	壬子 三24	壬午 四23	辛亥 五22	辛巳 六21	辛亥 七21	庚辰 八19	庚戌 九18	己卯 十17	己酉 十一16	戊寅 十二15	戊申 一14		
八	丙申	丁丑 二12	丁未 三13	丙子 四11	丙午 五11	乙亥 六9	乙巳 七9	甲戌 八7	甲辰 九6	癸酉 十5	癸卯 十一4	癸酉 十二4	壬寅 一2		
九	丁酉	壬申 二1	辛丑 三2	辛未 四1	庚子 四30	庚午 五30	己亥 六28	己巳 七28	戊戌 八26	丁酉 十24	丁卯 十一23	丙申 十二22	丙寅 一21	八 戊辰 九25	
一〇	戊戌	丙申 二20	乙丑 三21	乙未 四20	甲子 五19	甲午 六18	癸亥 七17	癸巳 八16	壬戌 九14	壬辰 十14	辛酉 十一12	辛卯 十二12	庚申 一10		
一一	己亥	庚寅 二9	己未 三10	己丑 四9	戊午 五8	戊子 六7	戊午 七7	丁亥 八5	丁巳 九4	丙戌 十3	丙辰 十一2	乙酉 十二1	乙卯 十二31		
一二	庚子	甲申 一29	甲寅 二28	癸未 三28	癸丑 四27	壬午 五26	辛巳 七24	辛亥 八23	庚辰 九21	庚戌 十21	庚辰 十一20	己酉 十二19	己卯 一18	五 壬子 六25	

	辛丑 2 一三	壬寅 一四	癸卯 一五	甲辰 一六	乙巳 3 一七	丙午 漢殤帝 延平元	丁未 漢安帝 永初元	戊申 二	己酉 4 三	庚戌 四
正	二 16 戊申	二 6 癸卯	一 26 丁酉	二 14 辛酉	二 2 乙卯	二 21 己卯	二 10 癸酉	一 31 戊辰	二 18 壬辰	二 7 丙戌
二	三 18 戊寅	三 7 壬申	三 26 丙申	三 14 庚寅	三 4 乙酉	三 23 己酉	三 12 癸卯	二 29 丁酉	三 19 辛酉	三 9 丙辰
三	四 16 丁未	四 6 壬寅	四 24 乙丑	四 13 庚申	四 2 甲寅	四 21 戊寅	四 10 壬申	三 30 丁卯	四 18 辛卯	四 7 乙酉
四	五 16 丁丑	五 5 辛未	五 24 乙未	五 12 己丑	五 2 甲申	五 21 戊申	五 10 壬寅	四 28 丙申	五 17 庚申	五 7 乙卯
五	六 14 丙午	六 4 辛丑	六 23 乙丑	六 11 己未	五 31 癸丑	六 19 丁丑	六 9 壬申	五 28 丙寅	六 16 庚寅	六 5 甲申
六	七 14 丙子	七 3 庚午	七 22 甲午	七 10 戊子	六 30 癸未	七 19 丁未	七 8 辛丑	六 26 乙未	七 15 己未	七 5 甲寅
七	八 12 乙巳	八 2 庚子	八 21 甲子	八 9 戊午	七 29 壬子	八 17 丙子	八 7 辛未	七 26 乙丑	八 14 己丑	八 3 癸未
八	九 11 乙亥	八 31 己巳	九 19 癸巳	九 8 戊子	八 28 壬午	九 16 丙午	九 5 庚子	九 23 甲子	九 12 戊午	九 2 癸丑
九	十 10 甲辰	九 30 己亥	十 19 癸亥	十 7 丁巳	九 26 辛亥	十 15 乙亥	十 5 庚午	十 23 甲午	十 12 戊子	十 1 壬午
十	十一 9 甲戌	十 29 戊辰	十一 17 壬辰	十一 6 丁亥	十一 24 庚戌	十一 14 乙巳	十一 3 己亥	十一 21 癸亥	十一 10 丁巳	十 31 壬子
十一	十二 8 癸卯	十一 28 戊戌	十二 17 壬戌	十二 5 丙辰	十二 24 庚辰	十二 13 甲戌	十二 3 己巳	十二 21 癸巳	十二 10 丁亥	十二 29 辛巳
十二	一 7 癸酉	十二 27 丁卯	一 15 辛卯	一 4 丙戌	一 23 庚戌	一 12 甲辰	一 1 戊戌	一 19 壬戌	一 9 丁巳	十二 29 辛亥
閏			正 丙寅 二 24		九 辛巳 十 26			七 乙未 八 25		
					四月改元元興、劉氏長暦閏十月、					

羅馬 854　西暦 101

年	正	二	三	四	五	六	七	八	九	十	十一	十二	閏
辛亥 五	庚辰 一27	庚戌 二26	庚辰 三28	己酉 四26	戊申 六24	戊寅 七24	丁未 八22	丁丑 九21	丙午 十20	丙子 十一19	乙巳 十二18	乙亥 一17	四乙卯 五26
壬子 六	甲辰 二15	甲戌 三16	癸卯 四14	癸酉 五14	壬寅 六12	壬申 七12	壬寅 八11	辛未 九9	辛丑 十9	庚午 十一7	庚子 十二7	己巳 一5	
癸丑 七	己亥 二4	戊辰 三5	戊戌 四4	丁卯 五3	丁酉 六2	丙寅 七1	丙申 七31	乙丑 八29	乙未 九28	甲子 十27	甲午 十一26	甲子 十二26	十二癸巳 一24
甲寅 元和元	癸亥 二23	壬辰 三24	壬戌 四23	辛卯 五22	辛酉 六21	庚寅 七20	庚申 八19	己丑 九17	己未 十17	戊子 十一15	戊午 十二15	丁亥 一13	
乙卯 二	丁巳 二12	丁亥 三14	丙辰 四12	丙戌 五12	乙卯 六10	乙酉 七10	甲寅 八8	甲申 九7	癸丑 十6	癸未 十一5	壬子 十二4	壬午 一3	
丙辰 三	辛亥 二1	辛巳 三2	庚戌 三31	庚辰 四30	己酉 五29	己卯 六28	己酉 七28	戊寅 八26	丁丑 十24	丁未 十一23	丙子 十二22	丙午 一21	八戊申 九25
丁巳 四	乙亥 二19	乙巳 三21	甲戌 四19	甲辰 五19	癸酉 六17	癸卯 七17	壬申 八15	壬寅 九14	壬申 十14	辛丑 十一12	辛未 十二12	庚子 一10	
戊午 五	庚午 二9	己亥 三10	己巳 四9	戊戌 五8	戊辰 六7	丁酉 七6	丁卯 八5	丙申 九3	丙寅 十3	乙未 十一1	乙丑 十二1	甲午 十二30	
己未 六	甲子 一29	甲午 二28	癸亥 三29	癸巳 四28	壬戌 五27	辛酉 七25	辛卯 八24	庚申 九22	庚寅 十22	己未 十一20	己丑 十二20	戊午 一18	五壬辰 六26
庚申 七	戊子 二17	丁巳 三17	丁亥 四16	丙辰 五15	丙戌 六14	丙辰 七14	乙酉 八12	乙卯 九11	甲申 十10	甲寅 十一9	癸未 十二8	癸丑 一7	

四月丙寅改元永寧。

羅馬864　西曆111

干支	年號	正	二	三	四	五	六	七	八	九	十	十一	十二	閏	備考
辛酉	永寧二	壬午 二5	壬子 三7	辛巳 四5	辛亥 五5	庚辰 六3	庚戌 七3	己卯 八1	己酉 八31	己卯 九30	戊申 十29	戊寅 十一28	丁未 十二27		七月朔改元建光、
壬戌	建光二	丁丑 一26	丙午 二24	乙巳 四24	乙亥 五24	甲辰 六22	甲戌 七22	癸卯 八20	癸酉 九19	壬寅 十18	壬申 十一17	辛丑 十二16	辛未 一15	二丙子 三26	三月丙午改元延光、
癸亥	延光二	辛丑 二14	庚午 三15	庚子 四14	己巳 五13	己亥 六12	戊辰 七11	戊戌 八10	丁卯 九8	丁酉 十8	丙寅 十一6	丙申 十二6	乙丑 一4		
甲子	三	乙未 二3	甲子 三3	甲午 四2	甲子 五2	癸巳 五31	癸亥 六30	壬辰 七29	壬戌 八28	辛卯 九26	辛酉 十26	庚申 十二24	己丑 一22	十庚寅 十一24	
乙丑	四	己未 二21	戊子 三22	戊午 四21	丁亥 五20	丁巳 六19	丙戌 七18	丙辰 八17	丙戌 九16	乙卯 十15	乙酉 十一14	甲寅 十二13	甲申 一12		
丙寅	漢順帝 永建元	癸丑 二10	癸未 三12	壬子 四10	壬午 五10	辛亥 六8	辛巳 七8	庚戌 八6	庚辰 九5	己酉 十4	己卯 十一3	戊申 十二2	戊寅 一1		
丁卯	二	戊申 一31	丁丑 三1	丁未 三31	丙子 四29	丙午 五29	乙亥 六27	甲戌 八25	甲辰 九24	癸酉 十23	癸卯 十一22	壬申 十二21	壬寅 一20	六乙巳 七27	劉氏長曆閏五月、
戊辰	三	辛未 二18	辛丑 三19	辛未 四18	庚子 五17	庚午 六16	己亥 七15	己巳 八14	戊戌 九12	戊辰 十12	丁酉 十一10	丁卯 十二10	丙申 一8		
己巳	四	丙寅 二7	乙未 三8	乙丑 四7	甲午 五6	甲子 六5	癸巳 七4	癸亥 八3	癸巳 九2	壬戌 十1	壬辰 十31	辛酉 十一29	辛卯 十二29		
庚午	五	庚申 一27	庚寅 二26	己未 三27	戊午 五25	戊子 六24	丁巳 七23	丁亥 八22	丙辰 九20	丙戌 十20	丙辰 十一19	乙酉 十二18	乙卯 一17	三己丑 四26	

羅馬874　西暦121

羅馬884　西曆131

干支	年	正	二	三	四	五	六	七	八	九	十	十一	十二	閏
辛未	六	甲申 二15	甲寅 三17	癸未 四15	癸丑 五15	壬午 六13	壬子 七13	辛巳 八11	辛亥 九10	庚辰 十9	庚戌 十一8	己卯 十二7	己酉 一6	
壬申	七	戊寅 二4	戊申 三5	戊寅 四4	丁未 五3	丁丑 六2	丙午 七1	丙子 七31	乙巳 八29	乙亥 九28	甲辰 十27	甲戌 十一26	癸卯 十二25	十二癸酉 一24
3 癸酉	陽嘉二	壬寅 二22	壬申 三24	辛丑 四22	辛未 五22	庚子 六20	庚午 七20	庚子 八19	己巳 九17	己亥 十17	戊辰 十一15	戊戌 十二15	丁卯 一13	
甲戌	三	丁酉 二12	丙寅 三13	丙申 四12	乙丑 五11	乙未 六10	甲子 七9	甲午 八8	癸亥 九6	癸巳 十6	癸亥 十一5	壬辰 十二4	壬戌 一3	
乙亥	四	辛卯 二1	辛酉 三3	庚寅 四1	庚申 五1	己丑 五30	己未 六29	戊子 七28	戊午 八27	丁巳 十25	丙戌 十一23	丙辰 十二23	乙酉 一21	八丁亥 九25
丙子	永和元	乙卯 二20	乙酉 三21	甲寅 四19	甲申 五19	癸丑 六17	癸未 七17	壬子 八15	壬午 九14	辛亥 十13	辛巳 十一12	庚戌 十二11	庚辰 一10	
4 丁丑	二	己酉 二8	己卯 三10	戊申 四8	戊寅 五8	戊申 六7	丁丑 七6	丁未 八5	丙子 九3	丙午 十3	乙亥 十一1	乙巳 十二1	甲戌 十二30	
戊寅	三	甲辰 一29	癸酉 二27	癸卯 三29	壬申 四27	辛未 六25	辛丑 七25	庚午 八23	庚子 九22	庚午 十22	己亥 十一20	己巳 十二20	戊戌 一18	四壬寅 五27
己卯	四	戊辰 二17	丁酉 三18	丁卯 四17	丙申 五16	丙寅 六15	乙未 七14	乙丑 八13	甲午 九11	甲子 十11	癸巳 十一9	癸亥 十二9	壬辰 一7	
庚辰	五	壬戌 二6	壬辰 三7	辛酉 四5	辛卯 五5	庚申 六3	庚寅 七3	己未 八1	己丑 八31	戊午 九29	戊子 十29	丁巳 十一27	丁亥 十二27	

三月庚寅改元、

勵耘書屋

	辛巳 5	壬午	癸未	甲申	乙酉 6	丙戌	丁亥	戊子	己丑 7	庚寅
	六	漢安元	二	三	漢冲帝 永嘉元	漢質帝 本初元	漢桓帝 建和元	二	三	和平元
正	一25 丙辰	二13 庚辰	二3 乙亥	二22 己亥	二10 癸巳	一30 丁亥	二18 辛亥	二8 丙午	一27 庚子	二15 甲子
二	三25 乙卯	三15 庚戌	三4 甲辰	三22 戊辰	三11 壬戌	三1 丁巳	三20 辛巳	三8 乙亥	二25 己巳	三16 癸巳
三	四24 乙酉	四13 己卯	四3 甲戌	四21 戊戌	四10 壬辰	三30 丙戌	四18 庚戌	四7 乙巳	三27 己亥	四15 癸亥
四	五24 乙卯	五13 己酉	五2 癸卯	五20 丁卯	五10 壬戌	四29 丙辰	五18 庚辰	五6 甲戌	五25 戊戌	五14 壬辰
五	六22 甲申	六11 戊寅	六1 癸酉	六19 丁酉	六8 辛卯	五28 乙酉	六16 己酉	六5 甲辰	六24 戊辰	六13 壬戌
六	七22 甲寅	七11 戊申	六30 壬寅	七18 丙寅	七8 辛酉	六27 乙卯	七16 己卯	七4 癸酉	七23 丁酉	七12 辛卯
七	八20 癸未	八9 丁丑	七30 壬申	八17 丙申	八6 庚寅	八25 甲寅	八14 戊申	八3 癸卯	八22 丁卯	八11 辛酉
八	九19 癸丑	九8 丁未	八28 辛丑	九15 乙丑	九5 庚申	九24 甲申	九13 戊寅	九1 壬申	九20 丙申	九10 辛卯
九	十18 壬午	十8 丁丑	九27 辛未	十15 乙未	十4 己丑	十23 癸丑	十12 丁未	十1 壬寅	十20 丙寅	十9 庚申
十	十一17 壬子	十一6 丙午	十26 庚子	十一13 甲子	十一3 己未	十一22 癸未	十一11 丁丑	十30 辛未	十一18 乙未	十一8 庚寅
十一	十二16 辛巳	十二6 丙子	十二25 庚子	十二13 甲午	十二2 戊子	十二21 壬子	十二11 丁未	十一29 辛丑	十二18 乙丑	十二7 己未
十二	一15 辛亥	一4 乙巳	一23 己巳	一11 癸亥	一1 戊午	一20 壬午	一9 丙子	十二28 庚午	一16 甲午	一6 己丑
閏	二24 正丙戌		十一25 十庚午			七26 六甲申			四26 三己巳	

甲申：四月辛巳改元建康、

羅馬894　西曆141

羅馬904　西曆151

年	年號	正	二	三	四	五	六	七	八	九	十	十一	十二	閏	備註
辛卯	元嘉元	戊午 二4	戊子 三6	丁巳 四4	丁亥 五4	丙辰 六2	丙戌 七2	乙卯 七31	乙酉 八30	甲寅 九28	甲申 十28	甲寅 十一27	癸未 十二26	十二癸丑 一25	
壬辰	二	壬午 二23	壬子 三24	辛巳 四22	辛亥 五22	庚辰 六20	庚戌 七20	己卯 八18	己酉 九17	戊寅 十16	戊申 十一15	丁丑 十二14	丁未 一13		
癸巳 1	三	丙子 二11	丙午 三13	丙子 四12	乙巳 五11	乙亥 六10	甲辰 七9	甲戌 八8	癸卯 九6	癸酉 十6	壬寅 十一4	壬申 十二4	辛丑 一2		五月丙申改元、
甲午	永興二	辛未 二1	庚子 三2	庚午 四1	己亥 四30	己巳 五30	己亥 六29	戊辰 七28	戊戌 八27	丁卯 九25	丙寅 十一23	丙申 十二23	乙丑 一21	九丁酉 十25	
乙未	永壽元	乙未 二20	甲子 三21	甲午 四20	癸亥 五19	癸巳 六18	壬戌 七17	壬辰 八16	辛酉 九14	辛卯 十14	辛酉 十一13	庚寅 十二12	庚申 一11		
丙申	二	己丑 二9	己未 三10	戊子 四8	戊午 五8	丁亥 六6	丁巳 七6	丙戌 八4	丙辰 九3	乙酉 十2	乙卯 十一1	甲申 十一30	甲寅 十二30		
丁酉 2	三	癸未 一28	癸丑 二27	癸未 三29	壬子 四27	壬午 五27	辛巳 七25	庚戌 八23	庚辰 九22	己酉 十21	己卯 十一20	戊申 十二19	戊寅 一18	五辛亥 六25	
戊戌	四	丁未 二16	丁丑 三18	丙午 四16	丙子 五16	丙午 六15	乙亥 七14	乙巳 八13	甲戌 九11	甲辰 十11	癸酉 十一9	癸卯 十二9	壬申 一7		六月戊寅改元、
己亥	延熹二	壬寅 二6	辛未 三7	辛丑 四6	庚午 五5	庚子 六4	己巳 七3	己亥 八2	戊辰 八31	戊戌 九30	戊辰 十30	丁酉 十一28	丁卯 十二28		
庚子	三	丙申 一26	乙未 三25	乙丑 四24	甲午 五23	甲子 六22	癸巳 七21	癸亥 八20	壬辰 九18	壬戌 十18	辛卯 十一16	辛酉 十二16	辛卯 一15	正丙寅 二25	

	辛丑 (3) 四	壬寅 五	癸卯 六	甲辰 七	乙巳 (4) 八	丙午 九	丁未 一〇	戊申 漢靈帝建寧元	己酉 (5) 二	庚戌 三
正	二13 庚申	二2 甲寅	二21 戊寅	二11 癸酉	一30 丁卯	二18 辛卯	二7 乙酉	一28 庚辰	二15 甲辰	二4 戊戌
二	三15 庚寅	三4 甲申	三23 戊申	三11 壬寅	三1 丁酉	三19 庚申	三9 乙卯	二26 己酉	三16 癸酉	三5 丁卯
三	四13 己未	四2 癸丑	四21 丁丑	四10 壬申	三30 丙寅	四18 庚寅	四7 甲申	三27 己卯	四15 癸卯	四4 丁酉
四	五13 己丑	五2 癸未	五21 丁未	五9 辛丑	四29 丙申	五18 庚申	五7 甲寅	五25 戊寅	五14 壬申	五4 丁卯
五	六11 戊午	六1 癸丑	六19 丙子	六8 辛未	五28 乙丑	六16 己丑	六5 癸未	六23 丁未	六13 壬寅	六2 丙申
六	七11 戊子	六30 壬午	七19 丙午	七7 庚子	六27 乙未	七16 己未	七5 癸丑	七23 丁丑	七12 辛未	七2 丙寅
七	八9 丁巳	七31 壬子	八17 乙亥	八6 庚午	七26 甲子	八14 戊子	八4 癸未	八21 丙午	八11 辛丑	七31 乙未
八	九8 丁亥	八29 辛巳	九16 乙巳	九4 己亥	九23 癸亥	九13 戊午	九2 壬子	九20 丙子	九9 庚午	八30 乙丑
九	十7 丙辰	九27 辛亥	十16 乙亥	十4 己巳	十23 癸巳	十12 丁亥	十2 壬午	十19 乙巳	十9 庚子	九28 甲午
十	十一6 丙戌	十26 庚辰	十一14 甲辰	十一2 戊戌	十一21 壬戌	十一11 丁巳	十31 辛亥	十一18 乙亥	十一7 己巳	十28 甲子
十一	十二5 乙卯	十一24 己卯	十二14 甲戌	十二2 戊辰	十二21 壬辰	十二10 丙戌	十一30 辛巳	十二18 乙巳	十二7 己亥	十一26 癸巳
十二	一4 乙酉	一23 己酉	一12 癸卯	一1 戊戌	一19 辛酉	一9 丙辰	十二29 庚戌	一16 甲戌	一5 戊辰	一24 壬辰
閏		十一25 十庚戌			八25 七甲午			四25 三戊申		十二26 十二癸亥

六月庚申改元永康

劉氏長曆閏十二月

羅馬914 西曆161

干支	年	正	二	三	四	五	六	七	八	九	十	十一	十二	閏
辛亥	四	壬戌 二23	辛卯 三24	辛酉 四23	庚寅 五22	庚申 六21	庚寅 七21	己未 八19	己丑 九18	戊午 十17	戊子 十一16	丁巳 十二15	丁亥 一14	
壬子	五	丙辰 二12	丙戌 三13	乙卯 四11	乙酉 五11	甲寅 六9	甲申 七9	癸丑 八7	癸未 九6	壬子 十5	壬午 十一4	壬子 十二4	辛巳 一2	
6 癸丑	熹平二	辛亥 二1	庚辰 三2	庚戌 四1	己卯 四30	己酉 五30	戊寅 六28	戊申 七28	丁丑 八26	丙子 十24	丙午 十一23	乙亥 十二22	乙巳 一21	八 丁未 九25
甲寅	三	乙亥 二20	甲辰 三21	甲戌 四20	癸卯 五19	癸酉 六18	壬寅 七17	壬申 八16	辛丑 九14	辛未 十14	庚子 十一12	庚午 十二12	己亥 一10	
乙卯	四	己巳 二9	戊戌 三10	戊辰 四9	丁酉 五8	丁卯 六7	丁酉 七7	丙寅 八5	丙申 九4	乙丑 十3	乙未 十一2	甲子 十二1	甲午 十二31	
丙辰	五	癸亥 一29	癸巳 二28	壬戌 三28	壬辰 四27	辛酉 五26	庚申 七24	庚寅 八23	己未 九21	己丑 十21	己未 十一20	戊子 十二19	戊午 一18	五 辛卯 六25
7 丁巳	六	丁亥 二16	丁巳 三18	丙戌 四16	丙辰 五16	乙酉 六14	乙卯 七14	甲申 八12	甲寅 九11	癸未 十10	癸丑 十一9	壬午 十二8	壬子 一7	
戊午	七	壬午 二6	辛亥 三7	辛巳 四6	庚戌 五5	庚辰 六4	己酉 七3	己卯 八2	戊申 八31	戊寅 九30	丁未 十29	丁丑 十一28	丙午 十二27	
己未	光和二	丙子 一26	乙亥 三26	甲辰 四24	甲戌 五24	甲辰 六23	癸酉 七22	癸卯 八21	壬申 九19	壬寅 十19	辛未 十一17	辛丑 十二17	庚午 一15	正 乙巳 二24
庚申	三	庚子 二14	己巳 三14	己亥 四13	戊辰 五12	戊戌 六11	丁卯 七10	丁酉 八9	丁卯 九8	丙申 十7	丙寅 十一6	乙未 十二5	乙丑 一4	

五月己巳改元。

三月辛丑改元。

羅馬924 西曆171

	1 辛酉	壬戌	癸亥	甲子	2 乙丑	丙寅	丁卯	戊辰	3 己巳	庚午
	四	五	六	七	中平二	三	四	五	六	漢獻帝 初平元
正	二 2 甲午	二 21 戊午	二 10 壬子	一 21 丁未	二 18 辛未	二 7 乙丑	一 27 乙未	二 15 癸未	二 4 戊寅	二 23 壬寅
二	三 4 甲子	三 23 戊子	三 12 壬午	二 24 丙子	三 19 庚子	三 9 乙未	二 26 乙丑	三 16 癸丑	三 5 丁未	三 24 辛未
三	四 2 癸巳	四 21 丁巳	四 10 辛亥	三 30 丙午	四 18 庚午	四 7 甲子	三 28 乙未	四 14 壬午	四 4 丁丑	四 23 辛丑
四	五 2 癸亥	五 21 丁亥	五 10 辛巳	四 28 乙亥	五 17 己亥	五 7 甲午	四 26 戊子	五 14 壬子	五 3 丙午	五 22 庚午
五	五 31 壬辰	六 19 丙辰	六 9 辛亥	五 28 乙巳	六 16 己巳	六 5 癸亥	六 24 丁亥	六 12 辛巳	六 2 丙子	六 21 庚子
六	六 30 壬戌	七 19 丙戌	七 8 庚辰	六 26 甲戌	七 15 戊戌	七 5 癸巳	七 24 丁巳	七 12 辛亥	七 1 乙巳	七 20 己巳
七	七 29 辛卯	八 17 乙卯	八 7 庚戌	七 26 甲辰	八 14 戊辰	八 3 壬戌	八 22 丙戌	八 11 辛巳	七 31 乙亥	八 19 己亥
八	八 28 辛酉	九 16 乙酉	九 5 己卯	九 23 癸卯	九 12 丁酉	九 2 壬辰	九 21 丙辰	九 9 庚戌	八 29 甲辰	九 17 戊辰
九	九 26 庚寅	十 15 甲寅	十 5 己酉	十 23 癸酉	十 12 丁卯	十 1 辛酉	十 20 乙酉	十 9 庚辰	九 28 甲戌	十 17 戊戌
十	十一 24 己丑	十一 14 甲申	十一 3 戊寅	十一 21 壬寅	十一 10 丙申	十 31 辛卯	十一 19 乙卯	十一 7 己酉	十 27 癸卯	十一 15 丁卯
十一	十二 24 己未	十二 13 癸丑	十二 3 戊申	十二 21 壬申	十二 10 丙寅	十一 29 庚申	十二 18 甲申	十二 7 己卯	十一 26 癸酉	十二 15 丁酉
十二	一 23 己丑	一 12 癸未	一 1 丁丑	一 19 辛丑	一 9 丙申	十二 29 庚寅	一 17 甲寅	一 5 戊申	十二 26 癸卯	一 13 丙寅
閏	十 26 九庚申			八 25 七甲戌			五 26 四戊午		一 24 十二壬申	
	劉氏長曆閏十月、與紀不合、			十二月己巳改元、					四月戊午少帝改光熹、八月辛未改昭寧、九月朔獻帝改永漢、十二月復稱中平六年、	

羅馬934 西曆181

羅馬944 西曆191

	辛未 二	壬申 三	4 癸酉 四	甲戌 興平元	乙亥 二	丙子 建安元	5 丁丑 二	戊寅 三	己卯 四	庚辰 五
正	二12 丙申	二1 庚寅	二19 甲寅	二9 己酉	一29 癸卯	二17 丁卯	二5 辛酉	一26 丙辰	二14 庚辰	二3 甲戌
二	三14 丙寅	三2 庚申	三21 甲申	三10 戊寅	二28 癸酉	三17 丙申	三7 辛卯	二24 乙酉	三15 己酉	三3 癸卯
三	四12 乙未	三31 己丑	四19 癸丑	四9 戊申	三29 壬寅	四16 丙寅	四5 庚申	四24 甲申	四14 己卯	四2 癸酉
四	五12 乙丑	四30 己未	五19 癸未	五8 丁丑	四28 壬申	五15 乙未	五5 庚寅	五24 甲寅	五13 戊申	五2 癸卯
五	六10 甲午	五29 戊子	六17 壬子	六7 丁未	五27 辛丑	六14 乙丑	六3 己未	六22 癸未	六12 戊寅	五31 壬申
六	七10 甲子	六28 戊午	七17 壬午	七6 丙子	七25 庚子	七14 乙未	七3 己丑	七22 癸丑	七11 丁未	六30 壬寅
七	八8 癸巳	七28 戊子	八15 辛亥	八5 丙午	八24 庚午	八12 甲子	八1 戊午	八20 壬午	八10 丁丑	七29 辛未
八	九7 癸亥	八26 丁巳	九14 辛巳	九3 乙亥	九22 己亥	九11 甲午	八31 戊子	九19 壬子	九8 丙午	八28 辛丑
九	十6 壬辰	十24 丙辰	十14 辛亥	十3 乙巳	十22 己巳	十10 癸亥	九30 戊午	十18 辛巳	十8 丙子	九26 庚午
十	十一5 壬戌	十一23 丙戌	十一12 庚辰	十一1 甲戌	十一20 戊戌	十一9 癸巳	十29 丁亥	十一17 辛亥	十一6 乙巳	十26 庚子
十一	十二4 辛卯	十二22 乙卯	十二12 庚戌	十二1 甲辰	十二20 戊辰	十二8 壬戌	十一28 丁巳	十二16 庚辰	十二6 乙亥	十二24 己亥
十二	一3 辛酉	一21 乙酉	一10 己卯	十二30 癸酉	一18 丁酉	一7 壬辰	十二27 丙戌	一15 庚戌	一4 甲辰	一22 戊辰
閏		九25 八丁亥			六26 五辛未			三26 二乙卯		十一24 十己巳

	6 辛巳 六	壬午 七	癸未 八	甲申 九	7 乙酉 一〇	丙戌 一一	丁亥 一二	戊子 一三	1 己丑 一四	庚寅 一五
正	二21 戊戌	二10 壬辰	一31 丁亥	二18 庚戌	二7 乙巳	一27 己亥	二15 癸亥	二4 丁巳	二22 辛巳	二12 丙子
二	三22 丁卯	三12 壬戌	三1 丙辰	三19 庚辰	三8 甲戌	二26 己巳	三17 癸巳	三5 丁亥	三24 辛亥	三13 乙巳
三	四21 丁酉	四10 辛卯	三31 丙戌	四18 庚戌	四7 甲辰	三27 戊戌	四15 壬戌	四4 丁巳	四22 庚辰	四12 乙亥
四	五20 丙寅	五10 辛酉	四29 乙卯	五17 己卯	五6 癸酉	五25 丁酉	五15 壬辰	五3 丙戌	五22 庚戌	五11 甲辰
五	六19 丙申	六8 庚寅	五29 乙酉	六16 己酉	六5 癸卯	六24 丁卯	六13 辛酉	六2 丙辰	六20 己卯	六10 甲戌
六	七18 乙丑	七8 庚申	六27 甲寅	七15 戊寅	七4 壬申	七23 丙申	七13 辛卯	七1 乙酉	七20 己酉	七9 癸卯
七	八17 乙未	八6 己丑	八25 癸丑	八14 戊申	八3 壬寅	八22 丙寅	八11 庚申	七31 乙卯	八19 己卯	八8 癸酉
八	九16 乙丑	九5 己未	九24 癸未	九12 丁丑	九2 壬申	九20 乙未	九10 庚寅	八29 甲申	九17 戊申	九6 壬寅
九	十15 甲午	十4 戊子	十23 壬子	十12 丁未	十1 辛丑	十20 乙丑	十9 己未	九28 甲寅	十17 戊寅	十6 壬申
十	十一14 甲子	十一3 戊午	十一22 壬午	十一10 丙子	十31 辛未	十一19 乙未	十一8 己丑	十27 癸未	十一15 丁未	十一5 壬寅
十一	十二13 癸巳	十二2 丁亥	十二21 辛亥	十二10 丙午	十二29 庚子	十二18 甲子	十二7 戊午	十一26 癸丑	十二15 丁丑	十二4 辛未
十二	一12 癸亥	一1 丁巳	一20 辛巳	一8 乙亥	十二29 庚午	一17 甲午	一6 戊子	十二25 壬午	一13 丙午	一3 辛丑
閏			七27 六甲申			四26 三戊辰		一24 十二壬子		

羅馬954

西暦201

年		正	二	三	四	五	六	七	八	九	十	十一	十二	閏
辛卯	一六	庚午 二1	庚子 三3	己巳 四1	己亥 五1	戊辰 五30	戊戌 六29	丁卯 七28	丁酉 八27	丙申 十25	乙丑 十一23	乙未 十二23	甲子 一21	八丙寅 九25
壬辰	一七	甲午 二20	甲子 三21	癸巳 四19	癸亥 五19	壬辰 六17	壬戌 七17	辛卯 八15	辛酉 九14	庚寅 十13	庚申 十一12	己丑 十二11	己未 一10	
癸巳 2	一八	戊子 二8	戊午 三10	丁亥 四8	丁巳 五8	丁亥 六7	丙辰 七6	丙戌 八5	乙卯 九3	乙酉 十3	甲寅 十一1	甲申 十二1	癸丑 十二30	
甲午	一九	癸未 一29	壬子 二27	壬午 三29	辛亥 四27	庚戌 六25	庚辰 七25	己酉 八23	己卯 九22	己酉 十22	戊寅 十一20	戊申 十二20	丁丑 一18	四辛巳 五27
乙未	二〇	丁未 二17	丙子 三18	丙午 四17	乙亥 五16	乙巳 六15	甲戌 七14	甲辰 八13	癸酉 九11	癸卯 十11	壬申 十一9	壬寅 十二9	辛未 一7	
丙申	二一	辛丑 二6	辛未 三7	庚子 四5	庚午 五5	己亥 六3	己巳 七3	戊戌 八1	戊辰 八31	丁酉 九29	丁卯 十29	丙申 十一27	丙寅 十二27	
3 丁酉	二二	乙未 一25	甲午 三25	甲子 四24	甲午 五24	癸亥 六22	癸巳 七22	壬戌 八20	壬辰 九19	辛酉 十18	辛卯 十一17	庚申 十二16	庚寅 一15	正乙丑 二24
戊戌	二三	乙未 二13	乙丑 三15	戊午 四13	戊子 五13	丁巳 六11	丁亥 七11	丙辰 八9	丙戌 九8	丙辰 十8	乙酉 十一6	乙卯 十二6	甲申 一4	
己亥	二四	甲寅 二3	癸未 三4	癸丑 四3	壬午 五2	壬子 六1	辛巳 六30	辛亥 七30	庚辰 八28	庚戌 九27	己卯 十26	己卯 十二25	戊申 一23	十己酉 十一25
庚子	二五	戊寅 二22	丁未 三22	丁丑 四21	丙午 五20	丙子 六19	乙巳 七18	乙亥 八17	甲辰 九15	甲戌 十15	癸卯 十一13	癸酉 十二13	壬寅 一11	

三月朔改延康、十月庚午魏改黄初、

羅馬964　西曆211

羅馬974 西曆221	4 辛丑 魏文帝 黃初二	壬寅 三	癸卯 四	甲辰 五	5 乙巳 六	丙午 七	丁未 魏明帝 太和元	戊申 二	6 己酉 三	庚戌 四
正	壬申 二10	丙寅 一30	庚寅 二18	乙酉 二8	己卯 一27	癸卯 二15	丁酉 二4	辛酉 二23	乙卯 二11	庚戌 二1
二	辛丑 三11	丙申 三1	庚申 三20	甲寅 三8	戊申 二25	壬申 三16	丁卯 三6	辛卯 三24	乙酉 三13	己卯 三2
三	辛未 四10	乙丑 三30	己丑 四18	甲申 四7	戊寅 三27	壬寅 四15	丙申 四4	庚申 四22	乙卯 四12	己酉 四1
四	辛丑 五10	乙未 四29	己未 五18	癸丑 五6	丁丑 五25	辛未 五14	丙寅 五4	庚寅 五22	甲申 五11	戊寅 四30
五	庚午 六8	甲子 五28	戊子 六16	癸未 六5	丁未 六24	辛丑 六13	乙未 六2	己未 六20	甲寅 六10	戊申 五30
六	庚子 七8	甲午 六27	戊午 七16	壬子 七4	丙子 七23	庚午 七12	乙丑 七2	己丑 七20	癸未 七9	戊寅 六29
七	己巳 八6	癸巳 八25	丁亥 八14	壬午 八3	丙午 八22	庚子 八11	甲午 七31	戊午 八18	癸丑 八8	丁未 七28
八	己亥 九5	癸亥 九24	丁巳 九13	辛亥 九1	乙亥 九20	庚午 九10	甲子 八30	戊子 九17	壬午 九6	丁丑 八27
九	戊辰 十4	壬辰 十23	丙戌 十12	辛巳 十1	乙巳 十20	己亥 十9	癸巳 九28	丁巳 十16	壬子 十6	丙午 九25
十	戊戌 十一3	壬戌 十一22	丙辰 十一11	庚戌 十30	甲戌 十一18	己巳 十一8	癸亥 十28	丁亥 十一15	辛巳 十一4	乙巳 十一23
十一	丁卯 十二2	辛卯 十二21	丙戌 十二11	庚辰 十一29	甲辰 十二18	戊戌 十二7	癸巳 十一27	丙辰 十二14	辛亥 十二4	乙亥 十二23
十二	丁酉 一1	辛酉 一20	乙卯 一9	己酉 十二28	癸酉 一16	戊辰 一6	壬戌 十二26	丙戌 一13	庚辰 一2	甲辰 一21
閏		六癸亥 七26			三戊申 四26		十二壬辰 一25			九丙子 十25
	四月丙午蜀先主改元章武、	十月吳主權改元黃武、	五月蜀後主改元建興、吳始用乾象曆、魏蜀仍用四分曆、朔閏異同另有詳表、		吳閏四月、				四月丙申吳改黃龍、	吳閏八月、

年	年號	正	二	三	四	五	六	七	八	九	十	十一	十二	閏	
辛亥	五	甲戌 二20	癸卯 三21	癸酉 四20	壬寅 五19	壬申 六18	辛丑 七17	辛未 八16	庚子 九14	庚午 十14	庚子 十一13	己巳 十二12	己亥 一11		
壬子	六	戊辰 二9	戊戌 三10	丁卯 四8	丁酉 五8	丙寅 六6	丙申 七6	乙丑 八4	乙未 九3	甲子 十2	甲午 十一1	癸亥 十一30	癸巳 十二30		吳嘉禾元年、
癸丑 7	七	壬戌 一28	壬辰 二27	壬戌 三29	辛卯 四27	辛酉 五27	庚申 七25	己丑 八23	己未 九22	戊子 十21	戊午 十一20	丁亥 十二19	丁巳 一18	五 庚寅 六25	魏二月改元、
甲寅	青龍 二	丙戌 二16	丙辰 三18	乙酉 四16	乙卯 五16	乙酉 六15	甲寅 七14	甲申 八13	癸丑 九11	癸未 十11	壬子 十一9	壬午 十二9	辛亥 一7		
乙卯	三	辛巳 二6	庚戌 三7	庚辰 四6	己酉 五5	己卯 六4	戊申 七3	戊寅 八2	丁未 八31	丁丑 九30	丁未 十30	丙子 十一28	丙午 十二28		
丙辰	四	乙亥 一26	甲戌 三25	甲辰 四24	癸酉 五23	癸卯 六22	壬申 七21	壬寅 八20	辛未 九18	辛丑 十18	庚午 十一16	庚子 十二16	庚午 一15	正 乙巳 二25	吳閏二月、
丁巳 1	五	己亥 二13	己巳 三15	戊戌 四13	戊辰 五13	丁酉 六11	丙寅 七10	丙申 八9	乙丑 九7	乙未 十7	甲子 十一5	甲午 十二5	癸亥 一3		吳正戊戌、二戊辰、四丁卯、 魏三月改元景初、始用景初曆、以三月為四月、十二月為正月、
戊午	景初 二	癸巳 二2	壬戌 三3	壬辰 四2	辛酉 五1	辛卯 五31	庚申 六29	庚寅 七29	庚申 八28	己丑 九26	己未 十26	戊午 十二24	丁亥 一22	十 戊子 十一24	蜀延熙元年、 吳六辛酉、十一己丑、九月改元赤烏、
己未	三	丁巳 二21	丙戌 三22	丙辰 四21	乙酉 五20	乙卯 六19	甲申 七18	甲寅 八17	癸未 九15	癸丑 十15	壬午 十一13	壬子 十二13	壬午 一12		吳十癸未、 魏十二月復寅正、
庚申	齊王芳 正始元	辛亥 二10	辛巳 三11	庚戌 四9	庚辰 五9	己酉 六7	己卯 七7	戊申 八5	戊寅 九4	丁未 十3	丁丑 十一2	丙午 十二1	丙子 十二31		

羅馬984　西曆231

羅馬994 西曆241

年	干支	正	二	三	四	五	六	七	八	九	十	土	土	閏	注
二	2 辛酉	一29 乙巳	二28 乙亥	三29 甲辰	四28 甲戌	五28 甲辰	六26 癸酉	八24 壬申	九23 壬寅	十22 辛未	土21 辛丑	土20 庚午	一19 庚子	七26 六癸卯	蜀閏七月、吳三乙巳、
三	壬戌	二17 己巳	三19 己亥	四17 戊辰	五17 戊戌	六15 丁卯	七15 丁酉	八14 丁卯	九12 丙申	十12 丙寅	土10 乙未	土10 乙丑	一8 甲午		吳五戊辰、
四	癸亥	二7 甲子	三8 癸巳	四7 癸亥	五6 壬辰	六5 壬戌	七4 辛卯	八3 辛酉	九1 庚寅	十1 庚申	十30 己丑	土29 己未	土29 己丑		吳十庚寅、
五	甲子	一27 戊午	二26 戊子	三26 丁巳	五24 丙辰	六23 丙戌	七22 乙卯	八21 乙酉	九19 甲寅	十19 甲申	土17 癸丑	土17 癸未	一15 壬子	四25 三丁亥	吳十二癸丑、
六	3 乙丑	二14 壬午	三15 辛亥	四14 辛巳	五14 辛亥	六12 庚辰	七12 庚戌	八10 己卯	九9 己酉	十8 戊寅	土7 戊申	土6 丁丑	一5 丁未		吳二壬子、
七	丙寅	二3 丙子	三5 丙午	四3 乙亥	五3 乙巳	六1 甲戌	七1 甲辰	七31 甲戌	八29 癸卯	九28 癸酉	十27 壬寅	土26 壬申	土25 辛丑	一24 土辛未	蜀閏十一月、吳五乙亥、
八	丁卯	二22 庚子	三24 庚午	四22 己亥	五22 己巳	六20 戊戌	七20 戊辰	八18 丁酉	九17 丁卯	十16 丙申	土15 丙寅	土15 丙申	一13 乙丑		
九	戊辰	二12 乙未	三12 甲子	四11 甲午	五10 癸亥	六9 癸巳	七8 壬戌	八7 壬辰	九5 辛酉	十5 辛卯	土3 庚申	土3 庚寅	一1 己未		
一〇	4 己巳	一31 己丑	三1 戊午	三31 戊子	四30 戊午	五29 丁亥	六28 丁巳	七27 丙戌	八26 丙辰	九24 乙酉	土22 甲申	土22 甲寅	一20 癸未	十24 九乙卯	魏四月乙丑改元、劉氏長曆閏八月、吳二己未閏八乙酉、九乙卯、蜀閏八月、
嘉平二	庚午	二19 癸丑	三20 壬午	四19 壬子	五18 辛巳	六17 辛亥	七16 庚辰	八15 庚戌	九14 庚辰	十13 己酉	土12 己卯	土11 戊申	一10 戊寅		吳四壬午、六辛巳、

羅馬1004　西曆251

年	年號	正	二	三	四	五	六	七	八	九	十	十一	十二	閏	備註
辛未	三	丁未 二8	丁丑 三10	丙午 四8	丙子 五8	乙巳 六6	乙亥 七6	甲辰 八4	甲戌 九3	癸卯 十2	癸酉 十一1	癸卯 十二1	壬申 十二30		五月吳改太元、九甲辰、
壬申	四	壬寅 一29	辛未 二27	辛丑 三28	庚午 四26	庚子 五26	己亥 七24	戊辰 八22	戊戌 九21	丁卯 十20	丁酉 十一19	丙寅 十二18	丙申 一17	五己巳 六24	二月吳改神鳳、四月吳主亮改元建興、吳閏四庚子、五己巳、
癸酉 5	五	乙丑 二15	乙未 三17	乙丑 四16	甲午 五15	甲子 六14	癸巳 七13	癸亥 八12	壬辰 九10	壬戌 十10	辛卯 十一8	辛酉 十二8	庚寅 一6		吳正丙寅、
甲戌	六	庚申 二5	己丑 三6	己未 四5	戊子 五4	戊午 六3	丁亥 七2	丁巳 八1	丁亥 八31	丙辰 九29	丙戌 十29	乙卯 十一27	乙酉 十二27		魏十月壬辰改元、吳五鳳元年、六戊子、
乙亥	高貴鄉公 正元二	甲寅 一25	癸丑 三25	癸未 四24	壬子 五23	壬午 六22	辛亥 七21	辛巳 八20	庚戌 九18	庚辰 十18	庚戌 十一17	己卯 十二16	己酉 一15	正甲申 二24	吳八辛亥、
丙子	三	戊寅 二13	戊申 三14	丁丑 四12	丁未 五12	丙子 六10	丙午 七10	乙亥 八8	乙巳 九7	甲戌 十6	甲辰 十一5	癸酉 十二4	癸卯 一3		魏六月朔改元、十月己酉吳改太平、李兆洛紀元甲子表以甘露爲元帝吳年號誤、
丁丑 6	甘露二	壬申 二1	壬寅 三3	壬申 四2	辛丑 五1	辛未 五31	庚子 六29	庚午 七29	己亥 八27	己巳 九26	戊戌 十25	丁酉 十一23	丁卯 一22	十戊辰 十一24	蜀閏九月、吳正癸酉、
戊寅	三	丙申 二20	丙寅 三22	乙未 四20	乙丑 五20	甲午 六18	甲子 七18	甲午 八17	癸亥 九15	癸巳 十15	壬戌 十一13	壬辰 十二13	辛酉 一11		蜀景耀元年、吳五乙未十月己卯吳主休改元永安、
己卯	四	辛卯 二10	庚申 三11	庚寅 四10	己未 五9	己丑 六8	戊午 七7	戊子 八6	丁巳 九4	丁亥 十4	丁巳 十一3	丙戌 十二2	丙辰 一1		吳八戊午、
庚辰	五	乙酉 一30	乙卯 二29	甲申 三29	甲寅 四28	癸未 五27	癸丑 六26	壬午 七25	辛巳 九22	辛亥 十22	庚辰 十一20	庚戌 十二20	己卯 一18	七壬子 八24	魏六月改元、吳十二庚辰、

月	辛巳	壬午	癸未	甲申	乙酉	丙戌	丁亥	戊子	己丑	庚寅
	陳留王 景元二	三	四	五	咸熙二	晉武帝 泰始二	三	四	五	六
正	己酉 二17	癸卯 二6	戊戌 一27	壬戌 二15	丙辰 二3	庚辰 二22	甲戌 二11	己巳 二1	癸巳 二19	丁亥 二8
二	己卯 三19	癸酉 三8	丁卯 二25	辛卯 三15	丙戌 三5	己酉 三23	甲辰 三13	戊戌 三1	壬戌 三20	丙辰 三9
三	戊申 四17	壬寅 四6	丁酉 三27	辛酉 四14	乙卯 四3	己卯 四22	癸酉 四11	戊辰 三31	壬辰 四19	丙戌 四8
四	戊寅 五17	壬申 五6	丙申 五25	庚寅 五13	乙酉 五3	戊申 五21	癸卯 五11	丁酉 四29	辛酉 五18	乙卯 五7
五	丁未 六15	辛丑 六4	乙丑 六23	庚申 六12	甲寅 六1	戊寅 六20	壬申 六9	丁卯 五29	辛卯 六17	乙酉 六6
六	丁丑 七15	辛未 七4	乙未 七23	己丑 七11	甲申 七1	戊申 七20	壬寅 七9	丙申 六27	庚申 七16	乙卯 七6
七	丙午 八13	辛丑 八3	甲子 八21	己未 八10	癸丑 七30	丁丑 八18	辛未 八7	丙寅 七27	庚寅 八15	甲申 八4
八	丙子 九12	庚午 九1	甲午 九20	戊子 九8	癸未 八29	丁未 九17	辛丑 九6	乙未 八25	己未 九13	甲寅 九3
九	乙巳 十11	庚子 十1	甲子 十20	戊午 十8	壬子 九27	丙子 十16	辛未 十6	甲午 十23	己丑 十13	癸未 十2
十	乙亥 十一10	己巳 十30	癸巳 十一18	丁亥 十一6	壬午 十27	丙午 十一15	庚子 十一4	甲子 十一22	戊午 十一11	癸丑 十一1
十一	甲辰 十二9	己亥 十一29	癸亥 十二18	丁巳 十二6	辛亥 十一25	乙亥 十二14	庚午 十二4	癸巳 十二21	戊子 十二11	壬午 十一30
十二	甲戌 一8	戊辰 十二28	壬辰 一16	丙戌 一4	庚戌 一23	乙巳 一13	己亥 一2	癸亥 一20	丁巳 一9	壬子 十二30
閏			三丙寅 四25		十二辛巳 十二25			八乙丑 九24		
羅馬1014 西曆261		吳五壬寅、	蜀改炎興、閏四月、十一月魏滅蜀、吳七乙丑、	魏五月甲戌改元、七月吳主皓改元元興、十二丁亥、	四月吳改甘露、十二月丙寅晉改元泰始、劉氏長曆閏十二月、	吳四己酉、八月改元寶鼎、汪氏長術十一己亥誤、	吳七壬申、	吳十一甲午、	十月吳改建衡、	吳四丙辰、

羅馬1024 西曆271

年	正	二	三	四	五	六	七	八	九	十	十一	十二	閏	
辛卯 七	辛巳 一28	辛亥 二27	庚辰 三28	庚戌 四27	己卯 五26	戊寅 七24	戊申 八23	戊寅 九22	丁未 十21	丁丑 十一20	丙午 十二19	丙子 一18	五己酉 六25	吳六己卯、
壬辰 八	乙巳 二16	乙亥 三17	甲辰 四15	甲戌 五15	癸卯 六13	癸酉 七13	壬寅 八11	壬申 九10	辛丑 十9	辛未 十一8	庚子 十二7	庚午 一6		吳鳳皇元年、十一辛丑、
癸巳 3 九	庚子 二5	己巳 三6	己亥 四5	戊辰 五4	戊戌 六3	丁卯 七2	丁酉 八1	丙寅 八30	丙申 九29	乙丑 十28	乙未 十一27	甲子 十二26		
甲午 一〇	甲午 一25	癸巳 三25	壬戌 四23	壬辰 五23	壬戌 六22	辛卯 七21	辛酉 八20	庚寅 九18	庚申 十18	己丑 十一16	己未 十二16	戊子 一14	正癸亥 二23	吳三癸亥、
乙未 咸寧元	戊午 二13	丁亥 三14	丁巳 四13	丙戌 五12	丙辰 六11	乙酉 七10	乙卯 八9	乙酉 九8	甲寅 十7	甲申 十一6	癸丑 十二5	癸未 一4		吳改天冊、
丙申 二	壬子 二2	壬午 三3	辛亥 四1	辛巳 五1	庚戌 五30	庚辰 六29	己酉 七28	己卯 八27	戊申 九25	丁未 十一23	丁丑 十二23	丁未 一22	九戊寅 十25	劉氏長曆閏十月、吳改天璽、十戊寅閏十戊申、
丁酉 4 三	丙子 二20	丙午 三22	乙亥 四20	乙巳 五20	甲戌 六18	甲辰 七18	癸酉 八16	癸卯 九15	壬申 十14	壬寅 十一13	辛未 十二12	辛丑 一11		吳改天紀、
戊戌 四	庚午 二9	庚子 三11	庚午 四10	己亥 五9	己巳 六8	戊戌 七7	戊辰 八6	丁酉 九4	丁卯 十4	丙申 十一2	丙寅 十二2	乙未 十二31		
己亥 五	乙丑 一30	甲午 二28	甲子 三30	癸巳 四28	癸亥 五28	壬辰 六26	壬戌 七26	辛酉 九23	辛卯 十23	庚申 十一21	庚寅 十二21	己未 一19	七壬辰 八25	
庚子 六	己丑 二18	戊午 三18	戊子 四17	丁巳 五16	丁亥 六15	丙辰 七14	丙戌 八13	乙卯 九11	乙酉 十11	甲寅 十一9	甲申 十二9	甲寅 一8		三月吳亡、四月乙酉改元太康、

二〇 勵耘書屋

干支	年	正	二	三	四	五	六	七	八	九	十	十一	十二	閏	
5 辛丑	太康二	二 6 癸未	三 8 癸丑	四 6 壬午	五 6 壬子	六 4 辛巳	七 4 辛亥	八 2 庚辰	九 1 庚戌	九 30 己卯	十 30 己酉	十一 28 戊寅	十二 28 戊申		
壬寅	三	一 26 丁丑	二 25 丁未	三 26 丙子	四 25 丙午	六 23 乙巳	七 23 乙亥	八 21 甲辰	九 20 甲戌	十 19 癸卯	十一 18 癸酉	十二 17 壬寅	一 16 壬申	五 25 四丙子	
癸卯	四	二 14 辛丑	三 16 辛未	四 14 庚子	五 14 庚午	六 12 己亥	七 12 己巳	八 11 己亥	九 9 戊辰	十 9 戊戌	十一 7 丁卯	十二 7 丁酉	一 5 丙寅		
甲辰	五	二 4 丙申	三 4 乙丑	四 3 乙未	五 2 甲子	六 1 甲午	六 30 癸亥	七 30 癸巳	八 28 壬戌	九 27 壬辰	十 26 辛酉	十一 25 辛卯	十二 25 辛酉	一 23 十二庚寅	汪氏長術四丙子誤、
6 乙巳	六	二 22 庚申	三 23 己丑	四 22 己未	五 21 戊子	六 20 戊午	七 19 丁亥	八 18 丁巳	九 16 丙戌	十 16 丙辰	十一 14 乙酉	十二 14 乙卯	一 12 甲申		
丙午	七	二 11 甲寅	三 12 癸未	四 11 癸丑	五 11 癸未	六 9 壬子	七 9 壬午	八 7 辛亥	九 6 辛巳	十 5 庚戌	十一 4 庚辰	十二 3 己酉	一 2 己卯		
丁未	八	一 31 戊申	三 2 戊寅	三 31 丁未	四 30 丁丑	五 29 丙午	六 28 丙子	七 28 丙午	八 26 乙亥	十 24 甲戌	十一 23 甲辰	十二 22 癸酉	一 21 癸卯	九 25 八乙巳	
戊申	九	二 19 壬申	三 20 壬寅	四 18 辛未	五 18 辛丑	六 16 庚午	七 16 庚子	八 14 己巳	九 13 己亥	十 12 戊辰	十一 11 戊戌	十二 11 戊辰	一 9 丁酉		
7 己酉	一〇	二 8 丁卯	三 9 丙申	四 8 丙寅	五 7 乙未	六 6 乙丑	七 5 甲午	八 4 甲子	九 2 癸巳	十 2 癸亥	十 31 壬辰	十一 30 壬戌	十二 29 辛卯		
庚戌	太熙元	一 28 辛酉	二 26 庚寅	三 28 庚申	四 27 庚寅	五 26 己未	七 24 戊午	八 23 戊子	九 21 丁巳	十 21 丁亥	十一 19 丙辰	十二 19 丙戌	一 17 乙卯	六 25 五己丑	四月己酉惠帝改元永熙、

羅馬1034 西暦281

年	干支	正	二	三	四	五	六	七	八	九	十	十一	十二	閏
晉惠帝永平元	辛亥	二16 乙酉	三17 甲寅	四16 甲申	五15 癸丑	六14 癸未	七14 癸丑	八12 壬午	九11 壬子	十10 辛巳	十一9 辛亥	十二8 庚辰	一7 庚戌	
元康二	壬子	二5 己卯	三6 己酉	四4 戊寅	五4 戊申	六2 丁丑	七2 丁未	七31 丙子	八30 丙午	九28 乙亥	十28 乙巳	十一27 乙亥	十二26 甲辰	
三	癸丑 1	一25 甲戌	二23 癸卯	四23 壬寅	五23 壬申	六21 辛丑	七21 辛未	八19 庚子	九18 庚午	十17 己亥	十一16 己巳	十二15 戊戌	一14 戊辰	三25 二癸酉
四	甲寅	二12 丁酉	三14 丁卯	四13 丁酉	五12 丙寅	六11 丙申	七10 乙丑	八9 乙未	九7 甲子	十7 甲午	十一5 癸亥	十二5 癸巳	一3 壬戌	
五	乙卯	二2 壬辰	三3 辛酉	四2 辛卯	五1 庚申	五31 庚寅	六30 庚申	七29 己丑	八28 己未	九26 戊子	十26 戊午	十二24 丁巳	一22 丙戌	十一24 十丁亥
六	丙辰	二21 丙辰	三21 乙酉	四20 乙卯	五19 甲申	六18 甲寅	七17 癸未	八16 癸丑	九14 壬午	十14 壬子	十一13 壬午	十二12 辛亥	一11 辛巳	
七	丁巳 2	二9 庚戌	三11 庚辰	四9 己酉	五9 己卯	六7 戊申	七7 戊寅	八5 丁未	九4 丁丑	十3 丙午	十一2 丙子	十二1 乙巳	十二31 乙亥	
八	戊午	一29 甲辰	二28 甲戌	三30 甲辰	四28 癸酉	五28 癸卯	六26 壬申	八24 辛未	九23 辛丑	十22 庚午	十一21 庚子	十二20 己巳	一19 己亥	七26 六壬寅
九	己未	二17 戊辰	三19 戊戌	四17 丁卯	五17 丁酉	六16 丁卯	七15 丙申	八14 丙寅	九12 乙未	十12 乙丑	十一10 甲午	十二10 甲子	一8 癸巳	
永康元	庚申	二7 癸亥	三7 壬辰	四6 壬戌	五5 辛卯	六4 辛酉	七3 庚寅	八2 庚申	八51 己丑	九30 己未	十30 己丑	十一28 戊午	十二28 戊子	

三月壬辰改元元康、

羅馬1044

西曆291

勵耘書屋

年	年號	正	二	三	四	五	六	七	八	九	十	十一	十二	閏	備考
3 辛酉	二	丁巳 一 26	丁亥 二 25	丙辰 三 26	乙卯 五 24	乙酉 六 23	甲寅 七 22	甲申 八 21	癸丑 九 19	癸未 十 19	壬子 十一 17	壬午 十二 17	辛亥 一 15	三丙戌 四 25	四月癸亥改元永寧、
壬戌	永寧二	辛巳 二 14	辛亥 三 16	庚辰 四 14	庚戌 五 14	己卯 六 12	己酉 七 12	戊寅 八 10	戊申 九 9	丁丑 十 8	丁未 十一 7	丙子 十二 6	丙午 一 5		十二月改元太安、
癸亥	太安二	乙亥 二 3	乙巳 三 5	甲戌 四 3	甲辰 五 3	甲戌 六 2	癸卯 七 1	癸酉 七 31	壬寅 八 29	壬申 九 28	辛丑 十 27	辛未 十一 26	庚子 十二 25	十二庚午 一 24	本紀正甲子誤、
甲子	永安元	己亥 二 22	己巳 三 23	戊戌 四 21	戊辰 五 21	丁酉 六 19	丁卯 七 19	丙申 八 17	丙寅 九 16	丙申 十 16	乙丑 十一 14	乙未 十二 14	甲子 一 12		七月庚申改建武十一月丙午復稱永安十二月丁亥改永興、
4 乙丑	永興二	甲午 二 11	癸亥 三 12	癸巳 四 11	壬戌 五 10	壬辰 六 9	辛酉 七 8	辛卯 八 7	庚申 九 5	庚寅 十 5	己未 十一 3	己丑 十二 3	戊午 一 1		
丙寅	三	戊子 一 31	戊午 三 2	丁亥 三 31	丁巳 四 30	丙戌 五 29	丙辰 六 28	乙酉 七 27	乙卯 八 26	甲寅 十 24	癸未 十一 22	癸丑 十二 22	壬午 一 20	八甲申 九 24	六月辛未改元光熙、
丁卯	晉懷帝 永嘉元	壬子 二 19	辛巳 三 20	辛亥 四 19	辛巳 五 19	庚戌 六 17	庚辰 七 17	己酉 八 15	己卯 九 14	戊申 十 13	戊寅 十一 12	丁未 十二 11	丁丑 一 10		本紀正癸丑、
戊辰	二	丙午 二 8	丙子 三 9	乙巳 四 7	乙亥 五 7	甲辰 六 5	甲戌 七 5	癸卯 八 3	癸酉 九 2	癸卯 十 2	壬申 十 31	壬寅 十一 30	辛未 十二 29		本紀正景子誤、
5 己巳	三	辛丑 一 28	庚午 二 26	庚子 三 28	己巳 四 26	戊辰 六 24	戊戌 七 24	丁卯 八 22	丁酉 九 21	丙寅 十 20	丙申 十一 19	乙丑 十二 18	乙未 一 17	四己亥 五 26	劉氏長曆閏五月、
庚午	四	乙丑 二 16	甲午 三 17	甲子 四 16	癸巳 五 15	癸亥 六 14	壬辰 七 13	壬戌 八 12	辛卯 九 10	辛酉 十 10	庚寅 十一 8	庚申 十二 8	己丑 一 6		

羅馬1054 西曆301

干支	年	正	二	三	四	五	六	七	八	九	十	十一	十二	閏	備注
辛未	五	己未 二5	戊子 三6	戊午 四5	戊子 五5	丁巳 六3	丁亥 七3	丙辰 八1	丙戌 八31	乙卯 九29	乙酉 十29	甲寅 十一27	甲申 十二27		
壬申	六	癸丑 一25	壬子 三24	壬午 四23	辛亥 五22	辛巳 六21	庚戌 七30	庚辰 八19	庚戌 九18	己卯 十17	己酉 十一16	戊寅 十二15	戊申 一14	正癸未 二24	
癸酉 6	七	丁丑 二12	丁未 三14	丙子 四12	丙午 五12	乙亥 六10	乙巳 七10	甲戌 八8	甲辰 九7	癸酉 十6	癸卯 十一5	壬申 十二4	壬寅 一3		四月壬申愍帝改元建興、
甲戌	晉愍帝 建興 二	辛未 二1	辛丑 三3	庚午 四1	庚子 五1	庚午 五31	己亥 六29	己巳 七29	戊戌 八27	戊辰 九26	丁酉 十25	丙申 十二23	丙寅 一22	十丁卯 十一24	劉氏長曆、汪氏長術、正壬申、三辛未、均誤、
乙亥	三	乙未 二20	乙丑 三22	乙未 四21	甲子 五20	甲午 六19	癸亥 七18	癸巳 八17	壬戌 九15	壬辰 十15	辛酉 十一13	辛卯 十二13	庚申 一11		
丙子	四	庚寅 二10	己未 三10	己丑 四9	戊午 五8	戊子 六7	丁巳 七6	丁亥 八5	丁巳 九4	丙戌 十3	丙辰 十一2	乙酉 十二1	乙卯 十二31		
丁丑 7	五	甲申 一29	甲寅 二28	癸未 三29	癸丑 四28	壬午 五27	壬子 六26	辛巳 七25	庚辰 九22	庚戌 十22	己卯 十一20	己酉 十二20	己卯 一19	七辛亥 八24	三月辛卯元帝改元建武、
戊寅	晉元帝 建武 二	戊申 二17	戊寅 三19	丁未 四17	丁丑 五17	丙午 六15	丙子 七15	乙巳 八13	乙亥 九12	甲辰 十11	甲戌 十一10	癸卯 十二9	癸酉 一8		三月丙辰改元、
己卯	大興 二	壬寅 二6	壬申 三8	壬寅 四7	辛未 五6	辛丑 六5	庚午 七4	庚子 八3	己巳 九1	己亥 十1	戊辰 十30	戊戌 十一29	丁卯 十二28		
庚辰	三	丁酉 一27	丙寅 二25	丙申 三26	乙未 五24	甲子 六22	甲午 七22	甲子 八21	癸巳 九19	癸亥 十19	壬辰 十一17	壬戌 十二17	辛卯 一15	三乙丑 四24	

羅馬1064　西曆311

	辛巳 1	壬午	癸未	甲申	乙酉 2	丙戌	丁亥	戊子	己丑 3	庚寅
	四	永昌元	二	晉明帝 太寧二	三	晉成帝 咸和元	二	三	四	五
正	辛酉 2/14	乙卯 2/3	己卯 2/22	癸酉 2/11	戊辰 1/31	壬辰 2/19	丙戌 2/8	庚辰 1/28	甲辰 2/15	己亥 2/5
二	庚寅 3/15	乙酉 3/5	己酉 3/24	癸卯 3/12	丁酉 3/1	辛酉 3/20	丙辰 3/10	庚戌 2/27	甲戌 3/17	戊辰 3/6
三	庚申 4/14	甲寅 4/3	戊寅 4/22	壬申 4/10	丁卯 3/31	辛卯 4/19	乙酉 4/8	己卯 3/27	癸卯 4/15	戊戌 4/5
四	己丑 5/13	甲申 5/3	戊申 5/22	壬寅 5/10	丙申 4/29	庚申 5/18	乙卯 5/8	己酉 4/26	癸酉 5/15	丁卯 5/4
五	己未 6/12	癸丑 6/1	丁丑 6/20	辛未 6/8	丙寅 5/29	庚寅 6/17	甲申 6/6	戊寅 5/25	壬寅 6/13	丁酉 6/3
六	戊子 7/11	癸未 7/1	丁未 7/20	辛丑 7/8	乙未 6/27	己未 7/16	甲寅 7/6	戊寅 7/24	壬申 7/13	丙寅 7/2
七	戊午 8/10	壬子 7/30	丙子 8/18	辛未 8/7	乙丑 7/27	己丑 8/15	癸未 8/4	丁未 8/22	辛丑 8/11	丙申 8/1
八	丁亥 9/8	壬午 8/29	丙午 9/17	庚子 9/5	甲午 8/25	戊午 9/13	癸丑 9/3	丁丑 9/21	辛未 9/10	乙丑 8/30
九	丁巳 10/8	辛亥 9/27	乙亥 10/16	庚午 10/5	癸巳 10/23	戊子 10/13	壬午 10/2	丙午 10/20	庚子 10/9	乙未 9/29
十	丙戌 11/6	辛巳 10/27	乙巳 11/15	己亥 11/3	癸亥 11/22	丁巳 11/11	壬子 11/1	丙子 11/19	庚午 11/8	甲子 10/28
十一	丙辰 12/6	庚戌 11/25	甲戌 12/14	己巳 12/3	癸巳 12/22	丁亥 12/11	辛巳 11/30	乙巳 12/18	庚子 12/8	甲午 11/27
十二	丙戌 1/5	己酉 1/23	甲辰 1/13	戊戌 1/1	壬戌 1/20	丙辰 1/9	辛亥 12/30	乙亥 1/17	己巳 1/6	癸亥 12/26
閏		十一庚辰 12/25			八甲子 9/24			五戊申 6/24		
羅馬1074 西曆321		劉氏長曆閏十二月、誤、	三月朔明帝改元太寧、							

	辛卯 六	壬辰 七	4 癸巳 八	甲午 九	乙未 咸康元	丙申 二	5 丁酉 三	戊戌 四	己亥 五	庚子 六
正	癸巳 一 25	丁巳 二 13	辛亥 二 1	乙亥 二 20	庚午 二 10	甲子 一 30	戊子 二 17	壬午 二 6	丁丑 一 27	庚子 二 14
二	壬辰 三 25	丙戌 三 13	辛巳 三 3	乙巳 三 22	己亥 三 11	癸巳 二 28	丁巳 三 18	壬子 三 8	丙午 二 25	庚午 三 15
三	壬戌 四 24	丙辰 四 12	庚戌 四 1	甲戌 四 20	己巳 四 10	癸亥 三 29	丁亥 四 17	辛巳 四 6	丙子 三 27	己亥 四 13
四	辛卯 五 23	乙酉 五 11	庚辰 五 1	甲辰 五 20	戊戌 五 9	壬辰 四 27	丙辰 五 16	辛亥 五 6	乙巳 四 25	己巳 五 13
五	辛酉 六 22	乙卯 六 10	己酉 五 30	癸酉 六 18	戊辰 六 8	壬戌 五 27	丙戌 六 15	庚辰 六 4	甲辰 六 23	己亥 六 12
六	庚寅 七 21	乙酉 七 10	己卯 六 29	癸卯 七 18	丁酉 七 7	壬辰 六 26	乙卯 七 14	庚戌 七 4	甲戌 七 23	戊辰 七 11
七	庚申 八 20	甲寅 八 8	戊申 七 28	壬申 八 16	丁卯 八 6	辛酉 七 25	乙酉 八 13	己卯 八 2	癸卯 八 21	戊戌 八 10
八	己丑 九 18	甲申 九 7	戊寅 八 27	壬寅 九 15	丙申 九 4	庚申 九 22	甲寅 九 11	己酉 九 1	癸酉 九 20	丁卯 九 8
九	己未 十 18	癸丑 十 6	丁未 九 25	辛未 十 14	丙寅 十 4	庚寅 十 22	甲申 十 11	戊寅 九 30	壬寅 十 19	丁酉 十 8
十	戊子 十一 16	癸未 十一 5	丁丑 十 25	辛丑 十一 13	乙未 十一 2	己未 十一 20	甲寅 十一 10	戊申 十 30	壬申 十一 18	丙寅 十一 6
十一	戊午 十二 16	壬子 十二 4	丙子 十二 23	庚午 十二 12	乙丑 十二 2	己丑 十二 20	癸未 十二 9	丁丑 十一 28	辛丑 十二 17	丙申 十二 6
十二	丁亥 一 14	壬午 一 3	丙午 一 22	庚子 一 11	甲午 十二 31	戊午 一 18	癸丑 一 8	丁未 十二 28	辛未 一 16	乙丑 一 4
閏	正癸亥 二 24		十丁未 十一 24			七辛卯 八 24			四乙亥 五 25	

羅馬1084 西曆331

	6 辛丑	壬寅	癸卯	甲辰	7 乙巳	丙午	丁未	戊申	1 己酉	庚戌
	七	八	晉康帝 建元元	二	晉穆帝 永和元	二	三	四	五	六
正	二 3 乙未	二 22 己未	二 11 癸丑	一 31 丁未	二 18 辛未	二 8 丙寅	一 28 庚申	二 16 甲申	二 4 戊寅	一 25 癸酉
二	三 4 甲子	三 23 戊子	三 13 癸未	三 1 丁丑	三 20 辛丑	三 9 乙未	二 27 庚寅	三 16 癸丑	三 6 戊申	二 23 壬寅
三	四 3 甲午	四 22 戊午	四 11 壬子	三 30 丙午	四 18 庚午	四 8 乙丑	三 28 己未	四 15 癸未	四 4 丁丑	四 23 辛丑
四	五 2 癸亥	五 21 丁亥	五 11 壬午	四 29 丙子	五 18 庚子	五 7 甲午	四 27 己丑	五 15 癸丑	五 4 丁未	五 23 辛未
五	六 1 癸巳	六 20 丁巳	六 9 辛亥	五 29 丙午	六 16 己巳	六 6 甲子	五 26 戊午	六 13 壬午	六 2 丙子	六 21 庚子
六	六 30 壬戌	七 19 丙戌	七 9 辛巳	六 27 乙亥	七 16 己亥	七 5 癸巳	七 24 丁巳	七 13 壬子	七 2 丙午	七 21 庚午
七	七 30 壬辰	八 18 丙辰	八 7 庚戌	七 27 乙巳	八 14 戊辰	八 4 癸亥	八 23 丁亥	八 11 辛巳	七 31 乙亥	八 19 己亥
八	八 28 辛酉	九 16 乙酉	九 6 庚辰	八 25 甲戌	九 13 戊戌	九 2 壬辰	九 21 丙辰	九 10 辛亥	八 30 乙巳	九 18 己巳
九	九 27 辛卯	十 16 乙卯	十 5 己酉	十 23 癸酉	十 13 戊辰	十 2 壬戌	十 21 丙戌	十 9 庚辰	九 29 乙亥	十 17 戊戌
十	十 27 辛酉	十一 14 甲申	十一 4 己卯	十一 22 癸卯	十一 11 丁酉	十 31 辛卯	十一 19 乙卯	十一 8 庚戌	十 28 甲辰	十一 16 戊辰
十一	十一 25 庚寅	十二 14 甲寅	十二 3 戊申	十二 21 壬申	十二 11 丁卯	十一 30 辛酉	十二 19 乙酉	十二 7 己卯	十一 27 甲戌	十二 16 戊戌
十二	十二 25 庚申	一 13 甲申	一 2 戊寅	一 20 壬寅	一 9 丙申	十二 30 辛卯	一 17 甲寅	一 6 己酉	十二 26 癸卯	一 14 丁卯
閏	一 23 十二己丑			九 24 八甲辰			六 25 五戊子			三 25 二壬申

羅馬1094 西曆341

月	七 辛亥	八 壬子	九 癸丑 2	一〇 甲寅	一一 乙卯	一二 丙辰	升平元 丁巳 3	二 戊午	三 己未	四 庚申
正	丁酉 二13	辛卯 二2	乙卯 二20	己酉 二9	甲辰 一30	丁卯 二17	壬戌 二6	丙辰 一26	庚辰 二14	甲戌 二3
二	丙寅 三14	庚申 三2	甲申 三21	己卯 三11	癸酉 二28	丁酉 三18	辛卯 三7	丙戌 二25	庚戌 三16	甲辰 三4
三	丙申 四13	庚寅 四1	甲寅 四20	戊申 四9	癸卯 三30	丁卯 四17	辛酉 四6	乙卯 三26	己卯 四14	甲戌 四3
四	乙丑 五12	庚申 五1	癸未 五19	戊寅 五9	壬申 四28	丙申 五16	庚寅 五5	甲寅 五24	己酉 五14	癸卯 五2
五	乙未 六11	己丑 五30	癸丑 六18	丁未 六7	壬寅 五28	丙寅 六15	庚申 六4	甲申 六23	戊寅 六12	癸酉 六1
六	甲子 七10	己未 六29	壬午 七17	丁丑 七7	辛未 六26	乙未 七14	己丑 七3	癸丑 七22	戊申 七12	壬寅 六30
七	甲午 八9	戊子 七28	壬子 八16	丙午 八5	庚午 八24	乙丑 八13	己未 八2	癸未 八21	丁丑 八10	壬申 七30
八	癸亥 九7	戊午 八27	壬午 九15	丙子 九4	庚子 九23	甲午 九11	己丑 九1	壬子 九19	丁未 九9	辛丑 八28
九	癸巳 十7	丁亥 九25	辛亥 十14	乙巳 十3	己巳 十22	甲子 十11	戊午 九30	壬午 十19	丙子 十8	辛未 九27
十	壬戌 十一5	丁巳 十25	辛巳 十一13	乙亥 十一2	己亥 十一21	癸巳 十一9	戊子 十30	壬子 十一18	丙午 十一7	庚子 十26
十一	壬辰 十二5	丙辰 十二23	庚戌 十二12	乙巳 十二2	戊辰 十二20	癸亥 十二9	丁巳 十一28	辛巳 十二17	乙亥 十二6	庚午 十一25
十二	辛酉 一3	乙酉 一21	庚辰 一11	甲戌 十二31	戊戌 一19	壬辰 一7	丁亥 十二28	辛亥 一16	乙巳 一5	己亥 十二24
閏		十丙戌 十一23			六辛丑 七26			三乙酉 四25		十二己巳 一23

汪氏長術六乙卯誤。

羅馬1104　西曆351

干支	紀年	正	二	三	四	五	六	七	八	九	十	十一	十二	閏	
4 辛酉	五	二21 戊戌	三23 戊辰	四21 丁酉	五21 丁卯	六19 丙申	七19 丙寅	八18 丙申	九16 乙丑	十16 乙未	十一14 甲子	十二14 甲午	一12 癸亥		
壬戌	晉哀帝 隆和元	二11 癸巳	三12 壬戌	四11 壬辰	五10 辛酉	六9 辛卯	七8 庚申	八7 庚寅	九5 己未	十5 己丑	十一4 己未	十二3 戊子	一2 戊午		
癸亥	興寧元	一31 丁亥	三2 丁巳	三31 丙戌	四30 丙辰	五29 乙酉	六28 乙卯	七27 甲申	八26 甲寅	十24 癸丑	十一22 壬午	十二22 壬子	一20 辛巳	九24 八癸未	
甲子	二	二19 辛亥	三20 辛巳	四18 庚戌	五18 庚辰	六16 己酉	七16 己卯	八14 戊申	九13 戊寅	十12 丁未	十一11 丁丑	十二10 丙午	一9 丙子		
5 乙丑	三	二7 乙巳	三9 乙亥	四7 甲辰	五7 甲戌	六5 癸卯	七5 癸酉	八4 癸卯	九2 壬申	十2 壬寅	十31 辛未	十一30 辛丑	十二29 庚午		
丙寅	海西公 太和元	一28 庚子	二26 己巳	三28 己亥	四26 戊辰	六24 丁卯	七24 丁酉	八22 丙寅	九21 丙申	十21 丙寅	十一19 乙未	十二19 乙丑	一17 甲午	五26 四戊戌	劉氏長曆閏五月、
丁卯	二	二16 甲子	三17 癸巳	四16 癸亥	五15 壬辰	六14 壬戌	七13 辛卯	八12 辛酉	九10 庚寅	十10 庚申	十一8 己丑	十二8 己未	一6 戊子		
戊辰	三	二5 戊午	三6 戊子	四4 丁巳	五4 丁亥	六2 丙辰	七2 丙戌	七31 乙卯	八30 乙酉	九28 甲寅	十28 甲申	十一26 癸丑	十二26 癸未		
6 己巳	四	一24 壬子	三24 辛亥	四23 辛巳	五22 庚戌	六21 庚辰	七21 庚戌	八19 己卯	九18 己酉	十17 戊寅	十一16 戊申	十二15 丁丑	一14 丁未	二23 正壬午	
庚午	五	二12 丙子	三14 丙午	四12 乙亥	五12 乙巳	六10 甲戌	七10 甲辰	八8 癸酉	九7 癸卯	十6 壬申	十一5 壬寅	十二5 壬申	一3 辛丑		

羅馬1114 西曆361

西曆371 羅馬1124

年	年號	正	二	三	四	五	六	七	八	九	十	十一	十二	閏
辛未	六	二2 辛未	三3 庚子	四2 庚午	五1 己亥	五31 己巳	六29 戊戌	七29 戊辰	八27 丁酉	九26 丁卯	十25 丙申	十二23 乙未	一22 乙丑	十一24 十丙寅
壬申	簡文帝 咸安二	二21 乙未	三21 甲子	四20 甲午	五19 癸亥	六18 癸巳	七17 壬戌	八16 壬辰	九14 辛酉	十14 辛卯	十一12 庚申	十二12 庚寅	一10 己未	
癸酉	孝武帝 寧康元	二9 己丑	三10 戊午	四9 戊子	五8 丁巳	六7 丁亥	七7 丁巳	八5 丙戌	九4 丙辰	十3 乙酉	十一2 乙卯	十二1 甲申	十二31 甲寅	
甲戌	二	一29 癸未	二28 癸丑	三29 壬午	四28 壬子	五27 辛巳	六26 辛亥	七25 庚辰	九22 己卯	十22 己酉	十一21 己卯	十二20 戊申	一19 戊寅	八24 七庚戌
乙亥	三	二17 丁未	三19 丁丑	四17 丙午	五17 丙子	六15 乙巳	七15 乙亥	八13 甲辰	九12 甲戌	十11 癸卯	十一10 癸酉	十二9 壬寅	一8 壬申	
丙子	太元元	二7 壬寅	三7 辛未	四6 辛丑	五5 庚午	六4 庚子	七3 己巳	八2 己亥	八31 戊辰	九30 戊戌	十29 丁卯	十一28 丁酉	十二27 丙寅	
丁丑	二	一26 丙申	二24 乙丑	三26 乙未	五24 甲午	六23 甲子	七22 癸巳	八21 癸亥	九19 壬辰	十19 壬戌	十一17 辛卯	十二17 辛酉	一15 庚寅	四24 三甲子
戊寅	三	二14 庚申	三15 己丑	四14 己未	五13 戊子	六12 戊午	七11 丁亥	八10 丁巳	九8 丙戌	十8 丙辰	十一7 丙戌	十二6 乙卯	一5 乙酉	
己卯	四	二3 甲寅	三5 甲申	四3 癸丑	五3 癸未	六1 壬子	七1 壬午	七30 辛亥	八29 辛巳	九27 庚戌	十27 庚辰	十一25 己酉	十二25 己卯	一24 十二己酉
庚辰	五	二22 戊寅	三23 戊申	四21 丁丑	五21 丁未	六19 丙子	七19 丙午	八17 乙亥	九16 乙巳	十15 甲戌	十一14 甲辰	十二13 癸酉	一12 癸卯	

十一月己酉簡文帝改元咸安、

	六 辛巳 2	七 壬午	八 癸未	九 甲申	一〇 乙酉 3	一一 丙戌	一二 丁亥	一三 戊子	一四 己丑 4	一五 庚寅
正	二10 壬申	一31 丁卯	二19 辛卯	二8 乙酉	一27 己卯	二15 癸卯	二5 戊戌	一25 壬辰	二12 丙辰	二1 庚戌
二	三12 壬寅	三1 丙申	三20 庚申	三9 乙卯	二26 己酉	三17 癸酉	三6 丁卯	三24 辛卯	三13 乙酉	三3 庚辰
三	四10 辛未	三31 丙寅	四19 庚寅	四7 甲申	三27 戊寅	四15 壬寅	四5 丁酉	四23 辛酉	四12 乙卯	四1 己酉
四	五10 辛丑	四29 乙未	五18 己未	五7 甲寅	四26 戊申	五15 壬申	五4 丙寅	五22 庚寅	五12 乙酉	五1 己卯
五	六9 辛未	五29 乙丑	六17 己丑	六5 癸未	五26 戊寅	六13 辛丑	六3 丙申	六21 庚申	六10 甲寅	五30 戊申
六	七8 庚子	六27 甲午	七16 戊午	七5 癸丑	七24 丁丑	七13 辛未	七2 乙丑	七20 己丑	七10 甲申	六29 戊寅
七	八7 庚午	七27 甲子	八15 戊子	八3 壬午	八22 丙午	八11 庚子	八1 乙未	八19 己未	八8 癸丑	七28 丁未
八	九5 己亥	八25 癸巳	九13 丁巳	九2 壬子	九21 丙子	九10 庚午	八30 甲子	九17 戊子	九7 癸未	八27 丁丑
九	十5 己巳	九24 癸亥	十13 丁亥	十1 辛巳	十20 乙巳	十10 庚子	九29 甲午	十17 戊午	十6 壬子	九26 丁未
十	十一3 戊戌	十一22 壬戌	十一11 丙辰	十31 辛亥	十一19 乙亥	十一8 己巳	十28 癸亥	十一15 丁亥	十一5 壬午	十25 丙子
十一	十二3 戊辰	十二22 壬辰	十二11 丙戌	十一29 庚辰	十二18 甲辰	十二8 己亥	十一27 癸巳	十二15 丁巳	十二4 辛亥	十二23 乙亥
十二	一1 丁酉	一20 辛酉	一10 丙辰	十二29 庚戌	一17 甲戌	一6 戊辰	十二27 癸亥	一13 丙戌	一3 辛巳	一22 乙巳
閏		十24 九癸巳			六24 五丁未			二24 正壬戌		十一24 十丙午

魏道武登國元年、

羅馬1134 西曆381

羅馬1144　西曆391

干支	年	正	二	三	四	五	六	七	八	九	十	十一	十二	閏	
辛卯	一六	甲戌 二20	甲辰 三22	癸酉 四20	癸卯 五20	壬申 六18	壬寅 七18	辛未 八16	辛丑 九15	庚午 十14	庚子 十一13	庚午 十二13	己亥 一11		
壬辰	一七	己巳 二10	戊戌 三10	戊辰 四9	丁酉 五8	丁卯 六7	丙申 七6	丙寅 八5	乙未 九3	乙丑 十3	甲午 十一1	甲子 十二1	癸巳 十二30		
癸巳 5	一八	癸亥 一29	壬辰 二27	壬戌 三29	壬辰 四28	辛酉 五27	辛卯 六26	庚申 七25	己未 九22	己丑 十22	戊午 十一20	戊子 十二20	丁巳 一18	七庚寅 八24	
甲午	一九	丁亥 二17	丙辰 三18	丙戌 四17	乙卯 五16	乙酉 六15	甲寅 七14	甲申 八13	甲寅 九12	癸未 十11	癸丑 十一10	壬午 十二9	壬子 一8		
乙未	二〇	辛巳 二6	辛亥 三8	庚辰 四6	庚戌 五6	己卯 六4	己酉 七4	戊寅 八2	戊申 九1	丁丑 九30	丁未 十30	丁丑 十一29	丙午 十二28		
丙申	二一	丙子 一27	乙巳 二25	乙亥 三26	甲戌 五24	癸卯 六22	癸酉 七22	壬寅 八20	壬申 九19	辛丑 十18	辛未 十一17	庚子 十二16	庚午 一15	三甲辰 四24	七月魏改皇始元年、羅馬一一四九年分東西二國、
丁酉 6	晉安帝 隆安元	己亥 二13	己巳 三15	己亥 四14	戊辰 五13	戊戌 六12	丁卯 七11	丁酉 八10	丙寅 九8	丙申 十8	乙丑 十一6	乙未 十二6	甲子 一4		
戊戌	二	甲午 二3	癸亥 三4	癸巳 四3	壬戌 五2	壬辰 六1	辛酉 六30	辛卯 七30	辛酉 八29	庚寅 九27	庚申 十27	己丑 十一25	戊子 一23	十二己未 十二25	劉氏長曆閏十二月、十二月己丑魏改元天興、
己亥	三	戊午 二22	丁亥 三23	丁巳 四22	丙戌 五21	丙辰 六20	乙酉 七19	乙卯 八18	甲申 九16	甲寅 十16	甲申 十一15	癸丑 十二14	癸未 一13		
庚子	四	壬子 二11	壬午 三12	辛亥 四10	辛巳 五10	庚戌 六8	庚辰 七8	己酉 八6	己卯 九5	戊申 十4	戊寅 十一3	丁未 十二2	丁丑 一1		

年	紀年	正	二	三	四	五	六	七	八	九	十	十一	十二	閏	備注
辛丑	五	一30 丙午	三1 丙子	三31 丙午	四29 乙亥	五29 乙巳	六27 甲戌	七27 甲辰	八25 癸酉	十23 壬申	十一22 壬寅	十二21 辛未	一20 辛丑	八 癸卯 九24	
壬寅	元興元	二18 庚午	三20 庚子	四18 己巳	五18 己亥	六16 戊辰	七16 戊戌	八15 戊辰	九13 丁酉	十13 丁卯	十一11 丙申	十二11 丙寅	一9 乙未		
癸卯	二	二8 乙丑	三9 甲午	四8 甲子	五7 癸巳	六6 癸亥	七5 壬辰	八4 壬戌	九2 辛卯	十2 辛酉	十一1 辛卯	十一30 庚申	十二30 庚寅		
甲辰	三	一28 乙未	二27 己丑	三27 戊午	四26 戊子	五25 丁巳	七23 丙辰	八22 丙戌	九20 乙卯	十20 乙酉	十一18 甲寅	十二18 甲申	一16 癸丑	五 丁亥 六24	十月辛巳魏改元天賜。
乙巳	義熙元	二15 癸未	三17 癸丑	四15 壬午	五15 壬子	六13 辛巳	七13 辛亥	八11 庚辰	九10 庚戌	十9 己卯	十一8 己酉	十二7 戊寅	一6 戊申		
丙午	二	二4 丁丑	三6 丁未	四4 丙子	五4 丙午	六2 乙亥	七2 乙巳	八1 乙亥	八30 甲辰	九29 甲戌	十28 癸卯	十一27 癸酉	十二26 壬寅		
丁未	三	一25 壬申	二23 辛丑	四23 庚子	五23 庚午	六21 己亥	七21 己巳	八19 戊戌	九18 戊辰	十18 戊戌	十一16 丁卯	十二16 丁酉	一14 丙寅	二 辛未 三25	劉氏長曆閏正月，據晋紀及宋紀改之。
戊申	四	二13 丙申	三13 乙丑	四12 乙未	五11 甲子	六10 甲午	七9 癸亥	八8 癸巳	九6 壬戌	十6 壬辰	十一4 辛酉	十二4 辛卯	一2 庚申		
己酉	五	二1 庚寅	三3 庚申	四1 己丑	五1 己未	五30 戊子	六29 戊午	七28 丁亥	八27 丁巳	九25 丙戌	十25 丙辰	十二23 乙卯	一21 甲申	十 乙酉 十一23	十月壬申魏明元改元永興，北史作壬午。
庚戌	六	二20 甲寅	三21 癸未	四20 癸丑	五19 壬午	六18 壬子	七18 壬午	八16 辛亥	九15 辛巳	十14 庚戌	十一13 庚辰	十二12 己酉	一11 己卯		

羅馬1154　西曆401

羅馬1164 西曆411

年	東晋	正	二	三	四	五	六	七	八	九	十	十一	十二	閏	備注
辛亥	七	二9 戊申	三11 戊寅	四9 丁未	五9 丁丑	六7 丙午	七7 丙子	八5 乙巳	九4 乙亥	十4 乙巳	十一2 甲戌	十二2 甲辰	十二31 癸酉		
壬子	八	一30 癸卯	二28 壬申	三29 壬寅	四27 辛未	五27 辛丑	六25 庚午	八23 己巳	九22 己亥	十21 戊辰	十一20 戊戌	十二19 丁卯	一18 丁酉	六庚子 七25	
癸丑 3	九	二17 丁卯	三18 丙申	四17 丙寅	五16 乙未	六15 乙丑	七14 甲午	八13 甲子	九11 癸巳	十11 癸亥	十一9 壬辰	十二9 壬戌	一7 辛卯		
甲寅	一〇	二6 辛酉	三7 庚寅	四6 庚申	五5 己丑	六4 己未	七4 己丑	八2 戊午	九1 戊子	九30 丁巳	十30 丁亥	十一28 丙辰	十二28 丙戌		魏神瑞元年、
乙卯	一一	一26 乙卯	二25 乙酉	三26 甲寅	五24 癸丑	六23 癸未	七22 壬子	八21 壬午	九20 壬子	十19 辛巳	十一18 辛亥	十二17 庚辰	一16 庚戌	三甲申 四25	
丙辰	一二	二14 己卯	三15 己酉	四13 戊寅	五13 戊申	六11 丁丑	七11 丁未	八9 丙子	九8 丙午	十7 乙亥	十一6 乙巳	十二5 甲戌	一4 甲辰		四月壬子魏改元泰常、
丁巳 4	一三	二3 甲戌	三4 癸卯	四3 癸酉	五2 壬寅	六1 壬申	六30 辛丑	七30 辛未	八28 庚子	九27 庚午	十26 己亥	十一25 己巳	十二24 戊戌	十二戊辰 一23	
戊午	一四	二21 丁酉	三23 丁卯	四21 丙申	五21 丙寅	六20 丙申	七19 乙丑	八18 乙未	九16 甲子	十16 甲午	十一14 癸亥	十二14 癸巳	一12 壬戌		
己未	晋恭帝元熙元	二11 壬辰	三12 辛酉	四11 辛卯	五10 庚申	六9 庚寅	七8 己未	八7 己丑	九6 己未	十5 戊子	十一4 戊午	十二3 丁亥	一2 丁巳		
庚申	二	一31 丙戌	三1 丙辰	三30 乙酉	四29 乙卯	五28 甲申	六27 甲寅	七26 癸未	八25 癸丑	十23 壬子	十一21 辛巳	十二21 辛亥	一20 辛巳	八壬午 九23	六月丁卯宋改元永初、

干支	年	正	二	三	四	五	六	七	八	九	十	十一	十二	閏	記事
5 辛酉	宋武帝 永初二	二18 庚戌	三20 庚辰	四18 己酉	五18 己卯	六16 戊申	七16 戊寅	八14 丁未	九13 丁丑	十12 丙午	十一11 丙子	十二10 乙巳	一9 乙亥		
壬戌	三	二7 甲辰	三9 甲戌	四7 癸卯	五7 癸酉	六6 癸卯	七5 壬申	八4 壬寅	九2 辛未	十2 辛丑	十31 庚午	十一30 庚子	十二29 己巳		
癸亥	宋少帝 景平元	一28 己亥	二26 戊辰	三28 戊戌	四26 丁卯	六24 丙寅	七24 丙申	八23 丙寅	九21 乙未	十21 乙丑	十一19 甲午	十二19 甲子	一17 癸巳	五26 四丁酉	
甲子	二	二16 癸亥	三16 壬辰	四15 壬戌	五14 辛卯	六13 辛酉	七12 庚寅	八11 庚申	九9 己丑	十9 己未	十一7 戊子	十二7 戊午	一6 戊子		八月丁酉文帝改元元嘉、魏太武始光元年、
6 乙丑	宋文帝 元嘉二	二4 丁巳	三6 丁亥	四4 丙辰	五4 丙戌	六2 乙卯	七2 乙酉	七31 甲寅	八30 甲申	九28 癸丑	十28 癸未	十一26 壬子	十二26 壬午		
丙寅	三	一24 辛亥	三24 庚戌	四23 庚辰	五23 庚戌	六21 己卯	七21 己酉	八19 戊寅	九18 戊申	十17 丁丑	十一16 丁未	十二15 丙子	一14 丙午	二23 正辛巳	
丁卯	四	二12 乙亥	三14 乙巳	四12 甲戌	五12 甲辰	六10 癸酉	七10 癸卯	八9 癸酉	九7 壬寅	十7 壬申	十一5 辛丑	十二5 辛未	一3 庚子		
戊辰	五	二2 庚午	三2 己亥	四1 己巳	四30 戊戌	五30 戊辰	六28 丁酉	七28 丁卯	八26 丙申	九25 丙寅	十24 乙未	十二23 乙未	一21 甲子	十一23 十乙丑	二月魏改元神麚、
7 己巳	六	二20 甲午	三21 癸亥	四20 癸巳	五19 壬戌	六18 壬辰	七17 辛酉	八16 辛卯	九14 庚申	十14 庚寅	十一12 己未	十二12 己丑	一10 戊午		
庚午	七	二9 戊子	三11 戊午	四9 丁亥	五9 丁巳	六7 丙戌	七7 丙辰	八5 乙酉	九4 乙卯	十3 甲申	十一2 甲寅	十二1 癸未	十二31 癸丑		

羅馬1174 西曆421

羅馬1184 西曆431

干支	宋	正	二	三	四	五	六	七	八	九	十	十一	十二	閏	
辛未	八	壬午 一29	壬子 二28	辛巳 三29	辛亥 四28	庚辰 五27	庚戌 六26	己酉 八24	己卯 九23	戊申 十22	戊寅 十一21	丁未 十二20	丁丑 一19	六庚辰 七26	
壬申	九	丙午 二17	丙子 三18	乙巳 四16	乙亥 五16	甲辰 六14	甲戌 七14	癸卯 八12	癸酉 九11	壬寅 十10	壬申 十一9	壬寅 十二9	辛未 一7		魏延和元年、
癸酉 1	一〇	辛丑 二6	庚午 三7	庚子 四6	己巳 五5	己亥 六4	戊辰 七3	戊戌 八2	丁卯 八31	丁酉 九30	丙寅 十29	丙申 十一28	乙丑 十二27		
甲戌	一一	乙未 一26	甲子 二24	甲午 三26	癸巳 五24	癸亥 六23	壬辰 七22	壬戌 八21	辛卯 九19	辛酉 十19	庚寅 十一17	庚申 十二17	己丑 一15	三甲子 四25	
乙亥	一二	己未 二14	戊子 三15	戊午 四14	丁亥 五13	丁巳 六12	丁亥 七12	丙辰 八10	丙戌 九9	乙卯 十8	乙酉 十一7	甲寅 十二6	甲申 一5		正月甲申魏改元太延、
丙子	一三	癸丑 二3	癸未 三4	壬子 四2	壬午 五2	辛亥 五31	辛巳 六30	庚戌 七29	庚辰 八28	己酉 九26	己卯 十26	己酉 十一25	戊寅 十二24	十一戊申 一23	
丁丑 2	一四	丁丑 二21	丁未 三23	丙子 四21	丙午 五21	乙亥 六19	乙巳 七19	甲戌 八17	甲辰 九16	癸酉 十15	癸卯 十一14	壬申 十二13	壬寅 一12		
戊寅	一五	辛未 二10	辛丑 三12	辛未 四11	庚子 五10	庚午 六9	己亥 七8	己巳 八7	戊戌 九5	戊辰 十5	丁酉 十一3	丁卯 十二3	丙申 一1		
己卯	一六	丙寅 一31	乙未 三1	乙丑 三31	甲午 四29	甲子 五29	甲午 六28	癸亥 七27	癸巳 八26	壬戌 九24	辛酉 十一22	辛卯 十二22	庚申 一20	九壬辰 十24	
庚辰	一七	庚寅 二19	己未 三19	己丑 四18	戊午 五17	戊子 六16	丁巳 七15	丁亥 八14	丙辰 九12	丙戌 十12	丙辰 十一11	乙酉 十二10	乙卯 一9		六月丁丑魏改元太平真君、

羅馬1194 西曆441

	正	二	三	四	五	六	七	八	九	十	十一	十二	閏
3 辛巳 一八	甲申 二7	甲寅 三9	癸未 四7	癸丑 五7	壬午 六5	壬子 七5	辛巳 八3	辛亥 九2	庚辰 十1	庚戌 十31	己卯 十一29	己酉 十二29	
壬午 一九	戊寅 一27	戊申 二26	戊寅 三28	丁未 四26	丁丑 五26	丙子 七24	乙巳 八22	乙亥 九21	甲辰 十20	甲戌 十一19	癸卯 十二18	癸酉 一17	五丙午 六24
癸未 二〇	壬寅 二15	壬申 三17	辛丑 四15	辛未 五15	辛丑 六14	庚午 七13	庚子 八12	己巳 九10	己亥 十10	戊辰 十一8	戊戌 十二8	丁卯 一6	
甲申 二一	丁酉 二5	丙寅 三5	丙申 四4	乙丑 五3	乙未 六2	甲子 七1	甲午 七31	癸亥 八29	癸巳 九28	癸亥 十28	壬辰 十一26	壬戌 十二26	
4 乙酉 二二	辛卯 一24	辛酉 二23	庚寅 三24	庚申 四23	己丑 五22	戊子 七20	戊午 八19	丁亥 九17	丁巳 十17	丙戌 十一15	丙辰 十二15	乙酉 一13	五己未 六21
丙戌 二三	乙卯 二12	乙酉 三14	甲寅 四12	甲申 五12	癸丑 六10	癸未 七10	壬子 八8	壬午 九7	辛亥 十6	辛巳 十一5	庚戌 十二4	庚辰 一3	
丁亥 二四	己酉 二1	己卯 三3	戊申 四1	戊寅 五1	戊申 五31	丁丑 六29	丁未 七29	丙子 八27	丙午 九26	乙亥 十25	乙巳 十一24	甲戌 十二23	
戊子 二五	甲辰 一22	癸酉 二20	壬申 四19	壬寅 五19	辛未 六17	辛丑 七17	庚午 八15	庚子 九14	庚午 十14	己亥 十一12	己巳 十二12	戊戌 一10	二癸卯 三21
5 己丑 二六	戊辰 二9	丁酉 三10	丁卯 四9	丙申 五8	丙寅 六7	乙未 七6	乙丑 八5	甲午 九3	甲子 十3	癸巳 十一1	癸亥 十二1	壬辰 十二30	
庚寅 二七	壬戌 一29	壬辰 二28	辛酉 三29	辛卯 四28	庚申 五27	庚寅 六26	己未 七25	己丑 八24	戊午 九22	戊子 十22	丁亥 十二20	丙辰 一18	十丁巳 十一20

宋始用元嘉曆、魏仍用景初曆、閏正辛酉、二庚寅、三庚申、四己丑、五己未、

魏閏十己巳、十一乙亥、十二甲辰、

魏正癸酉、二癸卯、

魏閏七己丑、八戊午、九戊子、十丁巳、

歲次	宋	正	二	三	四	五	六	七	八	九	十	十一	十二	閏	魏
辛卯	二八	丙戌 二17	乙卯 三18	乙酉 四17	乙卯 五17	甲申 六15	甲寅 七15	癸未 八13	癸丑 九12	壬午 十11	壬子 十一10	辛巳 十二9	辛亥 一8		六月壬戌魏改正平元年、
壬辰	二九	庚辰 二6	庚戌 三7	己卯 四5	己酉 五5	戊寅 六3	戊申 七3	丁丑 八1	丁未 八31	丁丑 九30	丙午 十29	丙子 十一28	乙巳 十二27		三月魏改元永平、十月戊申魏文成改元興安、
6 癸巳	三〇	乙亥 一26	甲辰 二24	甲戌 三26	癸卯 四24	癸酉 五24	壬寅 六22	辛丑 八20	辛未 九19	庚子 十18	庚午 十一17	己亥 十二16	己巳 一15	六壬申 七22	
甲午	孝武帝 孝建元	己亥 二14	戊辰 三15	戊戌 四14	丁卯 五13	丁酉 六12	丙寅 七11	丙申 八10	乙丑 九8	乙未 十8	甲子 十一6	甲午 十二6	癸亥 一4		七月辛丑魏改元興光、
乙未	二	癸巳 二3	壬戌 三4	壬辰 四3	壬戌 五3	辛卯 六1	辛酉 七1	庚寅 七30	庚申 八29	己丑 九27	己未 十27	戊子 十一25	戊午 十二25		魏四辛酉、六月壬戌改元太安、
丙申	三	丁亥 一23	丁巳 二22	丙戌 三22	乙酉 五20	乙卯 六19	甲申 七18	甲寅 八17	甲申 九16	癸丑 十15	癸未 十一14	壬子 十二13	壬午 一12	三丙辰 四21	魏閏二丙戌、三丙辰、
7 丁酉	大明元	辛亥 二10	辛巳 三12	庚戌 四10	庚辰 五10	己酉 六8	己卯 七8	戊申 八6	戊寅 九5	丁未 十4	丁丑 十一3	丙午 十二2	丙子 一1		
戊戌	二	丙午 一31	乙亥 三1	乙巳 三31	甲戌 四29	甲辰 五29	癸酉 六27	癸卯 七27	壬申 八25	壬寅 九24	辛未 十23	辛丑 十一22	庚午 十二21	十二庚子 一20	劉氏魏閏十一、汪氏魏閏十辛丑、十一庚午、十二庚子、
己亥	三	己巳 二18	己亥 三20	戊辰 四18	戊戌 五18	戊辰 六17	丁酉 七16	丁卯 八15	丙申 九13	丙寅 十13	乙未 十一11	乙丑 十二11	甲午 一9		
庚子	四	甲子 二8	癸巳 三8	癸亥 四7	壬辰 五6	壬戌 六5	辛卯 七4	辛酉 八3	辛卯 九2	庚申 十1	庚寅 十31	己未 十一29	己丑 十二29		魏和平元年、

羅馬1204　西曆451

羅馬1214 西曆461

月	辛丑 1 五	壬寅 六	癸卯 七	甲辰 八	乙巳 2 前廢帝 永光元
正	一 27 戊午	二 15 壬午	二 4 丙子	一 25 辛未	二 12 乙未
二	二 26 戊子	三 17 壬子	三 6 丙午	二 23 庚子	三 13 甲子
三	三 27 丁巳	四 15 辛巳	四 4 乙亥	三 24 庚午	四 12 甲午
四	四 26 丁亥	五 15 辛亥	五 4 乙巳	四 22 己亥	五 11 癸亥
五	五 25 丙辰	六 13 庚辰	六 3 乙亥	五 22 己巳	六 10 癸巳
六	六 24 丙戌	七 13 庚戌	七 2 甲辰	七 20 戊辰	七 9 壬戌
七	七 23 乙卯	八 11 己卯	八 1 甲戌	八 19 戊戌	八 8 壬辰
八	八 22 乙酉	九 10 己酉	八 30 癸卯	九 17 丁卯	九 6 辛酉
九	九 20 甲寅	十 9 戊寅	九 29 癸酉	十 17 丁酉	十 6 辛卯
十	十一 18 癸丑	十一 8 戊申	十 28 壬寅	十一 15 丙寅	十一 4 庚申
十一	十二 18 癸未	十二 7 丁丑	十一 27 壬申	十二 15 丙申	十二 4 庚寅
十二	一 17 癸丑	一 6 丁未	十二 26 辛丑	一 13 乙丑	一 3 庚申
閏	十 20 九甲申			六 20 五戊戌	
	劉氏魏閏八月、汪氏魏閏七乙酉、八甲寅、九甲申、			魏閏四己巳、五戊戌、	八月癸酉改景和、十二月丙寅明帝改大明九年為泰始元年、

月	丙午 宋明帝 泰始二	丁未 三	戊申 四	己酉 3 五	庚戌 六
正	二 1 己丑	一 21 癸未	二 9 丁未	一 29 壬寅	二 17 丙寅
二	三 3 己未	三 21 壬午	三 10 丁丑	二 27 辛未	三 18 乙未
三	四 1 戊子	四 20 壬子	四 8 丙午	三 29 辛丑	四 17 乙丑
四	五 1 戊午	五 20 壬午	五 8 丙子	四 27 庚午	五 16 甲午
五	五 30 丁亥	六 18 辛亥	六 6 乙巳	五 27 庚子	六 15 甲子
六	六 29 丁巳	七 18 辛巳	七 6 乙亥	六 25 己巳	七 14 癸巳
七	七 28 丙戌	八 16 庚戌	八 5 乙巳	七 25 己亥	八 13 癸亥
八	八 27 丙辰	九 15 庚辰	九 3 甲戌	八 23 戊辰	九 11 壬辰
九	九 25 乙酉	十 14 己酉	十 3 甲辰	九 22 戊戌	十 11 壬戌
十	十 25 乙卯	十一 13 己卯	十一 1 癸酉	十 21 丁卯	十一 9 辛卯
十一	十一 23 甲申	十二 12 戊申	十二 1 癸卯	十一 20 丁酉	十二 9 辛酉
十二	十二 23 甲寅	一 11 戊寅	十二 30 壬申	一 18 丙申	一 7 庚寅
閏		二 20 正癸丑		十二 20 十一丁卯	
	魏獻文天安元年、	八月戊申魏改皇興元年、		魏閏九丁卯、十丁酉、十一丁卯、	

羅馬1224 西曆471

年	年號	正	二	三	四	五	六	七	八	九	十	十一	十二	閏	備注
辛亥	七	庚申 二6	己丑 三7	己未 四6	己丑 五6	戊午 六4	戊子 七4	丁巳 八2	丁亥 九1	丙辰 九30	丙戌 十30	乙卯 十一28	乙酉 十二28		八月丙午魏孝文改元延興、
壬子	泰豫元	甲寅 一26	甲申 二25	癸丑 三25	癸未 四24	壬子 五23	壬午 六22	壬子 七22	辛亥 九19	庚辰 十18	庚戌 十一17	己卯 十二16	己酉 一15	七辛巳 八20	魏閏六壬子、七辛巳、
癸丑 4	後廢帝 元徽元	戊寅 二13	戊申 三15	丁丑 四13	丁未 五13	丙子 六11	丙午 七11	乙亥 八9	乙巳 九8	甲戌 十7	甲辰 十一6	甲戌 十二6	癸卯 一4		
甲寅	二	癸酉 二3	壬寅 三4	壬申 四3	辛丑 五2	辛未 六1	庚子 六30	庚午 七30	己亥 八28	己巳 九27	戊戌 十26	戊辰 十一25	丁酉 十二24		
乙卯	三	丁卯 一23	丙申 二21	丙寅 三23	乙丑 五21	乙未 六20	甲子 七19	甲午 八18	癸亥 九16	癸巳 十16	壬戌 十一14	壬辰 十二14	辛酉 一12	三丙申 四22	
丙辰	四	辛卯 二11	庚申 三11	庚寅 四10	己未 五9	己丑 六8	己未 七8	戊子 八6	戊午 九5	丁亥 十4	丁巳 十一3	丙戌 十二2	丙辰 一1		六月壬申魏改承明元年。西羅馬亡、凡一二二九年、
丁巳 5	五	乙酉 一30	乙卯 三1	甲申 三30	甲寅 四29	癸未 五28	癸丑 六27	壬午 七26	壬子 八25	辛巳 九23	辛亥 十23	辛巳 十一22	庚戌 十二21	十一庚辰 一20	魏太和元年、七月壬辰宋順帝改元昇明、魏閏十一庚戌、十二庚辰、
戊午	宋順帝 昇明二	己酉 二18	己卯 三20	戊申 四18	戊寅 五18	丁未 六16	丁丑 七16	丙午 八14	丙子 九13	乙巳 十12	乙亥 十一11	甲辰 十二10	甲戌 一9		
己未	三	癸卯 二7	癸酉 三9	癸卯 四8	壬申 五7	壬寅 六6	辛未 七5	辛丑 八4	庚午 九2	庚子 十2	己巳 十31	己亥 十一30	戊辰 十二29		四月甲午齊改元建元、
庚申	齊高帝 建元二	戊戌 一28	丁卯 二26	丁酉 三27	丙寅 四25	丙申 五25	丙寅 六24	乙未 七23	乙丑 八22	甲午 九20	癸巳 十一18	癸亥 十二18	壬辰 一16	九甲午 十20	劉氏魏閏八、汪氏魏閏七乙丑、八甲午、九甲子、

		正	二	三	四	五	六	七	八	九	十	十一	十二	閏	
6 辛酉	三	壬戌 二15	辛卯 三16	辛酉 四15	庚寅 五14	庚申 六13	己丑 七12	己未 八11	戊子 九9	戊午 十9	戊子 十一8	丁巳 十二7	丁亥 一6		
壬戌	四	丙辰 二4	丙戌 三6	乙卯 四4	乙酉 五4	甲寅 六2	甲申 七2	癸丑 七31	癸未 八30	壬子 九28	壬午 十28	辛亥 十一26	辛巳 十二26		
癸亥	齊武帝 永明元	庚戌 一24	庚辰 二23	庚戌 三25	己卯 四23	己酉 五23	戊申 七21	丁丑 八19	丁未 九18	丙子 十17	丙午 十一16	乙亥 十二15	乙巳 一14	五戊寅 六21	魏閏四己酉、五戊寅、
甲子	二	甲戌 二12	甲辰 三13	癸酉 四11	癸卯 五11	癸酉 六10	壬寅 七9	壬申 八8	辛丑 九6	辛未 十6	庚子 十一4	庚午 十二4	己亥 一2		
7 乙丑	三	己巳 二1	戊戌 三2	戊辰 四1	丁酉 四30	丁卯 五30	丙申 六28	丙寅 七28	乙未 八26	乙丑 九25	乙未 十25	甲子 十一23	甲午 十二23		
丙寅	四	癸亥 一21	壬戌 三21	壬辰 四20	辛酉 五19	辛卯 六18	庚申 七17	庚寅 八16	己未 九14	己丑 十14	戊午 十一12	戊子 十二12	丁巳 一10	正癸巳 二20	
丁卯	五	丁亥 二9	丁巳 三11	丙戌 四9	丙辰 五9	乙酉 六7	乙卯 七7	甲申 八5	甲寅 九4	癸未 十3	癸丑 十一2	壬午 十二1	壬子 十二31		
戊辰	六	辛巳 一29	辛亥 二28	庚辰 三28	庚戌 四27	庚辰 五27	己酉 六25	己卯 七25	戊申 八23	戊寅 九22	丁未 十21	丙子 十一19	丙午 一18	十丁丑 十一20	魏閏九丁未、十丁丑、
1 己巳	七	乙巳 二16	乙亥 三18	甲辰 四16	甲戌 五16	癸卯 六14	癸酉 七14	壬寅 八12	壬申 九11	壬寅 十11	辛未 十一9	辛丑 十二9	庚午 一7		
庚午	八	庚子 二6	己巳 三7	己亥 四6	戊辰 五5	戊戌 六4	丁卯 七3	丁酉 八2	丙寅 八31	丙申 九30	乙丑 十29	乙未 十一28	甲子 十二27		

西曆481

年	紀年	正	二	三	四	五	六	七	八	九	十	十一	十二	閏	附記
辛未	九	甲午 一26	甲子 二25	癸巳 三26	癸亥 四25	壬辰 五24	壬戌 六23	辛卯 七22	庚寅 九19	庚申 十19	己丑 十一17	己未 十二17	戊子 一15	七辛酉 八21	劉氏魏閏六、汪氏魏閏五壬戌、六辛卯、七辛酉、
壬申	一〇	戊午 二14	丁亥 三14	丁巳 四13	丁亥 五13	丙辰 六11	丙戌 七11	乙卯 八9	乙酉 九8	甲寅 十7	甲申 十一6	癸丑 十二5	癸未 一4		
癸酉	一一	壬子 二2	壬午 三4	辛亥 四2	辛巳 五2	庚戌 五31	庚辰 六30	己酉 七29	己卯 八28	己酉 九27	戊寅 十26	戊申 十一25	丁丑 十二24		
甲戌	鬱林王 隆昌元	丁未 一23	丙子 二21	丙午 三23	乙亥 四21	甲戌 六19	甲辰 七19	癸酉 八17	癸卯 九16	壬申 十15	壬寅 十一14	辛未 十二13	辛丑 一12	四乙巳 五21	劉氏魏閏三、汪氏魏閏二丙午、三乙亥、四乙巳、七月丁酉海陵王改元延興、十月癸亥明帝改元建武、
乙亥	齊明帝 建武二	辛未 二11	庚子 三12	庚午 四11	己亥 五10	己巳 六9	戊戌 七8	戊辰 八7	丁酉 九5	丁卯 十5	丙申 十一3	丙寅 十二3	乙未 一1		
丙子	三	乙丑 一31	甲午 二29	甲子 三30	甲午 四29	癸亥 五28	癸巳 六27	壬戌 七26	壬辰 八25	辛酉 九23	辛卯 十23	庚申 十一21	庚寅 十二21	十二乙未 一19	魏閏十一庚寅、十二己未、
丁丑	四	己丑 二18	戊午 三19	戊子 四18	丁巳 五17	丁亥 六16	丙辰 七15	丙戌 八14	丙辰 九13	乙酉 十12	乙卯 十一11	甲申 十二10	甲寅 一9		
戊寅	五	癸未 二7	癸丑 三9	壬午 四7	壬子 五7	辛巳 六5	辛亥 七5	庚辰 八3	庚戌 九2	己卯 十1	己酉 十31	戊寅 十一29	戊申 十二29		四月甲寅改元永泰、
己卯	東昏侯 永元元	戊寅 一28	丁未 二26	丁丑 三28	丙午 四26	丙子 五26	乙巳 六24	乙亥 七24	甲辰 八22	癸卯 十20	癸酉 十一19	壬寅 十二18	壬申 一17	八甲戌 九21	
庚辰	二	辛丑 二15	辛未 三16	辛丑 四15	庚午 五14	庚子 六13	己巳 七12	己亥 八11	戊辰 九9	戊戌 十9	丁卯 十一7	丁酉 十二7	丙寅 一5		魏宣武景明元年、

西曆491

干支	年	正	二	三	四	五	六	七	八	九	十	十一	十二	閏	備考
辛巳 4	三	丙申 二4	乙丑 三5	乙未 四4	甲子 五3	甲午 六2	癸亥 七1	癸巳 七31	癸亥 八30	壬辰 九28	壬戌 十28	辛卯 十一26	辛酉 十二26		三月乙巳和帝改元中興、
壬午	齊和帝中興二	庚寅 一24	庚申 二23	己丑 三24	己未 四23	戊午 六21	丁亥 七20	丁巳 八19	丙戌 九17	丙辰 十17	乙酉 十一15	乙卯 十二15	乙酉 一14	四戊子 五22	四月丙寅梁改元天監、劉氏閏六汪氏閏五、據紀及南史閏四、魏劉氏閏五汪氏閏四、
癸未	梁武帝天監二	甲寅 二12	甲申 三14	癸丑 四12	癸未 五12	壬子 六10	壬午 七10	辛亥 八8	辛巳 九7	庚戌 十6	庚辰 十一5	己酉 十二4	己卯 一3		
甲申	三	戊申 二1	戊寅 三2	戊申 四1	丁丑 四30	丁未 五30	丙子 六28	丙午 七28	乙亥 八26	乙巳 九25	甲戌 十24	甲辰 十一23	癸酉 十二22		正月丙寅魏改元正始、閏十二月癸卯、
乙酉 5	四	癸卯 一21	壬申 二19	辛未 四19	辛丑 五19	庚午 六17	庚子 七17	庚午 八16	己亥 九14	己巳 十14	戊戌 十一12	戊辰 十二12	丁酉 一10	二壬寅 三21	魏正壬申、二壬寅、
丙戌	五	丁卯 二9	丙申 三10	丙寅 四9	乙未 五8	乙丑 六7	甲午 七6	甲子 八5	癸巳 九3	癸亥 十3	壬辰 十一1	壬戌 十二1	壬辰 十二31		
丁亥	六	辛酉 一29	辛卯 二28	庚申 三29	庚寅 四28	己未 五27	己丑 六26	戊午 七25	戊子 八24	丁巳 九22	丁亥 十22	丙戌 十二20	乙卯 一18	十丙辰 十一20	魏閏九丁亥、十丙辰、
戊子	七	乙酉 二17	乙卯 三18	甲申 四16	甲寅 五16	癸未 六14	癸丑 七14	壬午 八12	壬子 九11	辛巳 十10	辛亥 十一9	庚辰 十二8	庚戌 一7		八月丁卯魏改元永平、
己丑	八	己卯 二5	己酉 三7	戊寅 四5	戊申 五5	丁丑 六3	丁未 七3	丁丑 八2	丙午 八31	丙子 九30	乙巳 十29	乙亥 十一28	甲辰 十二27		
庚寅 6	九	甲戌 一26	癸卯 二24	癸酉 三26	壬寅 四24	壬申 五24	辛丑 六22	庚子 八20	庚午 九19	己亥 十18	己巳 十一17	己亥 十二17	戊辰 一15	六辛未 七22	

西曆501

年	梁	正	二	三	四	五	六	七	八	九	十	十一	十二	閏	魏
辛卯	一〇	二14 戊戌	三15 丁卯	四14 丁酉	五13 丙寅	六12 丙申	七11 乙丑	八10 乙未	九8 甲子	十8 甲午	十一6 癸亥	十二6 癸巳	一4 壬戌		
壬辰	一一	二3 壬辰	三4 壬戌	四2 辛卯	五2 辛酉	五31 庚寅	六30 庚申	七29 己丑	八28 己未	九26 戊子	十26 戊午	十一24 丁亥	十二24 丁巳		四月乙酉魏改元延昌、
癸巳	一二	一22 丙戌	二21 丙辰	三22 乙酉	五20 甲申	六19 甲寅	七19 甲申	八17 癸丑	九16 癸未	十15 壬子	十一14 壬午	十二13 辛亥	一12 辛巳	三乙卯 四21	魏閏二乙酉、三乙卯、
甲午	一三	二10 庚戌	三12 庚辰	四10 己酉	五10 己卯	六8 戊申	七8 戊寅	八6 丁未	九5 丁丑	十4 丙午	十一3 丙子	十二3 丙午	一1 乙亥		
乙未	一四	一31 乙巳	三1 甲戌	三31 甲辰	四29 癸酉	五29 癸卯	六27 壬申	七27 壬寅	八25 辛未	九24 辛丑	十23 庚午	十一22 庚子	十二21 己巳	十二己亥、 一20	劉氏魏閏十一、汪氏魏閏十庚子、十一己巳、十二己亥、
丙申	一五	二18 戊辰	三19 戊戌	四18 戊辰	五17 丁酉	六16 丁卯	七15 丙申	八14 丙寅	九12 乙未	十12 乙丑	十一10 甲午	十二10 甲子	一8 癸巳		魏孝明熙平元年、
丁酉	一六	二7 癸亥	三8 壬辰	四7 壬戌	五6 辛卯	六5 辛酉	七5 辛卯	八3 庚申	九2 庚寅	十1 己未	十31 己丑	十一29 戊午	十二29 戊子		
戊戌	一七	一27 丁巳	二26 丁亥	三27 丙辰	四26 丙戌	五25 乙卯	六24 乙酉	七23 甲寅	八22 甲申	十20 癸未	十一19 癸丑	十二18 壬午	一17 壬子	八癸丑 九20	二月己酉魏改神龜元年、閏七甲申、八癸丑、
己亥	一八	二15 辛巳	三17 辛亥	四15 庚辰	五15 庚戌	六13 己卯	七13 己酉	八11 戊寅	九10 戊申	十9 丁丑	十一8 丁未	十二7 丙子	一6 丙午		
庚子	普通元	二4 乙亥	三5 乙巳	四4 乙亥	五3 甲辰	六2 甲戌	七1 癸卯	七31 癸酉	八29 壬寅	九28 壬申	十27 辛丑	十一26 辛未	十二25 庚子		七月辛卯魏改正光元年、

年	年次	正	二	三	四	五	六	七	八	九	十	十一	十二	閏	
2 辛丑	二	一24 庚午	二22 己亥	三24 己巳	四22 戊戌	五22 戊辰	七20 丁卯	八19 丁酉	九17 丙寅	十17 丙申	十一15 乙丑	十二15 乙未	一13 甲子	五戊戌 六21	
壬寅	三	二12 甲午	三13 癸亥	四12 癸巳	五11 壬戌	六10 壬辰	七9 辛酉	八8 辛卯	九6 庚申	十6 庚寅	十一5 庚申	十二4 己丑	一3 己未		
癸卯	四	二1 戊子	三3 戊午	四1 丁亥	五1 丁巳	五30 丙戌	六29 丙辰	七28 乙酉	八27 乙卯	九25 甲申	十25 甲寅	十一23 癸未	十二23 癸丑		
甲辰	五	一21 壬午	二20 壬子	四19 辛亥	五19 辛巳	六17 庚戌	七17 庚辰	八15 己酉	九14 己卯	十13 戊申	十一12 戊寅	十二11 丁未	一10 丁丑	二壬午 三21	劉氏長曆閏正月、魏正癸未、
3 乙巳	六	二8 丙午	三10 丙子	四8 乙巳	五8 乙亥	六7 乙巳	七6 甲戌	八5 甲辰	九3 癸酉	十3 癸卯	十一1 壬申	十二1 壬寅	十二30 辛未		六月癸未魏改孝昌元年、
丙午	七	一29 辛丑	二27 庚午	三29 庚子	四27 己巳	五27 己亥	六25 戊辰	七25 戊戌	八23 丁卯	九22 丁酉	十22 丁卯	十二20 丙寅	一18 乙未	十丙申 十一20	魏十一丙申、閏十一丙寅、
丁未	八	二17 乙丑	三18 甲午	四17 甲子	五16 癸巳	六15 癸亥	七14 壬辰	八13 壬戌	九11 辛卯	十11 辛酉	十一9 庚寅	十二9 庚申	一7 己丑		三月甲戌改元大通、魏十二庚寅、 是年羅馬教士若尼斯始推定以耶穌降生歲為元年、
戊申	大通二	二6 己未	三7 己丑	四5 戊午	五5 戊子	六3 丁巳	七3 丁亥	八1 丙辰	八31 丙戌	九29 乙卯	十29 乙酉	十一27 甲寅	十二27 甲申		正月丙寅魏改武泰、四月辛丑魏孝莊改建義、九月乙亥魏改永安、
4 己酉	三	一25 癸丑	二24 癸未	三25 壬子	四24 壬午	五24 壬子	六22 辛巳	八20 庚辰	九19 庚戌	十18 己卯	十一17 己酉	十二16 戊寅	一15 戊申	六辛亥 七22	十月朔改元、魏七辛亥、閏七庚辰、
庚戌	中大通二	二13 丁丑	三15 丁未	四13 丙子	五13 丙午	六11 乙亥	七11 乙巳	八9 甲戌	九8 甲辰	十8 甲戌	十一6 癸卯	十二6 癸酉	一4 壬寅		十月壬申魏改建明、

西曆5之1

干支	年	正	二	三	四	五	六	七	八	九	十	十一	十二	閏	附註
辛亥	三	壬申 二3	辛丑 三4	辛未 四3	庚子 五2	庚午 六1	己亥 六30	己巳 七30	戊戌 八28	戊辰 九27	丁酉 十26	丁卯 十一25	丙申 十二24		西曆531　二月己巳魏廣陵改普泰、十月壬寅魏安定改中興、十二丁酉、
壬子	四	丙寅 一23	丙申 二22	乙丑 三22	甲子 五20	甲午 六19	癸亥 七18	癸巳 八17	壬戌 九15	壬辰 十15	辛酉 十一13	辛卯 十二13	庚申 一11	三乙未 四21	北史魏閏二月、劉氏魏閏四月、 四月戊子魏出帝改太昌、十二月丁亥魏改永興、尋改永熙、
癸丑 5	五	庚寅 二10	己未 三11	己丑 四10	己未 五10	戊子 六8	戊午 七8	丁亥 八6	丁巳 九5	丙戌 十4	丙辰 十一3	乙酉 十二2	乙卯 一1		
甲寅	六	甲申 一30	甲寅 三1	癸未 三30	癸丑 四29	壬午 五28	壬子 六27	辛巳 七26	辛亥 八25	辛巳 九24	庚戌 十23	庚辰 十一22	己酉 十二21	十二己卯 一20	十月丙寅東魏孝靜改元天平、
乙卯	大同元	戊申 二18	戊寅 三20	丁未 四18	丁丑 五18	丙午 六16	丙子 七16	乙巳 八14	乙亥 九13	甲辰 十12	甲戌 十一11	癸卯 十二10	癸酉 一9		西魏文帝改元大統、十一甲辰、
丙辰	二	癸卯 二8	壬申 三8	壬寅 四7	辛未 五6	辛丑 六5	庚午 七4	庚子 八3	己巳 九1	己亥 十1	戊辰 十30	戊戌 十一29	丁卯 十二28		
丁巳 6	三	丁酉 一27	丙寅 二25	丙申 三27	丙寅 四26	乙未 五25	乙丑 六24	甲午 七23	甲子 八22	癸巳 九20	壬辰 十一18	壬戌 十二18	辛卯 一16	九癸亥 十20	汪氏長術七丙午誤、
戊午	四	辛酉 二15	庚寅 三16	庚申 四15	己丑 五14	己未 六13	戊子 七12	戊午 八11	戊子 九10	丁巳 十9	丁亥 十一8	丙辰 十二7	丙戌 一6		東魏改元元象、
己未	五	乙卯 二4	乙酉 三6	甲寅 四4	甲申 五4	癸丑 六2	癸未 七2	壬子 七31	壬午 八30	辛亥 九28	辛巳 十28	庚戌 十一26	庚辰 十二26		魏十一辛亥、癸亥東魏改元興和、
庚申	六	庚戌 一25	己卯 二23	己酉 三24	戊寅 四22	戊申 五22	丁未 七20	丙子 八18	丙午 九17	乙亥 十16	乙巳 十一15	甲戌 十二14	甲辰 一13	五丁丑 六20	

三三

勵耘書屋

西暦541

年	年號	正	二	三	四	五	六	七	八	九	十	十一	十二	閏	備考
辛酉	七	癸酉 二11	癸卯 三13	癸酉 四12	壬寅 五11	壬申 六10	辛丑 七9	辛未 八8	庚子 九6	庚午 十6	己亥 十一4	己巳 十二4	戊戌 一2		
壬戌	八	戊辰 二1	丁酉 三2	丁卯 四1	丙申 四30	丙寅 五30	乙未 六28	乙丑 七28	乙未 八27	甲子 九25	甲午 十25	癸亥 十一23	癸巳 十二23		
癸亥	九	壬戌 一21	辛酉 三21	辛卯 四20	庚申 五19	庚寅 六18	己未 七17	己丑 八16	戊午 九14	戊子 十14	丁巳 十一12	丁亥 十二12	丁巳 一11	正 壬辰 二20	東魏改元武定、十戊午、
甲子	一〇	丙戌 二9	丙辰 三10	乙酉 四8	乙卯 五8	甲申 六6	甲寅 七6	癸未 八4	癸丑 九3	壬午 十2	壬子 十一1	辛巳 十一30	辛亥 十二30		
乙丑	一一	庚辰 一28	庚戌 二27	庚辰 三29	己酉 四27	己卯 五27	戊申 六25	戊寅 七25	丁未 八23	丁丑 九22	丙午 十21	乙巳 十二19	乙亥 一18	十 丙子 十一20	
丙寅	一二	甲辰 二16	甲戌 三18	癸卯 四16	癸酉 五16	壬寅 六14	壬申 七14	壬寅 八13	辛未 九11	辛丑 十11	庚午 十一9	庚子 十二9	己巳 一7		四月丙戌改元、
丁卯	中大同 二	己亥 二6	戊辰 三7	戊戌 四6	丁卯 五5	丁酉 六4	丙寅 七3	丙申 八2	乙丑 八31	乙未 九30	甲子 十29	甲午 十一28	甲子 十二28		四月丁亥改元、 魏十乙丑、
戊辰	太清 二	癸巳 一26	癸亥 二25	壬辰 三25	壬戌 四24	辛卯 五23	辛酉 六22	庚寅 七21	己丑 九18	己未 十18	戊子 十一16	戊午 十二16	丁亥 一14	七 庚申 八20	
己巳	三	丁巳 二13	丁亥 三15	丙辰 四13	丙戌 五13	乙卯 六11	乙酉 七11	甲寅 八9	甲申 九8	癸丑 十7	癸未 十一6	壬子 十二5	壬午 一4		東魏亡、
庚午	簡文帝 大寶元	辛亥 二2	辛巳 三4	庚戌 四2	庚辰 五2	己酉 五31	己卯 六30	己酉 七30	戊寅 八28	戊申 九27	丁丑 十26	丁未 十一25	丙子 十二24		五月戊午北齊文宣改武定八年為天保元年、

西曆551

年	紀年	正	二	三	四	五	六	七	八	九	十	十一	十二	閏	附記
辛未	二	丙午 一23	乙亥 二21	乙巳 三23	甲辰 五21	癸酉 六19	癸卯 七19	壬申 八17	壬寅 九16	辛未 十15	辛丑 十一14	辛未 十二14	庚子 一12	三甲戌 四21	齊閏二乙巳、三甲戌、魏四甲戌、閏四甲辰、九壬申、八月梁豫章王改元天正、
壬申	三	庚午 二11	乙亥 三11	己巳 四10	戊戌 五9	戊辰 六8	丁酉 七7	丁卯 八6	丙申 九4	丙寅 十4	乙未 十一2	乙丑 十二2	甲午 十二31		十一月丙子元帝改太清六年為承聖、西魏廢帝元年、
癸酉 3	梁元帝 承聖二	甲子 一30	甲午 三1	癸亥 三30	癸巳 四29	壬戌 五28	壬辰 六27	辛酉 七26	辛卯 八25	庚申 九23	庚寅 十23	己未 十一21	戊午 一19	十一己丑 十二21	通鑑閏十、劉氏閏十二、齊閏十一、魏十二乙丑、閏十二戊午、
甲戌	三	戊子 二18	丁巳 三19	丁亥 四18	丙辰 五17	丙戌 六16	丙辰 七16	乙酉 八14	乙卯 九13	甲申 十12	甲寅 十一11	癸未 十二10	癸丑 一9		西魏恭帝元年、
乙亥	四	壬午 二7	壬子 三9	辛巳 四7	辛亥 五7	庚辰 六5	庚戌 七5	己卯 八3	己酉 九2	戊寅 十1	戊申 十31	戊寅 十一30	丁未 十二29		五月貞陽侯改元天成、十月己酉敬帝改元紹泰、魏九己卯、
丙子	梁敬帝 紹泰二	丁丑 一28	丙午 二26	丙子 三27	乙巳 四25	乙亥 五25	甲辰 六23	甲戌 七23	癸卯 八21	壬寅 十19	壬申 十一18	辛丑 十二17	辛未 一16	八癸酉 九20	九月朔改元太平、十二月庚子西魏禪於周、
丁丑 4	太平二	辛丑 二15	庚午 三16	庚子 四15	己巳 五14	己亥 六13	戊辰 七12	戊戌 八11	丁卯 九9	丁酉 十9	丙寅 十一7	丙申 十二7	乙丑 一5		周閔帝元年、九月甲子周明帝元年、十月乙亥陳改永定、
戊寅	陳武帝 永定二	乙未 二4	甲子 三5	甲午 四4	癸亥 五3	癸巳 六2	癸亥 七2	壬辰 七31	壬戌 八30	辛卯 九28	辛酉 十28	庚寅 十一26	庚申 十二26		
己卯	三	己丑 一24	己未 二23	戊子 三24	戊午 四23	丁巳 六21	丙戌 七20	丙辰 八19	乙酉 九17	乙卯 十17	乙酉 十一16	甲寅 十二15	甲申 一14	四丁亥 五22	劉氏汪氏閏五月、據紀及南史閏四月、周五丁亥、閏五丁巳、八丙戌、己亥改武成、
庚辰	陳文帝 天嘉元	癸丑 二12	癸未 三13	壬子 四11	壬午 五11	辛亥 六9	辛巳 七9	庚戌 八7	庚辰 九6	己酉 十5	己卯 十一4	戊申 十二3	戊寅 一2		北齊廢帝乾明元年、八月壬午孝昭改元皇建、

西曆561

	辛巳 5	壬午	癸未	甲申	乙酉 6	丙戌	丁亥	戊子	己丑 7	庚寅
	二	三	四	五	六	七	陳廢帝光大元	二	陳宣帝太建元	二
正	戊申 二1	壬寅 一21	丙寅 二9	庚申 一29	甲申 二16	戊寅 二5	癸酉 一26	丁酉 二14	辛卯 二2	乙酉 一22
二	丁丑 三2	辛未 二19	乙未 三10	庚寅 二28	甲寅 三18	戊申 三7	壬寅 二24	丙寅 三14	辛酉 三4	乙卯 二21
三	丁未 四1	庚午 四19	乙丑 四9	己未 三28	癸未 四16	丁丑 四5	壬申 三26	丙申 四13	庚寅 四2	甲申 三22
四	丙子 四30	庚子 五19	甲午 五8	己丑 四27	癸丑 五16	丁未 五5	辛丑 四24	乙丑 五12	庚申 五2	甲寅 四21
五	丙午 五30	庚午 六18	甲子 六7	戊午 五26	壬午 六14	丁丑 六4	辛未 五24	乙未 六11	己丑 五31	癸丑 六19
六	乙亥 六28	己亥 七17	癸巳 七6	戊子 六25	壬子 七14	丙午 七3	庚子 六22	甲子 七10	己未 六30	癸未 七19
七	乙巳 七28	己巳 八16	癸亥 八5	丁巳 七24	辛巳 八12	丙子 八2	己亥 八20	甲午 八9	戊子 七29	壬子 八17
八	甲戌 八26	戊戌 九14	壬辰 九3	丁亥 八23	辛亥 九11	乙巳 八31	己巳 九19	癸亥 九7	戊午 八28	壬午 九16
九	甲辰 九25	戊辰 十14	壬戌 十3	丙辰 九21	庚辰 十10	乙亥 九30	己亥 十19	癸巳 十7	丁亥 九26	辛亥 十15
十	癸酉 十24	丁酉 十一12	壬辰 十一2	丙戌 十21	庚戌 十一9	甲辰 十29	戊辰 十一17	壬戌 十一5	丁巳 十26	辛巳 十一14
十一	癸卯 十一23	丁卯 十二12	辛酉 十二1	乙酉 十二19	己卯 十二8	甲戌 十一28	戊戌 十二17	壬辰 十二5	丙戌 十一24	庚戌 十二13
十二	壬申 十二22	丙申 一10	辛卯 十二31	乙卯 一18	己酉 一7	癸卯 十二27	丁卯 一15	壬戌 一4	丙辰 十二24	庚辰 一12
閏		二辛丑 三21		十乙卯 十一19			六庚午 七22			四甲申 五21
	周武帝保定元年、 十一月癸丑齊武成改元太寧、閏十二壬寅、	齊正辛未、二辛丑、周閏正辛未、二辛丑、 四月乙巳齊改元河清、	周八癸巳、	周閏九丙戌、十乙卯、	四月丙子齊後主改元天統、	二月丙子改元天康、 周天和元年始用天和曆、朔閏異同、另有詳表、	周閏八月、			劉氏周閏五、 齊閏二甲申、三甲寅、四甲申、 齊武平元年、

年	序	正	二	三	四	五	六	七	八	九	十	十一	十二	閏	附注
辛卯	三	己酉 二10	己卯 三12	戊申 四10	戊寅 五10	丁未 六8	丁丑 七8	丙午 八6	丙子 九5	丙午 十5	乙亥 十一3	乙巳 十二3	甲戌 一1		西曆571
壬辰	四	甲辰 一31	癸酉 二29	癸卯 三30	壬申 四28	壬寅 五28	辛未 六26	辛丑 七26	庚午 八24	庚子 九23	己巳 十22	己亥 十一21	己巳 十二21	十二戊戌 一19	齊閏十一己巳、十二戊戌。周三月丙辰改建德。
癸巳	五	戊辰 二18	丁酉 三19	丁卯 四18	丙申 五17	丙寅 六16	乙未 七15	乙丑 八14	甲午 九12	甲子 十12	癸巳 十一10	癸亥 十二10	壬辰 一8		周閏正月。
甲午	六	壬戌 二7	辛卯 三8	辛酉 四7	辛卯 五7	庚申 六5	庚寅 七5	己未 八3	己丑 九2	戊午 十1	戊子 十31	丁巳 十一29	丁亥 十二29		
乙未	七	丙辰 一27	丙戌 二26	乙卯 三27	乙酉 四26	甲寅 五25	甲申 六24	癸丑 七23	癸未 八22	癸丑 九21	壬子 十一19	辛巳 十二18	辛亥 一17	九壬午 十20	劉氏汪氏閏八，據紀及南史閏九。齊閏八。周閏十月。
丙申	八	庚辰 二15	庚戌 三16	己卯 四14	己酉 五14	戊寅 六12	戊申 七12	丁丑 八10	丁未 九9	丙子 十8	丙午 十一7	丙子 十二7	乙巳 一5		十二月丁巳齊改隆化，戊午又改德昌。
丁酉	九	乙亥 二4	甲辰 三5	甲戌 四4	癸卯 五3	癸酉 六2	壬寅 七1	壬申 七31	辛丑 八29	辛未 九28	庚子 十27	庚午 十一26	己亥 十二25		齊幼主改元承光，為周所滅。
戊戌	一〇	己巳 一24	戊戌 二22	戊辰 三24	戊戌 四23	丁卯 五22	丙寅 七20	丙申 八19	乙丑 九17	乙未 十17	甲子 十一15	甲午 十二15	癸亥 一13	五丁酉 六21	周閏六月。三月壬辰改宣政。
己亥	一一	癸巳 二12	壬戌 三13	壬辰 四12	辛酉 五11	辛卯 六10	庚申 七9	庚寅 八8	庚申 九7	己丑 十6	己未 十一5	戊子 十二4	戊午 一3		周宣帝改元大成，二月辛巳改大象。
庚子	一二	丁亥 二1	丁巳 三2	丙戌 三31	丙辰 四30	乙酉 五29	乙卯 六28	甲申 七27	甲寅 八26	癸未 九24	癸丑 十24	癸未 十一23	壬子 十二22		

年	紀年	正	二	三	四	五	六	七	八	九	十	十一	十二	閏	備考
3 辛丑	一三	壬午 一21	辛亥 二19	庚戌 四19	庚辰 五19	己酉 六17	己卯 七17	戊申 八15	戊寅 九14	丁未 十13	丁丑 十一12	丙午 十二11	丙子 一10	二辛巳 三21	周靜帝改元大定、二月甲子隋受周禪、改開皇、劉氏隋閏四、汪氏隋閏三、
壬寅	一四	乙巳 二8	乙亥 三10	乙巳 四9	甲戌 五8	甲辰 六7	癸酉 七6	癸卯 八5	壬申 九3	壬寅 十3	辛未 十一1	辛丑 十二1	庚午 十二30		
癸卯	陳後主 至德元	庚子 一29	己巳 二27	己亥 三29	戊辰 四27	戊戌 五27	丁卯 六25	丁酉 七25	丁卯 八24	丙申 九22	丙寅 十22	乙未 十一20	甲午 一18	十一乙丑 十二20	隋閏十二月、
甲辰	二	甲子 二17	癸巳 三17	癸亥 四16	壬辰 五15	壬戌 六14	辛卯 七13	辛酉 八12	庚寅 九10	庚申 十10	庚寅 十一9	己未 十二8	己丑 一7		
4 乙巳	三	戊午 二5	戊子 三7	丁巳 四5	丁亥 五5	丙辰 六3	丙戌 七3	乙卯 八1	乙酉 八31	甲寅 九29	甲申 十29	癸丑 十一27	癸未 十二27		
丙午	四	壬子 一25	壬午 二24	壬子 三26	辛巳 四24	辛亥 五24	庚辰 六22	庚戌 七22	己酉 九19	戊寅 十18	戊申 十一17	丁丑 十二16	丁未 一15	七乙卯 八20	隋閏八月、
丁未	禎明元	丙子 二13	丙午 三15	乙亥 四13	乙巳 五13	甲戌 六11	甲辰 七11	甲戌 八10	癸卯 九8	癸酉 十8	壬寅 十一6	壬申 十二6	辛丑 一4		
戊申	二	辛未 二3	庚子 三3	庚午 四2	己亥 五1	己巳 五31	戊戌 六29	戊辰 七29	丁酉 八27	丁卯 九26	丁酉 十26	丙寅 十一24	丙申 十二24		
5 己酉	三	乙丑 一22	乙未 二21	甲子 三22	癸亥 五20	癸巳 六19	壬戌 七18	壬辰 八17	辛酉 九15	辛卯 十15	庚申 十一13	庚寅 十二13	己未 一11	三甲午 四21	隋閏四、劉氏隋閏六、
庚戌	隋文帝 開皇一〇	己丑 二10	己未 三12	戊子 四10	戊午 五10	丁亥 六8	丁巳 七8	丙戌 八6	丙辰 九5	乙酉 十4	乙卯 十一3	乙酉 十二3	甲寅 一1		

西曆581

年	干支	正	二	三	四	五	六	七	八	九	十	十一	十二	閏	附注
一一	辛亥	甲申 一31	癸丑 三1	癸未 三31	壬子 四29	壬午 五29	辛亥 六27	辛巳 七27	庚戌 八25	庚辰 九24	己酉 十23	己卯 十一22	戊申 十二21	十二戊寅 一20	汪氏長術六己亥、誤、劉氏長曆閏明年二月、
一二	壬子	丁未 二18	丁丑 三19	丁未 四18	丙子 五17	丙午 六16	乙亥 七15	乙巳 八14	甲戌 九12	甲辰 十12	癸酉 十一10	癸卯 十二10	壬申 一8		
一三	癸丑	壬寅 二7	辛未 三8	辛丑 四7	庚午 五6	庚子 六5	庚午 七5	己亥 八3	己巳 九2	戊戌 十1	戊辰 十31	丁酉 十一29	丁卯 十二29		
一四	甲寅	丙申 一27	丙寅 二26	乙未 三27	乙丑 四26	甲午 五25	甲子 六24	癸巳 七23	癸亥 八22	壬辰 九20	壬戌 十20	辛酉 十一18	辛卯 一17	十壬辰 十一19	
一五	乙卯	庚申 二15	庚寅 三17	己未 四15	己丑 五15	戊午 六13	戊子 七13	丁巳 八11	丁亥 九10	丙辰 十9	丙戌 十一8	乙卯 十二7	乙酉 一6		
一六	丙辰	甲寅 二4	甲申 三5	甲寅 四4	癸未 五3	癸丑 六2	壬午 七1	壬子 七31	辛巳 八29	辛亥 九28	庚辰 十27	庚戌 十一26	己卯 十二25		
一七	丁巳	己酉 一24	戊寅 二22	戊申 三24	丁丑 四22	丁未 五22	丙午 七20	乙亥 八18	乙巳 九17	甲戌 十16	甲辰 十一15	甲戌 十二15	癸卯 一13	五丙子 六20	
一八	戊午	癸酉 二12	壬寅 三13	壬申 四12	辛丑 五11	辛未 六10	庚子 七9	庚午 八8	己亥 九6	己巳 十6	戊戌 十一4	戊辰 十二4	丁酉 一2		
一九	己未	丁卯 二1	丙申 三2	丙寅 四1	丙申 五1	乙丑 五30	乙未 六29	甲子 七28	甲午 八27	癸亥 九25	癸巳 十25	壬戌 十一23	壬辰 十二23		明史曆志以本年爲回曆元年、誤、
二〇	庚申	辛酉 一21	庚申 三20	庚寅 四19	己未 五18	己丑 六17	戊午 七16	戊子 八15	戊午 九14	丁亥 十13	丁巳 十一12	丙戌 十二11	丙辰 一10	正辛卯 二20	

西曆591

	辛酉 1	壬戌	癸亥	甲子	乙丑 2	丙寅	丁卯	戊辰	己巳 3	庚午
	仁壽元	二	三	四	隋煬帝 大業元	二	三	四	五	六
正	乙酉 二8	庚辰 一29	癸卯 二16	戊戌 二6	壬辰 一25	丙辰 二13	庚戌 二2	乙巳 一23	己巳 二10	癸亥 一30
二	乙卯 三10	己酉 二27	癸酉 三18	丁卯 三6	壬戌 二24	丙戌 三15	庚辰 三4	甲戌 二21	戊戌 三11	癸巳 三1
三	甲申 四8	己卯 三29	癸卯 四17	丁酉 四5	辛卯 三25	乙卯 四13	庚戌 四3	甲辰 三22	戊辰 四10	壬戌 三30
四	甲寅 五8	戊申 四27	壬申 五16	丙寅 五4	辛酉 四24	乙酉 五13	己卯 五2	癸卯 五20	丁酉 五9	壬辰 四29
五	癸未 六6	戊寅 五27	壬寅 六15	丙申 六3	庚寅 五23	甲寅 六11	己酉 六1	壬申 六18	丁卯 六8	辛酉 五28
六	癸丑 七6	丁未 六25	辛未 七14	乙丑 七2	庚申 六22	甲申 七11	戊寅 六30	壬寅 七18	丙申 七7	辛卯 六27
七	壬午 八4	丁丑 七25	辛丑 八13	乙未 八1	己丑 七21	癸丑 八9	戊申 七30	壬申 八17	丙寅 八6	庚申 七26
八	壬子 九3	丙午 八23	庚午 九11	乙丑 八31	戊子 九18	癸未 九8	丁丑 八28	辛丑 九15	乙未 九4	庚寅 八25
九	辛巳 十2	丙子 九22	庚子 十11	甲午 九29	戊午 十18	壬子 十7	丁未 九27	辛未 十15	乙丑 十4	己未 九23
十	辛亥 十一1	乙巳 十21	己巳 十一9	甲子 十29	戊子 十一17	壬午 十一6	丙子 十26	庚子 十一13	乙未 十一3	己丑 十23
十一	辛巳 十二1	甲辰 十一19	己亥 十二9	癸巳 十一27	丁巳 十二16	辛亥 十二5	丙午 十一25	庚午 十二13	甲子 十二2	戊午 十一21
十二	庚戌 十二30	甲戌 一18	戊辰 一7	癸亥 十二27	丁亥 一15	辛巳 一4	乙亥 十二24	己亥 一11	甲午 一1	丁巳 一19
閏		十 己亥 十一20			七 己未 八20			三 癸酉 四20		十一 戊子 十二21

劉氏長曆閏十二月、

西曆601

西曆611

干支	年	正	二	三	四	五	六	七	八	九	十	十一	十二	閏
辛未	七	丁亥 二 18	丁巳 三 20	丙戌 四 18	丙辰 五 18	乙酉 六 16	乙卯 七 16	甲申 八 14	甲寅 九 13	癸未 十 12	癸丑 十一 11	壬午 十二 10	壬子 一 9	
壬申	八	辛巳 二 7	辛亥 三 8	庚辰 四 6	庚戌 五 6	己卯 六 4	己酉 七 4	己卯 八 3	戊申 九 1	戊寅 十 1	丁未 十 30	丁丑 十一 29	丙午 十二 28	
癸酉 4	九	丙子 一 27	乙巳 二 25	乙亥 三 27	甲辰 四 25	甲戌 五 25	癸卯 六 23	癸酉 七 23	壬寅 八 21	壬申 九 20	辛未 十一 18	辛丑 十二 18	庚午 一 16	九 壬寅 十 20
甲戌	一〇	庚子 二 15	己巳 三 16	己亥 四 15	戊辰 五 14	戊戌 六 13	丁卯 七 12	丁酉 八 11	丙寅 九 9	丙申 十 9	乙丑 十一 7	乙未 十二 7	甲子 一 5	
乙亥	一一	甲午 二 4	甲子 三 6	癸巳 四 4	癸亥 五 4	壬辰 六 2	壬戌 七 2	辛卯 七 31	辛酉 八 30	庚寅 九 28	庚申 十 28	己丑 十一 26	己未 十二 26	
丙子	一二	戊子 一 24	戊午 二 23	丁亥 三 23	丁巳 四 22	丙戌 五 21	丙戌 七 20	乙卯 八 18	乙酉 九 17	甲寅 十 16	甲申 十一 15	癸丑 十二 14	癸未 一 13	五 丙辰 六 20
丁丑 5	一三	壬子 二 11	壬午 三 13	辛亥 四 11	辛巳 五 11	庚戌 六 9	庚辰 七 9	己酉 八 7	己卯 九 6	己酉 十 6	戊寅 十一 4	戊申 十二 4	丁丑 一 2	
戊寅	隋恭帝 義寧二	丁未 二 1	丙子 三 2	丙午 四 1	乙亥 四 30	乙巳 五 30	甲戌 六 28	甲辰 七 28	癸酉 八 26	癸卯 九 25	壬申 十 24	壬寅 十一 23	辛未 十二 22	
己卯	唐高祖 武德二	辛丑 一 21	辛未 二 20	庚午 四 20	己亥 五 19	戊辰 六 17	戊戌 七 17	丁卯 八 15	丁酉 九 14	丙寅 十 13	丙申 十一 12	丙寅 十二 12	丙申 一 11	二 辛丑 三 22
庚辰	三	乙丑 二 9	乙未 三 10	甲子 四 8	甲午 五 8	癸亥 六 6	壬辰 七 5	壬戌 八 4	辛卯 九 2	辛酉 十 2	庚寅 十 31	庚申 十一 30	己丑 十二 29	

十一月壬戌恭帝改元義寧、

五月甲子唐改元武德、

	辛巳 6	壬午	癸未	甲申	乙酉 7	丙戌	丁亥	戊子	己丑 1	庚寅
	四	五	六	七	八	九	唐太宗 貞觀元	二	三	四
正	己未 一28	癸未 二16	丁丑 二5	壬申 一26	丙申 二13	庚寅 二2	乙酉 一23	己酉 二11	癸卯 一30	丁卯 二18
二	己丑 二27	癸丑 三18	丁未 三7	辛丑 二24	乙丑 三14	庚申 三4	甲寅 二21	戊寅 三11	癸酉 三1	丁酉 三20
三	己未 三29	壬午 四16	丁丑 四6	辛未 三25	乙未 四13	己丑 四2	甲申 三23	戊申 四10	壬寅 三30	丙寅 四18
四	戊子 四27	壬子 五16	丙午 五5	庚子 四23	甲子 五12	己未 五2	壬午 五20	丁丑 五9	壬申 四29	丙申 五18
五	戊午 五27	壬午 六15	丙子 六4	庚午 五23	甲午 六11	戊子 五31	壬子 六19	丙午 六7	辛丑 五28	乙丑 六16
六	丁亥 六25	辛亥 七14	乙巳 七3	己亥 六21	癸亥 七10	丁巳 六29	辛巳 七18	丙子 七7	辛未 六27	甲午 七15
七	丙辰 七24	庚辰 八12	乙亥 八2	己巳 七21	癸巳 八9	丁亥 七29	辛亥 八17	乙巳 八5	庚子 七26	甲子 八14
八	丙戌 八23	庚戌 九11	甲辰 八31	戊辰 九18	壬戌 九7	丙辰 八27	庚辰 九15	甲戌 九3	己巳 八24	癸巳 九12
九	乙卯 九21	己卯 十10	甲戌 九30	戊戌 十18	壬辰 十7	丙戌 九26	庚戌 十15	甲辰 十3	戊戌 九22	癸亥 十12
十	乙酉 十21	己酉 十一9	癸卯 十29	丁卯 十一16	壬戌 十一6	丙辰 十26	庚辰 十一14	甲戌 十一2	戊辰 十22	壬辰 十一10
十一	甲申 十二19	戊寅 十二8	癸酉 十一28	丁酉 十二16	辛卯 十二5	丙戌 十一25	己酉 十二13	癸卯 十二1	戊戌 十一21	壬戌 十二10
十二	癸丑 一17	戊申 一7	壬寅 十二27	丙寅 一14	辛酉 一4	乙卯 十二24	己卯 一12	癸酉 十二31	丁卯 十二20	辛卯 一8
閏	十甲寅 十一19			七己亥 八20			三癸丑 四21		十二丁酉 一19	
回		六3	六3•	六4	五3	五3•	四4	四3•	四3	三3
		六月三日癸丑為摩訶末遷都默地那之明日、回曆即以此為元年一月一日、	凡回曆歲首置旁點者係閏年、						舊紀志新志明年閏正不合、	

西曆621

回曆10 西曆631

	辛卯	壬辰	2 癸巳	甲午	乙未	丙申	3 丁酉	戊戌	己亥	庚子
	五	六	七	八	九	一〇	一一	一二	一三	一四
正	辛酉 二7	乙卯 一27	己卯 二14	甲戌 二4	戊辰 一14	壬辰 二12	丁亥 二1	辛巳 一21	乙巳 二9	己亥 一29
二	辛卯 三9	乙酉 二26	己酉 三16	癸卯 三5	戊戌 二23	壬戌 三13	丙辰 三2	辛亥 二20	甲戌 三10	戊辰 二27
三	庚申 四7	甲寅 三26	戊寅 四14	癸酉 四4	丁卯 三24	辛卯 四11	丙戌 四1	庚戌 四20	甲辰 四9	戊戌 三28
四	庚寅 五7	甲申 四25	戊申 五14	壬寅 五3	丁酉 四23	辛酉 五11	乙卯 四30	己卯 五19	甲戌 五9	戊辰 四27
五	己未 六5	甲寅 五25	丁丑 六12	辛未 六1	乙未 六20	庚寅 六9	乙酉 五30	戊申 六17	癸卯 六7	丁酉 五26
六	己丑 七5	癸未 六23	丁未 七12	辛丑 七1	乙丑 七20	己未 七8	甲寅 六28	戊寅 七17	壬申 七6	丁卯 六25
七	戊午 八3	癸丑 七23	丁丑 八11	辛未 七31	甲午 八18	己丑 八7	癸未 七27	丁未 八15	壬寅 八5	丙申 七24
八	戊子 九2	壬午 八21	丙午 九9	庚子 八29	甲子 九17	戊午 九5	癸丑 八26	丙子 九13	辛未 九3	丙寅 八23
九	丁巳 十1	辛巳 十19	丙子 十9	庚午 九28	甲午 十17	戊子 十5	壬午 九24	丙午 十13	庚子 十2	乙未 九21
十	丁亥 十31	辛亥 十一18	乙巳 十一7	庚子 十28	甲子 十一16	丁巳 十一3	壬子 十24	乙亥 十一11	庚午 十一1	乙丑 十21
十一	丙辰 十一29	庚辰 十二17	乙亥 十二7	己巳 十一26	癸巳 十二15	丁亥 十二3	辛巳 十一22	乙巳 十二11	己亥 十一30	甲子 十二19
十二	丙戌 十二29	庚戌 一16	甲辰 一5	己亥 十二26	癸亥 一14	丁巳 一2	辛亥 十二22	乙亥 一10	己巳 十二30	癸巳 一17
閏		八壬子 九20			四丙寅 五22			二庚辰 三21		十甲午 十一19
回	三3•	三4	二3	二3•	二3	正3	正2•	正3 十二3•	十二4	十二3

	4 辛丑	壬寅	癸卯	甲辰	5 乙巳	丙午	丁未	戊申	6 己酉	庚戌
	一五	一六	一七	一八	一九	二〇	二一	二二	二三	唐高宗永徽元
正	二16 癸亥	二5 丁巳	一26 壬子	二14 丙子	二2 庚午	一22 甲子	二10 戊子	一30 壬午	二17 丙午	二7 辛丑
二	三17 壬辰	三7 丁亥	二24 辛巳	三14 乙巳	三3 己亥	二21 甲午	三12 戊午	二29 壬子	三19 丙子	三8 庚午
三	四16 壬戌	四5 丙辰	三26 辛亥	四13 乙亥	四2 己巳	三22 癸亥	四10 丁亥	三29 辛巳	四17 乙巳	四7 庚子
四	五15 辛卯	五5 丙戌	四24 庚辰	五12 甲辰	五1 戊戌	五20 壬戌	五10 丁巳	四28 辛亥	五17 乙亥	五6 己巳
五	六14 辛酉	六3 乙卯	五23 己酉	六10 癸酉	五31 戊辰	六19 壬辰	六8 丙戌	五28 辛巳	六15 甲辰	六5 己亥
六	七14 辛卯	七3 乙酉	六22 己卯	七10 癸卯	六29 丁酉	七13 辛酉	七8 丙辰	六26 庚戌	七15 甲戌	七4 戊辰
七	八12 庚申	八1 甲寅	八20 戊寅	八8 壬申	七29 丁卯	八17 辛卯	八6 乙酉	七26 庚辰	八14 甲辰	八3 戊戌
八	九11 庚寅	八31 甲申	九19 戊申	九7 壬寅	八28 丁酉	九15 庚申	九5 乙卯	八24 己酉	九12 癸酉	九1 丁卯
九	十10 己未	九30 甲寅	十18 丁丑	十6 辛未	九26 丙寅	十15 庚寅	十4 甲申	九23 己卯	十12 癸卯	十1 丁酉
十	十一9 己丑	十29 癸未	十一17 丁未	十一5 辛丑	十26 丙申	十一13 己未	十一3 甲寅	十22 戊申	十一10 壬申	十30 丙寅
十一	十二8 戊午	十一28 癸丑	十二17 丁丑	十二5 辛未	十一24 乙丑	十二13 己丑	十二2 癸未	十一21 戊寅	十二10 壬寅	十一29 丙申
十二	一7 戊子	十二27 壬午	一16 丁未	一4 辛丑	十二24 乙未	一12 己未	一1 癸丑	十二20 丁未	一8 辛未	十二29 丙寅
閏			六 七21 戊申			三 四21 癸巳		十二 一19 丁丑		
回	十一3●	十一3	十3	十3●	十3	九3●	九4	九3	八3●	八4

回曆三十年一周，每周記以直線、

回曆21 西曆641

	辛亥 二	壬子 三	癸丑 四	甲寅 五	乙卯 六	丙辰 顯慶元	丁巳 二	戊午 三	己未 四	庚申 五
正	乙未 一27	己未 二15	癸丑 二3	戊申 一24	壬申 二12	丙寅 二1	庚申 一20	甲申 二8	己卯 一29	壬寅 二16
二	乙丑 二26	戊子 三15	癸未 三5	丁丑 二22	辛丑 三13	乙未 三1	己未 三20	甲寅 三10	戊申 二27	壬申 三17
三	甲午 三27	戊午 四14	壬子 四3	丁未 三24	辛未 四12	乙丑 三31	己丑 四19	癸未 四8	戊寅 三29	壬寅 四16
四	甲子 四26	戊子 五14	壬午 五3	丙子 四22	庚子 五11	乙未 四30	戊午 五18	癸丑 五8	丁未 四27	辛未 五15
五	癸巳 五25	丁巳 六12	辛亥 六1	丙午 五22	庚午 六10	甲子 五29	戊子 六17	壬午 六6	丁丑 五27	辛丑 六14
六	癸亥 六24	丁亥 七12	辛巳 七1	乙巳 七20	己亥 七9	甲午 六28	戊午 七17	壬子 七6	丙午 六25	庚午 七13
七	壬辰 七23	丙辰 八10	辛亥 七31	甲戌 八18	己巳 八8	癸亥 七27	丁亥 八15	辛巳 八4	丙子 七25	庚子 八12
八	壬戌 八22	丙戌 九9	庚辰 八29	甲辰 九17	戊戌 九6	癸巳 八26	丁巳 九14	辛亥 九3	乙巳 八23	己巳 九10
九	辛卯 九20	乙卯 十8	庚戌 九28	癸酉 十16	戊辰 十6	壬戌 九24	丙戌 十13	庚辰 十2	乙亥 九22	己亥 十10
十	庚寅 十一18	乙酉 十一7	己卯 十27	癸卯 十一15	丁酉 十一4	壬辰 十24	丙辰 十一12	庚戌 十一1	甲辰 十21	戊辰 十一8
十一	庚申 十二18	甲寅 十二6	己酉 十一26	癸酉 十二15	丁卯 十二4	辛酉 十一22	乙酉 十二11	庚辰 十二1	癸卯 十二19	戊戌 十二8
十二	乙丑 一16	甲申 一5	戊寅 十二25	壬寅 一13	丙申 一2	辛卯 十二22	乙卯 一10	己酉 十二30	癸酉 一18	丁卯 一6
閏	九 辛酉 十20			五 乙亥 六20			正 庚寅 二19		十 甲戌 十一20	
回	八3	七3•	七3	六3	六3•	六3	五3•	五4	五3	四3•

回曆31　西曆651

年	年號	正	二	三	四	五	六	七	八	九	十	十一	十二	閏	回	
2 辛酉	六	丁酉 二5	丙寅 三6	丙申 四5	乙丑 五4	乙未 六3	乙丑 七3	甲午 八1	甲子 八31	癸巳 九29	癸亥 十29	壬辰 十一27	壬戌 十二27		四4	三月朔改元、
壬戌	龍朔二	辛卯 一25	辛酉 二24	庚寅 三25	庚申 四24	己丑 五23	己未 六22	戊子 七21	丁亥 九18	丁巳 十18	丁亥 十一17	丙辰 十二16	丙戌 一15	七戊午 八20	四3	舊紀七丁亥、不合、
癸亥	三	乙卯 二13	乙酉 三15	甲寅 四13	甲申 五13	癸丑 六11	癸未 七11	壬子 八9	壬午 ·九8	辛亥 十7	辛巳 十一6	庚戌 十二5	庚辰 一4		三3●	
甲子	麟德元	己酉 二2	己卯 三3	己酉 四2	戊寅 五1	戊申 五31	丁丑 六29	丁未 七29	丙子 八27	丙午 九26	乙亥 十25	乙巳 十一24	甲戌 十二23		三3	
3 乙丑	二	甲辰 一22	癸酉 二20	癸卯 三22	壬寅 五20	壬申 六19	辛丑 七18	辛未 八17	庚子 九15	庚午 十15	己亥 十一13	己巳 十二13	戊戌 一11	三壬申 四20	三3	
丙寅	乾封元	戊辰 二10	戊戌 三12	丁卯 四10	丁酉 五10	丙寅 六8	丙申 七8	乙丑 八6	甲午 九4	甲子 十4	癸巳 十一2	癸亥 十二2	壬辰 十二31		二2●	
丁卯	二	壬戌 一30	壬辰 三1	辛酉 三30	辛卯 四29	辛酉 五29	庚寅 六27	庚申 七27	己丑 八25	戊午 九23	戊子 十23	丁巳 十一21	丁亥 十二21	十二丙辰 一19	二3	舊新志八己酉、誤、
戊辰	三	丙戌 二18	乙卯 三18	乙酉 四17	乙卯 五17	甲申 六15	甲寅 七15	癸未 八13	癸丑 九12	壬午 十11	壬子 十一10	辛巳 十二9	辛亥 一8		正3●	三月庚寅改元、舊書作二月丙寅改、
4 己巳	總章二	庚辰 二6	庚戌 三8	己卯 四6	己酉 五6	戊寅 六4	戊申 七4	丁丑 八2	丁未 九1	丁丑 十1	丙午 十30	丙子 十一29	丙午 十二29		正4	
庚午	三	乙亥 一27	甲辰 二25	甲戌 三27	癸卯 四25	癸酉 五25	壬寅 六23	壬申 七23	辛丑 八21	辛未 九20	庚午 十一18	庚子 十二18	庚午 一17	九辛丑 十20	十二2● 正3	三月朔改元。

回曆41　西曆661

回曆52 西曆671

年	正	二	三	四	五	六	七	八	九	十	十一	十二	閏	回	
辛未 咸亨二	二15 乙亥	三16 戊辰	四15 戊戌	五14 丁卯	六12 丙申	七12 丙寅	八10 乙未	九9 乙丑	十9 乙未	十一7 甲子	十二7 甲午	一6 甲子		十二3	
壬申 三	二5 甲午	三5 癸亥	四4 癸巳	五3 壬戌	六1 辛卯	六30 庚申	七30 庚寅	八28 己未	九27 己丑	十26 戊午	十一25 戊子	十二25 戊午		十二3	
癸酉 5 四	一24 戊子	二22 丁巳	三24 丁亥	四22 丙辰	五22 丙戌	七19 甲申	八18 甲寅	九16 癸未	十16 癸丑	十一14 壬午	十二14 壬子	一13 壬午	六20 五乙卯	十一3●	
甲戌 五	二12 壬子	三13 辛巳	四12 辛亥	五11 庚辰	六10 庚戌	七9 己卯	八7 戊申	九6 戊寅	十5 丁未	十一4 丁丑	十二3 丙午	一2 丙子		十一4	八月壬辰改元、
乙亥 上元二	二1 丙午	三2 乙亥	四1 乙巳	五1 乙亥	五30 甲辰	六29 甲戌	七28 癸卯	八26 壬申	九25 壬寅	十24 辛未	十一23 辛丑	十二22 庚午		十一3●	
丙子 三	一21 庚子	二19 己巳	三20 己亥	五18 戊戌	六17 戊辰	七16 丁酉	八15 丁卯	九13 丙申	十13 丙寅	十一11 乙未	十二11 乙丑	一9 甲午	四19 三己巳	十4	十一月壬申改元、
丁丑 6 儀鳳二	二8 甲子	三9 癸巳	四8 癸亥	五7 壬辰	六6 壬戌	七6 壬辰	八4 辛酉	九3 辛卯	十2 庚申	十一1 庚寅	十一30 己未	十二30 己丑		十3	
戊寅 三	一28 戊午	二27 戊子	三28 丁巳	四27 丁亥	五26 丙辰	六25 丙戌	七24 乙卯	八23 乙酉	九22 乙卯	十21 甲申	十一20 甲寅	一18 癸丑	十二19 十一癸未	十3●	舊紀閏十、
己卯 四	二16 壬午	三18 壬子	四16 辛巳	五15 庚戌	六14 庚辰	七13 己酉	八12 己卯	九11 己酉	十10 戊寅	十一9 戊申	十二9 戊寅	一7 丁未		九4	六月辛亥改元、
庚辰 調露二	二6 丁丑	三6 丙午	四5 丙子	五4 乙巳	六2 甲戌	七2 甲辰	七31 癸酉	八30 癸卯	九28 壬申	十28 壬寅	十一27 壬申	十二27 壬寅		九4	八月乙丑改元、舊志十一壬寅、不合、

年	年號	正	二	三	四	五	六	七	八	九	十	十一	十二	閏	回	備考
辛巳 7	永隆二	一25 辛未	二24 辛丑	三25 庚午	四24 庚子	五23 己巳	六21 戊戌	七21 戊辰	九18 丁卯	十17 丙申	十一16 丙寅	十二16 丙申	一15 丙寅	八19 七丁酉	八30•	九月乙丑改元、
壬午	開耀二	二13 乙未	三15 乙丑	四13 甲午	五13 甲子	六11 癸巳	七10 壬戌	八9 壬辰	九7 辛酉	十6 庚寅	十一5 庚申	十二5 庚寅	一3 己未		八4	二月癸未改元、 舊志十一庚申、不合、
癸未	永淳二	二2 己丑	三4 己未	四3 己丑	五2 戊午	六1 戊子	六30 丁巳	七29 丙戌	八28 丙辰	九26 乙酉	十25 甲寅	十一24 甲申	十二24 甲寅		八3	舊紀正甲午、不合、 十二月丁巳改元弘道、
甲申	唐中宗 嗣聖元	一23 甲申	二21 癸丑	三22 癸未	四20 壬子	五20 壬午	七18 辛巳	八16 庚戌	九15 庚辰	十14 己酉	十一13 己卯	十二12 戊申	一11 戊寅	六19 五壬子	七30•	二月己未睿宗改文明、九月甲寅武后改光宅、
乙酉 1	唐武后 垂拱元	二9 丁未	三11 丁丑	四9 丙午	五9 丙子	六8 丙午	七7 乙亥	八6 乙巳	九4 甲戌	十4 甲辰	十一2 癸酉	十二2 癸卯	十二31 壬申		七3	
丙戌	二	一30 壬寅	二28 辛未	三30 辛丑	四28 庚午	五28 庚子	六26 己巳	七26 己亥	八25 己巳	九23 戊戌	十23 戊辰	十一21 丁酉	十二21 丁卯		七30•	
丁亥	三	一19 丙申	三19 乙未	四18 乙丑	五17 甲午	六16 甲子	七15 癸巳	八14 癸亥	九12 壬辰	十12 壬戌	十一11 壬辰	十二10 辛酉	一9 辛卯	二18 正丙寅	六4	
戊子	四	二7 庚申	三8 庚寅	四6 己未	五5 戊子	六4 戊午	七3 丁亥	八2 丁巳	八31 丙戌	九30 丙辰	十30 丙戌	十一29 丙辰	十二28 乙酉		六4	
己丑 2	永昌元	一27 乙卯	二25 甲申	三27 甲寅	四25 癸未	五24 壬子	六23 壬午	七22 辛亥	八21 辛巳	九19 庚戌	十一18 庚戌	十二18 庚辰	一16 己酉	十19 九庚辰	六30•	以十一月為載初元年正月、十二月為臘月、寅月為一月、
庚寅	載初元	二15 己卯	三16 戊申	四15 戊寅	五14 丁未	六12 丙子	七12 丙午	八10 乙亥	九8 甲辰	十8 甲戌	十一7 甲辰	十二6 癸酉	一5 癸卯		五4	九月壬午改國號曰周、改元天授、

回曆62　西曆681

年	年號	正	二	三	四	五	六	七	八	九	十	十一	十二	閏	回	附注
辛卯	天授二	癸酉 二4	癸卯 三6	壬申 四4	壬寅 五4	辛未 六2	庚子 七1	庚午 七31	己亥 八29	戊辰 九27	戊戌 十27	戊辰 十一26	丁酉 十二25		五 3	
壬辰	三	丁卯 一24	丁酉 二23	丁卯 三24	丙申 四22	丙寅 五22	甲子 七19	甲午 八18	癸亥 九16	壬辰 十15	壬戌 十一14	壬辰 十二14	辛酉 一12	五 乙未 六20	五 2●	四月朔改元如意九月庚子改元長壽、
3 癸巳	長壽二	辛卯 二11	辛酉 三13	庚寅 四11	庚申 五11	己丑 六9	己未 七9	戊子 八7	戊午 九6	丁亥 十5	丁巳 十一4	丙戌 十二3	丙辰 一2		四. 3	
甲午	三	乙酉 一31	乙卯 三2	甲申 三31	甲寅 四30	甲申 五30	癸丑 六28	癸未 七28	壬子 八26	壬午 九25	辛亥 十24	辛巳 十一23	庚戌 十二22		四 3	五月甲午改元延載、
乙未	證聖元	庚辰 一21	己酉 二19	戊申 四19	戊寅 五19	丁未 六17	丁丑 七17	丁未 八16	丙子 九14	丙午 十14	乙亥 十一12	乙巳 十二12	甲戌 一10	二 己卯 三21	三 3●	九月甲寅改天册萬歲臘月朔改萬歲登封、
丙申	萬歲登封元	甲辰 二9	癸酉 三9	壬寅 四7	壬申 五7	辛丑 六5	辛未 七5	辛丑 八4	庚午 九2	庚子 十2	庚午 十一1	己亥 十一30	己巳 十二30		三 4	三月丁巳改元萬歲通天、
4 丁酉	萬歲通天二	戊戌 一28	戊辰 二27	丁酉 三28	丙寅 四26	丙申 五26	乙丑 六24	乙未 七24	甲子 八22	甲午 九21	甲子 十21	甲子 十二20	癸巳 一18	十 甲午 十一20	三 3●	九月壬寅改元神功、
戊戌	聖曆元	壬戌 二16	壬辰 三18	辛酉 四16	庚寅 五15	庚申 六14	己丑 七13	己未 八12	戊子 九10	戊午 十10	丁亥 十一8	丁巳 十二8	丁亥 一7		二 3	
己亥	二	丁巳 二6	丙戌 三7	丙辰 四6	乙酉 五5	甲寅 六3	甲申 七3	癸丑 八1	壬午 八30	壬子 九29	壬午 十29	辛亥 十一27	辛巳 十二27		二 3	
庚子	三	辛亥 一26	辛巳 二25	庚戌 三25	庚辰 四24	己酉 五23	戊寅 六21	戊申 七21	丙午 九17	丙子 十17	乙巳 十一15	乙亥 十二15	乙巳 一14	七 丁丑 八19	二 2●	五月癸丑改久視十月甲寅復以正月為十一月一月為正月、

	辛丑 5	壬寅	癸卯	甲辰	乙巳 6	丙午	丁未	戊申	己酉 7	庚戌
	久視二	長安二	三	四	唐中宗 神龍元	二	三	景龍二	三	四
正	二13 乙亥	二2 己巳	一22 癸亥	二10 丁亥	一30 壬午	一19 丙子	二7 庚子	一28 乙未	二15 己未	二4 癸丑
二	三14 甲辰	三3 戊戌	二21 癸巳	三10 丙辰	二28 辛亥	三19 乙亥	三9 庚午	二26 甲子	三16 戊子	三5 壬午
三	四13 甲戌	四2 戊辰	三22 壬戌	四9 丙戌	三29 庚辰	四17 甲辰	四7 己亥	三27 甲午	四15 戊午	四4 壬子
四	五13 甲辰	五2 戊戌	四21 壬辰	五9 丙辰	四28 庚戌	五17 甲戌	五6 戊辰	四25 癸亥	五14 丁亥	五4 壬午
五	六11 癸酉	五31 丁卯	六19 辛卯	六7 乙酉	五27 己卯	六15 癸卯	六5 戊戌	五24 壬辰	六12 丙辰	六2 辛亥
六	七10 壬寅	六30 丁酉	七19 辛酉	七7 乙卯	六26 己酉	七15 癸酉	七4 丁卯	六23 壬戌	七12 丙戌	七2 辛巳
七	八9 壬申	七29 丙寅	八17 庚寅	八5 甲申	七25 戊寅	八13 壬寅	八2 丙申	七22 辛卯	八10 乙卯	七31 庚戌
八	九7 辛丑	八28 丙申	九16 庚申	九4 甲寅	八24 戊申	九12 壬申	九1 丙寅	八20 庚申	九9 乙酉	八29 己卯
九	十6 庚午	九26 乙丑	十15 己丑	十4 甲申	九23 戊寅	十12 壬寅	十1 丙申	九19 庚寅	十8 甲寅	九28 己酉
十	十一5 庚子	十26 乙未	十一14 己未	十一2 癸丑	十22 丁未	十一10 辛未	十30 乙丑	十一17 己丑	十一6 癸未	十27 戊寅
十一	十二4 己巳	十一24 甲子	十二13 戊子	十二2 癸未	十一21 丁丑	十二10 辛丑	十一29 乙未	十二17 己未	十二6 癸丑	十一26 戊申
十二	一3 己亥	十二23 癸巳	一12 戊午	十二31 壬子	十二21 丁未	一9 辛未	十二29 乙丑	一16 己丑	一5 癸未	十二25 丁丑
閏			四 辛酉 五20			正 丙午 二18		九 庚申 十19		
回	正3	正3	正3● 十二3	十一3●	十二3	十一3	十二3●	十4	十4	十3●
	正月丁丑改元大足、十月壬寅改元長安、	新志三壬戌、九庚寅、不合、	舊志新紀九庚寅不合、		二月甲寅復國號曰唐、		九月庚子改元、			六月甲申温王改唐隆、七月己巳睿宗改景雲、

回暦82之　西暦701

回曆93　西曆711

年	紀年	正	二	三	四	五	六	七	八	九	十	十一	十二	閏	回	附註
辛亥	唐睿宗 景雲二	丁未 一24	丙子 二22	丙午 三24	丙子 四23	乙巳 五22	乙亥 六21	甲戌 八19	癸卯 九17	癸酉 十17	壬寅 十一15	辛未 十二14	辛丑 一13	六甲辰 七20	九3	舊志閏九、不合、
壬子	三	辛未 二12	庚子 三12	庚午 四11	己亥 五10	己巳 六9	己亥 七9	戊辰 八7	戊戌 九6	丁卯 十5	丁酉 十一4	丙寅 十二3	丙申 一2		九3	正月己丑改太極、五月改延和、八月甲辰玄宗改先天、
癸丑	唐玄宗 先天二	乙丑 一31	甲午 三1	甲子 三31	甲午 四30	癸亥 五29	癸巳 六28	壬戌 七27	壬辰 八26	辛酉 九24	辛卯 十24	辛酉 十一23	庚寅 十二22		九3●	十二月朔改元、
甲寅	開元二	庚申 一21	己丑 二19	戊子 四19	丁巳 五18	丁亥 六17	丙辰 七16	丙戌 八15	丙辰 九14	乙酉 十13	乙卯 十一12	乙酉 十二12	甲寅 一10	二己未 三21	八3	
乙卯	三	甲申 二9	癸丑 三10	癸未 四9	壬子 五8	辛巳 六6	辛亥 七6	庚辰 八4	庚戌 九3	己卯 十2	己酉 十一1	己卯 十二1	己酉 十二31		八3●	
丙辰	四	戊寅 一29	戊申 二28	丁丑 三28	丁未 四27	丙子 五26	乙巳 六24	乙亥 七24	甲辰 八22	甲戌 九21	癸卯 十20	癸酉 十一19	癸卯 十二19	十二壬申 一17	八4	
丁巳	五	壬寅 二16	壬申 三18	辛丑 四16	庚午 五15	庚子 六14	己巳 七13	戊戌 八11	戊辰 九10	丁酉 十9	丁卯 十一8	丁酉 十二8	丙寅 一6		七4	
戊午	六	丙申 二5	丙寅 三7	丙申 四6	乙丑 五5	甲午 六3	甲子 七3	癸巳 八1	癸亥 八31	壬辰 九29	辛酉 十28	辛卯 十一27	辛酉 十二27		七3c	舊紀正丙辰、舊志五乙丑、並不合。
己未	七	辛卯 一26	庚申 二24	庚寅 三26	己未 四24	己丑 五24	戊午 六22	戊子 七22	丙戌 九18	丙辰 十18	乙酉 十一16	乙卯 十二16	甲申 一14	七丁巳 八20	七3	
庚申	八	甲寅 二13	甲申 三14	癸丑 四12	癸未 五12	癸丑 六11	壬午 七10	壬子 八9	辛巳 九7	庚戌 十6	庚辰 十一5	己酉 十二4	己卯 一3		六3	

西曆711

勵耘書屋

回暦 1103　西暦 1721

年		正	二	三	四	五	六	七	八	九	十	十一	十二	閏	回	
辛酉 3	九	戊申 二 1	戊寅 三 3	丁未 四 1	丁丑 五 1	丁未 五 31	丁丑 六 30	丙午 七 29	乙亥 八 27	乙巳 九 26	乙亥 十 26	甲辰 十一 24	癸酉 十二 23		六 2●	舊紀九己巳、舊志五乙巳、並不合、
壬戌	一〇	癸卯 一 22	壬申 二 20	壬寅 三 22	辛未 四 20	辛丑 五 20	庚子 七 18	庚午 八 17	庚子 九 16	己巳 十 15	己亥 十一 14	戊辰 十二 13	戊戌 一 12	五辛未 六 19	閏 3	
癸亥	一一	丁卯 二 10	丁酉 三 12	丙寅 四 10	乙未 五 9	乙丑 六 8	甲午 七 7	甲子 八 6	甲午 九 5	癸亥 十 4	癸巳 十一 3	癸亥 十二 3	壬辰 一 1		五 3	
甲子	一二	壬戌 一 31	辛卯 二 29	庚申 三 29	庚寅 四 28	己未 五 27	戊子 六 25	戊午 七 25	戊子 八 24	丁巳 九 22	丁亥 十 22	丁巳 十一 21	丁亥 十二 21	十二丙辰 一 19	五 3●	舊志閏十二壬辰誤、
乙丑 4	一三	丙戌 二 18	乙卯 三 19	乙酉 四 18	甲寅 五 17	癸未 六 15	癸丑 七 15	壬午 八 13	辛亥 九 11	辛巳 十 11	辛亥 十一 10	辛巳 十二 10	庚戌 一 8		四 3	
丙寅	一四	庚辰 二 7	庚戌 三 9	己卯 四 7	己酉 五 7	戊寅 六 5	丁未 七 4	丙子 八 2	丙午 九 1	乙亥 九 30	乙巳 十 30	乙亥 十一 29	甲辰 十二 28		四 2●	
丁卯	一五	甲戌 一 27	甲辰 二 26	癸酉 三 27	癸卯 四 26	癸酉 五 26	壬寅 六 24	辛未 七 23	辛丑 八 22	庚午 九 20	己巳 十一 18	己亥 十二 18	戊辰 一 16	九己亥 十 19	四 3	
戊辰	一六	戊戌 二 15	丁卯 三 15	丁酉 四 14	丁卯 五 14	丙申 六 12	丙寅 七 12	乙未 八 10	甲子 九 8	甲午 十 8	癸亥 十一 6	癸巳 十二 6	壬戌 一 4		三 3	
己巳 5	一七	壬辰 二 3	壬戌 三 5	辛卯 四 3	辛酉 五 3	庚寅 六 1	庚申 七 1	己丑 七 30	己未 八 29	戊子 九 27	戊午 十 27	丁亥 十一 25	丁巳 十二 25		三 3●	舊志十丙午誤、
庚午	一八	丙戌 一 23	丙辰 二 22	乙酉 三 23	乙卯 四 22	甲申 五 21	甲寅 六 20	癸丑 八 18	癸未 九 17	壬子 十 16	壬午 十一 15	辛亥 十二 14	辛巳 一 13	六甲申 七 20	三 4	

干支	年	正	二	三	四	五	六	七	八	九	十	十一	十二	閏	回	備註
辛未	一九	二11 庚戌	三13 庚辰	四11 己酉	五11 己卯	六9 戊申	七9 戊寅	八7 丁未	九6 丁丑	十6 丁未	十一4 丙子	十二4 丙午	一3 丙子		二3	舊紀三乙酉誤。
壬申	二〇	二1 乙巳	三1 甲戌	三31 甲辰	四29 癸酉	五29 癸卯	六27 壬申	七27 壬寅	八25 辛未	九24 辛丑	十24 辛未	十一22 庚子	十二22 庚午		二3●	
6 癸酉	二一	一21 庚子	二19 己巳	三21 己亥	五18 丁酉	六17 丁卯	七16 丙申	八14 乙丑	九13 乙未	十13 乙丑	十一11 甲午	十二11 甲子	一10 甲午	四19 三戊辰	二3	
甲戌	二二	二9 甲子	三10 癸巳	四8 壬戌	五8 壬辰	六6 辛酉	七5 庚寅	八4 庚申	九2 己丑	十2 己未	十31 戊子	十一30 戊午	十二30 戊子		正2●	舊紀正癸亥。
乙亥	二三	一29 戊午	二27 丁亥	三29 丁巳	四27 丙戌	五27 丙辰	六25 乙酉	七24 甲寅	八23 甲申	九21 癸丑	十21 癸未	十一19 壬子	一18 壬子	十二19 十一壬午	十二3 正3	舊紀十一壬申誤。
丙子	二四	二16 辛巳	三17 辛亥	四16 辛巳	五15 庚戌	六14 庚辰	七13 己酉	八11 戊寅	九10 戊申	十9 丁丑	十一8 丁未	十二7 丙子	一6 丙午		十二3●	
7 丁丑	二五	二4 乙亥	三6 乙巳	四5 乙亥	五5 乙巳	六3 甲戌	七3 甲辰	八1 癸酉	八31 癸卯	九29 壬申	十28 辛丑	十一27 辛未	十二26 庚子		十二4	
戊寅	二六	一25 庚午	二23 己亥	三25 己巳	四24 己亥	五23 戊辰	六22 戊戌	七22 戊辰	八20 丁酉	十18 丙申	十一16 乙丑	十二16 乙未	一14 甲子	九19 八丁卯	十二3	劉氏長曆閏七月。
己卯	二七	二13 甲午	三14 癸亥	四13 癸巳	五12 壬戌	六11 壬辰	七11 壬戌	八9 辛卯	九8 辛酉	十7 庚寅	十一6 庚申	十二5 己丑	一4 己未		十二3●	
庚辰	二八	二2 戊子	三3 戊午	四1 丁亥	五1 丁巳	五30 丙戌	六29 丙辰	七28 乙酉	八27 乙卯	九26 乙酉	十25 甲寅	十一24 甲申	十二23 癸丑		十二3	

回曆113　西曆731

	二九 (辛巳 1)	天寶元 (壬午)	二 (癸未)	三 (甲申)	四 (乙酉 2)	五 (丙戌)	六 (丁亥)	七 (戊子)	八 (己丑 3)	九 (庚寅)
正	癸未 一22	丁未 二10	辛丑 一30	丙申 一20	己未 二6	癸丑 一26	丁丑 二14	壬申 二4	丙寅 一23	庚寅 二11
二	癸丑 二21	丁丑 三12	辛未 三1	乙丑 二18	己丑 三8	癸未 二25	丁未 三16	辛丑 三4	丙申 二22	庚申 三13
三	壬午 三22	丙午 四10	辛丑 三31	乙丑 四18	己未 四7	癸丑 三27	丁丑 四15	辛未 四3	乙丑 三23	己丑 四11
四	辛亥 四20	乙亥 五9	庚午 四29	甲午 五17	戊子 五6	癸未 四26	丙午 五14	庚子 五2	乙未 四22	己未 五11
五	庚戌 六18	乙巳 六8	己亥 五28	癸亥 六15	戊午 六5	壬子 五25	丙子 六13	庚午 六1	甲子 五21	戊子 六9
六	庚辰 七18	甲戌 七7	己巳 六27	癸巳 七15	丁亥 七4	壬午 六24	乙巳 七12	庚子 七1	甲午 六20	丁巳 七8
七	己酉 八16	癸卯 八5	戊戌 七26	壬戌 八13	丁巳 八3	辛亥 七23	乙亥 八11	己巳 七30	癸巳 八18	丁亥 八7
八	己卯 九15	癸酉 九4	丁卯 八24	辛卯 九11	丙戌 九1	辛巳 八22	甲辰 九9	己亥 八29	壬戌 九16	丁巳 九6
九	己酉 十15	癸卯 十4	丁酉 九23	辛酉 十11	乙卯 九30	庚戌 九20	甲戌 十9	戊辰 九27	壬辰 十16	丙戌 十5
十	戊寅 十一13	壬申 十一2	丙寅 十22	庚寅 十一9	乙酉 十30	己卯 十19	癸卯 十一7	戊戌 十27	壬戌 十一15	丙辰 十一4
十一	戊申 十二13	壬寅 十二2	丙申 十一21	庚申 十二9	甲寅 十一28	戊寅 十一17	癸酉 十二7	丁卯 十一25	辛卯 十二14	丙戌 十二4
十二	戊寅 一12	壬申 一1	丙寅 十二21	庚寅 一8	甲申 十二28	戊申 一16	壬寅 一5	丁酉 十二25	辛酉 一13	丙辰 一3
閏	四辛巳 十二20			二乙未 三19		十己酉 十一18			六癸亥 七19	
回	十3	十3•	十4	九3•	九4	九3	八3•	八3	七3	七3•
	舊紀四庚戌、			正月朔改年為載、			舊紀正辛巳誤、			

回暦124 西暦741

回曆134　西曆751

干支	年	正	二	三	四	五	六	七	八	九	十	十一	十二	閏	回	附注
辛卯	一〇	乙酉 二1	乙卯 三3	甲申 四1	癸丑 四30	癸未 五30	壬子 六28	辛巳 七27	辛亥 八26	庚辰 九24	庚戌 十24	庚辰 十一23	庚戌 十二23		七4	
壬辰	一一	己卯 一21	己酉 二20	戊寅 三20	丁丑 五18	丙午 六16	丙子 七16	乙巳 八14	乙亥 九13	甲辰 十12	甲戌 十一11	甲辰 十二11	癸酉 一9	三戊申 四19	六3	
癸巳 4	一二	癸卯 二8	癸酉 三10	壬寅 四8	壬申 五8	辛丑 六6	庚午 七5	庚子 八4	己巳 九2	己亥 十2	戊辰 十31	戊戌 十一30	丁卯 十二29		六3•	
甲午	一三	丁酉 一28	丁卯 二27	丁酉 三29	丙寅 四27	丙申 五27	乙丑 六25	甲午 七24	甲子 八23	癸巳 九21	癸亥 十21	壬辰 十一19	辛卯 一17	十一壬戌 十二19	六3	
乙未	一四	辛酉 二16	庚寅 三17	庚申 四16	庚寅 五16	己未 六14	己丑 七14	戊午 八12	戊子 九11	丁巳 十10	丁亥 十一9	丙辰 十二8	丙戌 一7		五3•	舊紀十一戊午誤、
丙申	一五	乙卯 二5	乙酉 三6	甲寅 四4	甲申 五4	甲寅 六3	癸未 七2	癸丑 八1	壬午 八30	壬子 九29	辛巳 十28	辛亥 十一27	庚辰 十二26		五3	七月甲子肅宗改元至德、　舊紀三壬午、八癸未、並誤、
丁酉 5	唐肅宗至德二	庚戌 一25	己卯 二23	己酉 三25	戊寅 四23	戊申 五23	丁丑 六21	丁未 七21	丁丑 八20	丙子 十18	乙巳 十一16	乙亥 十二16	甲辰 一14	八丙午 九18	五3	舊紀十一壬申、十二戊午、誤、
戊戌	三	甲戌 二13	癸卯 三14	癸酉 四13	壬寅 五12	壬申 六11	辛丑 七10	辛未 八9	庚子 九7	庚午 十7	庚子 十一6	庚午 十二6	己亥 一4		四3•	二月丁未改至德三載為乾元元年、
己亥	乾元二	己巳 二3	戊戌 三4	丁卯 四2	丁酉 五2	丙寅 五31	乙未 六29	乙丑 七29	甲午 八27	甲子 九26	甲午 十26	甲子 十一25	癸巳 十二24		四3	
庚子	三	癸亥 一23	癸巳 二22	壬戌 三22	辛卯 四20	庚寅 六18	己未 七17	己丑 八16	戊午 九14	戊子 十14	戊午 十一13	丁亥 十二12	丁巳 一11	四辛酉 五20	四3	閏四月己卯改元、

	辛丑 6 上元二	壬寅 元	癸卯 唐代宗 寶應二	甲辰 廣德二	乙巳 7 永泰元	丙午 二	丁未 大曆二	戊申 三	己酉 1 四	庚戌 五
正	丁亥 二10	辛巳 一30	乙亥 一19	乙亥 二7	癸巳 一26	丁巳 二14	壬子 二4	丙午 一24	庚午 二11	乙丑 二1
二	丙辰 三11	辛亥 三1	甲戌 三19	己巳 三8	癸亥 二25	丁亥 三16	辛巳 三5	丙子 二23	庚子 三13	甲午 三2
三	丙戌 四10	庚辰 三30	甲辰 四18	戊戌 四6	壬辰 三26	丙辰 四14	辛亥 四4	乙巳 三23	己巳 四11	甲子 四1
四	乙卯 五9	庚戌 四29	甲戌 五18	戊辰 五6	壬戌 四25	丙戌 五14	庚辰 五3	乙亥 四22	己亥 五11	癸巳 四30
五	乙酉 六8	己卯 五28	癸卯 六16	丁酉 六4	壬辰 五25	乙卯 六12	己酉 六1	甲辰 五21	戊辰 六9	癸亥 五30
六	甲寅 七7	己酉 六27	癸酉 七16	丁卯 七4	辛酉 六23	乙酉 七12	己卯 七1	癸酉 六19	丁酉 七8	壬辰 六28
七	癸未 八5	戊寅 七26	壬寅 八14	丙申 八2	辛卯 七23	甲寅 八10	戊申 七30	壬申 八17	丙寅 八6	辛酉 七27
八	癸丑 九4	丁未 八24	辛未 九12	丙寅 九1	庚申 八21	甲申 九9	戊寅 八29	壬寅 九16	丙申 九5	辛卯 八26
九	壬午 十3	丁丑 九23	辛丑 十12	乙未 九30	庚寅 九20	甲寅 十9	戊申 九28	壬申 十16	丙寅 十5	庚申 九24
十	壬子 十一2	丙午 十22	庚午 十一10	乙丑 十30	己未 十19	癸未 十一7	戊寅 十28	辛丑 十一14	乙未 十一3	己丑 十23
十一	壬午 十二2	丙子 十一21	庚子 十二10	甲午 十一28	戊午 十二17	癸丑 十二7	丁未 十一26	辛未 十二14	乙丑 十二3	己未 十一22
十二	辛亥 十二31	乙巳 十二20	己巳 一8	甲子 十二28	戊子 一16	壬午 一5	丁丑 十二26	辛丑 一13	乙未 一2	己丑 十二22
閏			正乙巳 二18		十己丑 十一18			六癸卯 七19		
回	三2●	三3	三3●	二3	二3	正3●	正3	正3 十二2●	十二3	十二3
回曆144 西曆761	九月壬寅去年號但稱元年、以建子月為歲首、	建巳月甲子改元寶應、複寅正、 己巳代宗即位、	七月壬子始改元廣德、			十一月甲子改元、				

年	正	二	三	四	五	六	七	八	九	十	十一	十二	閏	回
辛亥 六	一21 己未	二19 戊子	三21 戊午	五19 丁巳	六17 丙戌	七17 丙辰	八15 乙酉	九13 甲寅	十13 甲申	十一11 癸丑	十二11 癸未	一10 癸丑	三 四20 戊子	十一 3•
壬子 七	二9 癸未	三9 壬子	四8 壬午	五7 辛亥	六6 辛巳	七5 庚戌	八4 庚辰	九2 己酉	十2 己卯	十31 戊申	十一29 丁丑	十二29 丁未		十一 4
癸丑 乙 八	一28 丁丑	二26 丙午	三28 丙子	四27 丙午	五26 乙亥	六25 乙巳	七24 甲戌	八23 甲辰	九21 癸酉	十21 癸卯	十一19 壬申	一17 辛未	十一 十二19 壬寅	十一 3•
甲寅 九	二15 庚子	三17 庚午	四16 庚子	五15 己巳	六14 己亥	七14 己巳	八12 戊戌	九11 戊辰	十10 丁酉	十一9 丁卯	十二8 丙申	一7 丙寅		十 3
乙卯 一〇	二5 乙未	三7 乙丑	四5 甲午	五4 癸亥	六3 癸巳	七3 癸亥	八1 壬辰	八31 壬戌	九30 壬辰	十29 辛酉	十一28 辛卯	十二27 庚申		十 .3
丙辰 一一	一26 庚寅	二24 己未	三24 戊子	四23 戊午	五22 丁亥	六21 丁巳	七20 丙戌	八19 丙辰	十17 乙卯	十一16 乙酉	十二16 乙卯	一14 甲申	八 九18 丙戌	九 3•
丁巳 3 一二	二13 甲寅	三14 癸未	四13 癸丑	五12 壬午	六10 辛亥	七10 辛巳	八8 庚戌	九7 庚辰	十6 己酉	十一5 己卯	十二5 己酉	一4 己卯		九 4
戊午 一三	二2 戊申	三4 戊寅	四2 丁未	五2 丁丑	五31 丙午	六29 乙亥	七29 乙巳	八27 甲戌	九26 甲辰	十25 癸酉	十一24 癸卯	十二24 癸酉		九 3
己未 一四	一22 壬寅	二21 壬申	三23 壬寅	四21 辛未	五21 辛丑	七18 己亥	八16 戊辰	九15 戊戌	十15 戊辰	十一13 丁酉	十二13 丁卯	一12 丁酉	五 六19 庚午	八 3•
庚申 唐德宗 建中元	二11 丁卯	三11 丙申	四10 丙寅	五9 乙未	六7 甲子	七7 甲午	八5 癸亥	九3 壬辰	十3 壬戌	十一1 辛卯	十二1 辛酉	十二31 辛卯		八 4

回曆155　西曆771

	辛酉 4 二	壬戌 三	癸亥 四	甲子 興元元	乙丑 5 貞元元	丙寅 二	丁卯 三	戊辰 四	己巳 6 五	庚午 六
正	一 29 庚申	一 19 乙卯	二 6 戊寅	一 27 癸酉	二 14 丁酉	二 4 壬辰	一 24 丙戌	二 12 庚戌	一 31 甲辰	一 20 戊戌
二	二 28 庚寅	三 19 甲寅	三 8 戊申	二 25 壬寅	三 15 丙寅	三 5 辛酉	二 23 丙辰	三 13 庚辰	三 2 甲戌	二 19 戊辰
三	三 30 庚申	四 17 癸未	四 7 戊寅	三 26 壬申	四 14 丙申	四 3 庚寅	三 24 乙酉	四 11 己酉	三 31 癸卯	三 21 戊戌
四	四 28 己丑	五 17 癸丑	五 6 丁未	四 24 辛丑	五 13 乙丑	五 3 庚申	四 23 乙卯	五 10 戊寅	四 30 癸酉	四 19 丁卯
五	五 28 己未	六 16 癸未	六 5 丁丑	五 24 辛未	六 12 乙未	六 1 己丑	五 22 甲申	六 9 戊申	五 29 壬寅	六 17 丙寅
六	六 26 戊子	七 15 壬子	七 4 丙午	六 22 庚子	七 11 甲子	六 30 戊午	七 19 壬午	七 8 丁丑	六 28 壬申	七 17 丙申
七	七 26 戊午	八 14 壬午	八 3 丙子	七 22 庚午	八 10 甲午	七 30 戊子	八 18 壬子	八 6 丙午	七 27 辛丑	八 15 乙丑
八	八 24 丁亥	九 12 辛亥	九 2 丙午	八 21 庚子	九 8 癸亥	八 28 丁巳	九 16 辛巳	九 5 丙子	八 25 庚午	九 13 甲午
九	九 22 丙辰	十 12 辛巳	十 1 乙亥	九 19 己巳	十 8 癸巳	九 27 丁亥	十 16 辛亥	十 4 乙巳	九 24 庚子	十 13 甲子
十	十 22 丙戌	十一 10 庚戌	十 31 乙巳	十 19 己亥	十一 7 癸亥	十 27 丁巳	十一 15 辛巳	十一 3 乙亥	十 23 己巳	十一 11 癸巳
十一	十一 20 乙卯	十二 9 己卯	十一 29 甲戌	十二 17 戊戌	十二 7 癸巳	十一 26 丁亥	十二 15 辛亥	十二 3 乙巳	十一 22 己亥	十二 11 癸亥
十二	十二 20 乙酉	一 8 己酉	十二 29 甲辰	一 16 戊辰	一 5 壬戌	十二 25 丙辰	一 13 庚辰	一 1 甲戌	十二 21 戊辰	一 9 壬辰
閏		二 17 正甲申		十一 18 十己巳			六 20 五癸丑			五 19 四丁酉
回	八 3	七 2•	七 3	七 3•	六 4	六 4	閏 3•	五 3	五 3	閏 2•

劉氏長曆閏十一月誤

回曆 165 西曆 781

	七 辛未	八 壬申	九 癸酉 7	一〇 甲戌	一一 乙亥	一二 丙子	一三 丁丑 1	一四 戊寅	一五 己卯	一六 庚辰
正	二 8 壬戌	一 28 丙辰	二 15 庚辰	二 5 乙亥	一 26 庚午	二 14 甲午	二 2 戊子	一 22 壬午	二 10 丙午	一 30 庚子
二	三 10 壬辰	二 27 丙戌	三 17 庚戌	三 6 甲辰	二 24 己亥	三 14 癸亥	三 3 丁巳	二 21 壬子	三 11 乙亥	二 28 己巳
三	四 8 辛酉	三 27 乙卯	四 15 己卯	四 5 甲戌	三 26 己巳	四 13 癸巳	四 2 丁亥	三 22 辛巳	四 10 乙巳	三 29 己亥
四	五 8 辛卯	四 26 乙酉	五 15 己酉	五 4 癸卯	四 24 戊戌	五 12 壬戌	五 1 丙辰	四 21 辛亥	五 10 乙亥	四 28 己巳
五	六 6 庚申	五 26 乙卯	六 13 戊寅	六 3 癸酉	五 23 丁卯	六 10 辛卯	五 31 丙戌	五 20 庚辰	六 8 甲辰	五 27 戊戌
六	七 6 庚寅	六 24 甲申	七 13 戊申	七 2 壬寅	六 22 丁酉	七 9 庚申	六 29 乙卯	七 18 己卯	七 8 甲戌	六 26 戊辰
七	八 5 庚申	七 24 甲寅	八 11 丁丑	八 1 壬申	七 21 丙寅	八 8 庚寅	七 28 甲申	八 16 戊申	八 6 癸卯	七 25 丁酉
八	九 3 己丑	八 22 癸未	九 10 丁未	八 30 辛丑	八 19 ○乙未	九 6 己未	八 27 甲寅	九 15 戊寅	九 4 壬申	八 24 丁卯
九	十 3 己未	九 21 癸丑	十 10 丁丑	九 29 辛未	十 18 乙未	十 6 己丑	九 25 癸未	十 14 丁未	十 4 壬寅	九 22 丙申
十	十一 1 戊子	十 21 癸未	十一 9 丁未	十 29 辛丑	十一 16 甲子	十一 4 戊午	十 25 癸丑	十一 13 丁丑	十一 2 辛未	十 22 丙寅
十一	十一 30 丁巳	十一 19 壬子	十二 8 丙子	十一 27 庚午	十二 16 甲午	十二 4 戊子	十一 23 壬午	十二 12 丙午	十二 2 辛丑	十一 20 乙未
十二	十二 30 丁亥	十二 19 壬午	一 7 丙午	十二 27 庚子	一 15 甲子	一 3 戊午	十二 23 壬子	一 11 丙子	十二 31 庚午	十二 20 乙丑
閏		一 17 十二辛亥			九 18 八乙丑			六 19 五庚戌		
回	四 3	四 3●	三 4	三 3	三 2○	二 3	二 3	二 2●	正 3	正 3

法蘭西王甲利爲西帝、

回曆175 西曆791

干支	年	正	二	三	四	五	六	七	八	九	十	十一	十二	閏	回
辛巳 2	一七	一 18 甲午	三 18 癸巳	四 17 癸亥	五 16 壬辰	六 15 壬戌	七 15 壬辰	八 13 辛酉	九 12 辛卯	十 11 庚申	十一 10 庚寅	十二 9 己未	一 8 己丑	正 二 17 甲子	正 3● 十二 3
壬午	一八	二 6 戊午	三 8 戊子	四 6 丁巳	五 6 丁亥	六 4 丙辰	七 4 丙戌	八 2 乙卯	九 1 乙酉	十 1 乙卯	十 30 甲申	十一 29 甲寅	十二 29 甲申		十二 3○
癸未	一九	一 27 癸丑	二 25 壬午	三 27 壬子	四 25 辛巳	五 24 庚戌	六 23 庚辰	七 22 己酉	八 21 己卯	九 20 己酉	十 19 戊寅	十二 18 戊寅	一 17 戊申	十一 18 十戊申	十二 3
甲申	二〇	二 15 丁丑	三 15 丙午	四 14 丙子	五 13 乙巳	六 11 甲戌	七 11 甲辰	八 9 癸酉	九 8 癸卯	十 7 壬申	十一 6 壬寅	十二 6 壬申	一 5 壬寅		十二 3
乙酉 3	唐順宗 二一	二 3 辛未	三 5 辛丑	四 3 庚午	五 3 庚子	六 1 己巳	六 30 戊戌	七 30 戊辰	八 28 丁酉	九 27 丁卯	十 26 丙申	十一 25 丙寅	十二 25 丙申		十一 3●
丙戌	唐憲宗 元和元	一 24 丙寅	二 22 乙未	三 24 乙丑	四 22 甲午	五 22 甲子	六 20 癸巳	八 18 壬辰	九 16 辛酉	十 16 辛卯	十一 14 庚申	十二 14 庚寅	一 13 庚申	七 19 六壬戌	十 4
丁亥	二	二 11 己丑	三 13 己未	四 12 己丑	五 11 戊午	六 10 戊子	七 9 丁巳	八 7 丙戌	九 6 丙辰	十 5 乙酉	十一 4 乙卯	十二 3 甲申	一 2 甲寅		十 3
戊子	三	一 31 癸未	三 1 癸丑	三 31 癸未	四 30 癸丑	五 29 壬午	六 28 壬子	七 27 辛巳	八 26 辛亥	九 24 庚辰	十 23 己酉	十一 22 己卯	十二 21 戊申		十 3●
己丑 4	四	一 20 戊寅	二 18 丁未	三 20 丁丑	五 18 丙子	六 17 丙午	七 16 乙亥	八 15 乙巳	九 13 甲戌	十 13 甲辰	十一 11 癸酉	十二 11 癸卯	一 9 壬申	四 19 三丁未	九 3
庚寅	五	二 8 壬寅	三 9 辛未	四 8 辛丑	五 7 庚午	六 6 庚子	七 6 庚午	八 4 己亥	九 3 己巳	十 2 戊戌	十一 1 戊辰	十二 1 戊戌	十二 30 丁卯		九 3

八月辛丑順宗改元永貞

回曆 185

西曆 801

二十史朔閏表

唐

年	正	二	三	四	五	六	七	八	九	十	十一	十二	閏	回
辛卯 六	一28 丙申	二27 丙寅	三28 乙未	四27 乙丑	五26 甲午	六25 甲子	七24 癸巳	八23 癸亥	九22 癸巳	十21 壬戌	十一20 壬辰	十二20 壬戌	一18 十二辛卯	九2•
壬辰 七	二17 辛酉	三17 庚寅	四15 己未	五14 戊子	六13 戊午	七12 丁亥	八11 丁巳	九10 丁亥	十9 丙辰	十一8 丙戌	十二8 丙辰	一7 丙戌		八3
5 癸巳 八	二5 乙卯	三7 乙酉	四5 甲寅	五4 癸未	六2 壬子	七2 壬午	七31 辛亥	八30 辛巳	九28 庚戌	十28 庚辰	十一27 庚戌	十二27 庚辰		八3•
甲午 九	一25 己酉	二24 己卯	三26 己酉	四24 戊寅	五23 丁未	六21 丙子	七21 丙午	八19 乙亥	十17 甲戌	十一16 甲辰	十二16 甲戌	一15 甲辰	九18 八乙巳	八4
乙未 一〇	二13 癸酉	三15 癸卯	四13 壬申	五13 壬寅	六11 辛未	七11 辛丑	八9 庚午	九7 己亥	十7 己巳	十一5 戊戌	十二5 戊辰	一4 戊戌		七3
丙申 一一	二2 丁卯	三3 丁酉	四2 丁卯	五1 丙申	五31 丙寅	六29 乙未	七29 乙丑	八27 甲午	九25 癸亥	十25 癸巳	十一23 壬戌	十二23 壬辰		七2
6 丁酉 一二	一21 辛酉	二20 辛卯	三22 辛酉	四20 庚寅	五20 庚申	七18 己未	八16 戊子	九15 戊午	十14 丁亥	十一13 丁巳	十二12 丙戌	一11 丙辰	六19 五庚寅	六3
戊戌 一三	二9 乙酉	三11 乙卯	四9 甲申	五9 甲寅	六8 甲申	七7 癸丑	八6 癸未	九4 壬子	十4 壬午	十一2 辛亥	十二2 辛巳	十二31 庚戌		六3
己亥 一四	一30 庚辰	二28 己酉	三30 己卯	四28 戊申	五28 戊寅	六26 丁未	七26 丁丑	八25 丁未	九23 丙子	十23 丙午	十一21 乙亥	十二21 乙巳		六3•
庚子 一五	一19 甲戌	三18 癸酉	四17 癸卯	五16 壬申	六15 壬寅	七14 辛未	八13 辛丑	九11 庚午	十11 庚子	十一10 庚午	十二9 己亥	一8 己巳	二18 正甲辰	五3

四七

回曆196

西曆811

勵耘書屋

	辛丑 7	壬寅	癸卯	甲辰	乙巳 1	丙午	丁未	戊申	己酉 2	庚戌
	唐穆宗 長慶元	二	三	四	唐敬宗 寶曆元	二	唐文宗 太和元	二	三	四
正	戊戌 二6	癸巳 一27	丁巳 二15	辛亥 二4	乙巳 一23	己巳 二11	癸亥 一31	戊午 一21	壬午 二8	丙子 一28
二	戊辰 三8	癸亥 二26	丙戌 三16	辛巳 三5	乙亥 二22	己亥 三13	癸巳 三2	丁亥 二19	辛亥 三9	丙午 二27
三	丁酉 四6	壬辰 三27	丙辰 四15	庚戌 四3	乙巳 三24	戊辰 四11	壬戌 三31	丁巳 三20	辛巳 四8	乙亥 三28
四	丁卯 五6	辛酉 四25	乙酉 五14	庚辰 五3	甲戌 四22	戊戌 五11	壬辰 四30	丙辰 五18	庚戌 五7	乙巳 四27
五	丙申 六4	辛卯 五25	乙卯 六13	己酉 六1	甲辰 五22	戊辰 六10	壬戌 五30	乙酉 六16	己卯 六5	甲戌 五26
六	乙丑 七3	庚申 六23	甲申 七12	己卯 七1	癸酉 六20	丁酉 七9	辛卯 六28	乙卯 七16	己酉 七5	癸卯 六24
七	乙未 八2	己丑 七22	癸丑 八10	戊申 七30	癸卯 七20	丙寅 八7	辛酉 七28	乙酉 八15	己卯 八4	癸酉 七24
八	甲子 八31	己未 八21	癸未 九9	丁丑 八28	辛丑 九16	丙申 九6	庚寅 八26	甲寅 九13	戊申 九2	壬寅 八22
九	甲午 九30	戊子 九19	壬子 十8	丙午 九26	辛未 十16	乙丑 十5	庚申 九25	甲申 十13	戊寅 十2	壬申 九21
十	甲子 十30	戊午 十19	壬午 十一7	丙子 十26	庚子 十一14	乙未 十一4	己丑 十24	癸丑 十一11	戊申 十一1	壬寅 十21
十一	甲午 十一29	丁巳 十二17	辛亥 十二6	丙午 十一25	庚午 十二14	甲子 十二3	己未 十一23	癸未 十二11	丁丑 十一30	辛未 十一19
十二	癸亥 十二28	丁亥 一16	辛巳 一5	乙亥 十二24	己亥 一12	甲午 一2	戊子 十二22	壬子 一9	丁未 十二30	辛丑 十二19
閏		十 戊子 十一18			七 壬申 八18			三 丙戌 四18		十二 辛未 一18
回	五3•	五3	四3	四2•	四3	三3	三3•	三3	二3	二2•

丁未：二月乙巳改元。

甲辰：汪氏長術九丁未，此據舊紀。

回曆206

西曆821

年	正	二	三	四	五	六	七	八	九	十	十一	十二	閏	回
辛亥 五	二16 庚子	三18 庚午	四16 己亥	五16 己巳	六14 戊戌	七13 丁卯	八12 丁酉	九10 丙寅	十10 丙申	十一8 乙丑	十二8 乙未	一7 乙丑		正3
壬子 六	二6 乙未	三6 甲子	四5 甲午	五4 癸亥	六3 癸巳	七2 壬戌	七31 辛卯	八30 辛酉	九28 庚寅	十28 庚申	十一26 己丑	十二26 己未		正2•
3 癸丑 七	一25 己丑	二24 己未	三25 戊子	四24 戊午	五23 丁亥	六22 丁巳	七21 丙戌	九17 甲申	十17 甲寅	十一15 癸未	十二15 癸丑	一14 癸未	七乙卯 八19	正3 十二3
甲寅 八	二13 癸丑	三14 壬午	四13 壬子	五13 壬午	六11 辛亥	七10 庚辰	八9 庚戌	九7 己卯	十7 己酉	十一5 戊寅	十二4 丁未	一3 丁丑		十二3•
乙卯 九	二2 丁未	三3 丙子	四2 丙午	五2 丙子	五31 乙巳	六30 乙亥	七29 甲辰	八28 甲戌	九26 癸卯	十26 癸酉	十一24 壬寅	十二24 壬申		十二3
丙辰 開成元	一22 辛丑	二21 辛未	三21 庚子	四20 庚午	五19 己亥	七17 戊戌	八16 戊辰	九15 戊戌	十14 丁卯	十一13 丁酉	十二12 丙寅	一11 丙申	五己巳 六18	十二3
4 丁巳 二	二9 乙丑	三11 乙未	四9 甲子	五9 甲午	六7 癸亥	七7 癸巳	八5 壬戌	九4 壬辰	十4 壬戌	十一2 辛卯	十二2 辛酉	十二31 庚寅		十一2•
戊午 三	一30 庚申	二28 己丑	三30 己未	四28 戊子	五27 丁巳	六26 丁亥	七25 丙辰	八24 丙戌	九23 丙辰	十22 乙酉	十一21 乙卯	十二21 乙酉		十一3
己未 四	一19 甲寅	三19 癸丑	四18 癸未	五17 壬子	六15 辛巳	七15 辛亥	八13 庚辰	九12 庚戌	十11 己卯	十一10 己酉	十二10 己卯	一9 己酉	正甲申 二18	十3
庚申 五	二7 戊寅	三8 戊申	四6 丁丑	五6 丁未	六4 丙子	七3 乙巳	八2 乙亥	八31 甲辰	九30 甲戌	十29 癸卯	十一28 癸酉	十二28 癸卯		十3•

回曆之16　西曆831

1

	辛酉 5 唐武宗會昌元	壬戌 二	癸亥 三	甲子 四	乙丑 6 五	丙寅 六	丁卯 唐宣宗大中元	戊辰 二	己巳 7 三	庚午 四
正	一 27 癸酉	二 14 丙申	二 3 庚寅	一 24 乙酉	二 11 己酉	一 31 癸卯	一 21 戊戌	二 9 壬戌	一 28 丙辰	二 16 庚辰
二	二 25 壬寅	三 16 丙寅	三 5 庚申	二 22 甲寅	三 12 戊寅	三 1 壬申	二 19 丁卯	三 9 辛卯	二 27 丙戌	三 18 庚戌
三	三 27 壬申	四 15 丙申	、四 4 庚寅	三 23 甲申	四 11 戊申	三 31 壬寅	三 21 丁酉	四 8 辛酉	三 28 乙卯	四 16 己卯
四	四 25 辛丑	五 14 乙丑	五 3 己未	四 22 甲寅	五 10 丁丑	四 29 辛未	五 18 乙未	五 7 庚寅	四 27 乙酉	五 16 己酉
五	五 25 辛未	六 13 乙未	六 2 己丑	五 21 癸未	六 9 丁未	五 29 辛丑	六 17 乙丑	六 5 己未	五 26 甲寅	六 14 戊寅
六	六 23 庚子	七 12 甲子	七 1 戊午	六 20 癸丑	七 8 丙子	六 28 辛未	七 16 甲午	七 5 己丑	六 24 癸未	七 13 丁未
七	七 22 己巳	八 10 癸巳	七 31 戊子	七 19 壬午	八 7 丙午	七 27 庚子	八 15 甲子	八 3 戊午	七 23 壬子	八 11 丙子
八	八 20 戊戌	九 8 壬戌	八 29 丁巳	九 16 辛巳	九 6 丙子	八 26 庚午	九 14 甲午	九 2 戊子	八 22 壬午	九 10 丙午
九	九 19 戊辰	十 8 壬辰	九 28 丁亥	十 16 辛亥	十 5 乙巳	九 24 己亥	十 13 癸亥	十 1 丁巳	九 20 辛亥	十 9 乙亥
十	十一 17 丁卯	十一 6 辛酉	十 27 丙辰	十一 14 庚辰	十一 4 乙亥	十 24 己巳	十一 12 癸巳	十 31 丁亥	十 20 辛巳	十一 8 乙巳
十一	十二 17 丁酉	十二 6 辛卯	十一 25 乙酉	十二 13 己酉	十二 3 甲辰	十一 23 己亥	十二 12 癸亥	十一 30 丁巳	十一 19 辛亥	十二 8 乙亥
十二	一 16 丁卯	一 4 庚申	十二 25 乙卯	一 12 己卯	一 2 甲戌	十二 22 戊辰	一 10 壬辰	十二 30 丁亥	一 17 庚戌	一 6 甲辰
閏	十 13 九丁酉			八 18 七壬子			四 19 三丙寅		十二 19 十一辛巳	
回	閏 4	九 3●	九 3	八 3	八 2●	八 3	七 3	七 30	七 4	六 3●

回曆 227　西曆 841

二十史朔閏表 唐

年	正	二	三	四	五	六	七	八	九	十	十一	十二	閏	回
辛未 五	甲戌 二 5	甲辰 三 7	甲戌 四 6	癸卯 五 5	癸酉 六 4	壬寅 七 3	辛未 八 1	庚子 八 30	庚午 九 29	己亥 十 28	己巳 十一 27	戊戌 十二 26		六 3
壬申 六	戊辰 一 25	戊戌 二 24	戊辰 三 25	丁酉 四 23	丁卯 五 23	丙申 六 21	丙寅 七 21	甲子 九 17	甲午 十 17	癸亥 十一 15	癸巳 十二 15	壬戌 一 13	七 乙未 八 19	六 3
癸酉 七	壬辰 二 12	壬戌 三 14	辛卯 四 12	辛酉 五 12	辛卯 六 11	庚申 七 10	庚寅 八 9	己未 九 7	己丑 十 7	戊午 十一 5	丁亥 十二 4	丁巳 一 3		五 2•
甲戌 八	丙戌 二 1	丙辰 三 3	乙酉 四 1	乙卯 五 1	乙酉 五 31	甲寅 六 29	甲申 七 29	癸丑 八 27	癸未 九 26	癸丑 十 26	壬午 十一 24	壬子 十二 24		五 3
乙亥 九	辛巳 一 22	庚戌 二 20	庚辰 三 22	己酉 四 20	戊申 六 18	戊寅 七 18	戊申 八 17	丁丑 九 15	丁未 十 15	丁丑 十一 14	丙午 十二 13	丙子 一 12	四 己卯 五 20	閏 3
丙子 一〇	乙巳 二 10	甲戌 三 10	甲辰 四 9	癸酉 五 8	癸卯 六 7	壬申 七 6	壬寅 八 5	辛未 九 3	辛丑 十 3	辛未 十一 2	庚子 十二 1	庚午 十二 31		四 3•
丁丑 一一	庚子 一 30	己巳 二 28	己亥 三 30	戊辰 四 28	丁酉 五 27	丁卯 六 26	丙申 七 25	乙丑 八 23	乙未 九 22	乙丑 十 22	乙未 十一 21	甲子 十二 20		四 3
戊寅 一二	甲午 一 19	甲子 二 18	癸亥 四 18	壬辰 五 17	辛酉 六 15	辛卯 七 15	庚申 八 13	己丑 九 11	己未 十 11	己丑 十一 10	戊午 十二 9	戊子 一 8	二 癸巳 三 19	三 2
己卯 一三	戊午 二 7	戊子 三 9	丁巳 四 7	丁亥 五 7	丙辰 六 5	乙酉 七 4	甲寅 八 2	甲申 九 1	癸丑 九 30	癸未 十 30	壬子 十一 28	壬午 十二 28		三 2•
庚辰 唐懿宗 一四	壬子 一 27	壬午 二 26	辛亥 三 26	辛巳 四 25	庚戌 五 24	庚辰 六 23	己酉 七 22	己卯 八 21	戊申 九 19	丁丑 十 18	丙子 十二 16	丙午 一 15	十 丁未 十一 17	三 3

八月十三日懿宗即位、

十一月始改元咸通、

回曆 237

西曆 851

四九

勵耘書屋

年	正	二	三	四	五	六	七	八	九	十	十一	十二	閏	回
咸通二 辛巳 3	丙子 二14	乙巳 三15	乙亥 四14	乙巳 五14	甲戌 六12	甲辰 七12	癸酉 八10	癸卯 九9	壬申 十8	辛丑 十一6	辛未 十二6	庚子 一4		二3•
三 壬午	庚午 二3	庚子 三5	己巳 四3	己亥 五3	戊辰 六1	戊戌 七1	戊辰 七31	丁酉 八29	丁卯 九28	丙申 十27	乙丑 十一25	乙未 十二25		二3
四 癸未	甲子 一23	甲午 二22	癸亥 三23	癸巳 四22	癸亥 五22	壬辰 六20	辛卯 八18	辛酉 九17	庚寅 十16	庚申 十一15	庚寅 十二15	己未 一13	六 壬戌 七20	二3
五 甲申	戊子 二11	戊午 三12	丁亥 四10	丁巳 五10	丙戌 六8	丙辰 七8	乙酉 八6	乙卯 九5	乙酉 十5	甲寅 十一3	甲申 十二3	甲寅 一2		正3•
六 乙酉 4	癸未 一31	壬子 三1	壬午 三31	辛亥 四29	辛巳 五29	庚戌 六27	庚辰 七27	己酉 八25	己卯 九24	己酉 十24	戊寅 十一22	戊申 十二22		正3
七 丙戌	戊寅 一21	丁未 二19	丁丑 三21	乙亥 五18	甲辰 六16	甲戌 七16	癸卯 八14	癸酉 九13	癸卯 十13	壬申 十一11	壬寅 十二11	壬申 一10	三 丙午 四19	十二2• 正2
八 丁亥	壬寅 二9	辛未 三10	辛丑 四9	庚午 五8	己亥 六6	戊辰 七5	戊戌 八4	丁卯 九2	丁酉 十2	丙寅 十31	丙申 十一30	丙寅 十二30		十二3
九 戊子	丙申 一29	乙丑 二27	乙未 三28	乙丑 四27	甲午 五26	癸亥 六24	壬辰 七23	壬戌 八22	辛卯 九20	辛酉 十20	庚寅 十一18	庚申 十二18	十二 庚寅 一17	十二3
一〇 己丑 5	己未 二15	己丑 三17	己未 四16	戊子 五15	戊午 六14	丁亥 七13	丁巳 八12	丙戌 九10	乙卯 十9	乙酉 十一8	甲寅 十二7	甲申 一6		十二3•
一一 庚寅	甲寅 二5	癸未 三6	癸丑 四5	癸未 五5	壬子 六3	壬午 七3	辛亥 八1	辛巳 八31	庚戌 九29	己卯 十28	己酉 十一27	戊寅 十二26		十一3

回曆247 西曆861

干支	年	正	二	三	四	五	六	七	八	九	十	十一	十二	閏	回	
辛卯	一二	戊申 一25	丁丑 二23	丁未 三25	丁丑 四24	丙午 五23	丙子 六22	乙巳 七21	乙亥 八20	甲戌 十18	癸卯 十一16	癸酉 十二16	壬寅 一14	八甲辰 九18	十3●	
壬辰	一三	壬申 二13	辛丑 三13	辛未 四12	庚子 五11	庚午 六10	庚子 七10	己巳 八8	己亥 九7	戊辰 十6	戊戌 十一5	丁卯 十二4	丁酉 一3		十3	
6 癸巳	一四	丙寅 二1	丙申 三3	乙丑 四1	乙未 五1	甲子 五30	甲午 六29	癸亥 七28	癸巳 八27	癸亥 九26	壬辰 十25	壬戌 十一24	壬辰 十二24		十3	七月二十日僖宗即位、
甲午	唐僖宗 一五	辛酉 一22	庚寅 二20	庚申 三22	己丑 四20	戊子 六18	丁巳 七17	丁亥 八16	丁巳 九15	丙戌 十14	丙辰 十一13	丙戌 十二13	乙卯 一11	四己未 五20	九3●	十一月庚寅始改元乾符、
乙未	乾符二	乙酉 二10	乙卯 三12	甲申 四10	癸丑 五9	癸未 六8	壬子 七7	辛巳 八5	辛亥 九4	庚辰 十3	庚戌 十一2	庚辰 十二2	庚戌 一1		九4	
丙申	三	己卯 一30	己酉 二29	己卯 三30	戊申 四28	丁丑 五27	丙午 六25	丙子 七25	乙巳 八23	乙亥 九22	甲辰 十21	甲戌 十一20	甲辰 十二20		九3	
7 丁酉	四	癸酉 一18	癸卯 二17	壬寅 四17	壬申 五17	辛丑 六15	辛未 七15	庚子 八13	己巳 九11	己亥 十11	戊辰 十一9	戊戌 十二9	丁卯 一7	二癸酉 三19	八3●	
戊戌	五	丁酉 二6	丁卯 三8	丁酉 四7	丙寅 五6	丙申 六5	乙丑 七4	乙未 八3	甲子 九1	癸巳 九30	癸亥 十30	壬辰 十一28	壬戌 十二28		八3	
己亥	六	辛卯 一26	辛酉 二25	辛卯 三27	庚申 四25	庚寅 五25	庚申 六24	己丑 七23	戊午 八21	戊子 九20	丁巳 十19	丙辰 十二17	丙戌 一16	十丁亥 十一18	八30	
庚子	廣明元	乙卯 二14	乙酉 三15	甲寅 四13	甲申 五13	甲寅 六12	癸未 七11	癸丑 八10	壬午 九8	壬子 十8	辛巳 十一6	辛亥 十二6	庚辰 一4		七3	

回曆258　西曆871

	辛丑 1	壬寅	癸卯	甲辰	乙巳 2	丙午	丁未	戊申	己酉 3	庚戌
	二	中和二	三	四	五	光啟二	三	四	唐昭宗 龍紀元	大順元
正	庚戌 二3	甲辰 一23	戊辰 二11	癸亥 二1	丁巳 一20	辛巳 二8	乙亥 一28	己亥 二16	癸巳 二4	戊子 一25
二	己卯 三4	甲戌 二22	戊戌 三13	壬辰 三1	丁亥 二19	辛亥 三10	乙巳 二27	己巳 三17	癸亥 三6	丁巳 二23
三	己酉 四3	癸卯 三23	丁卯 四11	壬戌 三31	丙辰 三20	庚辰 四8	乙亥 三29	戊戌 四15	壬辰 四4	丁亥 三25
四	戊寅 五2	癸酉 四22	丁酉 五11	辛卯 四29	乙卯 五18	庚戌 五8	甲辰 四27	戊辰 五15	壬戌 五4	丙辰 四23
五	戊申 六1	壬寅 五21	丙寅 六9	辛酉 五29	乙酉 六17	己卯 六6	甲戌 五27	丁酉 六13	壬辰 六3	丙戌 五23
六	丁丑 六30	壬申 六20	乙未 七8	庚寅 六27	甲寅 七16	己酉 七6	癸卯 六25	丁卯 七13	辛酉 七2	乙卯 六21
七	丁未 七30	辛丑 七19	乙丑 八7	己未 七26	癸未 八14	戊寅 八4	壬申 七24	丙申 八11	辛卯 八1	乙酉 七21
八	丁丑 八29	庚子 九16	甲午 九5	己丑 八25	癸丑 九13	丁未 九2	壬寅 八23	丙寅 九10	庚申 八30	甲寅 八19
九	丙午 九27	庚午 十16	甲子 十5	戊午 九23	壬午 十12	丁丑 十2	辛未 九21	乙未 十9	庚寅 九29	甲申 九18
十	丙子 十27	庚子 十一15	甲午 十一4	戊子 十23	壬子 十一11	丙午 十31	辛丑 十21	乙丑 十一8	己未 十28	癸未 十一16
十一	乙巳 十一25	己巳 十二14	甲子 十二4	戊午 十一22	辛巳 十二10	丙子 十一30	庚午 十一19	甲午 十二7	己丑 十一27	癸丑 十二16
十二	乙亥 十二25	己亥 一13	癸巳 一2	丁亥 十二21	辛亥 一9	乙巳 十二29	己巳 一17	甲子 一6	戊午 十二26	壬午 一14
閏		七辛未 八18			三丙戌 四19		十一庚子 十二19			九甲寅 十18
回	七3	七3•	六4	六3	五2•	五3	五2	四2•	四3	四3•
	七月丁巳改元、				三月己巳改元、			二月改元文德、		

回暦268 西暦881

二十史朔閏表　唐

	辛亥	壬子	4 癸丑	甲寅	乙卯	丙辰	5 丁巳	戊午	己未	庚申
	二	景福元	二	乾寧元	二	三	四	五	光化二	三
正	壬子 二13	丙午 二2	辛丑 一22	乙丑 二10	己未 一30	癸丑 一19	丁丑 二6	辛未 一26	乙未 二14	庚寅 二4
二	辛巳 三14	丙子 三3	庚午 二20	甲午 三11	己丑 三1	壬子 三18	丙午 三7	辛丑 二25	甲子 三15	己未 三4
三	辛亥 四13	乙巳 四1	庚子 三22	甲子 四10	戊午 三30	壬午 四17	丙子 四6	庚午 三26	甲午 四14	戊子 四2
四	庚辰 五12	甲戌 四30	己巳 四20	癸巳 五9	戊子 四29	壬子 五17	丙午 五6	庚子 四25	甲子 五14	戊午 五2
五	己酉 六10	甲辰 五30	己亥 五20	壬戌 六7	丁巳 五28	辛巳 六15	乙亥 六4	己巳 五24	癸巳 六12	丁亥 五31
六	己卯 七10	癸酉 六28	丁酉 七17	壬辰 七7	丁亥 六27	庚戌 七14	乙巳 七4	己亥 六23	癸亥 七12	丁巳 六30
七	戊申 八8	癸卯 七28	丁卯 八16	辛酉 八5	丙辰 七26	庚辰 八13	甲戌 八2	己巳 七23	壬辰 八10	丙戌 七29
八	戊寅 九7	壬申 八26	丙申 九14	庚寅 九3	乙酉 八24	己酉 九11	甲辰 九1	戊戌 八21	壬戌 九9	丙辰 八28
九	戊申 十7	壬寅 九25	丙寅 十14	庚申 十3	甲寅 九22	己卯 十11	癸酉 九30	戊辰 九20	壬辰 十9	丙戌 九27
十	戊寅 十一6	壬申 十25	乙未 十一12	庚寅 十一2	甲申 十22	戊申 十一9	癸卯 十30	丁酉 十19	辛酉 十一7	乙卯 十26
十一	丁未 十二5	辛丑 十一23	乙丑 十二12	己未 十二1	癸丑 十一20	丁丑 十二8	壬申 十一28	丙申 十一17	辛卯 十二7	乙酉 十一25
十二	丁丑 一4	辛未 十二23	乙未 一11	己丑 十二31	癸未 十二20	丁未 一7	壬寅 十二28	丙寅 一16	庚申 一5	乙卯 十二25
閏			五戊辰 六18			正癸未 二18		十丁卯 十一18		
回	三3	三3	三2•	二3	二2	閏2•	正3	十二2• 正3	十二3	十二2•

八月甲子改元、

五一

勵耘書屋

回曆278

西曆891

回暦之89 西暦901

	6 辛酉	壬戌	癸亥	甲子	7 乙丑	丙寅	丁卯	戊辰	1 己巳	庚午
	四	天復 二	三	四	唐哀帝 天祐 二	三	四	梁太祖 開平 二	三	四
正	甲申 一23	戊申 二11	癸卯 二1	丁酉 一21	庚申 二7	乙卯 一28	戊寅 二15	癸酉 二5	戊辰 一25	壬辰 二13
二	甲寅 二22	戊寅 三13	壬申 三2	丙寅 二19	庚寅 三9	甲申 二26	戊申 三17	壬寅 三5	丁酉 二23	辛酉 三14
三	癸未 三23	丁未 四11	壬寅 四1	丙申 三20	庚申 四8	甲寅 三28	戊寅 四16	壬申 四4	丙寅 三24	辛卯 四13
四	癸丑 四22	丁丑 五11	辛未 四30	丙寅 四19	己丑 五7	癸未 四26	丁未 五15	辛丑 五3	丙申 四23	庚申 五12
五	壬午 五21	丙午 六9	辛丑 五30	乙丑 六17	己未 六6	癸丑 五26	丁丑 六14	辛未 六2	乙丑 五22	己丑 六10
六	辛亥 六19	乙亥 七8	庚午 六28	甲午 七16	戊子 七5	癸未 六25	丙午 七13	庚子 七1	乙未 六21	己未 七10
七	庚戌 八17	甲辰 八6	己亥 七27	癸亥 八14	戊午 八4	壬子 七24	丙子 八12	庚午 七31	甲子 七20	戊子 八8
八	庚辰 九16	甲戌 九5	戊辰 八25	壬辰 九12	丁亥 九2	壬午 八23	丙午 九11	庚子 八30	甲午 八19	戊午 九7
九	己酉 十15	甲辰 十5	戊戌 九24	壬戌 十12	丁巳 十2	辛亥 九21	乙亥 十10	己巳 九28	癸巳 十17	丁亥 十6
十	己卯 十一14	癸酉 十一3	丁卯 十23	辛卯 十一10	丙戌 十31	辛巳 十21	乙巳 十一9	己亥 十28	癸亥 十一16	丁巳 十一5
十一	己酉 十二14	癸卯 十二3	丁酉 十一22	辛酉 十二10	乙卯 十一29	庚戌 十一19	甲戌 十二8	己巳 十一27	癸巳 十二16	丁亥 十二5
十二	己卯 一13	癸酉 一2	丁卯 十二22	辛卯 一9	乙酉 十二29	己卯 十二18	甲辰 一7	戊戌 十二26	壬戌 一14	丁巳 一4
閏	六辛巳 七19			四乙未 五18		十二己酉 一17			八癸亥 九17	
回	十一3	十一3	十一3•	十4	十3	十二2•	九3	九3•	閏4	八3
	四月改元、			閏四月乙巳改元天祐、八月丙午哀帝即位不改元、			四月戊辰梁改開平、遼太祖元年、			

年	年號	正	二	三	四	五	六	七	八	九	十	十一	十二	閏	回	附記
辛未	五	丙戌 二2	丙辰 三4	乙酉 四2	乙卯 五2	甲申 五31	癸丑 六29	壬午 七28	壬子 八27	辛巳 九25	辛亥 十25	辛巳 十一24	辛亥 十二24		八3•	五月朔改元、
壬申	乾化二	庚辰 一22	庚戌 二21	庚辰 三22	己酉 四20	己卯 五20	丁丑 七17	丙午 八15	丙子 九14	乙巳 十13	乙亥 十一12	乙巳 十二12	甲戌 一10	五戊申 六18	七4	
2 癸酉	梁末帝三	甲辰 二9	甲戌 三11	甲辰 四10	癸酉 五9	壬寅 六7	壬申 七7	辛丑 八5	庚午 九3	庚子 十3	己巳 十一1	己亥 十二1	戊辰 十二30		七3	庶人友珪鳳曆元年、二月末帝復稱、乾化三年、
甲戌	四	戊戌 一29	戊辰 二28	戊戌 三30	丁卯 四28	丁酉 五28	丙寅 六26	丙申 七26	乙丑 八24	乙未 九23	甲子 十22	癸巳 十一20	癸亥 十二20		七2•	
乙亥	五	壬辰 一18	壬戌 二17	辛酉 四17	辛卯 五17	辛酉 六16	庚寅 七15	庚申 八14	己丑 九12	己未 十12	戊子 十一10	丁巳 十二9	丁亥 一8	二壬辰 三19	六3	十一月乙丑改元、
丙子	貞明二	丙辰 二6	丙戌 三7	乙卯 四5	乙酉 五5	乙卯 六4	甲申 七3	甲寅 八2	癸未 八31	癸丑 九30	癸未 十30	壬子 十一28	壬午 十二28		六3	遼神冊元年、
3 丁丑	三	辛亥 一26	庚辰 二24	庚戌 三26	己卯 四24	己酉 五24	戊寅 六22	戊申 七22	戊寅 八21	丁未 九19	丁丑 十19	丙子 十二17	丙午 一16	十丁未 十一18	六3•	
戊寅	四	乙亥 二14	甲辰 三15	甲戌 四14	癸卯 五13	癸酉 六12	壬寅 七11	壬申 八10	辛丑 九8	辛未 十8	辛丑 十一7	庚午 十二6	庚子 一5		五3	
己卯	五	庚午 二4	己亥 三5	己巳 四4	戊戌 五3	丁卯 六1	丙申 六30	丙寅 七30	乙未 八28	乙丑 九27	乙未 十27	乙丑 十一26	甲午 十二25		五3•	汪氏長術十二甲子、誤、
庚辰	六	甲子 一24	甲午 二23	癸亥 三23	癸巳 四22	壬戌 五21	辛卯 六19	庚寅 八17	己未 九15	己丑 十15	己未 十一14	戊子 十二13	戊午 一12	六庚申 七18	五3	

回299　西暦911

年	年次	正	二	三	四	五	六	七	八	九	十	十一	十二	閏	回	
4 辛巳	七	戊子 二11	戊午 三13	丁亥 四11	丁巳 五11	丙戌 六9	乙卯 七8	甲申 八6	甲寅 九5	癸未 十4	癸丑 十一3	壬午 十二2	壬子 一1		四2	五月朔改元、
壬午	龍德 二	壬午 一31	壬子 三2	辛巳 三31	辛亥 四30	庚辰 五29	庚戌 六28	己卯 七27	戊申 八25	戊寅 九24	丁未 十23	丁丑 十一22	丙午 十二21		四2•	遼天贊元年、
癸未	三	丙子 一20	丙午 二19	乙亥 三20	乙巳 四19	甲辰 六17	甲戌 七17	癸卯 八15	壬申 九13	壬寅 十13	辛未 十一11	辛丑 十二11	庚午 一9	四乙亥 五19	四3	四月己巳後唐改天祐二十年為同光元年、
甲申	唐莊宗 同光 二	庚子 二8	己巳 三8	己亥 四7	己巳 五7	戊戌 六5	戊辰 七5	戊戌 八4	丁卯 九2	丁酉 十2	丙寅 十31	乙未 十一29	乙丑 十二29		三3	
5 乙酉	三	甲午 一27	甲子 二26	癸巳 三27	癸亥 四26	壬辰 五25	壬戌 六24	壬辰 七24	辛酉 八22	辛卯 九21	庚申 十20	庚寅 十一19	庚申 十二19	十二己丑 一17	三3•	敦煌寫本曆書閏明年正月、
丙戌	四	戊午 二15	戊子 三17	丁巳 四15	丁亥 五15	丙辰 六13	丙戌 七13	乙卯 八11	乙酉 九10	乙卯 十10	甲申 十一8	甲寅 十二8	甲申 一7		二3	二月壬辰遼改天顯、四月甲寅明宗改天成、
丁亥	唐明宗 天成 二	癸丑 二5	壬午 三6	壬子 四5	辛巳 五4	辛亥 六3	庚辰 七2	庚戌 八1	己卯 八30	己酉 九29	己卯 十29	戊申 十一27	戊寅 十二27		二3	十一月壬戌遼太宗即位不改元、
戊子	三	戊申 一26	丁丑 二24	丁未 三25	丙子 四23	乙巳 五22	甲戌 六20	甲辰 七20	癸酉 八18	癸酉 十17	壬寅 十一15	壬申 十二15	壬寅 一14	八癸卯 九17	二2•	
6 己丑	四	壬申 二13	辛丑 三14	辛未 四13	庚子 五12	己巳 六10	戊戌 七9	戊辰 八8	丁酉 九6	丁卯 十6	丙申 十一4	丙寅 十二4	丙申 一3		正2	
庚寅	五	丙寅 二2	乙未 三3	乙丑 四2	甲午 五1	甲子 五31	癸巳 六29	壬戌 七28	壬辰 八27	辛酉 九25	辛卯 十25	庚申 十一23	庚寅 十二23		正2•	二月乙卯改元、

回暦309 西暦921

年	紀年	正	二	三	四	五	六	七	八	九	十	十一	十二	閏	回	
辛卯	長興二	庚申 一22	己丑 二20	己未 三22	己丑 四21	戊午 五20	丁巳 七18	丙戌 八16	丙辰 九15	乙酉 十14	乙卯 十一13	甲申 十二12	甲寅 一11	五戊子 六19	正3 十二3	
壬辰	三	癸未 二9	癸丑 三10	癸未 四9	癸丑 五9	壬午 六7	壬子 七7	辛巳 八5	庚戌 九3	庚辰 十3	己酉 十一1	己卯 十二1	戊申 十二30		十二3•	
癸巳	四	戊寅 一29	丁未 二27	丁丑 三29	丁未 四28	丙子 五27	丙午 六26	乙亥 七25	乙巳 八24	甲戌 九22	甲辰 十22	癸酉 十一20	癸卯 十二20		十二3	
甲午	唐閔帝應順元	壬申 一18	辛未 三18	辛丑 四17	庚午 五16	庚子 六15	庚午 七15	己亥 八13	己巳 九12	戊戌 十11	戊辰 十一10	丁酉 十二9	丁卯 一8	正壬寅 二17	十一3	四月乙酉末帝改元清泰、
乙未	唐末帝清泰二	丙申 二6	丙寅 三8	乙未 四6	乙丑 五6	甲午 六4	甲子 七4	癸巳 八2	癸亥 九1	癸巳 十1	壬戌 十30	壬辰 十一29	壬戌 十二29		十一2•	
丙申	三	辛卯 一27	庚申 二25	庚寅 三26	己未 四24	己丑 五24	戊午 六22	丁亥 七21	丁巳 八20	丁亥 九19	丙辰 十18	丙戌 十一17	乙酉 一15	十一丙辰 十二17	十一3	十一月己亥晉改長興七年為天福元年、
丁酉	晉高祖天福二	甲寅 二13	甲申 三15	甲寅 四14	癸未 五13	壬子 六11	壬午 七11	辛亥 八9	辛巳 九8	庚戌 十7	庚辰 十一6	庚戌 十二6	己卯 一4		十3•	李兆洛紀元編以本年為遼會同元年誤、
戊戌	三	戊申 二2	戊寅 三4	戊申 四3	戊寅 五3	丁未 六1	丙子 六30	丙午 七30	乙亥 八28	乙巳 九27	甲戌 十26	甲辰 十一25	甲戌 十二25		十4	十一月丙寅遼改會同、
己亥	四	癸卯 一23	癸酉 二22	癸卯 三24	壬申 四22	壬寅 五22	辛未 六20	庚子 七19	己亥 九16	己巳 十16	戊戌 十一14	戊辰 十二14	丁酉 一12	七庚午 八18	九3	
庚子	五	丁卯 二11	丁酉 三12	丁卯 四11	丙申 五10	丙寅 六9	乙未 七8	甲子 八6	甲午 九5	癸亥 十4	癸巳 十一3	壬戌 十二2	壬辰 一1		九3•	

回曆319 西曆931

	辛丑 2	壬寅	癸卯	甲辰	乙巳 3	丙午	丁未	戊申	己酉 4	庚戌
	六	七	晉少帝 八	九	開運 二	三	四	漢高祖 乾祐元	漢隱帝 二	三
正	一30 辛酉	一20 丙辰	二8 庚辰	一28 甲戌	二15 戊戌	二5 癸巳	一25 丁亥	二13 辛亥	二1 乙巳	一21 乙亥
二	三1 辛卯	二18 乙酉	三9 己酉	二27 甲辰	三17 戊辰	三6 壬戌	二24 丁巳	三14 辛巳	三3 乙亥	二20 乙巳
三	三31 辛酉	三20 乙卯	四8 己卯	三27 癸酉	四15 丁酉	四5 壬辰	三25 丙戌	四12 庚戌	四1 甲辰	三21 戊戌
四	四29 庚寅	五18 甲寅	五7 戊申	四26 癸卯	五14 丙寅	五4 辛酉	四24 丙辰	五12 庚辰	五1 甲戌	四20 戊辰
五	五29 庚申	六17 甲申	六6 戊寅	五25 壬申	六13 丙申	六2 庚寅	五23 乙酉	六10 己酉	五31 甲辰	五20 戊戌
六	六28 庚寅	七16 癸丑	七5 丁未	六23 辛丑	七12 乙丑	七2 庚申	六21 甲寅	七9 戊寅	六29 癸酉	七18 丁酉
七	七27 己未	八15 癸未	八4 丁丑	七23 辛未	八11 乙未	七31 己丑	七21 甲申	八8 戊申	七28 壬寅	八16 丙寅
八	八25 戊子	九13 壬子	九3 丁未	八22 辛丑	九9 甲子	八30 己未	九17 壬午	九6 丁丑	八27 壬申	九15 丙申
九	九24 戊午	十13 壬午	十2 丙子	九20 庚午	十9 甲午	九28 戊子	十17 壬子	十5 丙午	九25 辛丑	十14 乙丑
十	十23 丁亥	十一11 辛亥	十一1 丙午	十20 庚子	十一8 甲子	十28 戊午	十一16 壬午	十一4 丙子	十24 庚午	十一13 乙未
十一	十一22 丁巳	十二11 辛巳	十一30 乙亥	十一19 庚午	十二8 甲午	十一27 戊子	十二15 辛亥	十二4 丙午	十一23 庚子	十二12 甲子
十二	十二21 丙戌	一9 庚戌	十二30 乙巳	十二18 己亥	一6 癸亥	十二26 丁巳	一14 辛巳	一2 乙亥	十二23 庚午	一11 甲午
閏		四18 三甲申		一17 十二己巳			八19 七癸丑			六18 五丁卯、
回	九3	八3	八2●	八3	七3	七3●	七3	六3●	六3	閏3
		六月乙丑少帝即位、		七月朔始改元開運、			二月朔契丹建國曰遼改大同、辛未漢仍稱天福十二年、九月丁卯遼世宗改天祿、	隱帝元年二月辛巳即位、不改元、	遼十辛未、	

回曆330　西曆941

		正	二	三	四	五	六	七	八	九	十	十一	十二	閏	回	
辛亥	周太祖 廣順元	癸亥 二9	癸巳 三11	壬戌 四9	壬辰 五9	壬戌 六8	辛卯 七7	辛酉 八6	庚寅 九4	庚申 十4	己丑 十一2	己未 十二2	戊子 十二31		五2•	九月丁卯遼穆宗改元應曆、
壬子	二	戊午 一30	丁亥 二28	丁巳 三29	丙戌 四27	丙辰 五27	乙酉 六25	乙卯 七25	甲申 八23	甲寅 九22	甲申 十22	癸丑 十一20	癸未 十二20		五3	
癸丑 5	三	壬子 一18	辛亥 三18	庚辰 四16	庚戌 五16	己卯 六14	己酉 七14	戊寅 八12	戊申 九11	戊寅 十11	戊申 十一10	丁丑 十二9	丁未 一8	正 壬午 二17	四3	
甲寅	顯德元	丙子 二6	丙午 三8	乙亥 四6	甲辰 五5	甲戌 六4	癸卯 七3	癸酉 八2	壬寅 八31	壬申 九30	壬寅 十30	辛未 十一28	辛丑 十二28		四3•	正月丙申世宗即位、不改元、
乙卯	周世宗 二	辛未 一27	庚子 二25	庚午 三27	己亥 四25	戊辰 五24	戊戌 六23	丁卯 七22	丁酉 八21	丙寅 九19	乙丑 十一17	乙未 十二17	乙丑 一16	九 丙申 十19	四3	遼八丙申、
丙辰	三	乙未 二15	甲子 三15	甲午 四14	癸亥 五13	壬辰 六11	壬戌 七11	辛卯 八9	庚申 九7	庚寅 十7	庚申 十一6	己丑 十二5	己未 一4		三2	
丁巳 6	四	己丑 二3	己未 三5	戊子 四3	戊午 五3	丁亥 六1	丙辰 六30	丙戌 七30	乙卯 八28	甲申 九26	甲寅 十26	癸未 十一24	癸丑 十二24		三2•	
戊午	五	癸未 一23	癸丑 二22	壬午 三23	壬子 四22	辛巳 五21	辛亥 六20	庚辰 七19	己卯 九16	己酉 十16	戊寅 十一14	丁未 十二13	丁丑 一12	七 庚戌 八18	三3	遼九戊申、
己未	六	丁未 二11	丙子 三12	丙午 四11	丙子 五11	乙巳 六9	乙亥 七9	甲辰 八7	甲戌 九6	癸卯 十5	癸酉 十一4	壬寅 十二3	壬申 一2		二3•	遼十二辛未、
庚申	周恭帝 七	辛丑 一31	辛未 三1	庚子 三30	庚午 四29	己亥 五28	己巳 六27	己亥 七27	戊辰 八25	戊戌 九24	丁卯 十23	丁酉 十一22	丙寅 十二21		二3	正月乙巳宋改元建隆、

回曆340　西曆951

	辛酉 7	壬戌	癸亥	甲子	乙丑 1	丙寅	丁卯	戊辰	己巳 2	庚午
	宋太祖 建隆二	三	四	乾德二	三	四	五	六	開寶二	三
正	丙申 一 20	庚申 二 8	甲寅 一 28	戊寅 二 16	癸酉 二 5	丁卯 一 25	庚寅 二 12	乙酉 二 2	己卯 一 21	癸卯 二 9
二	乙丑 二 18	己丑 三 9	甲申 二 27	戊申 三 17	壬寅 三 6	丙申 二 23	庚申 三 14	甲寅 三 2	戊申 二 19	壬申 三 10
三	乙未 三 20	戊午 四 7	癸丑 三 28	丁丑 四 15	壬申 四 5	丙寅 三 25	庚寅 四 13	甲申 四 1	戊寅 三 21	壬寅 四 9
四	癸巳 五 17	戊子 五 7	壬午 四 26	丁未 五 15	辛丑 五 4	丙申 四 24	己未 五 12	癸丑 四 30	戊申 四 20	辛未 五 8
五	癸亥 六 16	丁巳 六 5	壬子 五 26	丙子 六 13	辛未 六 3	乙丑 五 23	己丑 六 11	癸未 五 30	丁丑 五 19	辛丑 六 7
六	癸巳 七 16	丁亥 七 5	辛巳 六 24	乙巳 七 12	庚子 七 2	甲午 六 21	戊午 七 10	癸丑 六 29	丙子 七 17	庚午 七 6
七	壬戌 八 14	丙辰 八 3	辛亥 七 24	甲戌 八 10	己巳 七 31	甲子 七 21	戊子 八 9	壬午 七 28	丙午 八 16	庚子 八 5
八	壬辰 九 13	丙戌 九 2	庚辰 八 22	甲辰 九 9	戊戌 八 29	癸巳 八 19	丁巳 九 7	壬子 八 27	丙子 九 15	庚午 九 4
九	壬戌 十 13	丙辰 十 2	庚戌 九 21	甲戌 十 9	戊辰 九 28	壬辰 十 17	丙戌 十 6	辛巳 九 25	乙巳 十 14	己亥 十 3
十	辛卯 十一 11	乙酉 十 31	己卯 十 20	癸卯 十一 7	丁酉 十 27	辛酉 十一 15	丙辰 十一 5	辛亥 十 25	乙亥 十一 13	己巳 十一 2
十一	辛酉 十二 11	乙卯 十一 30	己酉 十一 19	癸酉 十二 7	丁卯 十一 26	辛卯 十二 15	乙酉 十二 4	庚辰 十一 23	甲辰 十二 12	己亥 十二 2
十二	庚寅 一 9	乙酉 十二 30	己卯 十二 19	癸卯 一 6	丁酉 十二 26	辛酉 一 14	乙卯 一 3	己酉 十二 22	甲戌 一 11	戊辰 十二 31
閏	三甲子 四 13		十二己酉 一 18			八壬戌 九 17			五丁未 六 18	
回	二 3	正 2●	正 3 閏 2	十二 2●	十二 2	十一 3●	十一 4	十一 3	十 2●	十 3
	遼三甲午、		十一月甲子改元、	遼四丙午、六丙午、七乙亥、	遼五庚午、			十一月癸卯改元、	二月己巳遼景宗改元保寧、	

回曆350

西曆961

	辛未	壬申	3 癸酉	甲戌	乙亥	丙子	4 丁丑	戊寅	己卯	庚辰
	四	五	六	七	八	九	宋太宗 太平興國 二	三	四	五
正	戊戌 一30	壬辰 一19	丙辰 二6	庚戌 一26	甲戌 二14	戊辰 二3	壬戌 一22	丙戌 二10	辛巳 一31	丙子 一21
二	丁卯 二28	壬戌 二18	丙戌 三8	庚辰 二25	甲辰 三16	戊戌 三4	壬辰 二21	丙辰 三12	庚戌 三1	乙巳 二19
三	丙申 三29	庚申 四16	乙卯 四6	庚戌 三27	癸酉 四14	戊辰 四3	壬戌 三23	乙酉 四10	庚辰 三31	甲戌 三19
四	丙寅 四28	庚寅 五16	乙酉 五6	己卯 四25	癸卯 五14	丁酉 五2	辛卯 四21	乙卯 五10	己酉 四29	癸酉 五17
五	乙未 五27	己未 六14	甲寅 六4	戊申 五24	壬申 六12	丁卯 六1	辛酉 五21	乙酉 六9	己卯 五29	癸卯 六16
六	乙丑 六26	戊子 七13	癸未 七3	戊寅 六23	壬寅 七12	丙申 六30	辛卯 六20	甲寅 七8	戊申 六27	壬申 七15
七	甲午 七25	戊午 八12	壬子 八1	丁未 七22	辛未 八10	丙寅 七30	庚申 七19	甲申 八7	戊寅 七27	壬寅 八14
八	甲子 八24	戊子 九11	壬午 八31	丙子 八20	庚子 九8	乙未 八28	己未 九16	癸丑 九5	戊申 八26	辛未 九12
九	癸巳 九22	丁巳 十10	辛亥 九29	丙午 九19	庚午 十8	甲子 九26	己丑 十16	癸未 十5	丁丑 九24	辛丑 十12
十	癸亥 十22	丁亥 十一9	辛巳 十29	乙亥 十18	己亥 十一6	甲午 十26	戊午 十一14	癸丑 十一4	丁未 十24	辛未 十一11
十一	癸巳 十一21	丁巳 十二9	辛亥 十一28	乙亥 十二17	己巳 十二6	癸亥 十一24	丁亥 十二13	壬午 十二3	丁丑 十一23	庚子 十二10
十二	癸亥 十二21	丁亥 一8	辛巳 十二28	甲辰 一15	戊戌 一4	癸巳 十二24	丁巳 一12	壬子 一2	丙午 十二22	庚午 一9
閏		二辛卯 三18		十乙巳 十一17			七庚寅 八18			三甲辰 四18
回	十3	九3•	九4	九3	八3•	八3	閏2•	七3	七3	六3•
			遼四甲申。			十二月甲寅太宗改元太平興國。	汪氏長術十戊子誤。		十一月辛丑遼改乾亨。	

回曆361　西曆971

勵耘書屋

	5 辛巳	壬午	癸未	甲申	6 乙酉	丙戌	丁亥	戊子	7 己丑	庚寅
	六	七	．八	九	雍熙二	三	四	端拱元	二	淳化元
正	二8 庚子	一28 甲午	二16 戊午	二5 壬子	一24 丙午	二12 庚午	二1 甲子	一22 己未	二9 癸未	一30 戊寅
二	三9 己巳	二27 甲子	三18 戊子	三6 壬午	二23 丙子	三14 庚子	三3 甲午	二20 戊子	三10 壬子	二28 丁未
三	四7 戊戌	三28 癸巳	四16 丁巳	•四4 辛亥	三24 乙巳	四12 己巳	四1 癸亥	三21 戊午	四9 壬午	三29 丙子
四	五7 戊辰	四26 壬戌	五15 丙戌	五4 辛巳	四23 乙亥	五12 己亥	五1 癸巳	四19 丁亥	五8 辛亥	四28 丙午
五	六5 丁酉	五26 壬辰	六14 丙辰	六2 庚戌	五23 乙巳	六10 戊辰	五30 壬戌	五19 丁巳	六6 庚辰	五27 乙亥
六	七4 丙寅	六24 辛酉	七13 乙酉	七2 庚辰	六21 甲戌	七10 戊戌	六29 壬辰	七17 丙辰	七6 庚戌	六25 甲辰
七	八3 丙申	七23 庚寅	八11 甲寅	七31 己酉	七21 甲辰	八9 戊辰	七29 壬戌	八15 乙酉	八4 己卯	七25 甲戌
八	九1 乙丑	八22 庚申	九10 甲申	八29 戊寅	八19 癸酉	九7 丁酉	八27 辛卯	九14 乙卯	九3 己酉	八23 癸卯
九	十1 乙未	九20 己丑	十9 癸丑	九28 戊申	九17 壬寅	十6 丙寅	九26 辛酉	十14 乙酉	十3 己卯	九22 癸酉
十	十31 乙丑	十20 己未	十一8 癸未	十27 丁丑	十一15 辛丑	十一5 丙申	十25 庚寅	十一12 甲寅	十一2 己酉	十22 癸卯
十一	十一30 乙未	十一19 己丑	十二7 壬子	十一26 丁未	十二15 辛未	十二4 乙丑	十一24 庚申	十二12 甲申	十二1 戊寅	十一20 壬申
十二	十二29 甲子	十二18 戊午	一6 壬午	十二25 丙子	一13 庚子	一3 乙未	十二23 己丑	一11 甲寅	十二31 戊申	十二20 壬寅
閏		十二戊子 一17			九壬申 十17			五丙戌 六17		
回	六4	六3	五2•	五3	五2	四2•	四3	四3•	三3	三3
			六月甲午遼聖宗改元統和、	十一月丁己改元、	遼閏八壬寅、九壬申、	遼二己亥、七丁卯、				

回暦371 西暦981

年	年號	正	二	三	四	五	六	七	八	九	十	十一	十二	閏	回
辛卯	二	壬申 一19	壬寅 二18	庚子 四17	庚午 五17	己亥 六15	戊辰 七14	戊戌 八13	丁卯 九11	丁酉 十11	丙寅 十一9	丙申 十二9	丙寅 一8	二辛未 三19	閏之•
壬辰	三	丙申 二7	乙丑 三7	乙未 四6	甲子 五5	甲午 六4	癸亥 七3	壬辰 八1	壬戌 八31	辛卯 九29	辛酉 十29	庚寅 十一27	庚申 十二27		二3
癸巳 1	四	庚寅 一26	己未 二24	己丑 三26	己未 四25	戊子 五24	戊午 六23	丁亥 七22	丙辰 八20	丙戌 九19	乙卯 十18	甲寅 十二16	甲申 一15	十乙酉 十一17	二3
甲午	五	甲寅 二14	癸未 三15	癸丑 四14	壬午 五13	壬子 六12	壬午 七12	辛亥 八10	庚辰 九8	庚戌 十8	己卯 十一6	己酉 十二6	戊寅 一4		正之•
乙未	至道元	戊申 二3	丁丑 三4	丁未 四3	丁丑 五3	丙午 六1	丙子 七1	乙巳 七30	乙亥 八29	甲辰 九27	甲戌 十27	癸卯 十一25	癸酉 十二25		正3
丙申	二	壬寅 一23	壬申 二22	辛丑 三22	辛未 四21	庚子 五20	庚午 六19	己亥 七18	己亥 九16	戊辰 十15	戊戌 十一14	丁卯 十二13	丁酉 一12	七己巳 八17	十二3 正3•
丁酉 之	三	丙寅 二10	丙申 三12	乙丑 四10	乙未 五10	甲子 六8	甲午 七8	癸亥 八6	癸巳 九5	癸亥 十5	壬辰 十一3	壬戌 十二3	壬辰 一2		十二之
戊戌	宋真宗 咸平元	辛酉 一31	庚寅 三1	庚申 三31	己丑 四29	戊午 五28	戊子 六27	丁巳 七26	丁亥 八25	丁巳 九24	丙戌 十23	丙辰 十一22	丙戌 十二22		十二3•
己亥	二	乙卯 一20	乙酉 二19	甲寅 三20	癸丑 五18	壬午 六16	壬子 七16	辛巳 八14	辛亥 九13	庚辰 十12	庚戌 十一11	庚辰 十二11	庚戌 一10	三甲申 四19	十二3
庚子	三	己卯 二8	己酉 三9	戊寅 四7	戊申 五7	丁丑 六5	丙午 七4	丙子 八3	乙巳 九1	乙亥 十1	甲辰 十30	甲戌 十一29	甲辰 十二29		十二3

甲午：遼正癸丑、

己亥：遼四甲申、閏四癸丑、

回曆381 西曆991

二十史朔閏表 宋 遼

五六

勵耘書屋

	辛丑 3 四	壬寅 五	癸卯 六	甲辰 景德元	乙巳 4 二	丙午 三	丁未 四	戊申 大中祥符元	己酉 5 二	庚戌 三
正	一 28 甲戌	二 15 丁酉	二 4 辛卯	一 25 丙戌	二 12 庚戌	二 1 甲辰	一 22 己亥	二 10 癸亥	一 29 丁巳	一 18 辛亥
二	二 26 癸卯	三 17 丁卯	三 6 辛酉	二 23 乙卯	三 13 己卯	三 3 甲戌	二 20 戊辰	三 10 壬辰	二 28 丁亥	二 17 辛巳
三	三 28 癸酉	四 16 丁酉	四 5 辛卯	三 24 乙酉	四 12 己酉	四 1 癸卯	三 22 戊戌	四 9 壬戌	三 29 丙辰	四 17 庚辰
四	四 26 壬寅	五 15 丙寅	五 4 庚申	四 22 甲寅	五 11 戊寅	四 30 壬申	四 20 丁卯	五 8 辛卯	四 28 丙戌	五 17 庚戌
五	五 26 壬申	六 14 丙申	六 3 庚寅	五 22 甲申	六 10 戊申	五 30 壬寅	五 19 丙申	六 6 庚申	五 27 乙卯	六 15 己卯
六	六 24 辛丑	七 13 乙丑	七 2 己未	六 21 甲寅	七 9 丁丑	六 28 辛未	七 17 乙未	七 6 庚寅	六 25 甲申	七 14 戊申
七	七 23 庚午	八 11 甲午	八 1 己丑	七 20 癸未	八 8 丁未	七 28 辛丑	八 16 乙丑	八 4 己未	七 25 甲寅	八 13 戊寅
八	八 22 庚子	九 10 甲子	八 30 戊午	八 19 癸丑	九 7 丁丑	八 27 辛未	九 14 甲午	九 3 己丑	八 23 癸未	九 11 丁未
九	九 20 己巳	十 9 癸巳	九 29 戊子	九 17 壬午	十 6 丙午	九 25 庚子	十 14 甲子	十 2 戊午	九 21 壬子	十 10 丙子
十	十 20 己亥	十一 8 癸亥	十 28 丁巳	十一 15 辛巳	十一 5 丙子	十 25 庚午	十一 13 甲午	十一 1 戊子	十 21 壬午	十一 9 丙午
十一	十一 18 戊辰	十二 7 壬辰	十一 27 丁亥	十二 15 辛亥	十二 4 乙巳	十一 24 庚子	十二 13 甲子	十二 1 戊午	十一 20 壬子	十二 9 丙子
十二	十二 18 戊戌	一 6 壬戌	十二 26 丙辰	一 13 庚辰	一 3 乙亥	十二 23 己巳	一 11 癸巳	十二 30 丁亥	十二 19 辛巳	一 7 乙巳
閏	一 17 十二戊辰			十 17 九壬子			六 18 五丙寅			三 19 二辛亥
回	十二 3●	十 3	十 3	閏 2●	九 3	九 3●	八 4	八 3	八 3●	七 3
	遼正癸酉、十戊戌、閏十一戊戌、十二丁卯、									

回暦392 西暦1001

干支	年	正	二	三	四	五	六	七	八	九	十	十一	十二	閏	回	附注
辛亥	四	二6 乙亥	三8 乙巳	四6 甲戌	五6 甲辰	六5 甲戌	七4 癸卯	八2 壬申	九1 壬寅	九30 辛未	十29 庚子	十一28 庚午	十二28 庚子		七3	
壬子	五	一26 己巳	二25 己亥	三25 戊辰	四24 戊戌	五24 戊辰	六22 丁酉	七22 丁卯	八20 丙申	九19 丙寅	十18 乙未	十二16 甲午	一15 甲子	十一17 十乙丑	七2•	遼三己巳、十一月朔改開泰、
6 癸丑	六	二13 癸巳	三15 癸亥	四13 壬辰	五13 壬戌	六11 辛卯	七11 辛酉	八10 辛卯	九8 庚申	十8 庚寅	十一6 己未	十二6 己丑	一4 戊午		六3	
甲寅	七	二3 戊子	三4 丁巳	四2 丙戌	五2 丙辰	六1 丙戌	六30 乙卯	七30 乙酉	八28 甲寅	九27 甲申	十27 甲寅	十一25 癸未	十二25 癸丑		六3	
乙卯	八	一23 壬午	二22 壬子	三23 辛巳	四21 庚戌	五21 庚辰	六19 己酉	八17 戊申	九16 戊寅	十16 戊申	十一15 戊寅	十二14 丁未	一13 丁丑	七19 六己卯	六3•	遼七己卯、閏七戊申、
丙辰	九	二11 丙午	三12 丙子	四10 乙巳	五9 甲戌	六8 甲辰	七7 癸酉	八6 癸卯	九4 壬申	十4 壬寅	十一3 壬申	十二2 辛丑	一1 辛未		五3	
7 丁巳	天禧元	一31 辛丑	三1 庚午	三31 庚子	四29 己巳	五28 戊戌	六27 戊辰	七26 丁酉	八24 丙寅	九23 丙申	十23 丙寅	十一21 乙未	十二21 乙丑		五3•	
戊午	二	一20 乙未	二19 乙丑	三20 甲午	四19 甲子	六16 壬戌	七16 壬辰	八14 辛酉	九12 庚寅	十12 庚申	十一11 庚寅	十二10 己未	一9 己丑	五18 四癸巳	閏3	
己未	三	二8 己未	三10 己丑	四8 戊午	五8 戊子	六6 丁巳	七5 丙戌	八4 丙辰	九2 乙酉	十1 甲寅	十31 甲申	十一29 癸丑	十二29 癸未		四2	
庚申	四	一28 癸丑	二27 癸未	三27 壬子	四26 壬午	五25 辛亥	六24 辛巳	七23 庚戌	八22 庚辰	九20 己酉	十19 戊寅	十一18 戊申	十二17 丁丑	一16 十二丁未	四2•	遼五壬子、

回曆402　西曆1011

五七

勵耘書屋

干支	年	正	二	三	四	五	六	七	八	九	十	十一	十二	閏	回	備考
1 辛酉	五	丁丑 二15	丙午 三16	丙子 四15	丙午 五15	乙亥 六13	乙巳 七13	甲戌 八11	甲辰 九10	癸酉 十9	癸卯 十一8	壬申 十二7	壬寅 一6		三3	十一月癸未遼改太平、十二辛丑、齊召南歷代帝王年表紀遼年代多誤、
壬戌	乾興元	辛未 二4	庚子 三5	庚午 四4	庚子 五4	己巳 六2	己亥 七2	己巳 八1	戊戌 八30	戊辰 九29	丁酉 十28	丁卯 十一27	丙申 十二26		三3	
癸亥	宋仁宗 天聖元	丙寅 一25	乙未 二23	甲子 三24	甲午 四23	癸亥 五22	癸巳 六21	癸亥 七21	壬辰 八19	壬戌 九18	辛酉 十一16	辛卯 十二16	庚申 一14	九壬辰 十18	三3•	
甲子	二	庚寅 二13	己未 三13	戊子 四11	戊午 五11	丁亥 六9	丁巳 七9	丙戌 八7	丙辰 九6	丙戌 十6	乙卯 十一4	乙酉 十二4	甲寅 一2		二3	遼十二乙卯、
2 乙丑	三	甲申 二1	甲寅 三3	癸未 四1	壬子 四30	壬午 五30	辛亥 六28	庚辰 七27	庚戌 八26	庚辰 九25	己酉 十24	己卯 十一23	己酉 十二23		二2•	遼七辛巳、
丙寅	四	己卯 一22	戊申 二20	戊寅 三22	丁未 四20	丙子 五19	乙亥 七17	甲辰 八15	甲戌 九14	癸卯 十13	癸酉 十一12	癸卯 十二12	癸酉 一11	五丙午 六18	二3	
丁卯	五	壬寅 二9	壬申 三11	壬寅 四10	辛未 五9	庚子 六7	庚午 七7	己亥 八5	戊辰 九3	戊戌 十3	丁卯 十一1	丁酉 十二1	丁卯 十二31		正3	
戊辰	六	丁酉 一30	丙寅 二28	丙申 三29	丙寅 四28	乙未 五27	甲子 六25	甲午 七25	癸亥 八23	壬辰 九21	壬戌 十21	辛卯 十一19	辛酉 十二19		正2•	
3 己巳	七	辛卯 一18	庚申 二16	庚申 四17	己丑 五16	己未 六15	戊子 七14	戊午 八13	丁亥 九11	丙辰 十10	丙戌 十一9	乙卯 十二8	乙酉 一7	二庚寅 三18	正3 / 十二3	遼三庚寅、閏三庚申、
庚午	八	甲寅 二5	甲申 三7	甲寅 四6	癸未 五5	癸丑 六4	癸未 七4	壬子 八2	壬午 九1	辛亥 九30	辛巳 十30	庚戌 十一28	己卯 十二27		十二3•	

回暦412 西暦1021

回曆423 西曆1031

年	紀年	正	二	三	四	五	六	七	八	九	十	十一	十二	閏	回	備考
辛未	九	己酉 一26	戊寅 二24	戊申 三26	戊寅 四25	丁未 五24	丁丑 六23	丙午 七22	丙子 八21	丙午 九20	乙亥 十19	甲戌 十一17	甲辰 一16	十乙巳 十一18	十一3	六月辛卯遼興宗改元景福、
壬申	一〇	癸酉 二14	壬寅 三14	壬申 四13	辛丑 五12	辛未 六11	庚子 七10	庚午 八9	庚子 九8	己巳 十7	己亥 十一6	己巳 十二6	戊戌 一4		十二2	十一月甲戌改元己卯遼改重熙、
4 癸酉	明道二	戊辰 二3	丁酉 三4	丙寅 四2	丙申 五2	乙丑 五31	甲午 六29	甲子 七29	甲午 八28	癸亥 九26	癸巳 十26	癸亥 十一25	癸巳 十二25		十二2•	
甲戌	景祐元	壬戌 一23	壬辰 二22	辛酉 三23	庚寅 四21	庚申 五21	己丑 六19	戊子 八17	戊午 九16	丁亥 十15	丁巳 十一14	丁亥 十二14	丁巳 一13	六戊午 七18	十3	
乙亥	二	丙戌 二11	丙辰 三13	乙酉 四11	甲寅 五10	甲申 六9	癸丑 七8	壬午 八6	壬子 九5	辛巳 十4	辛亥 十一3	辛巳 十二3	辛亥 一2		十3•	
丙子	三	庚辰 一31	庚戌 三1	庚辰 三31	己酉 四29	戊寅 五28	戊申 六27	丁丑 七26	丙午 八24	丙子 九23	乙巳 十22	乙亥 十一21	乙巳 十二21		十4	
5 丁丑	四	甲戌 一19	甲辰 二18	甲戌 三20	癸卯 四18	壬寅 六16	壬申 七16	辛丑 八14	庚午 九12	庚子 十12	己巳 十一10	己亥 十二10	戊辰 一8	四癸酉 五18	九3	
戊寅	五	戊戌 二7	戊辰 三9	戊戌 四8	丁卯 五7	丁酉 六6	丙寅 七5	丙申 八4	乙丑 九2	甲午 十1	甲子 十31	癸巳 十一29	癸亥 十二29		九3•	十一月庚戌改元、
己卯	寶元二	壬辰 一27	壬戌 二26	壬辰 三28	辛酉 四26	辛卯 五26	庚申 六24	庚寅 七24	庚申 八23	己丑 九21	己未 十21	戊子 十一19	丁巳 十二18	十二丁亥 一17	九3	遼六辛酉、
庚辰	三	丙辰 二15	丙戌 三16	乙卯 四14	乙酉 五14	甲寅 六12	甲申 七12	甲寅 八11	癸未 九9	癸丑 十9	癸未 十一8	壬子 十二7	壬午 一6		八3	二月丙午改元、 遼五乙卯、十二辛巳、

二十史朔閏表 宋 遼 五八 勵耘書屋

	辛巳 6 康定二	壬午 慶曆二	癸未 三	甲申 四	乙酉 7 五	丙戌 六	丁亥 七	戊子 八	己丑 1 皇祐元	庚寅 二
正	二4 辛亥	一25 丙午	二13 庚午	二2 甲子	一21 戊午	二9 壬午	一29 丙子	一18 庚午	二5 甲午	一26 己丑
二	三5 庚辰	二23 乙亥	三14 己亥	三3 甲午	二20 戊子	三11 壬子	二28 丙午	三17 己巳	三7 甲子	二24 戊午
三	四4 庚戌	三24 甲辰	四12 戊辰	四1 癸亥	三21 丁巳	四9 辛巳	三29 乙亥	四16 己亥	四5 癸巳	三26 戊子
四	五3 己卯	四23 甲戌	五12 戊戌	四30 壬辰	四20 丁亥	五9 辛亥	四28 乙巳	五16 己巳	五5 癸亥	四24 丁巳
五	六2 己酉	五22 癸卯	六10 丁卯	五30 壬戌	五19 丙辰	六7 庚辰	五28 乙亥	六14 戊戌	六3 壬辰	五24 丁亥
六	七1 戊寅	六20 壬申	七9 丙申	六28 辛卯	七17 乙卯	七7 庚戌	六26 甲辰	七14 戊辰	七3 壬戌	六22 丙辰
七	七31 戊申	七20 壬寅	八8 丙寅	七27 庚申	八15 甲申	八5 己卯	七26 甲戌	八12 丁酉	八2 壬辰	七22 丙戌
八	八30 戊寅	八19 壬申	九6 乙未	八26 庚寅	九14 甲寅	九3 戊申	八24 癸卯	九11 丁卯	八31 辛酉	八20 乙卯
九	九28 丁未	九17 辛丑	十6 乙丑	九24 己未	十13 癸未	十3 戊寅	九22 壬申	十10 丙申	九30 辛卯	九14 乙酉
十	十28 丁丑	十一16 辛丑	十一5 乙未	十24 己丑	十一12 癸丑	十一1 丁未	十22 壬寅	十一9 丙寅	十29 庚申	十19 乙卯
十一	十一27 丁未	十二15 庚午	十二5 乙丑	十一22 戊午	十二11 壬午	十二1 丁丑	十一20 辛未	十二8 乙未	十一28 庚寅	十一17 甲申
十二	十二26 丙子	一14 庚子	一3 甲午	十二22 戊子	一10 壬子	十二30 丙午	十二20 辛丑	一7 乙丑	十二28 庚申	一16 甲申
閏		十17 九辛未			六18 五丙戌			二17 正庚子		十二17 十一甲寅
回	八2●	八3	七3	七3●	六3	六2●	六3	五3	五3●	五3
	十一月丙寅改元、			遼十一己未、	遼三戊午。				遼十二己未、	

回曆433 西曆1041

回曆443 西曆1051

	辛卯 三	壬辰 四	癸巳 五	甲午 六	乙未 至和二	丙申 三	丁酉 嘉祐二	戊戌 三	己亥 四	庚子 五
正	二14 癸丑	二4 戊申	一23 壬寅	二11 丙寅	一31 庚申	一20 甲寅	二7 戊寅	一27 壬申	二15 丙申	二5 辛卯
二	三15 壬午	三4 丁丑	二21 辛未	三12 乙未	三1 己丑	二18 癸未	三8 丁未	二26 壬寅	三17 丙寅	三5 庚申
三	四14 壬子	四2 丙午	三23 辛丑	四11 乙丑	三31 己未	三19 癸丑	四7 丁丑	三27 辛未	四15 乙未	四4 庚寅
四	五13 辛巳	五2 丙子	四21 庚午	五10 甲午	四30 己丑	五17 壬子	五7 丁未	四26 辛丑	五15 乙丑	五3 己未
五	六11 庚戌	五31 乙巳	五21 庚子	六9 甲子	五29 戊午	六16 壬午	六5 丙子	五25 庚午	六13 甲午	六1 戊子
六	七11 庚辰	六29 甲戌	六19 己巳	七8 癸巳	六28 戊子	七15 辛亥	七5 丙午	六24 庚子	七12 癸亥	七1 戊午
七	八9 己酉	七29 甲辰	七18 戊戌	八6 壬戌	七27 丁巳	八14 辛巳	八3 乙亥	七23 己巳	八11 癸巳	七30 丁亥
八	九8 己卯	八27 癸酉	九15 丁酉	九5 壬辰	八25 丙戌	九12 庚戌	九2 乙巳	八22 己亥	九10 癸亥	八29 丁巳
九	十8 己酉	九26 癸卯	十15 丁卯	十4 辛酉	九24 丙辰	十12 庚辰	十1 甲戌	九21 己巳	十10 癸巳	九28 丁亥
十	十一7 己卯	十26 癸酉	十一13 丙申	十一3 辛卯	十23 乙酉	十一10 己酉	十31 甲辰	十20 戊戌	十一8 壬戌	十27 丙辰
十一	十二6 戊申	十一24 壬寅	十二13 丙寅	十二2 庚申	十一22 乙卯	十二10 己卯	十一29 癸酉	十一19 戊辰	十二8 壬辰	十一26 丙戌
十二	一5 戊寅	十二24 壬申	一12 丙申	一1 庚寅	十二21 甲申	一8 戊申	十二29 癸卯	十二18 丁酉	一7 壬戌	十二26 丙辰
閏			八17 七戊辰			四18 三癸未		一17 十二丁卯		
回	四3	四2•	四3	三2•	三3	三3	二3•	二3	正3	正2•
			遼二壬申、	三月庚辰改元、	八月辛丑遼道宗改元清寧、	遼六壬子、 宋九月辛卯改元、			遼六甲子、十二辛酉、	

勵耘書屋

回曆453 西曆1061

	4 辛丑	壬寅	癸卯	甲辰	5 乙巳	丙午	丁未	戊申	6 己酉	庚戌
	六	七	八	宋英宗 治平元	二	三	四	宋神宗 熙寧元	二	三
正	一24 乙酉	二12 己酉	二1 癸卯	一21 丁酉	二8 辛酉	一29 丙辰	一18 庚戌	二6 甲戌	一26 己巳	二14 癸巳
二	二23 乙卯	三14 己卯	三3 癸酉	二20 丁卯	三10 辛卯	二27 乙酉	二17 庚辰	三7 甲辰	二24 戊戌	三15 壬戌
三	三24 甲申	四12 戊申	四2 癸卯	三21 丁酉	四9 辛酉	三29 乙卯	三18 己酉	四5 癸酉	三26 戊辰	四14 壬辰
四	四23 甲寅	五12 戊寅	五1 壬申	四20 丁卯	五8 庚寅	四27 甲申	五16 戊申	五4 壬寅	四24 丁酉	五13 辛酉
五	五22 癸未	六10 丁未	五31 壬寅	五19 丙申	六7 庚申	五27 甲寅	六15 戊寅	六3 壬申	五23 丙寅	六11 庚寅
六	六20 壬子	七9 丙子	六29 辛未	七17 乙未	七6 己丑	六26 甲申	七14 丁未	七2 辛丑	六22 丙申	七11 庚申
七	七20 壬午	八8 丙午	七28 庚子	八15 甲子	八5 己未	七25 癸丑	八13 丁丑	八1 辛未	七21 乙丑	八9 己丑
八	八18 辛亥	九6 乙亥	八27 庚午	九14 甲午	九3 戊子	八24 癸未	九12 丁未	八31 辛丑	八20 乙未	九7 戊午
九	十16 庚戌	十6 乙巳	九25 己亥	十13 癸亥	十3 戊午	九22 壬子	十11 丙子	九29 庚午	九18 甲子	十7 戊子
十	十一15 庚辰	十一4 甲戌	十24 戊辰	十一11 壬辰	十一1 丁亥	十22 壬午	十一10 丙午	十29 庚子	十18 甲午	十一6 戊午
十一	十二15 庚戌	十二4 甲辰	十一23 戊戌	十二11 壬戌	十二1 丁巳	十一20 辛亥	十二9 乙亥	十一28 庚午	十一17 甲子	十二6 戊子
十二	一14 庚辰	一3 甲戌	十二23 戊辰	一10 壬辰	十二30 丙戌	十二20 辛巳	一8 乙巳	十二27 己亥	一15 癸亥	一4 丁巳
閏	八辛巳 九17			五丙寅 六18			三己卯 四17		十一甲午 十二17	
回	正3 十二2	十二2●	十二3	十一3●	十一3	十一3	十2●	十3	十3	九3●
				遼六丙寅、閏六乙未、	遼改咸雍、					遼八己未、

干支	年	正	二	三	四	五	六	七	八	九	十	十一	十二	閏	回	附注
辛亥	四	丁亥 二3	丁巳 三5	丙戌 四3	丙辰 五3	乙酉 六1	甲寅 六30	甲申 七30	癸丑 八28	壬午 九26	壬子 十26	壬午 十一25	辛亥 十二24		九4	
壬子	五	辛巳 一23	辛亥 二22	辛巳 三23	庚戌 四21	庚辰 五21	己酉 六19	戊寅 七18	丁丑 九15	丙午 十14	丙子 十一13	丙午 十二13	乙亥 一11	七戊申 八17	八3	
癸丑	六	乙巳 二10	乙亥 三12	甲辰 四10	甲戌 五10	癸卯 六8	癸酉 七8	壬寅 八6	壬申 九5	辛丑 十4	庚午 十一2	庚子 十二2	己巳 十二31		八2•	遼五甲辰、
甲寅	七	己亥 一30	己巳 三1	戊戌 三30	戊辰 四29	戊戌 五29	丁卯 六27	丁酉 七27	丙寅 八25	丙申 九24	乙丑 十23	乙未 十一22	甲子 十二21		八3	
乙卯	八	甲午 一20	癸亥 二18	癸巳 三20	壬戌 四18	辛酉 六16	辛卯 七16	辛酉 八15	庚寅 九13	庚申 十13	己丑 十一11	己未 十二11	戊子 一9	四壬辰 五18	七2•	遼大康元年、正癸巳、
丙辰	九	戊午 二8	丁亥 三8	丙辰 四6	丙戌 五6	丙辰 六5	乙酉 七4	乙卯 八3	甲申 九1	甲寅 十1	甲申 十31	癸丑 十一29	癸未 十二29		七3	
丁巳	一〇	壬子 一27	壬午 二26	辛亥 三27	庚辰 四25	庚戌 五25	己卯 六23	己酉 七23	戊寅 八21	戊申 九20	戊寅 十20	戊申 十一19	丁丑 十二18		七3	遼閏十二丁未、
戊午	元豐元	丁未 一17	丙午 三17	乙亥 四15	甲辰 五14	甲戌 六13	癸卯 七12	癸酉 八11	壬寅 九9	壬申 十9	壬寅 十一8	辛未 十二7	辛丑 一6	正丙子 二15	六3•	遼正丙子、
己未	二	辛未 二5	庚子 三6	庚午 四5	己亥 五4	戊辰 六2	戊戌 七2	丁卯 七31	丙申 八29	丙寅 九28	丙申 十28	乙丑 十一26	乙未 十二26		六3	
庚申	三	乙丑 一25	乙未 二24	甲子 三24	甲午 四23	癸亥 五22	壬辰 六20	壬戌 七20	辛卯 八18	庚申 九16	己未 十一14	己丑 十二14	己未 一13	九庚寅 十16	六3	遼閏八庚申、九庚寅、

回曆464 西曆1071

年	正	二	三	四	五	六	七	八	九	十	十一	十二	閏	回
辛酉 2 四	二12 己丑	三13 戊午	四12 戊子	五12 戊午	六10 丁亥	七9 丙辰	八8 丙戌	九6 乙卯	十5 甲申	十一4 甲寅	十二3 癸未	一2 癸丑		五2●
壬戌 五	二1 癸未	三3 癸丑	四1 壬午	五1 壬子	五30 辛巳	六29 辛亥	七28 庚辰	八27 庚戌	九25 己卯	十24 戊申	十一23 戊寅	十二22 丁未		五3
癸亥 六	一21 丁丑	二20 丁未	三21 丙子	四20 丙午	五20 丙子	六18 乙巳	八16 甲辰	九15 甲戌	十14 癸卯	十一13 癸酉	十二12 壬寅	一10 辛未	七18 六乙亥	五2●
甲子 七	二9 辛丑	三9 庚午	四8 庚子	五8 庚午	六6 己亥	七6 己巳	八4 戊戌	九3 戊辰	十3 戊戌	十一1 丁卯	十二1 丁酉	十二30 丙寅		四3
乙丑 3 八	一29 丙申	二27 乙丑	三28 甲午	四27 甲子	五26 癸巳	六25 癸亥	七25 癸巳	八23 壬戌	九22 壬辰	十22 壬戌	十一20 辛卯	十二20 辛酉		四3
丙寅 宋哲宗 元祐元	一18 庚寅	二17 庚申	四16 戊午	五16 戊子	六14 丁巳	七14 丁亥	八12 丙辰	九11 丙戌	十11 丙辰	十一9 乙酉	十二9 乙卯	一8 乙酉	三18 二己丑	三3●
丁卯 二	二6 甲寅	三8 甲申	四6 癸丑	五5 壬午	六4 壬子	七3 辛巳	八1 庚戌	八31 庚辰	九30 庚戌	十29 己卯	十一28 己酉	十二28 己卯		三3
戊辰 三	一27 己酉	二25 戊寅	三26 戊申	四24 丁丑	五23 丙午	六22 丙子	七21 乙巳	八19 甲戌	九18 甲辰	十17 癸酉	十一16 癸卯	十二16 癸酉	一15 十二癸卯	三2
己巳 4 四	二13 壬申	三15 壬寅	四14 壬申	五13 辛丑	六11 庚午	七11 庚子	八9 己巳	九7 戊戌	十7 戊辰	十一5 丁酉	十二5 丁卯	一4 丁酉		二2●
庚午 五	二3 丁卯	三4 丙申	四3 丙寅	五3 丙申	六1 乙丑	六30 甲午	七30 甲子	八28 癸巳	九26 壬戌	十26 壬辰	十一24 辛酉	十二24 辛卯		二3

汪氏長術十丁丑誤、

遼大安元年、

回曆474 西曆1081

年	年號	正	二	三	四	五	六	七	八	九	十	十一	十二	閏	回	備註
辛未	六	辛酉 一23	庚寅 二21	庚申 三23	庚寅 四22	己未 五21	己丑 六20	戊午 七19	戊子 八18	丙戌 十15	丙辰 十一14	乙酉 十二13	乙卯 一12	八丁巳 九16	二3	
壬申	七	甲申 二10	甲寅 三11	甲申 四10	癸丑 五9	癸未 六8	癸丑 七8	壬午 八6	壬子 九5	辛巳 十4	庚戌 十一2	庚辰 十二2	己酉 十二31		正3•	
癸酉 5	八	己卯 一30	戊申 二28	戊寅 三30	丁未 四28	丁丑 五28	丁未 六27	丙子 七26	丙午 八25	丙子 九24	乙巳 十23	乙亥 十一22	甲辰 十二21		正3	
甲戌	九	癸酉 一19	癸卯 二18	壬申 三19	壬寅 四18	辛丑 六16	庚午 七15	庚子 八14	庚午 九13	己亥 十12	己巳 十一11	己亥 十二11	戊辰 一9	四辛未 五17	正3• 十二3	遼正甲戌、五壬申、 宋四月癸丑改元、
乙亥	紹聖二	戊戌 二8	丁卯 三9	丙申 四7	丙寅 五7	乙未 六5	乙丑 七5	甲午 八3	甲子 九2	癸巳 十1	癸亥 十31	癸巳 十一30	癸亥 十二30		十一2	遼壽昌元年、遼史作壽隆、
丙子	三	壬辰 一28	壬戌 二27	辛卯 三27	庚申 四25	庚寅 五25	己未 六23	戊子 七22	戊午 八21	丁亥 九19	丁巳 十19	丁亥 十一18	丁巳 十二18		十二2•	
丁丑 6	四	丙戌 一16	丙辰 二15	乙卯 四15	甲申 五14	甲寅 六13	癸未 七12	壬子 八10	壬午 九9	辛亥 十8	辛巳 十一7	辛亥 十二7	辛巳 一6	二丙戌 三17	十二3	
戊寅	五	庚戌 二4	庚辰 三6	庚戌 四5	己卯 五4	戊申 六2	戊寅 七2	丁未 七31	丙子 八29	丙午 九28	乙亥 十27	乙巳 十一26	乙亥 十二26		十一3	六月朔改元、
己卯	元符二	甲辰 一24	甲戌 二23	甲辰 三25	癸酉 四23	癸卯 五23	壬申 六21	壬寅 七21	辛未 八19	庚子 九17	己亥 十一15	己巳 十二15	戊戌 一13	九庚午 十17	十3•	
庚辰	三	戊辰 二12	戊戌 三13	戊辰 四12	丁酉 五11	丁卯 六10	丙申 七9	丙寅 八8	乙未 九6	甲子 十5	甲午 十一4	癸亥 十二3	癸巳 一2		十3	

回曆484 西曆1091

二十史朔閏表

宋 遼

		正	二	三	四	五	六	七	八	九	十	十一	十二	閏	回	
辛巳 7	宋徽宗建中靖國元	壬戌 一31	壬辰 三2	壬戌 四1	辛卯 四30	辛酉 五30	庚寅 六28	庚申 七28	庚寅 八27	己未 九25	戊子 十24	戊午 十一23	丁亥 十二22		十3	二月殂遼天祚帝改元乾統、
壬午	崇寧元	丁巳 一21	丙戌 二19	丙辰 三21	乙酉 四19	乙卯 五19	乙酉 六18	甲申 八16	癸丑 九14	癸未 十14	壬子 十一12	壬午 十二12	辛亥 一10	六甲寅 七17	九2•	遼十癸丑、
癸未	二	辛巳 二9	庚戌 三10	庚辰 四9	己酉 五8	己卯 六7	戊申 七6	戊寅 八5	丁未 九3	丁丑 十3	丁未 十一2	丁丑 十二2	丙午 十二31		九3	遼八戊申、
甲申	三	丙子 一30	乙巳 二28	甲戌 三28	甲辰 四27	癸酉 五26	壬寅 六24	壬申 七24	壬寅 八23	辛未 九21	辛丑 十21	辛未 十一20	庚子 十二19		九3•	汪氏長術五癸丑誤、
乙酉 1	四	庚午 一18	庚子 二17	戊戌 四16	戊辰 五16	丁酉 六14	丙寅 七13	丙申 八12	乙丑 九10	乙未 十10	乙丑 十一9	乙未 十二9	甲子 一7	二乙巳 三18	八4	遼三己巳、閏三己亥、
丙戌	五	甲午 二6	甲子 三8	癸巳 四6	壬戌 五5	壬辰 六4	辛酉 七3	庚寅 八1	庚申 八31	己丑 九29	己未 十29	戊子 十一27	戊午 十二27		八3	
丁亥	大觀元	戊子 一26	戊午 二25	丁亥 三26	丁巳 四25	丙戌 五24	丙辰 六23	乙酉 七22	甲寅 八20	甲申 九19	癸丑 十18	壬子 十二16	壬午 一15	十癸未 十一17	八3•	宋天文志閏八、不合、
戊子	二	壬子 二14	壬午 三15	辛亥 四13	辛巳 五13	庚戌 六11	庚辰 七11	己酉 八9	戊寅 九7	戊申 十7	丁丑 十一5	丁未 十二5	丙子 一3		七3	
己丑 2	三	丙午 二2	丙子 三4	乙巳 四2	乙亥 五2	乙巳 六1	甲戌 六30	甲辰 七30	癸酉 八28	壬寅 九26	壬申 十26	辛丑 十一24	辛未 十二24		七2	
庚寅	四	庚子 一22	庚午 二21	己亥 三22	己巳 四21	己亥 五21	戊辰 六19	戊戌 七19	丁卯 八17	丙寅 十15	丙申 十一14	乙丑 十二13	乙未 一12	八丁酉 九16	七2•	四史朔閏考遼閏七月、不合、

回暦49分 西暦1101

回曆505　西曆1111

年		正	二	三	四	五	六	七	八	九	十	十一	十二	閏	回	
辛卯	政和元	甲子 二10	甲午 三12	癸亥 四10	癸巳 五10	壬戌 六8	壬辰 七8	壬戌 八7	辛卯 九5	辛酉 十5	庚寅 十一3	庚申 十二3	己丑 一1		六3	遼天慶元年、
壬辰	二	乙未 一31	戊子 二29	戊午 三30	丁亥 四28	丁巳 五28	丙戌 六26	丙辰 七26	乙酉 八24	乙卯 九23	乙酉 十23	甲寅 十一21	甲申 十二21		六3●	
3 癸巳	三	甲寅 一20	癸未 二18	壬子 三19	壬午 四18	庚辰 六15	庚戌 七15	己卯 八13	己酉 九12	己卯 十12	戊申 十一10	戊寅 十二10	戊申 一9	四辛亥 五17	五4	遼十己酉、
甲午	四	戊寅 二8	丁未 三9	丙子 四7	丙午 五7	乙亥 六5	甲辰 七4	甲戌 八3	癸卯 九1	癸酉 十1	壬寅 十30	壬申 十一29	壬寅 十二29		五3	
乙未	五	壬申 一28	辛丑 二26	辛未 三28	庚子 四26	庚午 五26	己亥 六24	戊辰 七23	戊戌 八22	丁卯 九20	丁酉 十20	丙寅 十一18	丙申 十二18		五2●	金太祖收國元年、
丙申	六	丙寅 一17	乙丑 三16	乙未 四15	甲子 五14	甲午 六13	癸亥 七12	壬辰 八10	壬戌 九9	辛卯 十8	辛酉 十一7	庚寅 十二6	庚申 一5	正丙申 二16	四3	
4 丁酉	七	庚寅 二4	己未 三5	己丑 四4	己未 五4	戊子 六2	戊午 七2	丁亥 七31	丙辰 八29	丙戌 九28	乙卯 十27	乙酉 十一26	甲寅 十二25		四2	金天輔元年、
戊戌	八	甲申 一24	癸丑 二22	癸未 三24	癸丑 四23	壬午 五22	壬子 六21	辛巳 七20	辛亥 八19	庚辰 九17	己卯 十一15	己酉 十二15	戊寅 一13	九庚戌 十17	四2●	十一月朔改元、
己亥	重和二	戊申 二12	丁丑 三13	丁未 四12	丙子 五11	丙午 六10	丙子 七10	乙巳 八8	乙亥 九7	甲辰 十6	甲戌 十一5	癸卯 十二4	癸酉 一3		三3	二月庚辰改元、
庚子	宣和二	壬寅 二1	壬申 三2	辛丑 三31	辛未 四30	庚子 五29	庚午 六28	己亥 七27	己巳 八26	己亥 九25	戊辰 十24	戊戌 十一23	丁卯 十二22		三3	

回曆515 西曆1121

年	紀年	正	二	三	四	五	六	七	八	九	十	十一	十二	閏	回	備考
5 辛丑	三	丁酉 一21	丙寅 二19	丙申 三21	乙丑 四19	甲午 五18	癸巳 七16	癸亥 八15	癸巳 九14	壬戌 十13	壬辰 十一12	壬戌 十二12	辛卯 一10	五甲子 六17	三2●	遼改保大、九癸亥、
壬寅	四	辛酉 二9	庚寅 三10	庚申 四9	己丑 五8	戊午 六6	戊子 七6	丁巳 八4	丁亥 九3	丁巳 十3	丙戌 十一1	丙辰 十二1	丙戌 十二31		二3	
癸卯	五	乙卯 一29	乙酉 二28	甲寅 三29	甲申 四28	癸丑 五27	壬午 六25	壬子 七25	辛巳 八23	辛亥 九22	庚辰 十21	庚戌 十一20	庚辰 十二20		二2●	九月丙寅金太宗改元天會、
甲辰	六	庚戌 一19	己卯 二17	己酉 三18	戊申 五16	丁丑 六14	丙午 七13	丙子 八12	乙巳 九10	甲戌 十9	甲辰 十一8	甲戌 十二8	甲辰 一7	三戊寅 四16	二3	二月五日西遼德宗改元延慶、李氏紀元編紀西遼年代有誤、
6 乙巳	七	癸酉 二5	癸卯 三7	癸酉 四6	壬寅 五5	壬申 六4	辛丑 七3	庚午 八1	庚子 八31	己巳 九29	戊戌 十28	戊辰 十一27	戊戌 十二27		正3	
丙午	宋欽宗 靖康元	丁卯 一25	丁酉 二24	丁卯 三26	丁酉 四25	丙寅 五24	丙申 六23	乙丑 七22	甲午 八20	甲子 九19	癸巳 十18	壬戌 十一16	壬戌 一15	十一壬辰 十二16	正3●	
丁未	二	辛卯 二13	辛酉 三15	辛卯 四14	庚申 五13	庚寅 六12	己未 七11	己丑 八10	戊午 九8	戊子 十8	丁巳 十一6	丁亥 十二6	丙辰 一4		十二3	五月朔改元、
戊申	宋高宗 建炎二	丙戌 二3	乙卯 三3	乙酉 四2	甲寅 五1	甲申 五31	甲寅 六30	癸未 七29	癸丑 八28	壬午 九26	壬子 十26	辛巳 十一24	辛亥 十二24		十二2●	宋禮志閏四不合、
7 己酉	三	庚辰 一22	庚戌 二21	己卯 三22	戊申 四20	戊寅 五20	戊申 六19	丁丑 七18	丁未 八17	丙午 十15	丙子 十一14	乙巳 十二13	乙亥 一12	八丁丑 九16	十一3	金四己酉、金交聘表正庚寅誤、
庚戌	四	甲辰 二10	甲戌 三12	癸卯 四10	壬申 五9	壬寅 六8	辛未 七7	辛丑 八6	辛未 九5	庚子 十4	庚午 十一3	庚子 十二3	己巳 一1		十一2	

回曆526　西曆1131

年	正	二	三	四	五	六	七	八	九	十	十一	十二	閏	回	備考
辛亥 紹興元	己亥 一31	戊辰 三1	戊戌 三31	丁卯 四29	丙申 五28	丙寅 六27	乙未 七26	乙丑 八25	甲午 九23	甲子 十23	甲午 十一22	甲子 十二22		十一2●	宋紀五丙辰誤、
壬子 二	癸巳 一20	癸亥 二19	壬辰 三19	壬戌 四18	庚申 六15	庚寅 七15	己未 八13	戊子 九11	戊午 十11	戊子 十一10	戊午 十二10	丁亥 一8	四辛卯 五17	十3	
1 癸丑 三	丁巳 二7	丁亥 三9	丙辰 四7	丙戌 五7	乙卯 六5	甲申 七4	甲寅 八3	癸未 九1	壬子 九30	壬午 十30	壬子 十一29	辛巳 十二28		十3●	
甲寅 四	辛亥 一27	辛巳 二26	辛亥 三28	庚辰 四26	庚戌 五26	己卯 六24	戊申 七23	戊寅 八22	丁未 九20	丙子 十19	丙午 十一18	乙亥 十二17		十4	西遼康國元年、金十二丙子、
乙卯 五	乙巳 一16	乙亥 二15	甲戌 四15	甲辰 五15	甲戌 六14	癸卯 七13	壬申 八11	壬寅 九10	辛未 十9	庚子 十一7	庚午 十二7	己亥 一5	二乙巳 三17	九3	正月金熙宗即位、不改元、金紀正丙午、不合、
丙辰 六	己巳 二4	己亥 三5	戊辰 四3	戊戌 五3	戊辰 六2	丁酉 七1	丁卯 七31	丙申 八29	丙寅 九28	乙未 十27	乙丑 十一26	甲午 十二25		九2●	宋紀五戊戌、六乙巳、丑誤、
2 丁巳 七	癸亥 一23	癸巳 二22	癸亥 三24	壬辰 四22	壬戌 五22	辛卯 六20	辛酉 七20	辛卯 八19	庚申 九17	庚寅 十17	己丑 十二15	戊午 一13	十己未 十一15	九3	宋天文志閏十一、不合、
戊午 八	戊子 二12	丁巳 三13	丙戌 四11	丙辰 五11	乙酉 六9	乙卯 七9	乙酉 八8	甲寅 九6	甲申 十6	甲寅 十一5	癸未 十二4	癸丑 一3		八3	金天眷元年、
己未 九	壬午 二1	壬子 三3	辛巳 四1	庚戌 四30	庚辰 五30	己酉 六28	己卯 七28	戊申 八26	戊寅 九25	戊申 十25	戊寅 十一24	丁未 十二23		八3●	
庚申 一〇	丁丑 一22	丙午 二20	丙子 三21	乙巳 四19	甲戌 五18	甲辰 六17	癸卯 八15	壬申 九13	壬寅 十13	壬申 十一12	辛丑 十二11	辛未 一10	六癸酉 七16	七3	

	辛酉 3	壬戌	癸亥	甲子	乙丑 4	丙寅	丁卯	戊辰	己巳 5	庚午
	一一	一二	一三	一四	一五	一六	一七	一八	一九	二〇
正	辛丑 二9	乙未 一29	己丑 一18	癸丑 二6	丁未 一25	辛未 二13	乙丑 二2	庚申 一23	甲申 二10	己卯 一31
二	庚午 三10	乙丑 二28	己未 二17	壬午 三6	丁丑 二24	庚子 三14	乙未 三4	庚寅 二22	甲寅 三12	戊申 三1
三	庚子 四9	甲午 三29	戊子 三18	壬子 四5	丙午 三25	庚午 四13	甲子 四2	己未 三22	癸未 四10	戊寅 三31
四	己巳 五8	甲子 四28	戊午 四17	壬午 五5	丙子 四24	庚子 五13	甲午 五2	戊子 四20	壬子 五9	丁未 四29
五	戊戌 六6	癸巳 五27	丁巳 六15	辛亥 六3	丙午 五24	己巳 六11	癸亥 五31	戊午 五20	壬午 六8	丙子 五28
六	戊辰 七6	壬戌 六25	丙戌 七14	辛巳 七3	乙亥 六22	己亥 七11	癸巳 六30	丁亥 六18	辛亥 七7	丙午 六27
七	丁酉 八4	壬辰 七25	丙辰 八13	庚戌 八1	乙巳 七22	戊辰 八9	壬戌 七29	丁巳 七18	庚辰 八5	乙亥 七26
八	丙寅 九2	辛酉 八23	乙酉 九11	庚辰 八31	甲戌 八20	戊戌 九8	壬辰 八28	丙戌 八16	庚戌 九4	甲辰 八24
九	丙申 十2	庚寅 九21	甲寅 十10	己酉 九29	甲辰 九19	戊辰 十8	壬戌 九27	丙戌 十15	庚辰 十4	甲戌 九23
十	丙寅 十一1	庚申 十21	甲申 十一9	戊寅 十28	癸酉 十18	丁酉 十一6	辛卯 十26	乙卯 十一13	己酉 十一2	癸卯 十22
十一	乙未 十一30	己丑 十一19	癸丑 十二8	戊申 十一27	壬寅 十一16	丁卯 十二6	辛酉 十一25	乙酉 十二13	己卯 十二2	癸酉 十一21
十二	乙丑 十二30	己未 十二19	癸未 一7	丁丑 十二26	辛丑 一14	丙申 一4	辛卯 十二25	乙卯 一12	己酉 一1	癸卯 十二21
閏			四戊子 五17		十一壬申 十二16			八丙辰 九15		
回	七3•	七3	六3	六2•	六3	五3	五3•	五3	四3	四2•
回曆536 西曆1141	金皇統元年、			西遼感天后咸清元年、金交聘表正癸卯、誤、	金十一癸卯、		金三乙丑、七癸亥、	汪氏長術十乙丑誤、	十二月己未金海陵改元天德、	

	辛未 二一	壬申 二二	6 癸酉 二三	甲戌 二四	乙亥 二五	丙子 二六	7 丁丑 二七	戊寅 二八	己卯 二九	庚辰 三〇
正	癸酉 一20	丁酉 二8	辛卯 一27	甲寅 二14	己酉 二4	癸卯 一24	戊辰 二12	壬戌 二1	丙辰 一21	庚辰 二9
二	壬寅 二18	丙寅 三8	庚申 二25	甲申 三16	戊寅 三5	癸酉 二23	丁酉 三13	壬辰 三3	丙戌 二20	庚戌 三10
三	壬申 三20	丙申 四7	庚寅 三27	甲寅 四15	戊申 四4	壬寅 三23	丙寅 四11	辛酉 四1	丙辰 三22	庚辰 四9
四	壬寅 四19	乙丑 五6	庚申 四26	癸未 五14	丁丑 五3	壬申 四22	丙申 五11	庚寅 四30	乙酉 四20	己酉 五8
五	庚子 六16	乙未 六5	己丑 五25	癸丑 六13	丁未 六2	辛丑 五21	乙丑 六9	庚申 五30	甲寅 五19	戊寅 六6
六	庚午 七16	甲子 七4	己未 六24	癸未 七13	丁丑 七2	辛未 六20	甲午 七8	己丑 六28	甲申 六18	戊申 七6
七	己亥 八14	甲午 八3	戊子 七23	壬子 八11	丙午 七31	庚子 七19	甲子 八7	戊午 七27	壬午 八15	丁丑 八4
八	戊辰 九12	癸亥 九1	戊午 八22	壬午 九10	丙子 八30	庚午 八18	甲午 九6	戊子 八26	壬子 九14	丙午 九2
九	戊戌 十12	壬辰 九30	丁亥 九20	辛亥 十9	乙巳 九28	庚子 九17	癸亥 十5	丁巳 九24	辛巳 十13	丙子 十2
十	丁卯 十一10	壬戌 十30	丙辰 十19	庚辰 十一7	乙亥 十28	己巳 十16	癸巳 十一4	丁亥 十24	辛亥 十一12	乙巳 十31
十一	丁酉 十二10	辛卯 十一28	丙戌 十一18	庚戌 十二7	乙巳 十一27	己巳 十二15	癸亥 十二4	丁巳 十一23	辛巳 十二12	乙亥 十一30
十二	丁卯 一9	辛酉 十二28	乙卯 十二17	己卯 一5	甲戌 十二26	戊戌 一13	癸巳 一3	丁亥 十二23	辛亥 一11	乙巳 十二30
閏	四辛未 五18		十二乙酉 一16			十己亥 十一15			六癸丑 七17	
回	四之	三之•	三3	三3	二3•	二3	正之	正之•	十二之 正3	十二之•
	西遼仁宗紹興元年、	金四丙寅、	三月乙卯金改貞元、		金九丙午、	二月朔金改正隆、			宋紀六甲辰誤、	

回曆546　西曆1151

六四

	1 辛巳	壬午	癸未	甲申	2 乙酉	丙戌	丁亥	戊子	3 己丑	庚寅
	三一	三二	宋孝宗隆興元	二	乾道元	二	三	四	五	六
正	甲戌 一28	戊辰 一17	壬辰 二5	丁亥 一26	辛亥 二13	丙午 二3	庚子 一23	甲子 二11	戊午 一30	壬子 一19
二	甲辰 二27	戊戌 二16	壬戌 三7	丙辰 二24	庚辰 三14	乙亥 三4	庚午 二22	甲午 三12	戊子 三1	壬午 二18
三	甲戌 三29	丁酉 四16	壬辰 四6	丙戌 三25	庚戌 四13	甲辰 四2	己亥 三23	癸亥 四10	丁巳 三30	壬子 三20
四	癸卯 四27	丁卯 五16	辛酉 五5	乙卯 四23	己卯 五12	甲戌 五2	戊辰 四21	壬辰 五9	丁亥 四29	辛巳 四18
五	癸酉 五27	丁酉 六15	辛卯 六4	乙酉 五23	己酉 六11	癸卯 五31	戊戌 五21	壬戌 六8	丙辰 五28	辛亥 五18
六	壬寅 六25	丙寅 七14	庚申 七3	甲寅 六21	戊寅 七10	壬申 六29	丁卯 六19	辛卯 七7	丙戌 六27	庚戌 七16
七	壬申 七25	丙申 八13	庚寅 八2	甲申 七21	戊申 八9	壬寅 七29	丙申 七18	庚申 八5	乙卯 七26	己卯 八14
八	辛丑 八23	乙丑 九11	己未 八31	甲寅 八20	丁丑 九7	辛未 八27	乙未 九15	庚寅 九4	甲申 八24	戊申 九12
九	庚午 九21	甲午 十10	己丑 九30	癸未 九18	丁未 十7	辛丑 九26	乙丑 十15	己未 十3	甲寅 九23	戊寅 十12
十	庚子 十21	甲子 十一9	戊午 十29	癸丑 十18	丁丑 十一6	辛未 十26	乙未 十一14	戊子 十一1	癸未 十22	丁未 十一10
十一	己巳 十一19	癸巳 十二8	戊子 十一28	壬午 十一16	丙午 十二5	辛丑 十一25	乙丑 十二14	戊午 十二1	癸丑 十一21	丁丑 十二10
十二	己亥 十二19	癸亥 一7	丁巳 十二27	辛巳 一14	丙子 一4	庚午 十二24	甲午 一12	戊子 十二31	壬午 十二20	丙午 一8
閏		二戊辰 三18		十一壬子 十二16			七丙寅 八17			五庚辰 六16
回	十二3	十二3●	十二3	十一3	十2●	十3	九3	九3●	九3	八3●
	十月丁未金世宗改元大定、		金八庚申、	西遼承天后崇福元年、金紀十癸亥誤、				金十己丑、		

回暦557 西暦1161

干支	年	正	二	三	四	五	六	七	八	九	十	十一	十二	閏	回	備註
辛卯	七	丙子 二7	丙午 三9	乙亥 四7	乙巳 五7	乙亥 六6	甲辰 七5	甲戌 八4	癸卯 九2	壬申 十1	壬寅 十31	辛未 十一29	辛丑 十二29		八3	
壬辰	八	庚午 一27	庚子 二26	己巳 三26	己亥 四25	己巳 五25	戊戌 六23	戊辰 七23	丁酉 八21	丁卯 九20	丙申 十19	丙寅 十一18	乙未 十二17		八3	
4 癸巳	九	乙丑 一16	甲子 三16	癸巳 四14	癸亥 五14	壬辰 六12	壬戌 七12	壬辰 八11	辛酉 九9	辛卯 十9	庚申 十一7	庚寅 十二7	乙未 一5	正甲午 二14	七2•	
甲午	淳熙元	己丑 二4	戊午 三5	戊子 四4	丁巳 五3	丙戌 六1	丙辰 七1	丙戌 七31	乙卯 八29	乙酉 九28	乙卯 十28	甲申 十一26	甲寅 十二26		七3	金五行志八丁巳、不合、
乙未	二	甲申 一25	癸丑 二23	壬午 三24	壬子 四23	辛巳 五22	庚戌 六20	庚辰 七20	己酉 八18	己卯 九17	戊寅 十一15	戊申 十二15	戊寅 一14	九己酉 十17	七3	宋紀九乙卯、誤、
丙申	三	丁未 二12	丁丑 三13	丙午 四11	丙子 五11	乙巳 六9	甲戌 七8	甲辰 八7	癸酉 九5	癸卯 十5	壬申 十一3	壬寅 十二3	壬申 一2		六3•	金正戊申、
5 丁酉	四	壬寅 二1	辛未 三2	辛丑 四1	庚午 四30	庚子 五30	己巳 六28	戊戌 七27	戊辰 八26	丁酉 九24	丁卯 十24	丙申 十一22	丙寅 十二22		六3	
戊戌	五	丙申 一21	丙寅 二20	乙未 三21	乙丑 四20	甲午 五19	甲子 六18	壬戌 八15	壬辰 九14	辛酉 十13	辛卯 十一12	庚申 十二11	庚寅 一10	六癸巳 七17	六2	西遼末主天禧元年、金十庚寅、
己亥	六	庚申 二9	己丑 三10	己未 四9	己丑 五9	戊午 六7	戊子 七7	丁巳 八5	丙戌 九3	丙辰 十3	乙酉 十一1	乙卯 十二1	甲申 十二30		五2•	
庚子	七	甲寅 一29	癸未 二27	癸丑 三28	癸未 四27	壬子 五26	壬午 六25	辛亥 七24	辛巳 八23	庚戌 九21	庚辰 十21	己酉 十一19	己卯 十二19		五3	金紀正庚申、不合、

回曆567　西曆1171

年	正	二	三	四	五	六	七	八	九	十	十一	十二	閏	回
6 辛丑 八	一17 戊申	二16 戊寅	三17 丁未	五15 丙午	六14 丙子	七14 丙午	八12 乙亥	九11 乙巳	十10 甲戌	十一9 甲辰	十二8 癸酉	一7 癸卯	三 四16 丁丑	四3•
壬寅 九	二5 壬申	三7 壬寅	四5 辛未	五5 辛丑	六3 庚午	七3 庚子	八1 己巳	八31 己亥	九30 己巳	十29 戊戌	十一28 戊辰	十二27 丁酉		四3
癸卯 一〇	一26 丁卯	二24 丙申	三26 丙寅	四24 乙未	五23 甲子	六22 甲午	七21 癸亥	八20 癸巳	九19 癸亥	十18 壬辰	十一17 壬戌	一15 辛酉	十一 十二17 壬辰	四3
甲辰 一一	二14 辛卯	三14 庚申	四13 庚寅	五12 己未	六10 戊子	七10 戊午	八8 丁亥	九7 丁巳	十6 丙戌	十一5 丙辰	十二5 丙戌	一4 丙辰		三2•
7 乙巳 一二	二2 乙酉	三4 乙卯	四2 甲申	五2 甲寅	五31 癸未	六29 壬子	七29 壬午	八27 辛亥	九26 辛巳	十25 庚戌	十一24 庚辰	十二24 庚戌		三3
丙午 一三	一23 庚辰	二21 己酉	三23 己卯	四21 戊申	五21 戊寅	六19 丁未	七18 丙子	九15 乙亥	十14 甲辰	十一13 甲戌	十二13 甲辰	一12 甲戌	七 八17 丙午	三2
丁未 一四	二10 癸卯	三12 癸酉	四11 癸卯	五10 壬申	六9 壬寅	七8 辛未	八6 庚子	九5 庚午	十4 己亥	十一2 戊辰	十二2 戊戌	一1 戊辰		二2•
戊申 一五	一30 丁酉	二29 丁卯	三30 丁酉	四29 丁卯	五28 丙申	六27 丙寅	七26 乙未	八24 甲子	九23 甲午	十22 癸亥	十一20 壬辰	十二20 壬戌		二3
己酉 一六	一19 壬辰	二17 辛酉	三19 辛卯	四18 辛酉	五17 庚寅	七15 己丑	八14 己未	九12 戊子	十12 戊午	十一10 丁亥	十二10 丁巳	一8 丙戌	五 六16 庚申	二2
1 庚戌 宋光宗紹熙元	二7 丙辰	三3 乙酉	四7 乙卯	五6 甲申	六5 甲寅	七5 甲申	八3 癸丑	九2 癸未	十1 壬子	十31 壬午	十一29 辛亥	十二29 辛巳		正2•

甲辰：金九丁亥、

庚戌：金章宗明昌元年、

回暦577　西暦1181

二十史朔閏表　南宋　西遼　金

年	正	二	三	四	五	六	七	八	九	十	十一	十二	閏	回	附注
辛亥 二	一27 庚戌	二26 庚辰	三27 己酉	四25 戊寅	五25 戊申	六24 戊寅	七23 丁未	八22 丁丑	九21 丁未	十21 丙子	十一19 丙午	十二18 乙亥		正3	宋紀五己酉、不合、
壬子 三	一17 乙巳	二15 甲戌	四14 癸酉	五13 壬寅	六12 壬申	七11 辛丑	八10 辛未	九9 辛丑	十8 庚午	十一7 庚子	十二7 庚午	一5 己亥	三16 二甲辰	正2●　十二3	
癸丑 2 四	二4 己巳	三5 戊戌	四4 戊辰	五3 丁酉	六1 丙寅	七1 丙申	七30 乙丑	八29 乙未	九27 甲子	十27 甲午	十一26 甲子	十二26 甲午		十二2	
甲寅 五	一24 癸亥	二23 癸巳	三24 壬戌	四23 壬辰	五22 辛酉	六20 庚寅	七20 庚申	八18 己丑	九16 戊午	十16 戊子	十二15 戊子	一13 丁巳	十一15 十戊午	十一2●	
乙卯 宋寧宗 慶元元	二12 丁亥	三14 丁巳	四12 丙戌	五12 丙辰	六10 乙酉	七9 甲寅	八8 甲申	九6 癸丑	十5 壬午	十一4 壬子	十二4 壬午	一2 辛亥		十一3	宋紀正丁巳、不合、
丙辰 二	二1 辛巳	三2 辛亥	四1 辛巳	四30 庚戌	五30 庚辰	六28 己酉	七27 戊寅	八26 戊申	九24 丁丑	十23 丙午	十一22 丙子	十二22 丙午		十一3	十一月戊戌金改承安、
丁巳 3 三	一20 乙亥	二19 乙巳	三21 乙亥	四19 甲辰	五19 甲戌	六17 癸卯	八15 壬寅	九14 壬申	十13 辛丑	十一11 庚午	十二11 庚子	一9 己巳	七17 六癸酉	十3●	
戊午 四	二8 己亥	三10 己巳	四8 戊戌	五8 戊辰	六7 戊戌	七6 丁卯	八5 丁酉	九3 丙寅	十3 丙申	十一1 乙丑	十一30 甲午	十二30 甲子		十3	宋紀八丁卯、誤、金十一乙未、
己未 五	一28 癸巳	二27 癸亥	三29 癸巳	四27 壬戌	五27 壬辰	六25 辛酉	七25 辛卯	八24 辛酉	九22 庚寅	十22 庚申	十一20 己丑	十二20 己未		十2●	
庚申 六	一18 戊子	二16 丁巳	四15 丙辰	五15 丙戌	六13 乙卯	七13 乙酉	八12 乙卯	九10 甲申	十10 甲寅	十一9 甲申	十二8 癸丑	一7 癸未	三17 二丁亥	九3	

回曆587　西曆1191

勵耘書屋

回曆598　西曆1201

年	年號	正	二	三	四	五	六	七	八	九	十	十一	十二	閏	回	備考
辛酉 4	嘉泰元	壬子 二5	壬午 三7	辛亥 四5	庚辰 五4	庚戌 六3	己卯 七2	己酉 八1	戊寅 八30	戊申 九29	戊寅 十29	戊申 十一28	丁丑 十二27		九3	金泰和元年、
壬戌	二	丁未 一26	丙子 二24	丙午 三26	乙亥 四24	甲辰 五23	甲戌 六22	癸卯 七21	壬申 八19	壬寅 九18	壬申 十18	壬寅 十一17	辛未 十二16	十二辛丑 一15	九3•	
癸亥	三	辛未 二14	庚子 三15	庚午 四14	己亥 五13	戊辰 六11	戊戌 七11	丁卯 八9	丙申 九7	丙寅 十7	丙申 十一6	乙丑 十二5	乙未 一4		八4	金紀三壬申誤、
甲子	四	乙丑 二3	乙未 三4	甲子 四2	甲午 五2	癸亥 五31	壬辰 六29	壬戌 七29	辛卯 八27	庚申 九25	庚寅 十25	己未 十一23	己丑 十二23		八3	
乙丑 5	開禧元	己未 一22	己丑 二21	戊午 三22	戊子 四21	丁巳 五20	丁亥 六19	丙辰 七18	丙戌 八17	甲申 十14	甲寅 十一13	癸未 十二12	癸丑 一11	八乙卯 九15	八2•	江氏長術五辛巳誤、
丙寅	二	癸未 二10	壬子 三11	壬午 四10	壬子 五10	辛巳 六8	辛亥 七8	庚辰 八6	庚戌 九5	己卯 十4	戊申 十一2	戊寅 十二2	丁未 十二31		七3	元太祖元年、
丁卯	三	丁丑 一30	丁未 三1	丙子 三30	丙午 四29	丙子 五29	乙巳 六27	乙亥 七27	甲辰 八25	甲戌 九24	癸卯 十23	癸酉 十一22	壬寅 十二21		七2	金五乙亥、十一壬申、
戊辰	嘉定元	辛未 一19	辛丑 二18	庚午 三18	庚子 四17	己亥 六15	己巳 七15	戊戌 八13	戊辰 九12	戊戌 十12	丁卯 十一10	丁酉 十二10	丙寅 一8	四庚午 五17	六2•	
己巳 6	二	乙未 二6	乙丑 三8	甲午 四6	甲子 五6	癸巳 六4	癸亥 七4	壬辰 八2	壬戌 九1	壬辰 十1	辛酉 十30	辛卯 十一29	辛酉 十二29		六3	金衛紹王大安元年、正丙申、
庚午	三	庚寅 一27	庚申 二26	己丑 三27	戊午 四25	戊子 五25	丁巳 六23	丁亥 七23	丙辰 八21	丙戌 九20	丙辰 十20	乙酉 十一18	乙卯 十二18		六3•	金紀正庚戌、十二辛酉、丑誤、

	四 辛未	五 壬申	六 癸酉	七 甲戌	八 乙亥	九 丙子	一〇 丁丑	一一 戊寅	一二 己卯	一三 庚辰
正	乙酉 一17	己酉 二5	癸卯 一24	丁卯 二12	辛酉 二1	乙卯 一21	己卯 二8	癸酉 一28	戊辰 一18	壬辰 二6
二	甲寅 二15	戊寅 三5	壬申 二22	丙申 三13	庚寅 三2	甲申 二19	戊申 三9	癸卯 二27	戊戌 二17	壬戌 三7
三	癸丑 四15	戊申 四4	壬寅 三24	丙寅 四12	庚申 四1	甲寅 三20	戊寅 四8	壬申 三28	丁卯 三18	辛卯 四5
四	壬午 五14	丁丑 五3	壬申 四23	乙未 五11	庚寅 五1	甲申 四19	丁未 五7	壬寅 四27	丙寅 五16	庚申 五4
五	壬子 六13	丙午 六1	辛丑 五22	乙丑 六10	己未 五30	癸丑 五18	丁丑 六6	辛未 五26	乙未 六14	庚寅 六3
六	辛巳 七12	丙子 七1	庚午 六20	甲午 七9	己丑 六29	癸未 六17	丁未 七6	辛丑 六25	甲子 七13	己未 七2
七	庚戌 八10	乙巳 七30	庚子 七20	甲子 八8	戊午 七28	癸丑 七17	丙子 八4	庚午 七24	甲午 八12	戊子 七31
八	庚辰 九9	甲戌 八28	己巳 八18	癸巳 九6	戊子 八27	壬子 九14	丙午 九3	庚子 八23	甲子 九11	戊午 八30
九	庚戌 十9	甲辰 九27	戊戌 九16	壬戌 十5	丁巳 九25	辛巳 十13	乙亥 十2	庚午 九22	癸巳 十10	丁亥 九28
十	己卯 十一7	癸酉 十26	丁酉 十一14	壬辰 十一4	丙戌 十24	庚戌 十一11	乙巳 十一1	己亥 十21	癸亥 十一9	丁巳 十28
十一	己酉 十二7	癸卯 十一25	丁卯 十二14	辛酉 十二3	丙辰 十一23	庚辰 十二11	乙亥 十二1	己巳 十一20	癸巳 十二9	丁亥 十一27
十二	己卯 一6	癸酉 十二25	丁酉 一13	辛卯 一2	乙酉 十二22	己酉 一9	甲辰 十二30	己亥 十二20	癸亥 一8	丁巳 十二27
閏	二甲申 三17		九戊辰 十16			七壬午 八15			三丙申 四16	
回	五3	五3	五2●	四3	四2	四2●	三3	三3	三2○	二2
	西遼為元所滅凡八十八年、	金崇慶元年、	五月金改至寧九月壬子金宣宗改貞祐、	宋紀十一辛丑誤、			九月壬午金改興定、			

回曆608 西曆1211

	辛巳 2	壬午	癸未	甲申	乙酉 3	丙戌	丁亥	戊子	己丑 4	庚寅
	一四	一五	一六	一七	宋理宗 寶慶元	二	三	紹定元	二	三
正	一 25 丙戌	二 13 庚戌	二 2 甲辰	一 22 戊戌	二 9 壬戌	一 30 丁巳	一 19 辛亥	二 8 丙子	一 27 庚午	一 16 甲子
二	二 24 丙辰	三 15 庚辰	三 4 甲戌	二 21 戊辰	三 11 壬辰	二 28 丙戌	二 18 辛巳	三 8 乙巳	二 26 庚子	二 15 甲午
三	三 26 丙戌	四 14 庚戌	四 3 甲辰	三 22 戊戌	四 9 辛酉	三 30 丙辰	三 19 庚戌	四 6 甲戌	三 27 己巳	四 15 癸巳
四	四 24 乙卯	五 13 己卯	五 2 癸酉	四 20 丁卯	五 9 辛卯	四 28 乙酉	四 18 庚辰	五 6 甲辰	四 25 戊戌	五 14 壬戌
五	五 23 甲申	六 11 戊申	六 1 癸卯	五 20 丁酉	六 8 辛酉	五 28 乙卯	五 17 己酉	六 4 癸酉	五 25 戊辰	六 13 壬辰
六	六 22 甲寅	七 11 戊寅	六 30 壬申	六 19 丁卯	七 7 庚寅	六 26 甲申	七 15 戊申	七 3 壬寅	六 23 丁酉	七 12 辛酉
七	七 21 癸未	八 9 丁未	七 30 壬寅	七 18 丙申	八 6 庚申	七 26 甲寅	八 14 戊寅	八 2 壬申	七 22 丙寅	八 10 庚寅
八	八 19 壬子	九 7 丙子	八 28 辛未	八 17 丙寅	九 4 己丑	八 25 甲申	九 12 丁未	八 31 辛丑	八 21 丙申	九 9 庚申
九	九 18 壬午	十 7 丙午	九 26 庚子	十 14 甲子	十 4 己未	九 23 癸丑	十 12 丁丑	九 30 辛未	九 19 乙丑	十 8 己丑
十	十 17 辛亥	十一 5 乙亥	十 26 庚午	十一 13 甲午	十一 2 戊子	十 23 癸未	十一 11 丁未	十 30 辛丑	十 19 乙未	十一 7 己未
十一	十一 16 辛巳	十二 5 乙巳	十一 24 己亥	十二 12 癸亥	十二 2 戊午	十一 21 壬子	十二 10 丙子	十一 29 辛未	十一 18 乙丑	十二 6 戊子
十二	十二 16 辛亥	一 4 乙亥	十二 24 己巳	一 11 癸巳	十二 31 丁亥	十二 21 壬午	一 9 丙午	十二 28 庚子	十二 18 乙未	一 5 戊午
閏	一 15 十二辛巳			九 15 八乙未			六 16 五己卯			三 17 二甲子
回	二 2●	正 3	正 3	十二 3 正 3●	十二 3	十二 2●	十一 3	十一 2●	十一 3	十 3
		八月甲申金改元光、		金哀宗正大元年、				元皇子拖雷監國、	元太宗元年、	

回曆618 西曆1221

年	紀年	正	二	三	四	五	六	七	八	九	十	十一	十二	閏	回	附注
辛卯	四	戊子 二4	戊午 三6	丁亥 四4	丁巳 五4	丙戌 六2	丙辰 七2	乙酉 七31	甲寅 八29	甲申 九28	癸丑 十27	癸未 十一26	壬子 十二25		十3●	回曆629　西曆1231
壬辰	五	壬午 一24	壬子 二23	壬午 三24	辛亥 四22	辛巳 五22	庚戌 六20	庚辰 七20	己酉 八18	戊寅 九16	丁丑 十一14	丁未 十二14	丙子 一12	九戊申 十16	閏3	正月庚子金改開興、四月甲子又改天興、金五行志閏八、不合、
癸巳 5	六	丙午 二11	丙子 三13	乙巳 四11	乙亥 五11	乙巳 六10	甲戌 七9	癸卯 八7	癸酉 九6	壬寅 十5	壬申 十一4	辛丑 十二3	辛未 一2		九3	金紀九癸卯誤、
甲午	端平元	庚子 一31	庚午 三2	己亥 三31	己巳 四30	己亥 五30	戊辰 六28	戊戌 七28	丁卯 八26	丁酉 九25	丙寅 十24	丙申 十一23	乙丑 十二22		九2●	正月金亡、
乙未	二	乙未 一21	甲子 二19	甲午 三21	癸亥 四19	癸巳 五19	壬戌 六17	壬辰 七17	辛卯 九14	辛酉 十14	庚寅 十一12	庚申 十二12	己丑 一10	七壬戌 八16	八3	
丙申	三	己未 二9	戊子 三9	戊午 四8	丁亥 五7	丙辰 六5	丙戌 七5	丙辰 八4	乙酉 九2	乙卯 十2	乙酉 十一1	甲寅 十一30	甲申 十二30		八3	
丁酉 6	嘉熙元	癸丑 一28	癸未 二27	壬子 三28	壬午 四27	辛亥 五26	庚辰 六24	庚戌 七24	己卯 八22	己酉 九21	己卯 十21	戊申 十一19	戊寅 十二19		八3●	宋天文志五庚午誤、
戊戌	二	戊申 一18	丁丑 二16	丁未 三18	丙子 四16	乙亥 六14	甲辰 七13	甲戌 八12	癸卯 九10	癸酉 十10	壬寅 十一8	壬申 十二8	壬寅 一7	四丙午 五16	七3	
己亥	三	壬申 二6	辛丑 三7	辛未 四6	庚子 五5	庚午 六4	己亥 七3	戊辰 八1	戊戌 八31	丁卯 九29	丁酉 十29	丙寅 十一27	丙申 十二27		七3●	元八丁酉、
庚子	四	丙寅 一26	丙申 二25	乙丑 三25	乙未 四24	甲子 五23	甲午 六22	癸亥 七21	壬辰 八19	壬戌 九18	辛卯 十17	庚申 十一15	庚寅 十二15	十二庚申 一14	七3	

年	正	二	三	四	五	六	七	八	九	十	十一	十二	閏	回	回曆639 西曆1241
淳祐元 辛丑 7	二13 庚寅	三14 己未	四13 己丑	五13 己未	六11 戊子	七11 戊午	八9 丁亥	九7 丙辰	十7 丙戌	十一5 乙卯	十二4 甲申	一3 甲寅		六2	
二 壬寅	二2 甲申	三3 癸丑	四2 癸未	五2 癸丑	五31 壬午	六30 壬子	七29 辛巳	八28 辛亥	九26 庚辰	十26 庚戌	十一24 己卯	十二24 己酉		六2•	元乃馬真皇后稱制。
三 癸卯	一22 戊寅	二21 戊申	三22 丁丑	四21 丁未	五20 丙子	六19 丙午	七19 丙子	八17 乙巳	十15 甲辰	十一14 甲戌	十二13 癸卯	一12 癸酉	九16 八己亥	六3	
四 甲辰	二10 壬寅	三11 壬申	四9 辛丑	五9 辛未	六7 庚子	七7 庚午	八5 己亥	九4 己巳	十4 己亥	十一2 戊辰	十二2 戊戌	十二31 丁卯		五3	
五 乙巳 1	一30 丁酉	二28 丙寅	三30 丙申	四28 乙丑	五27 甲午	六26 甲子	七25 癸巳	八24 癸亥	九23 癸巳	十22 壬戌	十一21 壬辰	十二21 壬戌		五3•	
六 丙午	一19 辛卯	二18 辛酉	三19 庚寅	四18 庚申	六15 戊午	七15 戊子	八13 丁巳	九12 丁亥	十11 丙辰	十一10 丙戌	十二10 丙辰	一9 丙戌	五17 四己丑	閏3	元定宗元年。
七 丁未	二7 乙卯	三9 乙酉	四7 甲寅	五7 甲申	六5 癸丑	七4 壬午	八3 壬子	九1 辛巳	十1 辛亥	十30 庚辰	十一29 庚戌	十二29 庚辰		四2	
八 戊申	一28 庚戌	二26 己卯	三27 己酉	四25 戊寅	五25 戊申	六25 丁丑	七22 丙午	八21 丙子	九19 乙巳	十18 甲戌	十一17 甲辰	十二17 甲戌		四2•	
九 己酉 2	一16 甲辰	二14 癸酉	四15 癸酉	五14 壬寅	六13 壬申	七12 辛丑	八10 庚午	九9 庚子	十8 己巳	十一6 戊戌	十二6 戊辰	一5 戊戌	三16 二癸卯	三2	
一〇 庚戌	二3 丁卯	三5 丁酉	四4 丁卯	五4 丁酉	六2 丙寅	七1 乙未	七31 乙丑	八29 甲午	九28 甲子	十27 癸巳	十一25 壬戌	十二25 壬辰		三2•	元四丙申。

年	年號	正	二	三	四	五	六	七	八	九	十	十一	十二	閏	回	備註
辛亥	十一	壬戌 一24	辛卯 二22	辛酉 三24	辛卯 四23	庚申 五22	庚寅 六21	庚申 七21	己丑 八19	戊午 九17	戊子 十17	丙戌 十二14	丙辰 一13	十丁巳 十一15	三3	元憲宗元年、四庚寅、七己未、十一丁亥、
壬子	十二	丙戌 二12	乙卯 三12	乙酉 四11	甲寅 五10	甲申 六9	癸丑 七8	癸未 八7	癸丑 九6	壬午 十5	壬子 十一4	辛巳 十二3	辛亥 一2		二3	元正乙酉、
3 癸丑	寶祐元	庚辰 一31	己酉 三1	己卯 三31	戊申 四29	戊寅 五29	戊申 六28	丁丑 七27	丁未 八26	丁丑 九25	丙午 十24	丙子 十一23	乙巳 十二22		二3•	宋紀正庚寅誤、元九丙子、
甲寅	二	乙亥 一21	甲辰 二19	甲戌 三21	癸卯 四19	壬申 五18	壬寅 六17	辛丑 八15	辛未 九14	庚子 十13	庚午 十一12	庚子 十二12	己巳 一10	六辛未 七16	二3	汪氏長術十二乙巳誤、
乙卯	三	己亥 二9	戊辰 三10	戊戌 四9	丁卯 五8	丙申 六6	丙寅 七6	乙未 八4	乙丑 九3	甲午 十2	甲子 十一1	甲午 十二1	甲子 十二31		正2	
丙辰	四	癸巳 一29	癸亥 二28	壬辰 三28	壬戌 四27	辛卯 五26	庚申 六24	庚寅 七24	己未 八22	戊子 九20	戊午 十20	戊子 十一19	戊午 十二19		正2•	元七己丑、
4 丁巳	五	丁亥 一17	丁巳 二16	丁亥 三18	丙辰 四16	乙卯 六14	甲申 七13	甲寅 八12	癸未 九10	壬子 十9	壬午 十一8	壬子 十二8	辛巳 一6	四丙戌 五16	正3 十二3•	
戊午	六	辛亥 二5	辛巳 三7	辛亥 四6	庚辰 五5	庚戌 六4	己卯 七3	戊申 八1	戊寅 八31	丁未 九29	丙子 十28	丙午 十一27	丙子 十二27		十二4	元八丁丑、十二乙亥、蒙古滅回回國、
己未	開慶元	乙巳 一25	乙亥 二24	乙巳 三26	甲戌 四24	甲辰 五24	癸酉 六22	癸卯 七22	壬申 八20	壬寅 九19	辛未 十18	庚子 十一16	己亥 一14	十一庚午 十二16	閏3	
庚申	景定元	己巳 二13	己亥 三14	戊辰 四12	戊戌 五12	戊辰 六11	丁酉 七10	丁卯 八9	丙申 九7	丙寅 十7	乙未 十一5	甲子 十二4	甲午 一3		十二3•	五月丙戌元世祖改元中統、

	辛酉 5	壬戌	癸亥	甲子	乙丑 6	丙寅	丁卯	戊辰	己巳 7	庚午
	二	三	四	五	宋度宗 咸淳元	二	三	四	五	六
正	二 1 癸亥	一 22 戊午	二 10 壬午	一 31 丁丑	一 19 辛未	二 7 乙未	一 27 己丑	一 16 癸未	二 3 丁未	一 23 辛丑
二	三 3 癸巳	二 20 丁亥	三 11 辛亥	二 29 丙午	二 18 辛丑	三 9 乙丑	二 26 己未	三 15 壬午	三 5 丁丑	二 22 辛未
三	四 1 壬戌	三 22 丁巳	四 10 辛巳	三 30 丙子	三 19 庚午	四 7 甲午	三 27 戊子	四 14 壬子	四 3 丙午	三 23 庚子
四	五 1 壬辰	四 20 丙戌	五 9 庚戌	四 28 乙巳	四 18 庚子	五 7 甲子	四 26 戊午	五 14 壬午	五 3 丙子	四 22 庚午
五	五 31 壬戌	五 20 丙辰	六 8 庚辰	五 27 甲戌	五 17 己巳	六 5 癸巳	五 25 丁亥	六 12 辛亥	六 2 丙午	五 22 庚子
六	六 29 辛卯	六 18 乙酉	七 7 己酉	六 26 甲辰	七 15 戊辰	七 4 壬戌	六 24 丁巳	七 12 辛巳	七 1 乙亥	六 20 己巳
七	七 29 辛酉	七 18 乙卯	八 6 己卯	七 25 癸酉	八 13 丁酉	八 3 壬辰	七 23 丙戌	八 10 庚戌	七 31 乙巳	七 20 己亥
八	八 28 辛卯	八 17 乙酉	九 4 戊申	八 23 壬寅	九 11 丙寅	九 1 辛酉	八 22 丙辰	九 9 庚辰	八 29 甲戌	八 18 戊辰
九	九 26 庚申	九 15 甲寅	十 4 戊寅	九 22 壬申	十 11 丙申	九 30 庚寅	九 20 乙酉	十 8 己酉	九 28 甲辰	九 17 戊戌
十	十 26 庚寅	十一 14 甲寅	十一 2 丁未	十 22 壬寅	十一 10 丙寅	十 30 庚申	十 19 甲寅	十一 6 戊寅	十 27 癸酉	十 17 戊辰
十一	十一 24 己未	十二 13 癸未	十二 2 丁丑	十一 21 壬申	十二 9 乙未	十一 28 己丑	十一 18 甲申	十二 6 戊申	十一 25 壬寅	十二 14 丙寅
十二	十二 24 己丑	一 12 癸丑	一 1 丁未	十二 20 辛丑	一 8 乙丑	十二 28 己未	十二 17 癸丑	一 4 丁丑	十二 25 壬申	一 13 丙申
閏		十 15 九甲申			六 15 五戊戌			二 15 正癸丑		十一 15 十丁酉
回	十一 3	十 2	十 3●	十 3	九 3	九 3●	九 3	八 2●	八 3	八 3
			元二壬子、十戊申、十一戊寅、	八月丁巳元改至元、	元紀六戊申、誤、					元十一丁酉、閏十一丁卯、

回曆660 西曆1261

年	紀年	正	二	三	四	五	六	七	八	九	十	十一	十二	閏	回	備註
辛未	七	乙丑 二11	乙未 三13	甲子 四11	甲午 五11	癸亥 六9	癸巳 七9	壬戌 八7	壬辰 九6	壬戌 十6	辛卯 十一4	辛酉 十二4	辛卯 一3		七3•	十一月乙亥蒙古建國號曰元、
壬申	八	庚申 二1	庚寅 三2	己未 三31	戊子 四29	戊午 五29	丁亥 六27	丁巳 七27	丙戌 八25	丙辰 九24	丙戌 十24	乙卯 十一22	乙酉 十二22		七3	
癸酉	九	乙卯 一21	甲申 二19	甲寅 三21	癸未 四19	壬子 五18	壬午 六17	庚辰 八14	庚戌 九13	庚辰 十13	己酉 十一11	己卯 十二11	己酉 一10	六辛亥 七16	閏3	元六辛巳、
甲戌	一〇	己卯 二9	戊申 三10	戊寅 四9	丁未 五8	丙子 六6	丙午 七6	乙亥 八4	甲辰 九2	甲戌 十2	癸卯 十31	癸酉 十一30	癸卯 十二30		六2•	
乙亥	宋帝㬎 德祐元	癸酉 一29	壬寅 二27	壬申 三29	壬寅 四28	辛未 五27	庚子 六25	庚午 七25	己亥 八23	戊辰 九21	戊戌 十21	丁卯 十一19	丁酉 十二19		六3	
丙子	二	丁卯 一18	丁酉 二17	丙寅 三17	乙丑 五15	乙未 六14	甲子 七13	甲午 八12	癸亥 九10	壬辰 十9	壬戌 十一8	辛卯 十二7	辛酉 一6	三丙申 四16	五2	元二丙申、五月朔端宗改元景炎、元紀十二辛卯誤、
丁丑 乙	宋端宗 景炎二	辛卯 二5	庚申 三6	庚寅 四5	庚申 五5	己丑 六3	己未 七3	戊子 八1	戊午 八31	丁亥 九29	丙辰 十28	丙戌 十一27	乙卯 十二26		五2•	
戊寅	三	乙酉 一25	甲寅 二23	甲申 三25	甲寅 四24	癸未 五23	癸丑 六22	壬午 七21	壬子 八20	壬午 九19	辛亥 十18	庚辰 十一16	己卯 一14	十一庚戌 十二16	五3	五月朔帝昺改祥興、據黃溍番禺客語改元在明年正月朔、
己卯	宋帝昺 祥興二	己酉 二13	戊寅 三14	戊申 四13	丁丑 五12	丁未 六11	丁丑 七11	丙午 八9	丙子 九8	乙巳 十7	乙亥 十一6	乙巳 十二6	甲戌 一4		四3•	
庚辰	元世祖 至元一七	癸卯 二2	癸酉 三3	壬寅 四1	壬申 五1	辛丑 五30	辛未 六29	庚子 七28	庚午 八27	庚子 九26	己巳 十25	己亥 十一24	己巳 十二24		四3	

回曆670 西曆1271

月	一八 辛巳 3	一九 壬午	二〇 癸未	二一 甲申	二二 乙酉 4	二三 丙戌	二四 丁亥	二五 戊子	二六 己丑 5	二七 庚寅
正	戊戌 一22	壬戌 二10	丙辰 一30	庚戌 一19	甲戌 二6	戊辰 一26	壬戌 一15	丙戌 二3	辛巳 一23	乙巳 二11
二	丁卯 二20	辛卯 三11	丙戌 三1	庚辰 二18	甲辰 三8	戊戌 二25	壬辰 二14	丙辰 三4	辛亥 二22	乙亥 三13
三	丙申 三21	辛酉 四10	乙卯 三30	庚戌 三19	癸酉 四6	丁卯 三26	辛卯 四14	乙酉 四2	庚辰 三23	甲辰 四11
四	丙寅 四20	庚寅 五9	乙酉 四29	己卯 四17	癸卯 五6	丁酉 四25	辛酉 五14	乙卯 五2	己酉 四21	癸酉 五10
五	乙未 五19	己未 六7	甲寅 五28	己酉 五17	癸酉 六5	丁卯 五25	辛卯 六13	乙酉 六1	己卯 五21	癸卯 六9
六	乙丑 六18	己丑 七7	癸未 六26	丁未 七14	壬寅 七4	丙申 六23	庚申 七12	甲寅 六30	戊申 六19	壬申 七8
七	甲午 七17	戊午 八5	癸丑 七26	丁丑 八13	辛未 八2	丙寅 七23	庚寅 八11	甲申 七30	戊寅 七19	壬寅 八7
八	甲子 八16	丁亥 九3	壬午 八24	丙午 九11	辛丑 九1	乙未 八21	己未 九9	癸丑 八28	丁未 八17	辛未 九5
九	癸亥 十14	丁巳 十3	辛亥 九22	乙亥 十10	庚午 九30	乙丑 九20	己丑 十9	癸未 九27	丁丑 九16	辛丑 十5
十	癸巳 十一13	丁亥 十一2	辛巳 十22	乙巳 十一9	己亥 十29	甲午 十19	戊午 十一7	癸丑 十27	丁未 十16	辛未 十一4
十一	癸亥 十二13	丁巳 十二2	辛亥 十一21	甲戌 十二8	己巳 十一28	癸亥 十一17	丁亥 十二6	壬午 十一25	丙午 十一14	庚子 十二3
十二	壬辰 一11	丁亥 一1	庚辰 十二20	甲辰 一7	戊戌 十二27	癸巳 十二17	丁巳 一5	壬子 十二25	丙子 一13	庚午 一2
閏	八 癸巳 九14			五 戊寅 六15			二 壬戌 三16		十 丁丑 十一15	
回	四3	三2•	三3	三2	二2•	二3	二3•	正4	十二2• 正3	十二3

紀八月有庚子,不合。

回曆680 西曆1281

年	紀年	正	二	三	四	五	六	七	八	九	十	十一	十二	閏	回	備考
辛卯	二八	二1 庚子	三2 己巳	四1 己亥	四30 戊辰	五29 丁酉	六28 丁卯	七27 丙申	八25 乙丑	九24 乙未	十24 乙丑	十一22 甲午	十二22 甲子		十二3	
壬辰	二九	一21 甲午	二20 甲子	三20 癸巳	四19 癸亥	五18 壬辰	六16 辛酉	八14 庚申	九12 己丑	十12 己未	十一10 戊子	十二10 戊午	一9 戊子	六 辛卯 七16	十一3•	
6 癸巳	三〇	二8 戊午	三10 戊子	四8 丁巳	五8 丁亥	六6 丙辰	七5 乙酉	八4 乙卯	九2 甲申	十1 癸丑	十31 癸未	十一29 壬子	十二29 壬午		十一4	
甲午	三一	一28 壬子	二27 壬午	三28 辛亥	四27 辛巳	五26 庚戌	六25 庚辰	七24 己酉	八23 己卯	九21 戊申	十20 丁丑	十一19 丁未	十二18 丙子		十一3	
乙未	元成宗 元貞元	一17 丙午	二16 丙子	三17 乙巳	四16 乙亥	六14 甲戌	七14 甲辰	八12 癸酉	九11 癸卯	十10 壬申	十一8 辛丑	十二8 辛未	一6 庚子	四 乙巳 五16	十3•	
丙申	二	二5 庚午	三5 己亥	四4 己巳	五4 己亥	六2 戊辰	七2 戊戌	八1 戊辰	八30 丁酉	九29 丁卯	十28 丙申	十一27 丙寅	十二26 乙未		十3	
丁酉	三	一24 甲子	二23 甲午	三24 癸亥	四23 癸巳	五22 壬戌	六21 壬辰	七21 壬戌	八19 辛卯	九18 辛酉	十17 庚寅	十一16 庚申	十二16 庚寅	十二 乙未 一14	十3•	二月庚申改元、
7 戊戌	大德二	二12 戊子	三14 戊午	四12 丁亥	五12 丁巳	六10 丙戌	七10 丙辰	八8 乙酉	九7 乙卯	十7 乙酉	十一5 甲寅	十二5 甲申	一4 甲寅		九3	
己亥	三	二2 癸未	三4 癸丑	四2 壬午	五1 辛亥	五31 辛巳	六29 庚戌	七28 己卯	八27 己酉	九26 己卯	十25 戊申	十一24 戊寅	十二24 戊申		九3	
庚子	四	一23 戊寅	二21 丁未	三22 丁丑	四20 丙午	五19 乙亥	六18 乙巳	七17 甲戌	八15 癸卯	十14 癸卯	十一13 癸酉	十二12 壬寅	一11 壬申	八 癸酉 九14	閏3•	

回曆691　西曆1291

	辛丑	壬寅	癸卯	甲辰	乙 乙巳	丙午	丁未	戊申	3 己酉	庚戌
	五	六	七	八	九	一〇	一一	武宗 至大元	二	三
正	二10 壬寅	一30 丙申	一19 庚寅	二6 癸丑	一26 戊申	一15 壬寅	二3 丙寅	一24 辛酉	二11 乙酉	一31 己卯
二	三11 辛未	二28 乙丑	二17 己未	三7 癸未	二24 丁丑	三15 辛丑	三5 丙申	二23 辛卯	三13 乙卯	三2 己酉
三	四10 辛丑	三30 乙未	三19 己丑	四6 癸丑	三26 丁未	四14 辛未	四3 乙丑	三23 庚申	四11 甲申	四1 己卯
四	五9 庚午	四29 乙丑	四18 己未	五5 壬午	四24 丙子	五13 庚子	五3 乙未	四21 己丑	五10 癸丑	四30 戊申
五	六7 己亥	五28 甲午	五17 戊子	六4 壬子	五24 丙午	六12 庚午	六1 甲子	五21 己未	六9 癸未	五29 丁丑
六	七7 己巳	六26 癸亥	七15 丁亥	七4 壬午	六23 丙子	七11 己亥	六30 癸巳	六19 戊子	七8 壬子	六28 丁未
七	八5 戊戌	七26 癸巳	八14 丁巳	八2 辛亥	七22 乙巳	八10 己巳	七30 癸亥	七18 丁巳	八6 辛巳	七27 丙子
八	九3 丁卯	八24 壬戌	九12 丙戌	九1 辛巳	八21 乙亥	九9 己亥	八29 癸巳	八17 丁亥	九5 辛亥	八25 乙巳
九	十3 丁酉	九22 辛卯	十11 乙卯	九30 庚戌	九19 甲辰	十8 戊辰	九27 壬戌	九15 丙辰	十4 庚辰	九24 乙亥
十	十一1 丙寅	十22 辛酉	十一10 乙酉	十29 己卯	十19 甲戌	十一7 戊戌	十27 壬辰	十15 丙戌	十一3 庚戌	十23 甲辰
十一	十二1 丙申	十一20 庚寅	十二9 甲寅	十一28 己酉	十一17 癸卯	十二7 戊辰	十一26 壬戌	十一14 丙辰	十二3 庚辰	十一22 甲戌
十二	十二31 丙寅	十二20 庚申	一8 甲申	十二27 戊寅	十二17 癸酉	一5 丁酉	十二26 壬辰	一12 乙卯	一2 庚戌	十二22 甲辰
閏			六16 五戊午			二14 正壬申		十二14 十一丙戌		
回	八4	八3	七2●	七3	七3	六3●	六4	六3●	五3	五3
	紀十丙辰、誤、		汪氏長術六己亥、誤、	天文志五癸未、誤、						

回曆701 西曆1301

二十史朔閏表　元　七二　勵耘書屋

年	正	二	三	四	五	六	七	八	九	十	十一	十二	閏	回
辛亥 四	癸酉 一20	癸卯 二19	癸酉 三21	壬寅 四19	壬申 五19	辛丑 六17	辛未 七17	己巳 九13	己亥 十13	戊辰 十一11	戊戌 十二11	丁卯 一9	七庚子 八15	五2
壬子 元仁宗皇慶元	丁酉 二8	丁卯 三9	丁酉 四8	丙寅 五7	丙申 六6	乙丑 七5	乙未 八4	甲子 九2	癸巳 十1	癸亥 十31	壬辰 十一29	壬戌 十二29		四3
癸丑 4 二	辛卯 一27	辛酉 二26	辛卯 三28	庚申 四26	庚寅 五26	己未 六24	己丑 七24	戊午 八22	戊子 九21	丁巳 十20	丁亥 十一19	丙辰 十二18		四3
甲寅 延祐元	丙戌 一17	乙卯 二15	乙酉 三17	甲申 五15	甲寅 六14	癸未 七13	癸丑 八12	壬午 九10	壬子 十10	辛巳 十一8	辛亥 十二8	庚辰 一6	三甲寅 四15	閏3•
乙卯 二	庚戌 二5	己卯 三6	己酉 四5	戊寅 五4	戊申 六3	丁丑 七2	丁未 八1	丁丑 八31	丙午 九29	丙子 十29	乙巳 十一27	乙亥 十二27		三3
丙辰 三	甲辰 一25	甲戌 二24	癸卯 三24	癸酉 四23	壬寅 五22	辛未 六20	辛丑 七20	辛未 八19	庚子 九17	庚午 十17	庚子 十一16	己巳 十二15		三3•
丁巳 5 四	己亥 一14	戊戌 三14	丁卯 四12	丁酉 五12	丙寅 六10	乙未 七9	乙丑 八8	甲午 九6	甲子 十6	甲午 十一5	甲子 十二5	癸巳 一3	正己巳 二13	二3
戊午 五	癸亥 二2	癸巳 三4	壬戌 四2	辛卯 五1	辛酉 五31	庚寅 六29	己未 七28	己丑 八27	戊午 九25	戊子 十25	丁巳 十一23	丁亥 十二23		二2
己未 六	丁巳 一22	丁亥 二21	丙辰 三22	丙戌 四21	乙卯 五20	甲申 六18	甲寅 七18	癸未 八16	壬午 十14	壬子 十一13	辛巳 十二12	辛亥 一11	八癸丑 九15	二2•
庚申 七	辛巳 二10	辛亥 三11	庚辰 四9	庚戌 五9	己卯 六7	己酉 七7	戊寅 八5	丁未 九3	丁丑 十3	丙午 十一1	丙子 十二1	乙巳 十二30		正3

汪氏長術五壬寅誤、

回曆711　西曆1311

	辛酉 6	壬戌	癸亥	甲子	乙丑 7	丙寅	丁卯	戊辰	己巳 1	庚午
	元英宗 至治元	二	三	泰定帝 泰定元	二	三	四	五	元文宗 天曆二	三
正	乙亥 一29	己巳 一18	癸巳 二6	戊子 一27	壬午 一15	丙午 二3	辛丑 一24	乙丑 二12	己未 一31	癸丑 一20
二	乙巳 二28	己亥 二17	癸亥 三8	丁巳 二25	辛巳 三15	丙子 三5	庚午 二22	甲午 三12	戊子 三1	壬午 二18
三	甲戌 三29	戊辰 三18	壬辰 四6	丁亥 三26	辛亥 四14	乙巳 四3	庚子 三24	甲子 四11	戊午 三31	壬子 三20
四	甲辰 四28	戊戌 四17	壬戌 五6	丙辰 四24	庚辰 五13	乙亥 五3	己巳 四22	癸巳 五10	戊子 四30	壬午 四19
五	甲戌 五28	戊辰 五17	辛卯 六4	乙酉 五23	己酉 六11	甲辰 六1	己亥 五22	癸亥 六9	丁巳 五29	辛亥 五18
六	癸卯 六26	丁卯 七15	辛酉 七4	乙卯 六22	己卯 七11	癸酉 六30	戊辰 六20	壬辰 七8	丁亥 六28	辛巳 六17
七	壬申 七25	丙申 八13	辛卯 八3	乙酉 七22	戊申 八9	癸卯 七30	丁酉 七19	辛酉 八6	丙辰 七27	庚戌 七16
八	壬寅 八24	丙寅 九12	庚申 九1	甲寅 八20	戊寅 九8	壬申 八28	丁卯 八18	辛卯 九5	乙酉 八25	己酉 九13
九	辛未 九22	乙未 十11	庚寅 十1	甲申 九19	戊申 十8	壬寅 九27	丙申 九16	庚申 十4	乙卯 九24	己卯 十13
十	辛丑 十22	乙丑 十一10	己未 十30	甲寅 十19	戊寅 十一7	辛未 十26	乙未 十一14	己丑 十一2	甲申 十23	戊申 十一11
十一	庚午 十一20	甲午 十二9	己丑 十一29	癸未 十一17	丁未 十二6	辛丑 十一25	乙丑 十二14	己未 十二2	癸丑 十一21	丁丑 十二10
十二	庚子 十二20	甲子 一8	戊午 十二28	癸丑 十二17	丁丑 一5	辛未 十二25	乙未 一13	己丑 一1	癸未 十二21	丁未 一9
閏		五 丁酉 六15			正 壬子 二14		九 丙寅 十16			七 庚辰 八15
回	正3	正3● 十二3	十二3	十二2●	十一3	十一3●	十4	十4	十3●	九3
								二月庚申改致和、九月太子阿速吉八改天順、壬申文宗改天曆、	正月丙戌明宗即位於和寧北八月庚寅崩	五月戊午改元、

回曆721 西曆1321

回曆732 西曆1331

年	年號	正	二	三	四	五	六	七	八	九	十	十一	十二	閏	回	備註
辛未	至順二	丁丑 二8	丙午 三9	丙子 四8	丙午 五8	乙亥 六6	乙巳 七6	甲戌 八4	甲辰 九3	癸酉 十2	癸卯 十一1	壬申 十一30	壬寅 十二30		九3	
壬申	元寧宗 三	辛亥 一28	辛巳 二27	庚午 三27	庚子 四26	己巳 五25	己亥 六24	戊辰 七23	戊戌 八22	戊辰 九21	丁酉 十20	丁卯 十一19	丙申 十二18		九2•	十月庚子寧宗即位、十一月壬辰崩、
癸酉 2	四	丙寅 一17	乙未 二15	乙丑 三17	癸亥 五14	癸巳 六13	壬戌 七12	壬辰 八11	壬戌 九10	壬辰 十10	辛酉 十一8	辛卯 十二8	庚申 一6	三甲午 四15	八3	六月己巳順帝即位、十月戊辰改元元統、
甲戌	元順帝 元統二	庚寅 二5	己未 三6	己丑 四5	戊午 五4	丁亥 六2	丁巳 七2	丙戌 七31	丙辰 八30	丙戌 九29	乙卯 十28	乙酉 十一27	乙卯 十二27		八3	
乙亥	三	甲申 一25	甲寅 二24	癸未 三25	癸丑 四24	壬午 五23	辛亥 六21	辛巳 七21	辛亥 八20	庚辰 九18	己酉 十17	己卯 十一16	己酉 十二16	十二己卯 一15	八2•	十一月辛丑改元、
丙子	至元二	戊申 二13	戊寅 三14	丁未 四12	丁丑 五12	丙午 六10	乙亥 七9	甲辰 八7	甲戌 九6	癸卯 十5	癸酉 十一4	癸卯 十二4	癸酉 一3		七4	
丁丑 3	三	壬寅 二1	壬申 三3	壬寅 四2	辛未 五1	辛丑 五31	庚午 六29	己亥 七28	戊辰 八26	戊戌 九25	丁卯 十24	丁酉 十一23	丁卯 十二23		七3•	
戊寅	四	丙申 一21	丙寅 二20	丙申 三22	丙寅 四21	乙未 五20	乙丑 六19	甲午 七18	癸亥 八16	壬戌 十14	辛卯 十一12	辛酉 十二12	辛卯 一11	八癸巳 九15	七3	
己卯	五	庚申 二9	庚寅 三11	庚申 四10	己丑 五9	己未 六8	戊子 七7	戊午 八6	丁亥 九4	丙辰 十3	丙戌 十一2	乙卯 十二1	乙酉 十二31		六3	
庚辰	六	甲寅 一29	甲申 二28	甲寅 三29	癸未 四27	癸丑 五27	癸未 六26	壬子 七25	壬午 八24	辛亥 九22	辛巳 十22	庚戌 十一20	庚辰 十二20		六2•	

	辛巳 4 至正元	壬午 二	癸未 三	甲申 四	乙酉 5 五	丙戌 六	丁亥 七	戊子 八	己丑 6 九	庚寅 一〇
正	一18 己酉	二6 癸酉	一27 戊辰	一16 壬戌	二3 丙戌	一23 庚辰	二11 甲辰	一31 戊戌	一19 壬辰	二7 丙辰
二	二16 戊寅	三7 壬寅	二25 丁酉	二15 壬辰	三5 丙辰	二22 庚戌	三13 甲戌	三1 戊辰	二18 壬戌	三9 丙戌
三	三18 戊申	四6 壬申	三27 丁卯	四14 辛卯	四3 乙酉	三24 庚辰	四11 癸卯	三30 丁酉	三20 壬辰	四7 乙卯
四	四16 丁丑	五5 辛丑	四25 丙申	五13 庚申	五3 乙卯	四22 己酉	五11 癸酉	四29 丁卯	四18 辛酉	五7 乙酉
五	五16 丁未	六4 辛未	五24 乙丑	六11 己丑	六1 甲申	五22 己卯	六9 壬寅	五29 丁酉	五18 辛卯	六5 甲寅
六	七14 丙午	七3 庚子	六23 乙未	七10 戊午	六30 癸丑	六20 戊申	七9 壬申	六27 丙寅	六16 庚申	七5 甲申
七	八13 丙子	八2 庚午	七22 甲子	八9 戊子	七29 壬午	七19 丁丑	八7 辛丑	七27 丙申	七16 庚寅	八4 甲寅
八	九12 丙午	九1 庚子	八21 甲午	九7 丁巳	八28 壬子	八17 丙午	九6 辛未	八25 乙丑	九13 己丑	九2 癸未
九	十11 乙亥	九30 己巳	九19 癸亥	十7 丁亥	九26 辛巳	九16 丙子	十5 庚子	九24 乙未	十13 己未	十2 癸丑
十	十一10 乙巳	十30 己亥	十19 癸巳	十一6 丁巳	十26 辛亥	十15 乙巳	十一3 己巳	十23 甲子	十一11 戊子	十一1 癸未
十一	十二9 甲戌	十一29 己巳	十一18 癸亥	十二6 丁亥	十一25 辛巳	十二13 甲辰	十二3 己亥	十一21 癸巳	十二11 戊午	十一30 壬子
十二	一8 甲辰	十二28 戊戌	十二18 癸巳	一4 丙辰	十二24 庚戌	一12 甲戌	一1 戊辰	十二21 癸亥	一9 丁亥	十二30 壬午
閏	六15 五丁丑			三15 二辛酉		十一14 十乙亥			八15 七庚申	
回	閏3	五3	五3•	四3	四2•	四3	三3	三3•	三3	二3

回曆742之 西曆1341

	辛卯 一一	壬辰 一二	癸巳 7 一三	甲午 一四	乙未 一五	丙申 一六	丁酉 1 一七	戊戌 一八	己亥 一九	庚子 二〇
正	一 28 辛亥	一 18 丙午	二 5 庚午	一 25 甲子	一 14 戊午	二 2 壬午	一 21 丙子	二 9 庚子	一 29 甲午	一 19 己丑
二	二 26 庚辰	二 16 乙亥	三 6 己亥	二 24 甲午	三 15 戊午	三 3 壬子	二 20 丙午	三 10 己巳	二 28 甲子	二 17 戊午
三	三 28 庚戌	三 17 乙巳	四 5 己巳	三 25 癸亥	四 13 丁亥	四 1 辛巳	三 21 乙亥	四 9 己亥	三 29 癸巳	三 18 戊子
四	四 26 己卯	五 14 癸卯	五 4 戊戌	四 24 癸巳	五 13 丁巳	五 1 辛亥	四 20 乙巳	五 9 己巳	四 28 癸亥	四 16 丁巳
五	五 26 己酉	六 13 癸酉	六 2 丁卯	五 23 壬戌	六 11 丙戌	五 30 庚辰	五 20 乙亥	六 7 戊戌	五 27 壬辰	五 16 丁亥
六	六 24 戊寅	七 12 壬寅	七 1 丙申	六 21 辛卯	七 10 乙卯	六 29 庚戌	六 18 甲辰	七 7 戊辰	六 26 壬戌	七 14 丙戌
七	七 24 戊申	八 10 辛未	七 31 丙寅	七 20 庚申	八 8 甲申	七 28 己卯	七 18 甲戌	八 5 丁酉	七 26 壬辰	八 12 乙卯
八	八 22 丁丑	九 9 辛丑	八 29 乙未	八 19 庚寅	九 7 甲寅	八 27 己酉	八 16 癸卯	九 4 丁卯	八 24 辛酉	九 11 乙酉
九	九 21 丁未	十 9 辛未	九 28 乙丑	九 17 己未	十 6 癸未	九 25 戊寅	九 15 癸酉	十 4 丁酉	九 23 辛卯	十 11 乙卯
十	十 21 丁丑	十一 8 辛丑	十 28 乙未	十 17 己丑	十一 5 癸丑	十 24 丁未	十一 12 辛未	十一 2 丙寅	十 22 庚申	十一 9 甲申
十一	十一 20 丁未	十二 7 庚午	十一 26 甲子	十一 15 戊午	十二 4 壬午	十一 23 丁丑	十二 12 辛丑	十二 1 乙未	十一 21 庚寅	十二 9 甲寅
十二	十二 19 丙子	一 6 庚子	十二 26 甲午	十二 15 戊子	一 3 壬子	十二 22 丙午	一 10 庚午	十二 31 乙丑	十二 21 庚申	一 8 甲申
閏		四 15 三甲戌			二 13 正戊子		十 14 九壬寅			六 14 五丙辰
回	二 3●	二 3	正 2	正 2●	十二 3。 正 3	十二 4	十一 3	十二 3。	十二 3	十 3

回曆7分之　西曆13分1

	辛丑	壬寅	癸卯	甲辰	乙巳	丙午	丁未	戊申	己酉	庚戌
	2					3				4
	二一	二二	二三	二四	二五	二六	二七	二八	明太祖洪武二	三
正	二6 癸丑	一27 戊申	一16 壬寅	二4 丙寅	一23 庚申	二10 癸未	一31 戊寅	一20 壬申	二7 丙申	一28 辛卯
二	三8 癸未	二25 丁丑	二15 壬申	三4 乙未	二21 己丑	三12 癸丑	三1 丁未	二19 壬寅	三9 丙寅	二26 庚申
三	四6 壬子	三27 丁未	三16 辛丑	四3 乙丑	三23 己未	四11 癸未	三31 丁丑	三19 辛未	四7 乙未	三28 庚寅
四	五5 辛巳	四25 丙子	五14 庚子	五2 甲午	四22 己丑	五10 壬子	四29 丙午	四18 辛丑	五7 乙丑	四26 己未
五	六4 辛亥	五24 乙巳	六12 己巳	六1 甲子	五21 戊午	六9 壬午	五29 丙子	五17 庚午	六5 甲午	五26 己丑
六	七3 庚辰	六22 甲戌	七11 戊戌	六30 癸巳	六20 戊子	七9 壬子	六28 丙午	六16 庚子	七4 癸亥	六24 戊午
七	八1 己酉	七22 甲辰	八10 戊辰	七29 壬戌	七19 丁巳	八7 辛巳	七27 乙亥	七15 己巳	八3 癸巳	七23 丁亥
八	八31 己卯	八20 癸酉	九8 丁酉	八28 壬辰	八18 丁亥	九5 庚戌	八26 乙巳	九13 己巳	九2 癸亥	八22 丁巳
九	九30 己酉	九19 癸卯	十8 丁卯	九26 辛酉	九16 丙辰	十5 庚辰	九24 甲戌	十12 戊戌	十1 壬辰	九20 丙戌
十	十29 戊寅	十18 壬申	十一6 丙申	十26 辛卯	十15 乙酉	十一3 己酉	十24 甲辰	十一11 戊辰	十31 壬戌	十20 丙辰
十一	十一28 戊申	十一17 壬寅	十二6 丙寅	十一24 庚申	十一13 甲申	十二3 己卯	十一22 癸酉	十二11 戊戌	十一30 壬辰	十一19 丙戌
十二	十二28 戊寅	十二17 壬申	一5 丙申	十二24 庚寅	一12 甲寅	一1 戊申	十二22 癸卯	一9 丁卯	十二30 壬戌	十二19 丙辰
閏			四15 三辛未		十一14 十乙卯			八14 七乙亥		
回	十3•	十4	九3	九3•	九3	八3•	八3	閏3	七3•	七4
	回曆763 西曆1361				汪氏長術二己未誤。			正月乙亥明太祖改元洪武。八月元亡。		

年	干支	正	二	三	四	五	六	七	八	九	十	十一	十二	閏	回
四	辛亥	一17 乙酉	二16 乙卯	三18 乙酉	五15 癸未	六13 壬子	七13 壬午	八11 辛亥	九10 辛巳	十9 庚戌	十一8 庚辰	十二8 庚戌	一7 庚辰	三甲寅 四16	六3
五	壬子	二5 己酉	三6 己卯	四4 戊申	五4 戊寅	六2 丁未	七1 丙子	七31 丙午	八29 乙亥	九28 乙巳	十27 甲戌	十一26 甲辰	十二26 甲戌		六3●
六	癸丑	一24 癸卯	二23 癸酉	三25 癸卯	四23 壬申	五23 壬寅	六21 辛未	七20 庚子	八19 庚午	九17 己亥	十17 己巳	十一15 戊戌	一13 丁酉	十一戊辰 十二15	六3
七	甲寅	二12 丁卯	三14 丁酉	四13 丁卯	五12 丙申	六11 丙寅	七10 乙未	八8 甲子	九7 甲午	十6 癸亥	十一5 癸巳	十二4 壬戌	一3 壬辰		五2●
八	乙卯	二1 辛酉	三3 辛卯	四2 辛酉	五1 庚寅	五31 庚申	六29 己丑	七29 己未	八27 戊子	九26 戊午	十25 丁亥	十一24 丁巳	十二23 丙戌		五3
九	丙辰	一22 丙辰	二20 乙酉	三21 乙卯	四19 甲申	五19 甲寅	六18 甲申	七17 癸丑	八16 癸未	九14 壬子	十一12 辛亥	十二12 辛巳	一10 庚戌	九壬午 十14	五3
一〇	丁巳 6	二9 庚辰	三10 己酉	四9 己卯	五8 戊申	六7 戊寅	七6 丁未	八5 丁丑	九4 丁未	十3 丙子	十一2 丙午	十二1 乙亥	十二31 乙巳		四3●
一一	戊午	一29 甲戌	二28 甲辰	三29 癸酉	四28 癸卯	五27 壬申	六25 辛丑	七25 辛未	八24 辛丑	九22 庚午	十22 庚子	十一21 庚午	十二20 己亥		四3
一二	己未	一19 己巳	二17 戊戌	三19 戊辰	四17 丁酉	五17 丁卯	七14 乙丑	八13 乙未	九11 甲子	十11 甲午	十一10 甲子	十二10 甲午	一8 癸亥	五丙申 六15	四3
一三	庚申	二7 癸巳	三7 壬戌	四6 壬辰	五5 辛酉	六4 辛卯	七3 庚申	八1 己丑	八31 己未	九29 戊子	十29 戊午	十一27 丁亥	十二27 丁巳		三2●

回曆773　西曆1371

七五

勵耘書屋

	辛酉 7	壬戌	癸亥	甲子	乙丑 1	丙寅	丁卯	戊辰	己巳 2	庚午
	一四	一五	一六	一七	一八	一九	二〇	二一	二二	二三
正	丁亥 一26	辛巳 一15	乙巳 二3	己亥 一23	癸亥 二10	戊午 一31	壬子 一20	丙子 二8	辛未 一28	乙丑 一17
二	丁巳 二25	辛亥 二14	乙亥 三5	己巳 二22	癸巳 三12	丁亥 三1	壬午 二19	丙午 三9	庚子 二26	乙未 二16
三	丙戌 三26	庚戌 四14	甲辰 四3	戊戌 三22	壬戌 四10	丁巳 三31	辛亥 三20	乙亥 四7	庚午 三28	甲子 三17
四	丙辰 四25	庚辰 五14	甲戌 五3	戊辰 四21	壬辰 五10	丙戌 四29	辛巳 四19	乙巳 五7	己亥 四26	甲午 四16
五	乙酉 五24	己酉 六12	甲辰 六2	戊戌 五21	辛酉 六8	乙卯 五28	庚戌 五18	甲戌 六5	己巳 五26	癸巳 六14
六	乙卯 六23	戊寅 七11	癸酉 七1	丁卯 六19	辛卯 七8	乙酉 六27	己卯 六16	癸卯 七4	戊戌 六24	壬戌 七13
七	甲申 七22	戊申 八10	壬寅 七30	丁酉 七19	辛酉 八7	乙卯 七27	戊寅 八14	癸酉 八3	丁卯 七23	辛卯 八11
八	癸丑 八20	丁丑 九8	壬申 八29	丙寅 八17	庚寅 九5	甲申 八25	戊申 九13	壬寅 九1	丙申 八21	庚申 九9
九	壬午 九18	丁未 十8	辛丑 九27	丙申 九16	庚申 十5	甲寅 九24	戊寅 十13	壬申 十1	丙寅 九20	庚寅 十9
十	壬子 十18	丙子 十一6	辛未 十27	乙丑 十15	己丑 十一3	甲申 十24	戊申 十一12	辛丑 十30	丙申 十20	己未 十一7
十一	壬午 十一17	丙午 十二6	庚子 十一25	甲子 十二13	己未 十二3	癸丑 十一22	丁丑 十二11	辛未 十一29	乙丑 十一18	己丑 十二7
十二	辛亥 十二16	乙亥 一4	庚午 十二25	甲午 一12	戊子 一1	癸未 十二22	丁未 一10	辛丑 十二29	乙未 十二18	己未 一6
閏		二辛巳 三16		十乙未 十一14			六己酉 七16			四癸亥 五15
回	三3	閏2	二2•	二3	正3•	正3	正3 十二2•	十二3	十二3	十二3•

本年為回曆七八六年、明史曆志誤以中曆上推七八六年、遂謂回曆起於隋開皇己未、

回曆783 西曆1381

年	正	二	三	四	五	六	七	八	九	十	十一	十二	閏	回
辛未 二四	己丑 二5	戊午 三6	戊子 四5	戊午 五5	丁亥 六3	丙辰 七2	丙戌 八1	乙卯 八30	乙酉 九29	甲寅 十28	癸未 十一26	癸丑 十二26		十二4
壬申 二五	癸未 一25	壬子 二23	壬午 三24	壬子 四23	辛巳 五22	辛亥 六21	庚辰 七20	庚戌 八19	己卯 九17	己酉 十17	戊寅 十一15	丁未 十二14	十二丁丑 一13	十二3 天文志閏十一不合。
癸酉 3 二六	丁未 二12	丙子 三13	丙午 四12	乙亥 五11	乙巳 六10	乙亥 七10	甲辰 八8	甲戌 九7	癸卯 十6	癸酉 十一5	壬寅 十二4	壬申 一3		十2●
甲戌 二七	辛丑 二1	辛未 三3	庚子 四1	庚午 五1	己亥 五30	己巳 六29	戊戌 七28	戊辰 八27	戊戌 九26	丁卯 十25	丁酉 十一24	丙寅 十二23		十3
乙亥 二八	丙申 一22	乙丑 二20	甲午 三21	甲子 四20	癸巳 五19	癸亥 六18	壬辰 七17	壬戌 八16	壬辰 九15	辛卯 十一13	辛酉 十二13	庚寅 一11	九壬戌 十15	閏2●
丙子 二九	庚申 二10	己丑 三10	戊午 四8	戊子 五8	丁巳 六6	丁亥 七6	丙辰 八4	丙戌 九3	丙辰 十3	乙酉 十一1	乙卯 十二1	乙酉 十二31		九3
丁丑 4 三〇	甲寅 一29	甲申 二28	癸丑 三29	癸未 四28	壬子 五27	辛巳 六25	庚戌 七24	庚辰 八23	庚戌 九22	己卯 十21	己酉 十一20	己卯 十二20		九3
戊寅 三一	己丑 一19	戊寅 二17	戊申 三19	丁丑 四17	丁未 五17	乙巳 七14	甲戌 八12	甲辰 九11	癸酉 十10	癸卯 十一9	癸酉 十二9	癸卯 一8	五丙子 六15	八3●
己卯 明惠帝建文元	壬申 二6	壬寅 三8	壬申 四7	辛丑 五6	辛未 六5	庚子 七4	己巳 八2	戊戌 八31	戊辰 九30	丁酉 十29	丁卯 十一28	丁酉 十二28		八4
庚辰 二	丙寅 一26	丙申 二25	丙寅 三26	丙申 四25	乙丑 五24	甲午 六22	甲子 七22	癸巳 八20	壬戌 九18	壬辰 十18	辛酉 十一16	辛卯 十二16		八3

回曆794　西曆1391

	5 辛巳	壬午	癸未	甲申	6 乙酉	丙戌	丁亥	戊子	7 己丑	庚寅
	三	四	明成祖永樂元	二	三	四	五	六	七	八
正	一15 辛酉	二2 甲申	一23 己卯	二11 癸卯	一31 戊戌	一20 壬辰	二8 丙辰	一28 庚戌	一16 甲辰	二4 戊辰
二	二13 庚寅	三4 甲寅	二21 戊申	三11 壬申	三1 丁卯	二19 壬戌	三10 丙戌	二27 庚辰	二15 甲戌	三6 戊戌
三	三15 庚申	四3 甲申	三23 戊寅	四10 壬寅	三30 丙申	三20 辛卯	四8 乙卯	三28 庚戌	三17 甲辰	四4 丁卯
四	五13 己未	五2 癸丑	四21 丁未	五9 辛未	四29 丙寅	四19 辛酉	五8 乙酉	四26 己卯	四15 癸酉	五4 丁酉
五	六12 己丑	六1 癸未	五21 丁丑	六8 辛丑	五28 乙未	五18 庚寅	六6 甲寅	五26 己酉	六13 壬申	六3 丁卯
六	七11 戊午	七1 癸丑	六20 丁未	七7 庚午	六27 乙丑	六16 己未	七5 癸未	六24 戊寅	七13 壬寅	七2 丙申
七	八10 戊子	七30 壬午	七19 丙子	八6 庚子	七26 甲午	七15 戊子	八3 壬子	七23 丁未	八11 辛未	八1 丙寅
八	九8 丁巳	八29 壬子	八18 丙午	九5 庚午	八25 甲子	九12 丁亥	九2 壬午	八21 丙子	九9 庚子	八30 乙未
九	十8 丁亥	九27 辛巳	九17 丙子	十4 己亥	九23 癸巳	十12 丁巳	十1 辛亥	九20 丙午	十9 庚午	九29 乙丑
十	十一6 丙辰	十27 辛亥	十16 乙巳	十一3 己巳	十23 癸亥	十一11 丁亥	十31 辛巳	十19 乙亥	十一7 己亥	十28 甲午
十一	十二5 乙酉	十一25 庚辰	十一15 乙亥	十二3 己亥	十一22 癸巳	十二11 丁巳	十一30 辛亥	十一18 乙巳	十二7 己巳	十一26 癸亥
十二	一4 乙卯	十二25 庚戌	一13 甲戌	一1 戊辰	十二22 癸亥	一9 丙戌	十二29 庚辰	十二17 甲戌	一5 戊戌	十二26 癸巳
閏	四14 三庚寅		十二14 十一甲辰			八14 七戊午			五15 四癸卯	
回	七2●	七3	七3●	六4	六3	六3●	五3	五2	閏2●	四3

七月朔成祖復稱洪武三十五年、

天文志十一辛未誤、

回暦804 西暦1401

回曆814　西曆1411

	九 辛卯	一〇 壬辰	一一 1 癸巳	一二 甲午	一三 乙未	一四 丙申	一五 2 丁酉	一六 戊戌	一七 己亥	一八 庚子
正	一24 壬戌	二12 丙戌	二1 辛巳	一22 丙子	二10 庚子	一30 甲午	一18 戊子	二6 壬子	一26 丙午	一15 庚子
二	二23 壬辰	三13 丙辰	三2 庚戌	二20 乙巳	三11 己巳	二29 甲子	二17 戊午	三8 壬午	二25 丙子	三14 己亥
三	三24 辛酉	四11 乙酉	四1 庚辰	三21 甲戌	四10 己亥	三29 癸巳	三18 丁亥	四6 辛亥	三26 乙巳	四13 己巳
四	四23 辛卯	五11 乙卯	四30 己酉	四20 甲辰	五9 戊辰	四28 癸亥	四17 丁巳	五6 辛巳	四25 乙亥	五13 己亥
五	五23 辛酉	六9 甲申	五30 己卯	五19 癸酉	六7 丁酉	五27 壬辰	五16 丙戌	六4 庚戌	五25 乙巳	六11 戊辰
六	六21 庚寅	七9 甲寅	六28 戊申	六17 壬寅	七6 丙寅	六25 辛酉	七14 乙酉	七4 庚辰	六23 甲戌	七11 戊戌
七	七21 庚申	八8 甲申	七28 戊寅	七17 壬申	八5 丙申	七24 庚寅	八12 甲寅	八2 己酉	七23 甲辰	八9 丁卯
八	八20 庚寅	九6 癸丑	八26 丁未	八15 辛丑	九3 乙丑	八23 庚申	九11 甲申	八31 戊寅	八21 癸酉	九8 丁酉
九	九18 己未	十6 癸未	九25 丁丑	九14 辛未	十3 乙未	九21 己丑	十10 癸丑	九30 戊申	九20 癸卯	十7 丙寅
十	十18 己丑	十一5 癸丑	十25 丁未	十一13 辛未	十一2 乙丑	十21 己未	十一9 癸未	十29 丁丑	十19 壬申	十一6 丙申
十一	十一16 戊午	十二4 壬午	十一24 丁丑	十二12 庚子	十二1 甲午	十一19 戊子	十二8 壬子	十一28 丁未	十一17 辛丑	十二5 乙丑
十二	十二15 丁亥	一3 壬子	十二23 丙午	一11 庚午	十二31 甲子	十二19 戊午	一7 壬午	十二27 丙子	十二17 辛未	一4 乙未
閏	一14 十二丁巳			十14 九辛丑			六15 五丙辰			二14 正庚午
回	四3	三3•	三3	三3•	二3	二2	二2•	正3	正3	正3• 十二3
					天文志十二甲午、誤、					

勵耘書屋

	庚戌 五	己酉 5 四	戊申 三	丁未 二	丙午 明宣宗宣德元	乙巳 4 明仁宗洪熙元	甲辰 二二	癸卯 二一	壬寅 二〇	辛丑 3 一九
正	一 24 壬寅	二 4 戊申	一 17 甲申	一 28 庚寅	二 8 丙申	一 20 壬申	二 1 戊寅	二 11 癸未	一 23 己未	二 2 甲子
二	二 23 壬申	三 5 丁丑	二 15 癸丑	二 26 己未	三 9 乙丑	二 18 辛丑	三 1 丁未	三 12 壬子	二 21 戊子	三 4 甲午
三	三 24 辛丑	四 4 丁未	三 16 癸未	三 28 己丑	四 8 乙未	三 20 辛未	三 31 丁丑	四 11 辛巳	三 23 戊午	四 2 癸亥
四	四 23 辛未	五 3 丙子	四 15 癸丑	四 27 己未	五 7 甲子	四 18 庚子	四 29 丙午	五 10 辛亥	四 21 丁亥	五 2 癸巳
五	五 22 庚子	六 2 丙午	六 13 壬子	五 26 戊子	六 6 甲午	五 18 庚午	五 28 乙亥	六 8 庚辰	五 21 丁巳	五 31 壬戌
六	六 21 庚午	七 2 丙子	七 13 壬午	六 25 戊午	七 5 癸亥	六 16 己亥	六 26 甲辰	七 8 庚戌	六 19 丙戌	六 30 壬辰
七	七 20 己亥	七 31 乙巳	八 11 辛亥	七 24 丁亥	八 3 壬辰	七 15 戊辰	七 26 甲戌	八 6 己卯	七 19 丙辰	七 29 辛酉
八	八 19 己巳	八 30 乙亥	九 9 庚辰	八 22 丙辰	九 2 壬戌	九 12 丁卯	八 24 癸卯	九 5 己酉	八 17 乙酉	八 28 辛卯
九	九 18 己亥	九 28 甲辰	十 9 庚戌	九 21 丙戌	十 1 辛卯	十 12 丁酉	九 23 癸酉	十 5 己卯	九 16 乙卯	九 27 辛酉
十	十 17 戊辰	十 28 甲戌	十一 7 己卯	十 20 乙卯	十 31 辛酉	十一 10 丙寅	十 22 壬寅	十一 3 戊申	十 16 乙酉	十 26 庚寅
十一	十一 16 戊戌	十一 26 癸卯	十二 7 己酉	十一 19 乙酉	十一 29 庚寅	十二 10 丙申	十一 21 壬申	十二 3 戊寅	十一 14 甲寅	十一 25 庚申
十二	十二 15 丁卯	十二 26 癸酉	一 5 戊寅	十二 18 甲寅	十二 29 庚申	一 9 丙寅	十二 21 壬寅	一 2 戊申	十二 14 甲申	十二 25 庚寅
閏	十二 丁酉 一 14		四 壬午 五 14			七 戊戌 八 14			十二 甲寅 一 13	
回	九 2●	九 3	九 3	十 3●	十 3	十 4	十二 3●	十二 3	十二 2●	十二 2

汪氏長術八己酉誤

回暦825 西暦1421

干支	年	正	二	三	四	五	六	七	八	九	十	十一	十二	閏	回
辛亥	六	丙寅 二12	丙申 三14	乙丑 四12	乙未 五12	甲子 六10	癸巳 七9	癸亥 八8	癸巳 九7	壬戌 十6	壬辰 十一5	壬戌 十二5	壬辰 一4		八3
壬子	七	辛酉 二2	庚寅 三2	庚申 四1	己丑 四30	戊午 五29	戊子 六28	丁巳 七27	丁亥 八26	丙辰 九24	丙戌 十24	丙辰 十一23	丙戌 十二23		八3●
癸丑	八	乙卯 一21	乙酉 二20	甲寅 三21	甲申 四20	癸丑 五19	壬午 六17	壬子 七17	辛巳 八15	庚辰 十13	庚戌 十一12	庚辰 十二12	庚戌 一11	八辛亥 九14	八4
甲寅	九	己卯 二9	己酉 三11	戊寅 四9	戊申 五9	丁丑 六7	丙午 七6	丙子 八5	乙巳 九3	乙亥 十3	甲辰 十一1	甲戌 十二1	甲辰 十二31		七3
乙卯	一〇	癸酉 一29	癸卯 二28	癸酉 三30	壬寅 四28	壬申 五28	辛丑 六26	庚午 七25	庚子 八24	己巳 九22	己亥 十22	戊辰 十一20	戊戌 十二20		七3●
丙辰	明英宗正統元	丁卯 一18	丁酉 二17	丁卯 三18	丁酉 四17	丙寅 五16	丙申 六15	甲午 八12	甲子 九11	癸巳 十10	癸亥 十一9	壬辰 十二8	壬戌 一7	六乙丑 七14	閏3
丁巳	二	辛卯 二5	辛酉 三7	辛卯 四6	庚申 五5	庚寅 六4	己未 七3	己丑 八2	戊午 八31	戊子 九30	丁巳 十29	丁亥 十一28	丙辰 十二27		六3
戊午	三	丙戌 一26	乙卯 二24	乙酉 三26	甲寅 四24	甲申 五24	癸丑 六22	癸未 七22	癸丑 八21	壬午 九19	壬子 十19	辛巳 十一17	辛亥 十二17		六3●
己未	四	庚辰 一15	庚戌 二14	己酉 四14	戊寅 五13	戊申 六12	丁丑 七11	丁未 八10	丙子 九8	丙午 十8	丙子 十一7	乙巳 十二6	乙亥 一5	二己卯 三15	五3
庚申	五	甲辰 二3	甲戌 三4	癸卯 四2	壬申 五1	壬寅 五31	辛未 六29	辛丑 七29	庚午 八27	庚子 九26	庚午 十26	庚子 十一25	己巳 十二24		五3

汪氏長術五戊寅誤、

回曆835 西曆1431

勵耘書屋

	辛酉 1	壬戌	癸亥	甲子	乙丑 2	丙寅	丁卯	戊辰	己巳 3	庚午
	六	七	八	九	一〇	一一	一二	一三	一四	明景帝 景泰元
正	一 23 己亥	二 11 癸亥	一 31 丁巳	一 20 辛亥	二 7 乙亥	一 27 己巳	一 17 甲子	二 5 戊子	一 24 壬午	一 14 丁丑
二	二 21 戊辰	三 12 壬辰	三 2 丁亥	二 19 辛巳	三 9 乙巳	二 26 己亥	二 15 癸巳	三 5 丁巳	二 23 壬子	三 14 丙子
三	三 23 戊戌	四 11 壬戌	三 31 丙辰	三 20 辛亥	四 7 甲戌	三 27 戊辰	三 17 癸亥	四 3 丙戌	三 24 辛巳	四 12 乙巳
四	四 21 丁卯	五 10 辛卯	四 30 丙戌	四 18 庚辰	五 7 甲辰	四 26 戊戌	四 15 壬辰	五 3 丙辰	四 22 庚戌	五 11 甲戌
五	五 20 丙申	六 8 庚申	五 29 乙卯	五 18 庚戌	六 6 甲戌	五 26 戊辰	六 13 辛卯	六 1 乙酉	五 22 庚辰	六 10 甲辰
六	六 19 丙寅	七 8 庚寅	六 27 甲申	六 16 己卯	七 5 癸卯	六 24 丁酉	七 13 辛酉	七 1 乙卯	六 20 己酉	七 9 癸酉
七	七 18 乙未	八 6 己未	七 27 甲寅	七 15 戊申	八 3 壬申	七 24 丁卯	八 12 辛卯	七 31 乙酉	七 20 己卯	八 8 癸卯
八	八 17 乙丑	九 4 戊子	八 25 癸未	九 12 丁未	九 2 壬寅	八 22 丙申	九 10 庚申	八 29 甲寅	八 18 戊申	九 6 壬申
九	九 15 甲午	十 4 戊午	九 23 壬子	十 11 丙子	十 1 辛未	九 21 丙寅	十 10 庚寅	九 28 甲申	九 17 戊寅	十 6 壬寅
十	十 15 甲子	十一 3 戊子	十 23 壬午	十一 10 丙午	十 31 辛丑	十 20 乙未	十一 8 己未	十 28 甲寅	十 17 戊申	十一 4 辛未
十一	十一 14 甲午	十二 2 丁巳	十一 22 壬子	十二 10 丙子	十一 29 庚午	十一 19 乙丑	十二 8 己丑	十一 26 癸未	十一 15 丁丑	十二 4 辛丑
十二	一 12 癸巳	一 1 丁亥	十二 21 辛巳	一 8 乙巳	十二 29 庚子	十二 18 甲午	一 6 戊午	十二 26 癸丑	十二 15 丁未	一 3 辛未
閏	十二 14 十一甲子			八 14 七戊寅			五 15 四壬戌			二 12 正丙午
回	五 3•	四 3	四 2•	四 3	三 3	三 3•	三 3	二 3	二 2•	閏 3
			汪氏長術八癸亥誤							

回曆 845 西曆 1441

回曆855　西曆1451

干支	年	正	二	三	四	五	六	七	八	九	十	十一	十二	閏	回
辛未	二	辛丑 二2	庚午 三3	庚子 四2	己巳 五1	戊戌 五30	戊辰 六29	丁酉 七28	丙寅 八26	丙申 九25	丙寅 十25	乙未 十一23	乙丑 十二23		正2
壬申	三	乙未 一22	乙丑 二21	甲午 三21	甲子 四20	癸巳 五19	壬戌 六17	壬辰 七17	辛酉 八15	庚寅 九13	己丑 十一11	己未 十二11	己丑 一10	九 庚申 十13	十二3 正2●
4 癸酉	四	己未 二9	戊子 三10	戊午 四9	戊子 五9	丁巳 六7	丙戌 七6	丙辰 八5	乙酉 九3	甲寅 十2	甲申 十一1	癸丑 十一30	癸未 十二30		十二3●
甲戌	五	癸丑 一29	壬午 二27	壬子 三29	壬午 四28	辛亥 五27	辛巳 六26	庚戌 七25	庚辰 八24	己酉 九22	己卯 十22	戊申 十一20	丁丑 十二19		十二4
乙亥	六	丁未 一18	丁丑 二17	丙午 三18	丙子 四17	乙巳 五16	乙亥 六15	甲戌 八13	甲辰 九12	癸酉 十11	癸卯 十一10	壬申 十二9	壬寅 一8	六 乙巳 七15	十一3
丙子	七	辛未 二6	庚子 三6	庚午 四5	庚子 五5	己巳 六3	己亥 七3	戊辰 八1	戊戌 八31	戊辰 九30	丁酉 十29	丁卯 十一28	丙申 十二27		十一2●
5 丁丑	八	丙寅 一26	乙未 二24	甲子 三25	甲午 四24	癸亥 五23	癸巳 六22	壬戌 七21	壬辰 八20	壬戌 九19	辛卯 十18	辛酉 十一17	辛卯 十二17		十二3
戊寅	明英宗天順二	庚申 一15	庚寅 二14	戊子 四13	戊午 五13	丁亥 六11	丁巳 七11	丙戌 八9	丙辰 九8	乙酉 十7	乙卯 十一6	乙酉 十二6	乙卯 一5	二 己未 三15	十3
己卯	三	甲申 二3	甲寅 三5	癸未 四3	壬子 五2	壬午 六1	辛亥 六30	庚辰 七29	庚戌 八28	庚辰 九27	己酉 十26	己卯 十一25	己酉 十二25		十3●
庚辰	四	己卯 一24	戊申 二22	戊寅 三23	丁未 四21	丙子 五20	丙午 六19	乙亥 七18	甲辰 八16	甲戌 九15	癸卯 十14	癸酉 十一13	癸酉 一12	十一 癸卯 十二13	十4

丁丑：正月壬午英宗復辟、改元天順、

明憲宗
成化

	辛巳 6	壬午	癸未	甲申	乙酉 7	丙戌	丁亥	戊子	己丑 1	庚寅
	五	六	七	八	成化元	二	三	四	五	六
正	二10 壬寅	一30 丙申	一20 辛卯	二7 甲寅	一27 乙酉	一17 甲辰	二5 戊辰	一25 壬戌	一13 丙辰	二1 庚辰
二	三12 壬申	三1 丙寅	二18 庚申	三8 甲申	二25 戊寅	二15 癸酉	三6 丁酉	二24 壬辰	二12 丙戌	三3 庚戌
三	四11 壬寅	三31 丙申	三20 庚寅	四7 甲寅	三27 戊申	三16 壬寅	四4 丙寅	三24 辛酉	四12 乙酉	四2 庚辰
四	五10 辛未	四30 丙寅	四19 庚申	五6 癸未	四25 丁丑	五14 辛丑	五4 丙申	四22 庚寅	五11 甲寅	五1 己酉
五	六8 庚子	五29 乙未	五18 己丑	六5 癸丑	五25 丁未	六13 辛未	六2 乙丑	五22 庚申	六10 甲申	五30 戊寅
六	七8 庚午	六27 甲子	六17 己未	七5 癸未	六24 丁丑	七12 庚子	七1 甲午	六20 己丑	七9 癸丑	六29 戊申
七	八6 己亥	七27 甲午	七16 戊子	八3 壬子	七23 丙午	八11 庚午	七31 甲子	七19 戊午	八7 壬午	七28 丁丑
八	九4 戊辰	八25 癸亥	九13 丁亥	九2 壬午	八22 丙子	九10 庚子	八30 甲午	八18 戊子	九6 壬子	八26 丙午
九	十4 戊戌	九23 壬辰	十13 丁巳	十1 辛亥	九20 乙巳	十9 己巳	九28 癸亥	九16 丁巳	十5 辛巳	九25 丙子
十	十一2 丁卯	十23 壬戌	十一11 丙戌	十31 辛巳	十20 乙亥	十一8 己亥	十28 癸巳	十16 丁亥	十一4 辛亥	十24 乙巳
十一	十二2 丁酉	十一22 壬辰	十二10 乙卯	十一29 庚戌	十一19 乙巳	十二8 己巳	十一27 癸亥	十一15 丁巳	十二4 辛巳	十一23 乙亥
十二	一1 丁卯	十二21 辛酉	一9 乙酉	十二29 庚辰	十二18 甲戌	一6 戊戌	十二27 癸巳	十二15 丁亥	一2 庚戌	十二22 甲辰
閏			七 戊午 八15			三 壬申 四15			二 丙辰 三14	
回	九3•	九4	八3	八2•	八3	七3	七3。	七4	六3	六2•

天文志九丙子、誤、

回曆866 西曆1461

年	正	二	三	四	五	六	七	八	九	十	十一	十二	閏	回
七 辛卯	一21 甲戌	二20 甲辰	三22 甲戌	四20 癸卯	五20 癸酉	六18 壬寅	七18 壬申	八16 辛丑	九14 庚午	十一12 己巳	十二12 己亥	一10 戊辰	九 十14 庚子	六3
八 壬辰	二9 戊戌	三10 戊辰	四8 丁酉	五8 丁卯	六7 丁酉	七6 丙寅	八5 丙申	九3 乙丑	十2 甲午	十一1 甲子	十一30 癸巳	十二30 癸亥		五2•
九 癸巳 2	一28 壬辰	二27 壬戌	三28 辛卯	四27 辛酉	五27 辛卯	六25 庚申	七25 庚寅	八24 庚申	九22 己丑	十22 己未	十一20 戊子	十二19 丁巳		五3
一〇 甲午	一18 丁亥	二16 丙辰	三18 丙戌	四16 乙卯	五16 乙酉	六14 甲寅	八13 甲寅	九11 癸未	十11 癸丑	十一10 癸未	十二9 壬子	一8 壬午	六 七14 甲申	五3
一一 乙未	二6 辛亥	三7 庚辰	四6 庚戌	五5 己卯	六4 己酉	七3 戊寅	八2 戊申	八31 丁丑	九30 丁未	十30 丁丑	十一28 丙午	十二28 丙子		四3•
一二 丙申	一27 丙午	二25 乙亥	三25 甲辰	四24 甲戌	五23 癸卯	六21 壬申	七21 壬寅	八19 辛未	九18 辛丑	十18 辛未	十一17 辛丑	十二16 庚午		四3
一三 丁酉 3	一15 庚子	二14 庚午	四13 戊辰	五13 戊戌	六11 丁卯	七10 丙申	八9 丙寅	九7 乙未	十7 乙丑	十一6 乙未	十二5 甲子	一4 甲午	二 三15 己亥	三3
一四 戊戌	二3 甲子	三5 甲午	四3 癸亥	五2 壬辰	六1 壬戌	六30 辛卯	七29 庚申	八28 庚寅	九26 己未	十26 己丑	十一24 戊午	十二24 戊子		三2•
一五 己亥	一23 戊午	二22 戊子	三23 丁巳	四22 丁亥	五21 丙辰	六20 丙戌	七19 乙卯	八17 甲申	九16 甲寅	十15 癸未	十二13 壬午	一12 壬子	十 十一14 癸丑	三3
一六 庚子	二11 壬午	三11 辛亥	四10 辛巳	五10 辛亥	六8 庚辰	七8 庚戌	八6 己卯	九4 戊申	十4 戊寅	十一2 丁未	十二2 丁丑	十二31 丙午		二3

回曆876　西曆1471

	辛丑	4 壬寅	癸卯	甲辰	5 乙巳	丙午	丁未	戊申	6 己酉	庚戌
	一七	一八	一九	二〇	二一	二二	二三	明孝宗 弘治元	二	三
正	一 30 丙子	一 19 庚午	二 7 甲午	一 28 己丑	一 17 甲申	二 5 戊寅	一 25 壬寅	一 14 丙申	二 1 庚申	一 21 甲寅
二	二 28 乙巳	二 18 庚子	三 9 甲子	二 26 戊午	二 15 癸丑	三 6 丁丑	二 23 辛未	三 13 乙未	三 2 己丑	二 19 癸未
三	三 30 乙亥	三 19 己巳	四 7 癸巳	三 27 戊子	三 16 壬午	四 4 丙午	三 25 辛丑	四 12 乙丑	四 1 己未	三 21 癸丑
四	四 29 乙巳	四 18 己亥	五 7 癸亥	四 25 丁巳	四 15 壬子	五 4 丙子	四 23 庚午	五 11 甲午	五 1 己丑	四 20 癸未
五	五 29 乙亥	五 18 己巳	六 5 壬辰	五 25 丁亥	六 12 庚戌	六 2 乙巳	五 23 庚子	六 10 甲子	五 30 戊午	五 19 壬子
六	六 27 甲辰	六 16 戊戌	七 5 壬戌	六 23 丙辰	七 12 庚辰	七 1 甲戌	六 21 己巳	七 9 癸巳	六 29 戊子	六 18 壬午
七	七 27 甲戌	七 16 戊辰	八 3 辛卯	七 22 乙酉	八 10 己酉	七 31 甲辰	七 20 戊戌	八 7 壬戌	七 28 丁巳	七 17 辛亥
八	八 25 癸卯	八 14 丁酉	九 2 辛酉	八 21 乙卯	九 9 己卯	八 29 癸酉	八 19 戊辰	九 6 壬辰	八 26 丙戌	八 16 辛巳
九	九 23 壬申	十 12 丙申	十 2 辛卯	九 20 乙酉	十 9 己酉	九 28 癸卯	九 17 丁酉	十 5 辛酉	九 25 丙辰	九 14 庚戌
十	十 23 壬寅	十一 11 丙寅	十 31 庚申	十 20 乙卯	十一 7 戊寅	十 27 壬申	十 17 丁卯	十一 4 辛卯	十 24 乙酉	十一 12 己酉
十一	十一 21 辛未	十二 10 乙未	十一 30 庚寅	十一 18 甲申	十二 7 戊申	十一 26 壬寅	十一 15 丙申	十二 3 庚申	十一 23 乙卯	十二 12 己卯
十二	十二 21 辛丑	一 9 乙丑	十二 30 庚申	十二 18 甲寅	一 6 戊寅	十二 26 壬申	十二 15 丙寅	一 2 庚寅	十二 22 甲申	一 10 戊申
閏		九 13 八丁卯			五 14 四辛巳			二 13 正丙寅		十 14 九庚辰
回	二 3●	二 3	正 3●	正 3	正 2 十二 2●	十二 3	十二 3	十二 3●	十二 3	十二 3●

汪氏長術閏四辛未誤、

回曆886 西曆1481

回曆897　西曆1491

	四 辛亥	五 壬子	六 癸丑	七 甲寅	八 乙卯	九 丙辰	一〇 丁巳	一一 戊午	一二 己未	一三 庚申
正	戊寅 二9	壬申 一29	丁卯 一18	辛卯 二6	乙酉 一26	庚辰 一16	癸卯 二2	丁酉 一22	辛酉 二10	丙辰 一31
二	丁未 三10	壬寅 二28	丙申 二16	庚申 三7	乙卯 二25	己酉 二14	癸酉 三4	丁卯 二21	辛卯 三12	乙酉 二29
三	丁丑 四9	辛未 三28	丙寅 三18	庚寅 四6	甲申 三26	己卯 三15	癸卯 四3	丁酉 三23	庚申 四10	乙卯 三30
四	丙午 五8	辛丑 四27	乙未 四16	己未 五5	甲寅 四25	戊寅 五13	壬申 五2	丙寅 四21	庚寅 五10	甲申 四28
五	丙子 六7	庚午 五26	甲子 五15	戊子 六3	癸未 五24	丁未 六11	壬寅 六1	丙申 五21	庚申 六9	甲寅 五28
六	丙午 七7	庚子 六25	癸亥 七13	戊午 七3	壬子 六22	丙子 七10	辛未 六30	丙寅 六20	己丑 七8	癸未 六26
七	乙亥 八5	己巳 七24	癸巳 八12	丁亥 八1	辛巳 七21	丙午 八9	庚子 七29	乙未 七19	己未 八7	癸丑 七26
八	乙巳 九4	己亥 八23	癸亥 九11	丁巳 八31	辛亥 八20	乙亥 九7	庚午 八28	甲子 八17	戊子 九5	癸未 八25
九	甲戌 十3	己巳 九22	壬辰 十10	丙戌 九29	辛巳 九19	甲辰 十6	己亥 九26	甲午 九16	戊午 十5	壬子 九23
十	甲辰 十一2	戊戌 十21	壬戌 十一9	丙辰 十29	庚戌 十18	甲戌 十一5	己巳 十26	癸亥 十15	丁亥 十一3	壬午 十23
十一	癸酉 十二1	戊辰 十一20	壬辰 十二9	丙戌 十一28	庚辰 十一17	甲辰 十二5	戊戌 十一24	癸巳 十一14	丁巳 十二3	辛亥 十一21
十二	癸卯 十二31	丁酉 十二19	辛酉 一7	丙辰 十二28	庚戌 十二17	甲戌 一4	戊辰 十二24	壬辰 一12	丙戌 一1	辛巳 十二21
閏			五 甲午 六14			三 戊申 四13		十一 壬戌 十二13		
回	十3	十3	九3•	九4	九3	八3•	八3	八3	七2•	七3

汪氏長術七己亥誤、

五行志閏七誤、

干支		年	正	二	三	四	五	六	七	八	九	十	十一	十二	閏	回
辛酉	2	一四	一 19 庚戌	二 18 庚辰	三 19 己酉	四 17 戊寅	五 17 戊申	六 15 丁丑	七 15 丁未	九 12 丙午	十 12 丙子	十一 11 丙午	十二 10 乙亥	一 9 乙巳	七丁丑 八 14	七3●
壬戌		一五	二 7 甲戌	三 9 甲辰	四 7 癸酉	五 6 壬寅	六 5 壬申	七 4 辛丑	八 3 辛未	九 1 庚子	十 1 庚午	十 31 庚子	十一 30 庚午	十二 29 己亥		六4
癸亥		一六	一 28 己巳	二 26 戊戌	三 28 戊辰	四 26 丁酉	五 25 丙寅	六 24 丙申	七 23 乙丑	八 22 乙未	九 20 甲子	十 20 甲午	十一 19 甲子	十二 19 甲午		六3
甲子		一七	一 17 癸亥	二 16 癸巳	三 16 壬戌	四 15 壬辰	六 12 庚寅	七 12 庚申	八 10 己丑	九 8 戊午	十 8 戊子	十一 7 戊午	十二 6 丁亥	一 5 丁巳	四辛酉 五 14	五3●
乙丑	3	一八	二 4 丁亥	三 6 丁巳	四 4 丙戌	五 4 丙辰	六 2 乙酉	七 1 甲寅	七 31 甲申	八 29 癸丑	九 27 壬午	十 27 壬子	十一 26 壬午	十二 25 辛亥		五3
丙寅		明武宗正德元	一 24 辛巳	二 23 辛亥	三 25 辛巳	四 23 庚戌	五 23 庚辰	六 21 己酉	七 20 戊寅	八 19 戊申	九 17 丁丑	十 16 丙午	十一 15 丙子	十二 14 乙巳		五2
丁卯		二	一 13 乙亥	三 14 乙亥	四 12 甲辰	五 12 甲戌	六 11 癸卯	七 10 癸酉	八 8 壬寅	九 7 壬申	十 6 辛丑	十一 5 辛未	十二 4 庚子	一 3 庚午	正乙巳 二 12	四2●
戊辰		三	二 1 己亥	三 2 己巳	三 31 戊戌	四 30 戊辰	五 30 戊戌	六 28 丁卯	七 28 丁酉	八 26 丙寅	九 25 丙申	十 24 乙丑	十一 23 乙未	十二 22 甲子		四2
己巳	4	四	一 21 甲午	二 19 癸亥	三 21 癸巳	四 19 壬戌	五 19 壬辰	六 17 辛酉	七 17 辛卯	八 16 辛酉	九 14 庚寅	十一 12 己丑	十二 12 己未	一 10 戊子	九庚申 十 14	四3
庚午		五	二 9 戊午	三 10 丁亥	四 8 丙辰	五 8 丙戌	六 6 乙卯	七 6 乙酉	八 5 乙卯	九 3 甲申	十 3 甲寅	十一 2 甲申	十二 1 癸丑	十二 31 癸未		三3●

五行志十二己巳誤、

回曆907 西曆1501

	辛未	壬申	癸酉 5	甲戌	乙亥	丙子	丁丑 6	戊寅	己卯	庚辰
	六	七	八	九	一〇	一一	一二	一三	一四	一五
正	一29 壬子	一19 丁未	二6 辛未	一26 乙丑	一15 乙未	二3 癸未	一22 丁丑	二10 辛丑	一31 丙申	一20 庚寅
二	二28 壬午	二17 丙子	三7 庚子	二25 乙未	二14 己丑	三3 壬子	二21 丁未	三11 庚午	三1 乙丑	二19 庚申
三	三29 辛亥	三18 丙午	四6 庚午	三26 甲子	三15 戊午	四2 辛巳	三22 丙子	四10 庚子	三30 甲午	三19 己丑
四	四27 庚辰	四16 乙亥	五5 己亥	四25 甲午	四14 戊子	五2 壬子	四21 丙午	五9 己巳	四29 甲子	四17 戊午
五	五27 庚戌	五15 甲辰	六3 戊辰	五24 癸亥	六12 丁亥	五31 辛巳	五20 乙亥	六8 己亥	五28 癸巳	五17 戊子
六	六25 己卯	七13 癸卯	七3 戊戌	六22 壬辰	七11 丙辰	六30 辛亥	六19 乙巳	七8 己巳	六27 癸亥	六15 丁巳
七	七25 己酉	八11 壬申	八1 丁卯	七22 壬戌	八10 丙戌	七29 庚辰	七19 乙亥	八6 戊戌	七26 壬辰	七15 丁亥
八	八23 戊寅	九10 壬寅	八30 丙申	八20 辛卯	九8 乙卯	八28 庚戌	八17 甲辰	九5 戊辰	八25 壬戌	八13 丙辰
九	九22 戊申	十10 壬申	九29 丙寅	九18 庚申	十7 甲申	九26 己卯	九16 甲戌	十5 戊戌	九24 壬辰	十11 乙卯
十	十22 戊寅	十一8 辛丑	十28 乙未	十18 庚寅	十一6 甲寅	十26 己酉	十15 癸卯	十一3 丁卯	十23 辛酉	十一10 乙酉
十一	十一20 丁未	十二8 辛未	十一27 乙丑	十一16 己未	十二5 癸未	十一24 戊寅	十一14 癸酉	十二3 丁酉	十一22 辛卯	十二10 乙卯
十二	十二20 丁丑	一7 辛丑	十二27 乙未	十二16 己丑	一4 癸丑	十二23 丁未	十二13 壬寅	一1 丙寅	十二22 辛酉	一9 乙酉
閏		六14 五甲戌			五14 四戊午		一12 十二壬申			九12 八丙戌
回	三3	三2●	二3	二2	二2●	正3	閏2● 正3	十二3	十二2●	十一3

回曆917 西曆1511

月	辛巳 ノ	壬午	癸未	甲申	乙酉 ノ	丙戌	丁亥	戊子	己丑 2	庚寅
	一六	明世宗嘉靖元	二	三	四	五	六	七	八	九
正	二 7 甲寅	一 28 己酉	一 17 癸卯	二 4 丙寅	一 23 庚申	二 11 甲申	二 1 己卯	一 22 甲戌	二 9 戊戌	一 29 壬辰
二	三 9 甲申	二 26 戊寅	二 15 壬申	三 5 丙申	二 22 庚寅	三 13 甲寅	三 2 戊申	二 20 癸卯	三 10 丁卯	二 28 壬戌
三	四 7 癸丑	三 28 戊申	三 17 壬寅	四 4 丙寅	三 24 庚申	四 12 甲申	四 1 戊寅	三 20 壬申	四 8 丙申	三 29 辛卯
四	五 6 壬午	四 26 丁丑	四 16 壬申	五 3 乙未	四 23 庚寅	五 11 癸丑	四 30 丁未	四 19 壬寅	五 8 丙寅	四 27 庚申
五	六 5 壬子	五 25 丙午	六 13 庚午	六 2 乙丑	五 22 己未	六 10 癸未	五 30 丁丑	五 18 辛未	六 6 乙未	五 27 庚寅
六	七 4 辛巳	六 24 丙子	七 13 庚子	七 1 甲午	六 21 己丑	七 9 壬子	六 28 丙午	六 17 辛丑	七 5 甲子	六 25 己未
七	八 2 庚戌	七 23 乙巳	八 11 己巳	七 31 甲子	七 20 戊午	八 8 壬午	七 28 丙子	七 16 庚午	八 4 甲午	七 24 戊子
八	九 1 庚辰	八 21 甲戌	九 9 戊戌	八 29 癸巳	八 19 戊子	九 7 壬子	八 27 丙午	八 15 庚子	九 3 甲子	八 23 戊午
九	九 30 己酉	九 20 甲辰	十 9 戊辰	九 27 壬戌	九 17 丁巳	十 6 辛巳	九 25 乙亥	九 14 庚午	十 2 癸巳	九 21 丁亥
十	十 30 己卯	十 19 癸酉	十一 7 丁酉	十 27 壬辰	十 16 丙戌	十一 5 辛亥	十 25 乙巳	十 13 己亥	十一 1 癸亥	十 21 丁巳
十一	十一 29 己酉	十一 18 癸卯	十二 7 丁卯	十一 25 辛酉	十一 15 丙辰	十二 4 庚辰	十一 24 乙亥	十二 12 己亥	十二 1 癸巳	十一 20 丁亥
十二	十二 29 己卯	十二 18 癸酉	一 6 丁酉	十二 25 辛卯	十二 14 乙酉	一 2 己酉	十二 23 甲辰	一 10 戊辰	十二 31 癸亥	十二 20 丁巳
閏			五 15 四辛丑		一 13 十二乙卯			十一 12 十己巳		
回	十一 3	十一 3•	十 4	十 3	十 3•	九 3	九 3	九 2•	八 3	八 3•

回暦928 西暦1521

年	正	二	三	四	五	六	七	八	九	十	十一	十二	閏	回
一〇 辛卯	一18 丙戌	二17 丙辰	三19 丙戌	四17 乙卯	五16 甲申	六15 甲寅	八12 壬子	九11 壬午	十10 辛亥	十一9 辛巳	十二9 辛亥	一7 庚辰	六 七14 癸未	七4
一一 壬辰	二6 庚戌	三7 庚辰	四6 庚戌	五5 己卯	六3 戊申	七3 戊寅	八1 丁未	八30 丙子	九29 丙午	十28 乙亥	十一27 乙巳	十二26 甲戌		七3
一二 癸巳 3	一25 甲辰	二24 甲戌	三26 甲辰	四24 癸酉	五24 癸卯	六22 壬申	七22 壬寅	八20 辛未	九18 庚子	十18 庚午	十一16 己亥	十二16 己巳		七2•
一三 甲午	一14 戊戌	二13 戊辰	四13 丁卯	五13 丁酉	六11 丙寅	七11 丙申	八10 丙寅	九8 乙未	十7 甲子	十一6 甲午	十二5 癸亥	一4 癸巳	二 三15 戊戌	六3
一四 乙未	二2 壬戌	三4 壬辰	四2 辛酉	五2 辛卯	六1 辛酉	六30 庚寅	七30 庚申	八28 己丑	九27 己未	十27 己丑	十一25 戊午	十二24 丁亥		六3
一五 丙申	一23 丁巳	二21 丙戌	三22 丙辰	四20 乙酉	五20 乙卯	六18 甲申	七18 甲寅	八17 甲申	九15 癸丑	十15 癸未	十一14 癸丑	十二13 壬午	十二 一12 壬子	六3•
一六 丁酉 4	二10 辛巳	三11 庚戌	四10 庚辰	五9 己酉	六8 己卯	七7 戊申	八6 戊寅	九4 丁未	十4 丁丑	十一3 丁未	十二2 丙子	一1 丙午		五3
一七 戊戌	一31 丙子	三1 乙巳	三30 甲戌	四29 甲辰	五28 癸酉	六26 壬寅	七26 壬申	八24 辛丑	九23 辛未	十23 辛丑	十一22 辛未	十二21 庚子		五3
一八 己亥	一20 庚午	二19 庚子	三20 己巳	四18 戊戌	五18 戊辰	六16 丁酉	七15 丙寅	九12 乙丑	十12 乙未	十一11 乙丑	十二10 甲午	一9 甲子	七 八14 丙申	五2•
一九 庚子	二8 甲午	三9 甲子	四7 癸巳	五6 壬戌	六5 壬辰	七4 辛酉	八2 庚寅	九1 庚申	九30 己丑	十30 己未	十一28 戊子	十二28 戊午		四3

回曆938　西曆1531

		正	二	三	四	五	六	七	八	九	十	十一	十二	閏	回	
二〇	辛丑 5	一/27 戊子	二/26 戊午	三/27 丁亥	四/26 丁巳	五/25 丙戌	六/24 丙辰	七/23 乙酉	八/21 甲寅	九/20 甲申	十/19 癸丑	十一/18 癸未	十二/17 壬子		四 2•	
二一	壬寅	一/16 壬午	二/15 壬子	三/16 辛巳	四/15 辛亥	五/15 辛巳	七/13 庚辰	八/11 己酉	九/9 戊寅	十/9 戊申	十一/7 丁丑	十二/7 丁未	一/5 丙子	五 六/13 庚戌	四 3	
二二	癸卯	二/4 丙午	三/5 乙亥	四/4 乙巳	五/4 乙亥	六/2 甲辰	七/2 甲戌	八/1 甲辰	八/30 癸酉	九/28 壬寅	十/28 壬申	十一/26 辛丑	十二/26 辛未		三 3	
二三	甲辰	一/24 庚子	二/23 庚午	三/23 己亥	四/22 己巳	五/21 戊戌	六/20 戊辰	七/20 戊戌	八/18 丁卯	九/17 丁酉	十/16 丙寅	十一/15 丙申	十二/14 乙丑		三 3•	
二四	6 乙巳	一/13 乙未	三/13 甲午	四/11 癸亥	五/11 癸巳	六/9 壬戌	七/9 壬辰	八/7 辛酉	九/6 辛卯	十/6 辛酉	十一/4 庚寅	十二/4 庚申	一/3 庚寅	正 二/11 甲子	二 3	
二五	丙午	二/1 己未	三/2 戊子	四/1 戊午	四/30 丁亥	五/29 丙辰	六/28 丙戌	七/27 乙卯	八/26 乙酉	九/25 乙卯	十/25 乙酉	十一/23 甲寅	十二/23 甲申		二 3	
二六	丁未	一/22 甲寅	二/20 癸未	三/21 壬子	四/20 壬午	五/19 辛亥	六/17 庚辰	七/17 庚戌	八/15 己卯	九/14 己酉	十一/12 戊申	十二/12 戊寅	一/11 戊申	九 十/14 己卯	二 2•	
二七	戊申	二/10 戊寅	三/10 丁未	四/8 丙子	五/8 丙午	六/6 乙亥	七/5 甲辰	八/4 甲戌	九/2 癸卯	十/2 癸酉	十/31 壬寅	十一/30 壬申	十二/30 壬寅		正 2	
二八	7 己酉	一/29 壬申	二/27 辛丑	三/29 辛未	四/27 庚子	五/27 庚午	六/25 己亥	七/24 戊辰	八/23 戊戌	九/21 丁卯	十/21 丁酉	十一/19 丙寅	十二/19 丙申		正 2•	五行志六丁酉不合
二九	庚戌	一/18 丙寅	二/17 丙申	三/18 乙丑	四/17 乙未	五/16 甲子	六/15 甲午	八/12 壬辰	九/11 壬戌	十/10 辛卯	十一/9 辛酉	十二/8 庚寅	一/7 庚申	六 七/14 癸亥	十二/3 正 3	

回曆948 西曆1541

年		正	二	三	四	五	六	七	八	九	十	十一	十二	閏	回
辛亥	三〇	二5 己丑	三7 己未	四6 己丑	五6 己未	六4 戊子	七4 戊午	八2 丁亥	八31 丙辰	九30 丙戌	十29 乙卯	十一28 乙酉	十二27 甲寅		十二3•
壬子	三一	一26 甲申	二24 癸丑	三25 癸未	四24 癸丑	五23 壬午	六22 壬子	七21 辛巳	八20 辛亥	九18 庚辰	十18 庚戌	十一16 己卯	十二16 己酉		十二3
癸丑	三二	一14 戊寅	二13 戊申	三14 丁丑	五12 丙子	六11 丙午	七11 丙子	八9 乙巳	九8 乙亥	十7 甲辰	十一6 甲戌	十二5 癸卯	一4 癸酉	三 四13 丁未	十二3
甲寅	三三	二2 壬寅	三4 壬申	四2 辛丑	五2 辛未	五31 庚子	六30 庚午	七29 己亥	八28 己巳	九27 己亥	十26 戊辰	十一25 戊戌	十二24 丁卯		十一2•
乙卯	三四	一23 丁酉	二21 丙寅	三23 丙申	四21 乙丑	五20 甲午	六19 甲子	七18 癸巳	八17 癸亥	九16 癸巳	十15 壬戌	十一14 壬辰	一12 辛卯	十一 十二14 壬戌	十一3
丙辰	三五	二11 辛酉	三11 庚寅	四10 庚申	五9 己丑	六7 戊午	七7 戊子	八5 丁巳	九4 丁亥	十3 丙辰	十一2 丙戌	十二2 丙辰	一1 丙戌		十3
丁巳 乙	三六	一30 乙卯	三1 乙酉	三30 甲寅	四29 甲申	五28 癸丑	六26 壬午	七26 壬子	八24 辛巳	九23 辛亥	十22 庚辰	十一21 庚戌	十二21 庚辰		十3•
戊午	三七	一20 庚戌	二18 己卯	三20 己酉	四18 戊寅	五18 戊申	六16 丁丑	七15 丙午	九12 乙巳	十11 甲戌	十一10 甲辰	十二10 甲戌	一8 癸卯	七 八14 丙子	九4
己未	三八	二7 癸酉	三9 癸卯	四8 癸酉	五7 壬寅	六6 壬申	七5 辛丑	八3 庚午	九2 庚子	十1 己巳	十30 戊戌	十一29 戊辰	十二29 戊戌		九30•
庚申	三九	一27 丁卯	二26 丁酉	三27 丁卯	四25 丙申	五25 丙寅	六24 丙申	七23 乙丑	八21 甲午	九20 甲子	十19 癸巳	十一18 癸亥	十二17 壬辰		九3

回曆9ガ9 西曆1ガ1

年	年次	正	二	三	四	五	六	七	八	九	十	十一	十二	閏	回	備考
3 辛酉	四〇	壬戌 一16	辛卯 二14	辛酉 三16	庚寅 四14	庚申 五14	己未 七12	己丑 八11	戊午 九9	戊子 十9	丁巳 十一7	丁亥 十二7	丙辰 一5	五庚寅 六13	八3	回曆969 西曆1561
壬戌	四一	丙戌 二4	乙卯 三5	乙酉 四4	甲寅 五3	甲申 六2	癸丑 七1	癸未 七31	癸丑 八30	壬午 九28	壬子 十28	辛巳 十一26	辛亥 十二26		八2●	
癸亥	四二	庚辰 一24	庚戌 二23	己卯 三24	戊申 四22	戊寅 五22	丁未 六20	丁丑 七20	丁未 八19	丙子 九17	丙午 十17	丙子 十一16	乙巳 十二15		八3	
甲子	四三	乙亥 一14	甲辰 二12	癸卯 四11	壬申 五10	壬寅 六9	辛未 七8	辛丑 八7	庚午 九5	庚子 十5	庚午 十一4	庚子 十二4	己巳 一2	二甲戌 三13	七3	
4 乙丑	四四	己亥 二1	戊辰 三2	戊戌 四1	丁卯 四30	丙申 五29	丙寅 六28	乙未 七27	乙丑 八26	甲午 九24	甲子 十24	甲午 十一23	甲子 十二23		七3●	
丙寅	四五	癸巳 一21	癸亥 二20	壬辰 三21	壬戌 四20	辛卯 五19	庚申 六17	庚寅 七17	己未 八15	戊子 九13	戊午 十13	丁巳 十一11	丁亥 一10	十戊子 十一12	七3	
丁卯	明穆宗隆慶元	丁巳 二9	丁亥 三11	丙辰 四9	丙戌 五9	乙卯 六7	甲申 七6	甲寅 八5	癸未 九3	壬子 十2	壬午 十一1	壬子 十二1	辛巳 十二30		六3	
戊辰	二	辛亥 一29	辛巳 二28	辛亥 三29	庚辰 四27	庚戌 五27	己卯 六25	戊申 七24	戊寅 八23	丁未 九21	丙子 十20	丙午 十一19	乙亥 十二18		六2●	
5 己巳	三	乙巳 一17	乙亥 二16	乙巳 三18	甲戌 四16	甲辰 五16	癸酉 六14	壬申 八12	壬寅 九11	辛未 十10	辛丑 十一9	庚午 十二8	己亥 一6	六癸卯 七14	六3	
庚午	四	己巳 二5	己亥 三7	戊辰 四5	戊戌 五5	戊辰 六4	丁酉 七3	丁卯 八2	丙申 八31	丙寅 九30	乙未 十29	乙丑 十一28	甲午 十二27		五2●	紀正乙巳誤、

年	年號	正	二	三	四	五	六	七	八	九	十	十一	十二	閏	回
辛未	五	一26 甲子	二24 癸巳	三25 壬戌	四24 壬辰	五24 壬戌	六22 辛卯	七22 辛酉	八20 庚寅	九19 庚申	十19 庚寅	十一17 己未	十二17 己丑		五3
壬申	六	一15 戊午	二14 戊子	四12 丙戌	五12 丙辰	六10 乙酉	七10 乙卯	八8 甲申	九7 甲寅	十7 甲申	十一6 甲寅	十二5 癸未	一4 癸丑	二丁巳 三14	四3
6 癸酉	明神宗萬曆元	二2 壬午	三4 壬子	四2 辛巳	五1 庚戌	五31 庚辰	六29 己酉	七29 己卯	八27 戊申	九26 戊寅	十26 戊申	十一24 丁丑	十二24 丁未		四3•
甲戌	二	一23 丁丑	二21 丙午	三23 丙子	四21 乙巳	五20 甲戌	六19 甲辰	七18 癸酉	八16 壬寅	九15 壬申	十15 壬寅	十一13 辛未	十二13 辛丑	十二辛未 一12	四3
乙亥	三	二11 辛丑	三12 庚午	四11 庚子	五10 己巳	六8 戊戌	七8 戊辰	八6 丁酉	九4 丙寅	十4 丙申	十一2 乙丑	十二2 乙未	一1 乙丑		三2
丙子	四	一31 乙未	三1 乙丑	三30 甲午	四29 甲子	五28 癸巳	六26 壬戌	七26 壬辰	八24 辛酉	九22 庚寅	十22 庚申	十一20 己丑	十二20 己未		三2•
丁丑 7	五	一19 己丑	二18 己未	三19 戊子	四18 戊午	五18 戊子	六16 丁巳	七15 丙戌	八14 丙辰	十11 甲寅	十一10 甲申	十二9 癸丑	一8 癸未	八乙酉 九12	三3
戊寅	六	二7 癸丑	三8 壬午	四7 壬子	五7 壬午	六5 辛亥	七5 辛巳	八3 庚戌	九2 庚辰	十1 己酉	十30 戊寅	十一29 戊申	十二28 丁丑		二3•
己卯	七	一27 丁未	二25 丙子	三27 丙午	四26 丙子	五25 乙巳	六24 乙亥	七24 乙巳	八22 甲戌	九21 甲辰	十20 癸酉	十一19 癸卯	十二18 壬申		二4
庚辰	八	一16 辛丑	二15 辛未	三15 庚子	四14 庚午	六12 己巳	七12 己亥	八10 戊辰	九9 戊戌	十9 戊辰	十一7 丁酉	十二7 丁卯	一5 丙申	四己亥 五13	二3

回曆979 西曆1571

	九 辛巳 1	一〇 壬午 6	一一 癸未	一二 甲申	一三 乙酉 7	一四 丙戌	一五 丁亥	一六 戊子	一七 己丑 1	一八 庚寅
正	丙寅 二4	庚申 一24	乙卯 一24	己卯 二12	癸酉 一31	丙申 二18	庚寅 二7	乙酉 一28	己酉 二15	甲辰 二5
二	乙未 三5	庚寅 二23	甲申 二22	戊申 三12	壬寅 三1	丙寅 三20	庚申 三9	甲寅 二26	戊寅 三16	癸酉 三6
三	甲子 四3	己未 三24	癸未 四22	戊寅 四11	壬申 三31	丙申 四19	庚寅 四8	癸未 三26	戊申 四15	壬寅 四4
四	甲午 五3	戊子 四22	壬子 五21	丁未 五10	壬寅 四30	乙丑 五18	庚申 五8	癸丑 四25	丁丑 五14	壬申 五4
五	癸亥 六1	戊午 五22	壬午 六20	丙子 六8	辛未 五29	乙未 六17	己丑 六6	癸未 五25	丁未 六13	辛丑 六2
六	癸巳 七1	丁亥 六20	辛亥 七19	丙午 七8	庚子 六27	甲子 七16	己未 七6	癸丑 六24	丙子 七12	辛未 七2
七	壬戌 七30	丙辰 七19	庚辰 八17	乙亥 八6	庚午 七27	甲午 八15	戊子 八4	壬子 八22	丙午 八11	庚子 七31
八	壬辰 八29	丙戌 八18	庚戌 九16	甲辰 九4	己亥 八25	癸亥 九13	戊午 九3	壬午 九21	丙子 九10	庚午 八30
九	壬戌 九28	丙辰 九17	己卯 十15	甲戌 十4	戊辰 九23	壬辰 十12	丁亥 十2	辛亥 十20	乙巳 十9	庚子 九29
十	壬辰 十28	乙酉 十26	己酉 十一14	癸卯 十一2	丁卯 十一21	壬戌 十一11	丙辰 十31	辛巳 十一19	乙亥 十一8	己巳 十28
十一	辛酉 十一26	乙卯 十一25	己卯 十二14	癸酉 十二2	丁酉 十二21	辛卯 十二10	丙戌 十一30	庚戌 十二18	乙巳 十二8	己亥 十一27
十二	辛卯 十二26	乙酉 十二25	己酉 一13	癸卯 一1	丁卯 一20	辛酉 一9	乙卯 十二29	庚辰 一17	甲戌 一6	己巳 十二27
閏			二 甲寅 三24		九 戊戌 十23			六 壬午 七23		
回	正2•	正3	正2 十二2•	十二3	十二3	十一3○	十一3	十2•	十3	十3

回曆989 西曆1581

西十月五日教皇格勒哥里第十三始改曆，以五日為十五日，意西法荷諸國用新曆。

日耳曼用新曆。

二十史朔閏表

明

	一九	二〇	二一	二二	二三	二四	二五	二六	二七	二八
	辛卯	壬辰	乙 癸巳	甲午	乙未	丙申	3 丁酉	戊戌	己亥	庚子
正	一25 戊戌	二13 壬戌	二1 丙辰	二20 庚辰	二9 甲戌	一29 戊辰	二16 壬辰	二6 丁亥	一27 壬午	二14 乙巳
二	二24 戊辰	三14 壬辰	三3 丙戌	三22 庚戌	三11 甲辰	二28 戊戌	三18 壬戌	三7 丙辰	二25 辛亥	三15 乙亥
三	三25 丁酉	四12 辛酉	四2 丙辰	四20 己卯	四10 甲戌	三29 戊辰	四16 辛卯	四6 丙戌	三26 庚辰	四13 甲辰
四	五23 丙申	五11 庚寅	五1 乙酉	五20 己酉	五9 癸卯	四27 丁酉	五16 辛酉	五5 乙卯	四25 庚戌	五13 甲戌
五	六21 乙丑	六10 庚申	五30 甲寅	六18 戊寅	六8 癸酉	五27 丁卯	六15 辛卯	六4 乙酉	六22 戊申	六11 癸卯
六	七20 甲午	七9 己丑	六29 甲申	七18 戊申	七7 壬寅	六26 丁酉	七14 庚申	七3 甲寅	七22 戊寅	七10 壬申
七	八19 甲子	八7 戊午	七28 癸丑	八16 丁丑	八6 壬申	七25 丙寅	八13 庚寅	八2 甲申	八21 戊申	八9 壬寅
八	九17 癸巳	九6 戊子	八26 壬午	九14 丙午	九4 辛丑	八24 丙申	九11 己未	九1 甲寅	九19 丁丑	九7 辛未
九	十17 癸亥	十5 丁巳	九25 壬子	十14 丙子	十3 庚午	十21 甲午	十11 己丑	九30 癸未	十19 丁未	十7 辛丑
十	十一16 癸巳	十一4 丁亥	十24 辛巳	十一12 乙巳	十一2 庚子	十一20 甲子	十一9 戊午	十30 癸丑	十一18 丁丑	十一6 辛未
十一	十二16 癸亥	十二4 丁巳	十一23 辛亥	十二12 乙亥	十二1 己巳	十二19 癸巳	十二9 戊子	十一28 壬午	十二17 丙午	十二6 辛丑
十二	一15 癸巳	一3 丁亥	一21 庚戌	一10 甲辰	十二31 己亥	一18 癸亥	一7 丁巳	十二28 壬子	一16 丙子	一4 庚午
閏	三 丙寅 四23		十一 辛巳 十二23			八 乙丑 九22			四 己卯 五24	
回	九3•	九4	九3	八3•	八3	八2	七2•	七3	六3•	六4

回曆1000 西曆1591

	辛丑 4	壬寅	癸卯	甲辰	乙巳 5	丙午	丁未	戊申	己酉 6	庚戌
	二九	三〇	三一	三二	三三	三四	三五	三六	三七	三八
正	二3 庚子	一23 甲午	二11 戊午	一31 壬子	二18 丙子	二7 庚午	一28 乙丑	二16 己丑	二4 癸未	一25 戊寅
二	三5 庚午	二22 甲子	三13 戊子	三1 壬午	三19 乙巳	三9 庚子	二26 甲午	三16 戊午	三6 癸丑	二23 丁未
三	四3 己亥	四22 癸亥	四11 丁巳	三30 辛亥	四18 乙亥	四7 己巳	三28 甲子	四15 戊子	四4 壬午	三25 丁丑
四	五2 戊辰	五21 壬辰	五11 丁亥	四29 辛巳	五18 乙巳	五7 己亥	四26 癸巳	五14 丁巳	五4 壬子	五23 丙子
五	六1 戊戌	六20 壬戌	六9 丙辰	五29 辛亥	六16 甲戌	六5 戊辰	五26 癸亥	六12 丙戌	六2 辛巳	六21 乙巳
六	六30 丁卯	七19 辛卯	七9 丙戌	六27 庚辰	七16 甲辰	七5 戊戌	六24 壬辰	七12 丙辰	七1 庚戌	七20 甲戌
七	七29 丙申	八17 庚申	八7 乙卯	七27 庚戌	八14 癸酉	八4 戊辰	八22 辛卯	八10 乙酉	七31 庚辰	八19 甲辰
八	八28 丙寅	九16 庚寅	九5 甲申	八25 己卯	九13 癸卯	九2 丁酉	九21 辛酉	九9 乙卯	八29 己酉	九17 癸酉
九	九26 乙未	十15 己未	十5 甲寅	九23 戊申	十12 壬申	十2 丁卯	十21 辛卯	十9 乙酉	九28 己卯	十17 癸卯
十	十26 乙丑	十一14 己丑	十一3 癸未	十一21 丁未	十一11 壬寅	十31 丙申	十一19 庚申	十一8 乙卯	十28 己酉	十一15 壬申
十一	十一25 乙未	十二13 戊午	十二3 癸丑	十二21 丁丑	十二10 辛未	十一30 丙寅	十二19 庚寅	十二7 甲申	十一26 戊寅	十二15 壬寅
十二	十二24 甲子	一12 戊子	一1 壬午	一19 丙午	一9 辛丑	十二29 乙未	一17 己未	一6 甲寅	十二26 戊申	一14 壬申
閏		三24 二甲午		十23 九戊寅			七24 六壬戌			四23 三丙午
回	六3	五2•	五3	五2	四2•	四3	四3•	三3	三3	三2•

回曆1010 西曆1601

年	正	二	三	四	五	六	七	八	九	十	十一	十二	閏	回
辛亥 三九	二13 壬寅	三14 辛未	四13 辛丑	五12 庚午	六11 庚子	七10 己巳	八8 戊戌	九7 戊辰	十6 丁酉	十一5 丁卯	十二4 丙申	一3 丙寅		二3
壬子 四〇	二2 丙申	三3 丙寅	四1 乙未	五1 乙丑	五30 甲午	六29 甲子	七28 癸巳	八26 壬戌	九25 壬辰	十24 辛酉	十一23 辛卯	一21 庚寅	十一 庚申 十二22	二2
癸丑 四一	二19 乙未	三21 乙丑	四20 乙未	五20 乙丑	六18 戊午	七18 戊子	八16 丁巳	九14 丙戌	十14 丙辰	十一12 乙酉	十二12 乙卯	一10 甲申		正3•
甲寅 四二	二9 甲寅	三10 癸未	四9 癸丑	五9 癸未	六7 壬子	七7 壬午	八5 辛亥	九4 辛巳	十3 庚戌	十一2 庚辰	十二1 己酉	十二31 己卯		正3
乙卯 四三	一29 戊申	二28 戊寅	三29 丁未	四28 丁丑	五27 丙午	六26 丙子	七26 丙午	八24 乙亥	十22 甲戌	十一21 甲辰	十二20 癸酉	一19 癸卯	八 乙巳 九23	十二2• 正3
丙辰 四四	二17 壬申	三18 壬寅	四16 辛未	五15 庚子	六14 庚午	七14 庚子	八12 己巳	九11 己亥	十11 己巳	十一9 戊戌	十二9 戊辰	一7 丁酉		十二3
丁巳 四五	二6 丁卯	三7 丙申	四6 丙寅	五5 乙未	六3 甲子	七3 甲午	八1 癸亥	八31 癸巳	九30 癸亥	十29 壬辰	十一28 壬戌	十二28 壬辰		十二2•
戊午 四六	一26 辛酉	二25 辛卯	三26 庚申	四25 庚寅	六22 戊子	七22 戊午	八20 丁亥	九19 丁巳	十18 丙戌	十一17 丙辰	十二17 丙戌	一16 丙辰	四 己未 五24	十二3
己未 四七	二14 乙酉	三16 乙卯	四14 甲申	五14 甲寅	六12 癸未	七11 壬子	八10 壬午	九8 辛亥	十7 庚辰	十一6 庚戌	十二6 庚辰	一5 庚戌		十二3
庚申 明光宗 四八	二4 庚辰	三4 己酉	四3 己卯	五2 戊申	六1 戊寅	六30 丁未	七29 丙子	八28 丙午	九26 乙亥	十25 甲辰	十一24 甲戌	十二24 甲辰		十二3•

戊午：天文志閏六、不合、

庚申：八月改爲光宗泰昌元年、

回曆1020 西曆1611

年	正	二	三	四	五	六	七	八	九	十	十一	十二	閏	回
辛酉 2 明熹宗 天啟元	癸酉 一22	癸卯 二21	癸卯 四22	壬申 五21	壬寅 六20	辛未 七19	庚子 八17	庚午 九16	己亥 十15	戊辰 十一13	戊戌 十二13	戊辰 一12	二 癸酉 三23	十4
壬戌 二	丁酉 二10	丁卯 三12	丁酉 四11	丙寅 五10	丙申 六9	乙丑 七8	乙未 八7	甲子 九5	甲午 十5	癸亥 十一3	癸巳 十二3	壬戌 一1		十3
癸亥 三	壬辰 一31	辛酉 三1	辛卯 三31	庚申 四29	庚寅 五29	庚申 六28	己丑 七27	己未 八26	戊子 九24	戊午 十24	丁巳 十二22	丙戌 一20	十 丁亥 十一22	十2•
甲子 四	丙辰 二19	乙酉 三19	乙卯 四18	甲申 五17	甲寅 六16	癸未 七15	癸丑 八14	癸未 九13	壬子 十12	壬午 十一11	辛亥 十二10	辛巳 一9		九3
乙丑 3 五	庚戌 二7	庚辰 三9	己酉 四7	戊寅 五6	戊申 六5	丁丑 七4	丁未 八3	丁丑 九2	丙午 十1	丙子 十31	丙午 十一30	乙亥 十二29		九3
丙寅 六	乙巳 一28	甲戌 二26	甲辰 三23	癸酉 四26	壬寅 五25	壬申 六24	辛未 八22	庚子 九20	庚午 十20	庚子 十一19	庚午 十二19	己亥 一17	六 辛丑 七23	八3•
丁卯 七	己巳 二16	戊戌 三17	戊辰 四16	丁酉 五15	丙寅 六13	丙申 七13	乙丑 八11	甲午 九9	甲子 十9	甲午 十一8	甲子 十二8	甲午 一7		八4
戊辰 明毅宗 崇禎元	癸亥 二5	癸巳 三6	壬戌 四4	壬辰 五4	辛酉 六2	庚寅 七1	庚申 七31	己丑 八29	戊午 九27	戊子 十27	戊午 十一26	丁亥 十二25		八3•
己巳 4 二	丁巳 一24	丁亥 二23	丁巳 三25	丙戌 四23	乙酉 六21	甲寅 七20	甲申 八19	癸丑 九17	壬午 十16	壬子 十一15	壬午 十二15	辛亥 一13	四 丙辰 五23	七3
庚午 三	辛巳 二12	辛亥 三14	辛巳 四13	庚戌 五12	庚辰 六11	己酉 七10	戊寅 八8	戊申 九7	丁丑 十6	丙午 十一4	丙子 十二4	乙巳 一2		七3

五行志或作閏五、不合、吳榮光歷代名人年譜亦閏五、係用清萬年曆、不合、

回曆1031 西曆1621

年		正	二	三	四	五	六	七	八	九	十	十一	十二	閏	回
辛未	四	二1 乙亥	三3 乙巳	四2 乙亥	五1 甲辰	五31 甲戌	六29 癸卯	七29 癸酉	八27 壬寅	九26 壬申	十25 辛丑	十一23 庚午	一21 己巳	十二23 十一庚子	七2●
壬申	五	二20 己亥	三21 己巳	四19 戊戌	五19 戊辰	六18 戊戌	七17 丁卯	八16 丁酉	九14 丙寅	十14 丙申	十一12 乙丑	十二12 乙未	一10 甲子		六3
5 癸酉	六	二8 癸巳	三10 癸亥	四8 壬辰	五8 壬戌	六7 壬辰	七6 辛酉	八5 辛卯	九3 庚申	十3 庚寅	十一2 庚申	十二1 己丑	十二31 己未		六3
甲戌	七	一29 戊子	二28 戊午	三29 丁亥	四27 丙辰	五27 丙戌	六25 乙卯	七25 乙酉	八23 甲寅	十22 甲寅	十一21 甲申	十二20 癸丑	一19 癸未	九22 八甲申	六3●
乙亥	八	二17 壬子	三19 壬午	四17 辛亥	五16 庚辰	六15 庚戌	七14 己卯	八13 己酉	九11 戊寅	十11 戊申	十一10 戊寅	十二9 丁未	一8 丁丑		五3
丙子	九	二7 丁未	三7 丙子	四6 丙午	五5 乙亥	六3 甲辰	七3 甲戌	八1 癸卯	八30 壬申	九29 壬寅	十29 壬申	十一27 辛丑	十二27 辛未		五3●
6 丁丑	一〇	一26 辛丑	二25 辛未	三26 庚子	四25 庚午	六22 戊辰	七22 戊戌	八20 丁卯	九18 丙申	十18 丙寅	十一16 乙未	十二16 乙丑	一15 乙未	五24 四己亥	五3
戊寅	一一	二14 乙丑	三16 乙未	四14 甲子	五14 甲午	六12 癸亥	七11 壬辰	八10 壬戌	九8 辛卯	十7 庚申	十一6 庚寅	十二5 己未	一4 己丑		四2
己卯	一二	二3 己未	三5 己丑	四3 戊午	五3 戊子	六1 丁巳	七1 丁亥	七30 丙辰	八29 丙戌	九27 乙卯	十26 甲申	十一25 甲寅	十二24 癸未		四2●
庚辰	一三	一23 癸丑	三22 壬子	四21 壬午	五21 壬子	六19 辛巳	七19 辛亥	八17 庚辰	九16 庚戌	十15 己卯	十一13 戊申	十二13 戊寅	一11 丁未	二22 正癸未	四3

回曆1041 西曆1631

	辛巳 7	壬午	癸未	甲申	乙酉 1	丙戌	丁亥	戊子	己丑 2	庚寅
	一四	一五	一六	一七	明 福王 弘光元	明 唐王 隆武元	永明王 永曆元	二	三	四
正	二10 丁丑	一30 辛未	二19 丙申	二8 庚寅	一28 乙酉	二16 己酉	二5 癸卯	一25 丁酉	二11 庚申	二1 乙卯
二	三11 丙午	三1 辛丑	三20 乙丑	三9 庚申	二26 甲寅	三17 戊寅	三6 壬申	二23 丙寅	三13 庚寅	三2 甲申
三	四10 丙子	三30 庚午	四18 甲午	四7 己丑	三28 甲申	四16 戊申	四5 壬寅	三24 丙申	四12 庚申	四1 甲寅
四	五10 丙午	四29 庚子	五18 甲子	五6 戊午	四26 癸丑	五15 丁丑	五5 壬申	五22 乙未	五11 己丑	五1 甲申
五	六8 乙亥	五28 己巳	六16 癸巳	六5 戊子	五25 壬午	六13 丙午	六3 辛丑	六21 乙丑	六10 己未	五30 癸丑
六	七8 乙巳	六27 己亥	七16 癸亥	七4 丁巳	六24 壬子	七13 丙子	七2 庚午	七20 甲午	七10 己丑	六29 癸未
七	八7 乙亥	七27 己巳	八14 壬辰	八2 丙戌	八21 庚戌	八11 乙巳	八1 庚子	八19 甲子	八8 戊午	七28 壬子
八	九5 甲辰	八25 戊戌	九13 壬戌	九1 丙辰	九20 庚辰	九9 甲戌	八30 己巳	九17 癸巳	九7 戊子	八27 壬午
九	十5 甲戌	九24 戊辰	十13 壬辰	十1 丙戌	十19 己酉	十9 甲辰	九28 戊戌	十16 壬戌	十6 丁巳	九26 壬子
十	十一3 癸卯	十24 戊戌	十一11 辛酉	十30 乙卯	十一18 己卯	十一7 癸酉	十28 戊辰	十一15 壬辰	十一4 丙戌	十25 辛巳
十一	十二3 癸酉	十一22 丁卯	十二11 辛卯	十一29 乙酉	十二18 己酉	十二7 癸卯	十一26 丁酉	十二14 辛酉	十二4 丙辰	十一24 辛亥
十二	一1 壬寅	一20 丙寅	一10 辛酉	十二29 乙卯	一17 己卯	一6 癸酉	十二26 丁卯	一13 辛卯	一2 乙酉	一21 己酉
閏		十二22 十一丁酉			七23 六辛巳			四23 三丙寅		十二23 十一庚辰
回	三3	三3。	二3	二2	二2•	正2	正2•	正3 十二3	十二3•	十二3
				明本紀三庚寅、不合、 清世祖順治元年、				清四丙寅、閏四乙未、		清十一庚戌、十二庚辰、

回曆1051 西曆1641

回曆1062　西曆1651

年	年次	正	二	三	四	五	六	七	八	九	十	十一	十二	閏	回	備註
辛卯	五	二20 己卯	三21 戊申	四20 戊寅	五19 丁未	六18 丁丑	七17 丙午	八16 丙子	九15 丙午	十14 乙亥	十一13 乙巳	十二13 乙亥	一11 甲辰		十一2	清正己酉、二己卯、閏二戊申、
壬辰	六	二10 甲戌	三10 癸卯	四8 壬申	五8 壬寅	六6 辛未	七6 辛丑	八4 庚午	九3 庚子	十2 己巳	十一1 己亥	十二1 己巳	十二31 己亥		十一2•	清正癸酉、九庚午、
3 癸巳	七	一29 戊辰	二28 戊戌	三29 丁卯	四27 丙申	五27 丙寅	六25 乙未	七24 甲子	九21 癸亥	十21 癸巳	十一20 癸亥	十二20 癸巳	一19 癸亥	七 八23 甲午	十3	清閏六甲子、七甲午、八甲子、十二壬戌、
甲午	八	二17 壬辰	三19 壬戌	四17 辛卯	五16 庚申	六15 庚寅	七14 己未	八12 戊子	九11 戊午	十10 丁亥	十一9 丁巳	十二9 丁亥	一8 丁巳		十3	
乙未	九	二6 丙戌	三8 丙辰	四7 丙戌	五6 乙卯	六4 甲申	七4 甲寅	八2 癸未	八31 壬子	九30 壬午	十29 辛亥	十一28 辛巳	十二28 辛亥		十3•	
丙申	一〇	一26 庚辰	二25 庚戌	三26 庚辰	四24 己酉	五24 己卯	七22 戊寅	八20 丁未	九18 丙子	十18 丙午	十一16 乙亥	十二16 乙巳	一14 甲戌	五 六22 戊申	九3	
4 丁酉	一一	二13 甲辰	三15 甲戌	四14 甲辰	五13 癸酉	六12 癸卯	七11 壬申	八10 壬寅	九8 辛未	十7 庚子	十一6 庚午	十二5 己亥	一4 己巳		九30	
戊戌	一二	二2 戊戌	三4 戊辰	四3 戊戌	五2 丁卯	六1 丁酉	七1 丁卯	七30 丙申	八29 丙寅	九27 乙未	十26 甲子	十一25 甲午	十二24 癸亥		九3	
己亥	一三	一23 癸巳	三23 壬辰	四21 辛酉	五21 辛卯	六20 辛酉	七19 庚寅	八18 庚申	九16 己丑	十16 己未	十一14 戊子	十二14 戊午	一12 丁亥	正 二21 壬戌	八3	清二壬戌、三壬辰、閏三辛酉、
庚子	一四	二11 丁巳	三11 丙戌	四10 丙辰	五9 乙酉	六8 乙卯	七7 甲申	八6 甲寅	九5 甲申	十4 癸丑	十一3 癸未	十二2 壬子	一1 壬午		八2•	

勵耘書屋

	辛丑 5	壬寅	癸卯	甲辰	乙巳 6	丙午	丁未	戊申	己酉 7	庚戌
	一五	清聖祖康熙元	二	三	四	五	六	七	八	九
正	辛亥 一30	乙亥 二18	庚午 二8	甲子 一28	戊子 二15	壬午 二4	丙子 一24	庚子 二12	乙未 二1	己丑 一21
二	辛巳 三1	乙巳 三20	庚子 三10	甲午 二27	戊午 三17	壬子 三6	丙午 二23	庚午 三13	甲子 三2	己未 二20
三	庚戌 三30	甲戌 四18	己巳 四8	癸亥 三27	丁亥 四15	辛巳 四4	乙亥 三24	己亥 四11	甲午 四1	戊午 四20
四	庚辰 四29	甲辰 五18	戊戌 五7	癸巳 四26	丁巳 五15	辛亥 五4	乙巳 四23	己巳 五11	癸亥 四30	丁亥 五19
五	己酉 五28	癸酉 六16	戊辰 六6	壬戌 五25	丙戌 六13	辛巳 六3	甲辰 六21	戊戌 六9	癸巳 五30	丙辰 六17
六	戊寅 六26	壬寅 七15	丁酉 七5	壬辰 六24	丙辰 七13	庚戌 七2	甲戌 七21	戊辰 七9	壬戌 六28	丙戌 七17
七	戊申 七26	壬申 八14	丙寅 八3	庚寅 八21	乙酉 八11	庚辰 八1	癸卯 八19	戊戌 八8	壬辰 七28	乙卯 八15
八	戊寅 八25	辛丑 九12	丙申 九2	庚申 九20	甲寅 九9	己酉 八30	癸酉 九18	丁卯 九6	辛酉 八26	乙酉 九14
九	丁未 九23	辛未 十12	乙丑 十1	己丑 十19	甲申 十9	戊寅 九28	壬寅 十17	丁酉 十6	辛卯 九25	乙卯 十14
十	丁丑 十23	辛丑 十一11	乙未 十31	己未 十一18	癸丑 十一7	戊申 十28	壬申 十一16	丙寅 十一4	辛酉 十25	乙酉 十一13
十一	丙子 十二21	辛未 十二11	乙丑 十一30	戊子 十二17	癸未 十二7	丁丑 十一26	辛丑 十二15	丙申 十二4	庚寅 十二23	甲寅 十二12
十二	丙午 一20	庚子 一9	甲午 十二29	戊午 一16	壬子 一5	丁未 十二26	辛未 一14	乙丑 一2	庚申 十二23	甲申 一11
閏	十丁未 十一22			六辛酉 七23			四乙亥 五23			二戊子 三21
回	閏3	七3	七3•	閏3	六2•	六3	五3	五3•	五3	四3

回曆1072 西曆1661

清閏七戊寅、八丁未、九丁丑、十丁未、

初頒時憲曆閏本年十二月、後欽天監監正楊光先自行檢舉、依新法改閏明年二月、

年	干支	正	二	三	四	五	六	七	八	九	十	十一	十二	閏	回
一〇	辛亥	癸丑 二9	癸未 三11	壬子 四9	壬午 五9	辛亥 六7	庚辰 七6	庚戌 八5	己卯 九3	己酉 十3	己卯 十一2	戊申 十二1	戊寅 十二31		四2•
一一	壬子	戊申 一30	丁丑 二28	丁未 三29	丙子 四27	丙午 五27	乙亥 六25	甲辰 七24	癸卯 九21	癸酉 十21	壬寅 十一19	壬申 十二19	壬寅 一18	七甲戌 八23	四3
一二	癸丑	壬申 二17	辛丑 三18	辛未 四17	庚子 五16	庚午 六15	己亥 七14	戊辰 八12	戊戌 九11	丁卯 十10	丁酉 十一9	丙寅 十二8	丙申 一7		三2
一三	甲寅 1	丙寅 二6	乙未 三7	乙丑 四6	乙未 五6	甲子 六4	甲午 七4	癸亥 八2	壬辰 八31	壬戌 九30	辛卯 十29	庚申 十一27	庚寅 十二27		三2•
一四	乙卯	庚申 一26	己丑 二24	己未 三26	己丑 四25	己未 五25	戊午 七23	丁亥 八21	丙辰 九19	丙戌 十19	乙卯 十一17	乙酉 十二17	甲寅 一15	五戊子 六23	三3
一五	丙辰	甲申 二14	癸丑 三14	癸未 四13	癸丑 五13	壬午 六11	壬子 七11	辛巳 八9	辛亥 九8	庚辰 十7	庚戌 十一6	己卯 十二5	己酉 一4		二3•
一六	丁巳 2	戊寅 二2	戊申 三4	丁丑 四2	丁未 五2	丙子 五31	丙午 六30	丙子 七30	乙巳 八28	乙亥 九27	甲辰 十26	甲戌 十一25	癸卯 十二24		二3
一七	戊午	癸酉 一23	壬寅 二21	壬申 三23	庚午 五20	庚子 六19	庚午 七19	己亥 八17	己巳 九16	己亥 十16	戊辰 十一14	戊戌 十二14	丁卯 一12	三辛丑 四21	二3
一八	己未	丁酉 二11	丙寅 三12	丙申 四11	乙丑 五10	甲午 六8	甲子 七8	癸巳 八6	癸亥 九5	癸巳 十5	壬戌 十一3	壬辰 十二3	壬戌 一2		正2•
一九	庚申	辛卯 一31	辛酉 三1	庚寅 三30	庚申 四29	己丑 五28	戊午 六26	戊子 七26	丁巳 八24	丙辰 十22	丙戌 十一21	丙辰 十二21	丙戌 一20	八丁亥 九23	十二2 正3

回曆1082 西曆1671

	二〇 3 辛酉	二一 壬戌	二二 癸亥	二三 甲子	二四 4 乙丑	二五 丙寅	二六 丁卯	二七 戊辰	二八 5 己巳	二九 庚午
正	二18 乙卯	二7 己酉	一27 癸卯	二15 丁卯	二3 辛酉	一24 丙辰	二12 庚辰	二2 乙亥	一21 己巳	二9 癸巳
二	三20 乙酉	三9 己卯	二26 癸酉	三16 丁酉	三5 辛卯	二22 乙酉	三13 己酉	三2 甲辰	二20 己亥	三11 癸亥
三	四18 甲寅	四8 己酉	三28 癸卯	四15 丁卯	四4 辛酉	三24 乙卯	四12 己卯	四1 甲戌	三21 戊辰	四9 壬辰
四	五18 甲申	五7 戊寅	四27 癸酉	五14 丙申	五3 庚寅	四23 乙酉	五11 戊申	四30 癸卯	五19 丁卯	五9 壬戌
五	六16 癸丑	六6 戊申	五26 壬寅	六13 丙寅	六2 庚申	六21 甲申	六10 戊寅	五29 壬申	六17 丙申	六7 辛卯
六	七15 壬午	七5 丁丑	六25 壬申	七12 乙未	七2 庚寅	七20 癸丑	七9 丁未	六28 壬寅	七17 丙寅	七6 庚申
七	八14 壬子	八3 丙午	八22 庚午	八11 乙丑	七31 己未	八19 癸未	八8 丁丑	七27 辛未	八15 乙未	八5 庚寅
八	九12 辛巳	九2 丙子	九21 庚子	九9 甲午	八30 己丑	九18 癸丑	九7 丁未	八26 辛丑	九13 甲子	九3 己未
九	十11 庚戌	十1 乙巳	十20 己巳	十9 甲子	九28 戊午	十17 壬午	十6 丙子	九24 庚午	十13 甲午	十2 戊子
十	十一10 庚辰	十30 甲戌	十一18 戊戌	十一7 癸巳	十28 戊子	十一16 壬子	十一5 丙午	十24 庚子	十一12 甲子	十一1 戊午
十一	十二10 庚戌	十一29 甲辰	十二18 戊辰	十二6 壬戌	十一26 丁巳	十二15 辛巳	十二5 丙子	十一23 庚午	十二12 甲午	十二1 戊子
十二	一9 庚辰	十二29 甲戌	一17 戊戌	一5 壬辰	十二26 丁亥	一14 辛亥	一3 乙巳	十二23 庚子	一10 癸亥	十二30 丁巳
閏			七24 六辛丑			五22 四甲寅			四20 三戊戌	
回	十二2•	十二3	十二3	十二3•	十二3	十2•	十3	十3	九3•	九4

回曆1093 西曆1681

年	康熙	正	二	三	四	五	六	七	八	九	十	十一	十二	閏	回
辛未	三〇	丁亥 一29	丁巳 二28	丁亥 三30	丙辰 四28	丙戌 五28	乙卯 六26	甲申 七25	癸未 九22	壬子 十21	壬午 十一20	辛亥 十二19	辛巳 一18	七甲寅 八24	八3
壬申	三一	辛亥 二17	辛巳 三18	庚戌 四16	庚辰 五16	庚戌 六15	己卯 七14	戊申 八12	戊寅 九11	丁未 十10	丙子 十一8	丙午 十二8	乙亥 一6		八2•
癸酉 6	三二	乙巳 二5	乙亥 三7	乙巳 四6	甲戌 五5	甲辰 六4	癸酉 七3	癸卯 八2	壬申 八31	壬寅 九30	辛未 十29	庚子 十一27	庚午 十二27		八3
甲戌	三三	己亥 一25	己巳 二24	己亥 三26	戊辰 四24	戊戌 五24	丁酉 七22	丁卯 八21	丙申 九19	丙寅 十17	乙未 十一17	乙丑 十二17	甲午 一15	五丁卯 六22	七2•
乙亥	三四	癸亥 二13	癸巳 三15	壬戌 四13	壬辰 五13	壬戌 六12	辛卯 七11	辛酉 八10	庚寅 九8	庚申 十8	庚寅 十一7	己未 十二6	己丑 一5		七3
丙子	三五	戊午 二3	丁亥 三3	丁巳 四2	丙戌 五1	丙辰 五31	乙酉 六29	乙卯 七29	甲申 八27	甲寅 九26	甲申 十26	甲寅 十一25	癸未 十二24		七3
丁丑 7	三六	癸丑 一23	壬午 二21	壬子 三23	庚戌 五20	庚辰 六19	己酉 七18	己卯 八17	戊申 九15	戊寅 十15	戊申 十一14	丁丑 十二13	丁未 一12	三辛巳 四21	六3•
戊寅	三七	丁丑 二11	丙午 三12	丙子 四11	乙巳 五10	甲戌 六8	甲辰 七8	癸酉 八6	壬寅 九4	壬申 十4	壬寅 十一3	辛未 十二2	辛丑 一1		六3
己卯	三八	辛未 一31	辛丑 三2	庚午 三31	庚子 四30	己巳 五29	戊戌 六27	戊辰 七27	丙寅 九23	丙申 十23	乙丑 十一21	乙未 十二21	乙丑 一20	七丁酉 八25	六3
庚辰 廿	三九	乙未 二19	乙丑 三21	甲午 四19	甲子 五19	癸巳 六17	壬戌 七16	壬辰 八15	辛酉 九13	庚寅 十12	庚申 十一11	己丑 十二10	己未 一9		五2•

回曆1103　西曆1691

西十二月二十日丹麥國始用新曆、

太陽新曆本年不閏、

	辛巳 5	壬午	癸未	甲申	乙酉 6	丙戌	丁亥	戊子	己丑 7	庚寅
	四〇	四一	四二	四三	四四	四五	四六	四七	四八	四九
正	二 8 乙丑	一 28 癸未	二 16 丁未	二 5 辛丑	一 25 丙申	二 13 庚申	二 3 乙卯	一 23 己酉	二 10 癸酉	一 30 丁卯
二	三 10 乙未	二 27 癸丑	三 17 丙子	三 6 辛未	二 23 乙丑	三 15 庚寅	三 4 甲申	二 21 戊寅	三 11 壬寅	二 28 丙申
三	四 8 戊子	三 28 壬午	四 16 丙午	四 4 庚子	三 25 乙未	四 13 己未	四 3 甲寅	三 22 戊申	四 10 壬申	三 30 丙寅
四	五 8 戊午	四 27 壬子	五 16 丙子	五 4 庚午	四 23 甲子	五 12 戊子	五 2 癸未	五 20 丁未	五 10 壬寅	四 29 丙申
五	六 6 丁亥	五 27 壬午	六 14 乙巳	六 2 己亥	六 21 癸亥	六 11 戊午	五 31 壬子	六 18 丙子	六 8 辛未	五 28 乙丑
六	七 6 丁巳	六 25 辛亥	七 14 乙亥	七 2 己巳	七 21 癸巳	七 10 丁亥	六 30 壬午	七 18 丙午	七 7 庚子	六 27 乙未
七	八 4 丙戌	八 23 庚戌	八 13 乙巳	八 1 己亥	八 19 壬戌	八 8 丙辰	七 29 辛亥	八 16 乙亥	八 6 庚午	七 26 甲子
八	九 3 丙辰	九 22 庚辰	九 11 甲戌	八 30 戊辰	九 18 壬辰	九 7 丙戌	八 27 庚辰	九 14 甲辰	九 4 己亥	九 23 癸亥
九	十 2 乙酉	十 21 己酉	十 11 甲辰	九 29 戊戌	十 18 壬戌	十 7 丙辰	九 26 庚戌	十 14 甲戌	十 3 戊辰	十 22 壬辰
十	十 31 甲寅	十一 19 戊寅	十一 9 癸酉	十 29 戊辰	十一 16 辛卯	十一 5 乙酉	十 25 己卯	十一 12 癸卯	十一 2 戊戌	十一 21 壬戌
十一	十一 30 甲申	十二 19 戊申	十二 8 壬寅	十一 27 丁酉	十二 16 辛酉	十二 5 乙卯	十一 24 己酉	十二 12 癸酉	十二 1 丁卯	十二 20 辛卯
十二	十二 29 癸丑	一 17 丁丑	一 7 壬申	十二 27 丁卯	一 15 辛卯	一 4 乙酉	十二 24 己卯	一 11 癸卯	十二 31 丁酉	一 19 辛酉
閏		七 25 六辛巳			五 23 四甲午			四 21 三戊寅		八 23 七甲午
回	五 3	五 2	四 2•	四 3	四 3•	三 3	三 2	三 2•	二 3	二 3
	普魯士始稱王、									

回曆1113 西曆1701

		正	二	三	四	五	六	七	八	九	十	十一	十二	閏	回
辛卯	五〇	二17 庚寅	三19 庚申	四18 庚寅	五17 己未	六16 己丑	七16 己未	八14 戊子	九13 戊午	十12 丁亥	十一10 丙辰	十二10 丙戌	一8 乙卯		正3•
壬辰	五一	二7 乙酉	三7 甲寅	四6 甲申	五5 癸丑	六4 癸未	七4 癸丑	八2 壬午	九1 壬子	九30 辛巳	十30 辛亥	十一28 庚辰	十二28 庚戌		正3
1 癸巳	五二	一26 己卯	二25 己酉	三26 戊寅	四25 戊申	五24 丁丑	七22 丙子	八21 丙午	九20 丙子	十19 乙巳	十一18 乙亥	十二18 乙巳	一16 甲戌	五 丁未 六23	十二2∘ 正3
甲午	五三	二14 癸卯	三16 癸酉	四14 壬寅	五14 壬申	六12 辛丑	七12 辛未	八10 庚子	九9 庚午	十8 己亥	十一7 己巳	十二7 己亥	一6 己巳		十二2
乙未	五四	二4 戊戌	三6 戊辰	四4 丁酉	五3 丙寅	六2 丙申	七1 乙丑	七30 甲午	八29 甲子	九27 癸巳	十27 癸亥	十一26 癸巳	十二26 癸亥		十二2•
丙申	五五	一24 壬辰	二23 壬戌	三24 壬辰	五21 庚寅	六20 庚申	七19 己丑	八17 戊午	九16 戊子	十15 丁巳	十一14 丁亥	十二14 丁巳	一13 丁亥	三 辛酉 四22	十二3
2 丁酉	五六	二11 丙辰	三13 丙戌	四12 丙辰	五11 乙酉	六9 甲寅	七9 甲申	八7 癸丑	九5 壬午	十5 壬子	十一3 辛巳	十二3 辛亥	一2 辛巳		十二3
戊戌	五七	一31 庚戌	三2 庚辰	四1 庚戌	四30 己卯	五30 己酉	六28 戊寅	七28 戊申	八26 丁丑	十24 丙子	十一22 乙巳	十二22 乙亥	一20 甲辰	八 丙午 九24	十一3•
己亥	五八	二19 甲戌	三21 甲辰	四20 甲戌	五19 癸卯	六18 癸酉	七17 壬寅	八16 壬申	九14 辛丑	十13 庚午	十一12 庚子	十二11 己巳	一10 己亥		十一3
庚子	五九	二8 戊辰	三9 戊戌	四8 戊辰	五7 丁酉	六6 丁卯	七5 丙申	八4 丙寅	九2 乙未	十2 乙丑	十31 甲午	十一30 甲子	十二29 癸巳		十一3

回曆1123　西曆1711

勵耘書屋

年	正	二	三	四	五	六	七	八	九	十	十一	十二	閏	回
辛丑 3 六〇	一28 癸亥	二26 壬辰	三28 壬戌	四26 辛卯	五26 辛酉	六25 辛卯	八23 庚寅	九21 己未	十21 己丑	十一19 戊午	十二19 戊子	一17 丁巳	七24 六庚申	九2•
壬寅 六一	二16 丁亥	三17 丙辰	四16 丙戌	五15 乙卯	六14 乙酉	七13 甲寅	八12 甲申	九11 甲寅	十10 癸未	十一9 癸丑	十二8 壬午	一7 壬子		九3
癸卯 清世宗雍正元	二5 辛巳	三7 辛亥	四5 庚辰	五5 庚戌	六3 己卯	七2 戊申	八1 戊寅	八31 戊申	九29 丁丑	十29 丁未	十一28 丁丑	十二27 丙午		九3•
甲辰 二	一26 丙子	二24 乙巳	三25 乙亥	四23 甲辰	六21 癸卯	七20 壬申	八19 壬寅	九17 辛未	十17 辛丑	十一16 辛未	十二16 辛丑	一14 庚午	五23 四甲戌	八4
乙巳 三	二13 庚子	三14 己巳	四13 己亥	五12 戊辰	六11 戊戌	七10 丁卯	八8 丙申	九7 丙寅	十6 乙未	十一5 乙丑	十二5 乙未	一3 甲子		八3
丙午 4 四	二2 甲午	三4 甲子	四2 癸巳	五2 癸亥	五31 壬辰	六30 壬戌	七29 辛卯	八27 庚申	九26 庚寅	十25 己未	十一24 己丑	十二23 戊午		八3•
丁未 五	一22 戊子	二21 戊午	三23 戊子	五21 丁亥	六19 丙辰	七19 丙戌	八17 乙卯	九15 甲申	十15 甲寅	十一13 癸未	十二13 癸丑	一11 壬午	四21 三丁巳	七3
戊申 六	二10 壬子	三11 壬午	四9 辛亥	五9 辛巳	六8 辛亥	七7 庚辰	八6 庚戌	九4 己卯	十3 戊申	十一2 戊寅	十二1 丁未	十二31 丁丑		七2
己酉 七	一29 丙午	二28 丙子	三29 乙巳	四28 乙亥	五28 乙巳	六26 甲戌	七26 甲辰	九23 癸卯	十22 壬申	十一21 壬寅	十二20 辛未	一19 辛丑	八24 七癸酉	七2•
庚戌 5 八	二17 庚午	三19 庚子	四17 己巳	五17 己亥	六15 戊辰	七15 戊戌	八14 戊辰	九12 丁酉	十12 丁卯	十一10 丙申	十二10 丙寅	一8 乙未		六3

回曆1134 西曆1721

回曆1144　西曆1731

年	正	二	三	四	五	六	七	八	九	十	十一	十二	閏	回
辛亥 九	乙丑 二7	甲午 三8	甲子 四7	癸巳 五6	癸亥 六5	壬辰 七4	壬戌 八3	辛卯 九1	辛酉 十1	辛卯 十31	庚申 十一29	庚寅 十二29		六3
壬子 一〇	己未 一27	己丑 二26	戊午 三26	戊子 四25	丁巳 五24	丙辰 七22	乙酉 八20	乙卯 九19	乙酉 十19	乙卯 十一18	甲申 十二17	甲寅 一16	五丙戌 六22	閏3●
6 癸丑 一一	癸未 二14	癸丑 三16	壬午 四14	壬子 五14	辛巳 六12	庚戌 七11	庚辰 八10	己酉 九8	己卯 十8	己酉 十一7	戊寅 十二6	戊申 一5		五3
甲寅 一二	戊寅 二4	丁未 三5	丁丑 四4	丙午 五3	丙子 六2	乙巳 七1	甲戌 七30	甲辰 八29	癸酉 九27	癸卯 十27	壬申 十一25	壬寅 十二25		五2●
乙卯 一三	壬申 一24	壬寅 二23	辛未 三24	辛丑 四23	庚子 六21	己巳 七20	戊戌 八18	丁卯 九16	丁酉 十16	丙寅 十一14	丙申 十二14	丙寅 一13	四庚午 五22	閏3
丙辰 清高宗乾隆元	丙申 二12	乙丑 三12	乙未 四11	乙丑 五11	甲午 六9	甲子 七9	癸巳 八7	壬戌 九5	壬辰 十5	辛酉 十一3	庚寅 十二2	庚申 一1		四2
7 丁巳 二	庚寅 一31	己未 三1	己丑 三31	己未 四30	戊子 五29	戊午 六28	丁亥 七27	丁巳 八26	丙戌 九24	乙酉 十一22	甲寅 十二21	甲申 一20	九丙辰 十24	四2●
戊午 三	甲寅 二19	癸未 三20	癸丑 四19	癸未 五19	壬子 六17	壬午 七17	辛亥 八15	辛巳 九14	庚戌 十13	庚辰 十一12	己酉 十二11	己卯 一10		三3
己未 四	戊申 二8	戊寅 三10	丁未 四8	丁丑 五8	丙午 六6	丙子 七6	乙巳 八4	乙亥 九3	乙巳 十3	甲戌 十一1	甲辰 十二1	癸酉 十二30		三3
庚申 五	癸卯 一29	壬申 二27	壬寅 三28	辛未 四26	庚子 五25	庚午 六24	己巳 八22	己亥 九21	己巳 十21	戊戌 十一19	戊辰 十二19	丁酉 一17	六庚子 七24	三2●

西三月一日瑞典國始用新曆。

	辛酉 1	壬戌	癸亥	甲子	乙丑 2	丙寅	丁卯	戊辰	己巳 3	庚午
	六	七	八	九	一〇	一一	一二	一三	一四	一五
正	二16 丁卯	二5 辛酉	一26 丙辰	二13 己卯	二1 癸酉	一22 戊辰	二9 辛卯	一30 丙戌	二17 庚戌	二7 乙巳
二	三17 丙申	三7 辛卯	二24 乙酉	三14 己酉	三3 癸卯	二20 丁酉	三11 辛酉	二28 乙卯	三18 己卯	三8 甲戌
三	四16 丙寅	四5 庚申	三26 乙卯	四13 己卯	四2 癸酉	三22 丁卯	四10 辛卯	三29 乙酉	四17 己酉	四7 甲辰
四	五15 乙未	五5 庚寅	四24 甲申	五12 戊申	五2 癸卯	五20 丙寅	五9 庚申	四27 甲寅	五16 戊寅	五6 癸酉
五	六13 甲子	六3 己未	六22 癸未	六11 戊寅	五31 壬申	六19 丙申	六8 庚寅	五27 甲申	六15 戊申	六4 壬寅
六	七13 甲午	七2 戊子	七21 壬子	七10 丁未	六30 壬寅	七18 乙丑	七8 庚申	六26 甲寅	七14 丁丑	七4 壬申
七	八11 癸亥	八1 戊午	八19 辛巳	八8 丙子	七29 辛未	八17 乙未	八6 己丑	七25 癸未	八13 丁未	八2 辛丑
八	九10 癸巳	八30 丁亥	九18 辛亥	九6 乙巳	八27 庚子	九15 甲子	九5 己未	九23 癸丑	九12 丁丑	九1 辛未
九	十10 癸亥	九29 丁巳	十17 庚辰	十6 乙亥	九26 庚午	十15 甲午	十4 戊子	十22 壬子	十11 丙午	九30 庚子
十	十一8 壬辰	十28 丙戌	十一16 庚戌	十一4 甲辰	十25 己亥	十一13 癸亥	十一3 戊午	十一21 壬午	十一10 丙子	十30 庚午
十一	十二8 壬戌	十二27 丙辰	十二16 庚辰	十二4 甲戌	十一23 戊辰	十二12 壬辰	十二2 丁亥	十二20 辛亥	十二10 丙午	十一29 庚子
十二	一7 壬辰	十二27 丙戌	一15 庚戌	一3 甲辰	十二23 戊戌	一11 壬戌	一1 丁巳	一19 辛巳	一8 乙亥	十二29 庚午
閏			五24 四甲寅			四21 三丁酉		八24 七癸丑		
回	二3	二2	二2●	正3	正3●	十二3 正3	十二2●	十一3	十一2	十一2●

回曆1154 西曆1741

二十史朔閏表　清

年	干支	正	二	三	四	五	六	七	八	九	十	十一	十二	閏	回
一六	辛未	一27 己亥	二26 己巳	三27 戊戌	四26 戊辰	五25 丁酉	七23 丙申	八21 乙丑	九19 甲午	十19 甲子	十一18 甲午	十二18 甲子	一16 癸巳	五 六23 丙寅	十3
一七	壬申	二15 癸亥	三16 癸巳	四14 壬戌	五14 壬辰	六12 辛酉	七11 庚寅	八9 己未	九8 己丑	十7 戊午	十一6 戊子	十二6 戊午	一4 丁亥		十3●
一八	4 癸酉	二3 丁巳	三5 丁亥	四4 丁巳	五3 丙戌	六2 丙辰	七1 乙酉	七30 甲寅	八28 癸未	九27 癸丑	十26 壬午	十一25 壬子	十二24 辛巳		十4
一九	甲戌	一23 辛亥	二22 辛巳	三24 辛亥	四22 庚辰	六20 己卯	七20 己酉	八18 戊寅	九17 戊申	十16 丁丑	十一14 丙午	十二14 丙子	一12 乙巳	四 五22 庚戌	九3
二〇	乙亥	二11 乙亥	三13 乙巳	四11 甲戌	五11 甲辰	六10 甲戌	七9 癸卯	八8 癸酉	九6 壬寅	十6 壬申	十一4 辛丑	十二3 庚午	一2 庚子		九2●
二一	丙子	一31 己巳	三1 己亥	三31 己巳	四29 戊戌	五29 戊辰	六27 丁酉	七27 丁卯	八26 丁酉	九24 丙寅	十一22 乙丑	十二21 甲午	一20 甲子	九 十24 丙申	九3
二二	5 丁丑	二18 癸巳	三20 癸亥	四18 壬辰	五18 壬戌	六16 辛卯	七16 辛酉	八15 辛卯	九13 庚申	十13 庚寅	十一12 庚申	十二11 己丑	一10 己未		八3
二三	戊寅	二8 戊子	三9 丁巳	四8 丁亥	五7 丙辰	六6 丙戌	七5 乙卯	八4 乙酉	九2 甲寅	十2 甲申	十一1 甲寅	十二1 甲申	十二30 癸丑		八3●
二四	己卯	一29 癸未	二27 壬子	三28 辛巳	四27 辛亥	五26 庚辰	六25 庚戌	八23 己酉	九21 戊寅	十21 戊申	十一20 戊寅	十二19 丁未	一18 丁丑	六 七24 己卯	七3
二五	庚辰	二17 丁未	三17 丙子	四16 丙午	五15 乙亥	六13 甲辰	七12 癸酉	八11 癸卯	九9 壬申	十9 壬寅	十一8 壬申	十二7 辛丑	一6 辛未		七3

英吉利始用新曆以九月三日為十四日、

回曆1165　西曆1751

	辛巳 6	壬午	癸未	甲申	乙酉 7	丙戌	丁亥	戊子	己丑 1	庚寅
	二六	二七	二八	二九	三〇	三一	三二	三三	三四	三五
正	辛丑 二5	乙未 一25	己未 二13	癸丑 二2	丁未 一21	辛未 二9	丙寅 一30	庚寅 二18	乙酉 二7	己卯 一27
二	辛未 三7	乙丑 二24	己丑 三15	癸未 三3	丁丑 二20	辛丑 三11	乙未 二28	己未 三18	甲寅 三8	戊申 二25
三	庚子 四5	甲午 三25	戊午 四13	壬子 四1	丙子 四20	庚午 四9	乙丑 三30	己丑 四17	甲申 四7	戊寅 三27
四	庚午 五5	甲子 四24	戊子 五13	壬午 五1	丙午 五20	庚子 五9	甲午 四28	戊午 五16	癸丑 五6	戊申 四26
五	己亥 六3	甲午 五24	丁巳 六11	壬子 五31	乙亥 六18	己巳 六7	甲子 五28	戊子 六15	壬午 六4	丁丑 五25
六	戊辰 七2	壬辰 七21	丁亥 七11	辛巳 六29	乙巳 七18	己亥 七7	癸巳 六26	丁巳 七14	辛亥 七3	乙亥 七22
七	丁酉 七31	辛酉 八19	丙辰 八9	辛亥 七29	甲戌 八16	己巳 八6	癸亥 七26	丙戌 八12	辛巳 八2	乙巳 八21
八	丁卯 八30	辛卯 九18	乙酉 九7	庚辰 八27	甲辰 九15	戊戌 九4	壬戌 九23	丙辰 九11	庚戌 八31	甲戌 九19
九	丙申 九28	庚申 十17	乙卯 十7	庚戌 九26	甲戌 十15	戊辰 十4	壬辰 十23	丙戌 十11	庚辰 九30	甲辰 十19
十	丙寅 十28	庚寅 十一16	甲申 十一5	己卯 十25	癸卯 十一13	丁酉 十一2	辛酉 十一21	乙卯 十一9	己酉 十29	癸酉 十一17
十一	乙未 十一26	己未 十二15	甲寅 十二5	戊申 十一23	壬申 十二12	丁卯 十二2	辛卯 十二21	乙酉 十二9	己卯 十一28	癸卯 十二17
十二	乙丑 十二26	己丑 一14	癸未 一3	戊寅 十二23	壬寅 一11	丁酉 一1	辛酉 一20	乙卯 一8	己酉 十二28	癸酉 一16
閏		五癸亥 六22			二丙午 三21		七壬辰 八24			五丙午 六23
回	七3•	六3	六2•	六3	五3	五3•	五3	四3	四2•	四2

回曆1175 西曆1761

干支	年	正	二	三	四	五	六	七	八	九	十	十一	十二	閏	回
辛卯	三六	二15 癸卯	三16 壬申	四15 壬寅	五14 辛未	六13 辛丑	七12 庚午	八10 己亥	九9 己巳	十8 戊戌	十一7 戊辰	十二6 丁酉	一5 丁卯		三2
壬辰	三七	二4 丁酉	三4 丙寅	四3 丙申	五3 丙寅	六1 乙未	七1 乙丑	七30 甲午	八28 癸亥	九27 癸巳	十26 壬戌	十一25 壬辰	十二24 辛酉		三2•
癸巳 2	三八	一23 辛卯	二21 庚申	三23 庚寅	五21 己丑	六20 己未	七20 己丑	八18 戊午	九16 丁亥	十16 丁巳	十一14 丙戌	十二14 丙辰	一12 乙酉	四22 三庚申	三3
甲午	三九	二11 乙卯	三12 甲申	四11 甲寅	五10 癸未	六9 癸丑	七9 癸未	八7 壬子	九6 壬午	十5 辛亥	十一4 辛巳	十二3 庚戌	一2 庚辰		二3•
乙未	四〇	一31 己酉	三2 己卯	三31 戊申	四30 戊寅	五29 丁未	六28 丁丑	七27 丙午	八26 丙子	九25 丙午	十24 乙亥	十二22 甲戌	一21 甲辰	十一23 十乙巳	二3
丙申	四一	二19 癸酉	三20 癸卯	四18 壬申	五18 壬寅	六16 辛未	七15 庚子	八14 庚午	九13 庚子	十12 己巳	十一11 己亥	十二11 己巳	一9 戊戌		正3
3 丁酉	四二	二8 戊辰	三9 丁酉	四8 丁卯	五7 丙申	六5 乙丑	七5 乙未	八3 甲子	九2 甲午	十1 癸亥	十31 癸巳	十一30 癸亥	十二30 癸巳		正2•
戊戌	四三	一28 壬戌	二27 壬辰	三28 辛酉	四27 辛卯	五26 庚申	六24 己丑	八22 戊子	九21 戊午	十20 丁亥	十一19 丁巳	十二19 丁亥	一18 丁巳	七24 六己未	十二2 正3
己亥	四四	二16 丙戌	三18 丙辰	四16 乙酉	五16 乙卯	六14 甲申	七13 癸丑	八12 癸未	九10 壬子	十10 壬午	十一8 辛亥	十二8 辛巳	一7 辛亥		十二2•
庚子	四五	二5 庚辰	三6 庚戌	四5 庚辰	五4 己酉	六3 己卯	七2 戊申	七31 丁丑	八30 丁未	九28 丙子	十28 丙午	十一26 乙亥	十二26 乙巳		十二3

回曆1185 西曆1771

二十史朔閏表

清

九五

勵耘書屋

	辛丑 4 四六	壬寅 四七	癸卯 四八	甲辰 四九	乙巳 5 五〇	丙午 五一	丁未 五二	戊申 五三	己酉 6 五四	庚戌 五五
正	一24 甲戌	二12 戊戌	二2 癸巳	一22 丁亥	二9 辛亥	一30 丙午	二18 庚午	二7 甲子	一26 戊午	二14 壬午
二	二23 甲辰	三14 戊辰	三3 壬戌	二21 丁巳	三11 辛巳	二28 乙亥	三19 己亥	三8 甲午	二25 戊子	三16 壬子
三	三25 甲戌	四13 戊戌	四2 壬辰	三21 丙戌	四9 庚戌	三30 乙巳	四18 己巳	四6 癸亥	三27 戊午	四14 辛巳
四	四24 甲辰	五12 丁卯	五1 辛酉	五19 乙酉	五9 庚辰	四28 甲戌	五17 戊戌	五6 癸巳	四25 丁亥	五14 辛亥
五	五23 癸酉	六11 丁酉	五31 辛卯	六18 乙卯	六7 己酉	五27 癸卯	六15 丁卯	六4 壬戌	五25 丁巳	六13 辛巳
六	七21 壬申	七10 丙寅	六30 辛酉	七17 甲申	七6 戊寅	六26 癸酉	七15 丁酉	七4 壬辰	七22 乙卯	七12 庚戌
七	八19 辛丑	八9 丙申	七29 庚寅	八16 甲寅	八5 戊申	七25 壬寅	八13 丙寅	八2 辛酉	八21 乙酉	八10 己卯
八	九18 辛未	九7 乙丑	八28 庚申	九15 甲申	九4 戊寅	九22 辛丑	九12 丙申	八31 庚寅	九19 甲寅	九9 己酉
九	十17 庚子	十7 乙未	九26 己丑	十14 癸丑	十3 丁未	十22 辛未	十11 乙丑	九29 己未	十19 甲申	十8 戊寅
十	十一16 庚午	十一5 甲子	十26 己未	十一13 癸未	十一2 丁丑	十一21 辛丑	十一10 乙未	十29 己丑	十一17 癸丑	十一7 戊申
十一	十二15 己亥	十二5 甲午	十一24 戊子	十二12 壬子	十二2 丁未	十二21 辛未	十二9 甲子	十一28 己未	十二17 癸未	十二6 丁丑
十二	一14 己巳	一3 癸亥	十二24 戊午	一11 壬午	十二31 丙子	一19 庚子	一8 甲午	十二27 戊子	一15 壬子	一5 丁未
閏	五 癸卯 六22			三 丙辰 四20		七 壬申 八24			五 丙戌 六23	
回	十一3•	十一3	十一3	十2•	十3	九3	九3•	九4	八3	八2•

回曆1196 西曆1781

	辛亥	壬子	7 癸丑	甲寅	乙卯	丙辰	1 丁巳	戊午	己未	5 庚申
	五六	五七	五八	五九	六〇	清仁宗嘉慶元	二	三	四	五
正	二3 丙子	一24 辛未	二11 乙未	一31 己丑	一21 甲申	二9 戊申	一28 壬寅	二16 丙寅	二5 庚申	一25 甲寅
二	三5 丙午	二22 庚子	三12 甲子	三2 己未	二19 癸丑	三9 丁丑	二27 壬申	三17 乙未	三6 己丑	二24 甲申
三	四3 乙亥	三23 庚午	四11 甲午	三31 戊子	四19 壬午	四8 丁未	三28 辛丑	四16 乙丑	四5 己未	三25 癸丑
四	五3 乙巳	四21 己亥	五10 癸亥	四29 丁巳	五18 辛巳	五7 丙子	四27 辛未	五16 乙未	五5 己丑	四24 癸未
五	六2 乙亥	六19 戊戌	六8 壬辰	五29 丁亥	六17 辛亥	六5 乙巳	五26 庚子	六14 甲子	六3 戊午	六22 壬午
六	七1 甲辰	七19 戊辰	七8 壬戌	六27 丙辰	七16 庚辰	七5 乙亥	六25 庚午	七13 癸巳	七3 戊子	七22 壬子
七	七31 甲戌	八18 戊戌	八7 壬辰	七27 丙戌	八15 庚戌	八3 甲辰	八22 戊辰	八12 癸亥	八1 丁巳	八20 辛巳
八	八29 癸卯	九16 丁卯	九5 辛酉	八25 乙卯	九13 己卯	九1 癸酉	九20 丁酉	九10 壬辰	八31 丁亥	九19 辛亥
九	九28 癸酉	十16 丁酉	十5 辛卯	九24 乙酉	十13 己酉	十1 癸卯	十20 丁卯	十9 辛酉	九29 丙辰	十18 庚辰
十	十27 壬寅	十一14 丙寅	十一4 辛酉	十24 乙卯	十一11 戊寅	十31 癸酉	十一18 丙申	十一8 辛卯	十29 丙戌	十一17 庚戌
十一	十一26 壬申	十二14 丙申	十二3 庚寅	十一23 乙酉	十二11 戊申	十一29 壬寅	十二18 丙寅	十二7 庚申	十一27 乙卯	十二16 己卯
十二	十二25 辛丑	一12 乙丑	一2 庚申	十二22 甲寅	一10 戊寅	十二29 壬申	一17 丙申	一6 庚寅	十二26 甲申	一15 己酉
閏		五21 四己巳			三21 二癸未		七24 六己亥			五24 四癸丑
回	八3	七2●	七3	七3	六3●	六3	六2	五2●	五3	閏2

太陽新曆本年不閏、

回曆1206　西曆1791

回曆1216 西曆1801

	六 辛酉 6	七 壬戌	八 癸亥	九 甲子	一〇 乙丑 7	一一 丙寅	一二 丁卯	一三 戊辰	一四 己巳 1	一五 庚午
正	二13 戊寅	二3 癸酉	一23 丁卯	二11 辛卯	一31 丙戌	二18 己酉	二7 癸卯	一28 戊戌	二14 辛酉	二4 丙辰
二	三14 丁未	三4 壬寅	二22 丁酉	三12 辛酉	三1 乙卯	三20 己卯	三9 癸酉	二26 丁卯	三16 辛卯	三5 乙酉
三	四13 丁丑	四2 辛未	四21 乙未	四10 庚寅	三31 乙酉	四19 己酉	四8 癸卯	三27 丁酉	四15 辛酉	四4 乙卯
四	五13 丁未	五2 辛丑	五21 乙丑	五9 己未	四29 甲寅	五18 戊寅	五8 癸酉	四26 丁卯	五14 庚寅	五3 甲申
五	六11 丙子	五31 庚午	六19 甲午	六8 己丑	五29 甲申	六17 戊申	六6 壬寅	五25 丙申	六13 庚申	六2 甲寅
六	七11 丙午	六30 庚子	七19 甲子	七7 戊午	六27 癸丑	七16 丁丑	七5 辛未	七23 乙未	七13 庚寅	七2 甲申
七	八9 乙亥	七29 己巳	八17 癸巳	八5 丁亥	八24 辛亥	八14 丙午	八4 辛丑	八22 乙丑	八11 己未	七31 癸丑
八	九8 乙巳	八28 己亥	九16 癸亥	九4 丁巳	九23 辛巳	九12 乙亥	九2 庚午	九20 甲午	九10 己丑	八30 癸未
九	十8 乙亥	九27 己巳	十16 癸巳	十4 丁亥	十22 庚戌	十12 乙巳	十1 己亥	十20 甲子	十9 戊午	九29 癸丑
十	十一6 甲辰	十27 己亥	十一14 壬戌	十一2 丙辰	十一21 庚辰	十一10 甲戌	十31 己巳	十一18 癸巳	十一8 戊子	十28 壬午
十一	十二6 甲戌	十一25 戊辰	十二14 壬辰	十二2 丙戌	十二21 庚戌	十二10 甲辰	十一29 戊戌	十二17 壬戌	十二7 丁巳	十一27 壬子
十二	一4 癸卯	十二25 戊戌	一13 壬戌	一1 丙辰	一20 庚辰	一9 甲戌	十二29 戊辰	一16 壬辰	一5 丙戌	十二26 辛巳
閏			二 丙寅 三23		六 壬午 七26			五 丙寅 六24		
回	四2•	四3	三30•	三3	三2	二2•	二3	二3	正30•	正3
				拿波侖即帝位						

	一六 辛未	一七 壬申	一八 癸酉 乙	一九 甲戌	二〇 乙亥	二一 丙子	二二 丁丑 3	二三 戊寅	二四 己卯	二五 庚辰
正	一25 辛亥	二13 乙亥	二1 己巳	一21 癸亥	二9 丁亥	一29 辛巳	二16 乙巳	二5 己亥	一26 甲午	二14 戊午
二	二23 庚辰	三13 甲辰	三3 己亥	二20 癸巳	三11 丁巳	二28 辛亥	三18 乙亥	三7 己巳	二24 癸亥	三14 丁亥
三	三24 己酉	四11 癸酉	四1 戊辰	四20 壬辰	四10 丁亥	三29 辛巳	四16 甲辰	四5 戊戌	三26 癸巳	四13 丁巳
四	五22 戊申	五11 癸卯	五1 戊戌	五20 壬戌	五9 丙辰	四27 庚戌	五16 甲戌	五5 戊辰	四24 壬戌	五12 丙戌
五	六21 戊寅	六9 壬申	五30 丁卯	六18 辛卯	六7 乙酉	五27 庚辰	六15 甲辰	六4 戊戌	六22 辛酉	六11 丙辰
六	七20 丁未	七9 壬寅	六28 丙申	七17 庚申	七7 乙卯	六25 己酉	七14 癸酉	七3 丁卯	七22 辛卯	七10 乙酉
七	八19 丁丑	八7 辛未	七27 乙丑	八15 己丑	八5 甲申	八23 戊申	八13 癸卯	八2 丁酉	八21 辛酉	八9 乙卯
八	九18 丁未	九6 辛丑	八26 乙未	九14 己未	九3 癸丑	九21 丁丑	九11 壬申	九1 丁卯	九19 庚寅	九7 甲申
九	十17 丙子	十5 庚午	九24 甲子	十13 戊子	十3 癸未	十21 丁未	十11 壬寅	九30 丙申	十19 庚申	十7 甲寅
十	十一16 丙午	十一4 庚子	十24 甲午	十一12 戊午	十一1 壬子	十一19 丙子	十一9 辛未	十30 丙寅	十一18 庚寅	十一6 甲申
十一	十二16 丙子	十二4 庚午	十一23 甲子	十二12 戊子	十二1 壬午	十二19 丙午	十二8 庚子	十一28 乙未	十二17 己未	十二6 甲寅
十二	一14 乙巳	一3 庚子	十二23 甲午	一10 丁巳	十二30 辛亥	一17 乙亥	一7 庚午	十二27 甲子	一16 己丑	一4 癸未
閏	三 四23 己卯			二 三22 癸亥		六 七25 己卯			四 五24 壬辰	
回	十二3 正2•	十一2	十二2•	十一3	十一3	十3•	十3	十2	九2•	九3

法國復為王國，荷蘭國始稱王。

回曆1226 西曆1811

清宣宗 道光

年	正	二	三	四	五	六	七	八	九	十	十一	十二	閏	回
元 辛巳 4	二3 癸丑	三4 壬午	四2 辛亥	五2 辛巳	五31 庚戌	六29 己卯	七29 己酉	八27 戊寅	九26 戊申	十26 戊寅	十一25 戊申	十二24 丁丑		九30○
二 壬午	一23 丁未	二22 丁丑	三23 丙午	五21 乙巳	六19 甲戌	七18 癸卯	八17 癸酉	九15 壬寅	十15 壬申	十一14 壬寅	十二13 辛未	一12 辛丑	三 四22 丙子	八4
三 癸未	二11 辛未	三13 辛丑	四11 庚午	五11 庚子	六9 己巳	七8 戊戌	八6 丁卯	九5 丁酉	十4 丙寅	十一3 丙申	十二2 乙丑	一1 乙未		八3
四 甲申	一31 乙丑	三1 乙未	三30 甲子	四29 甲午	五28 癸亥	六27 癸巳	七26 壬戌	九23 辛酉	十22 庚寅	十一21 庚申	十二20 己丑	一19 己未	七 八24 辛卯	閏3●
五 乙酉 5	二18 乙丑	三20 乙未	四18 戊子	五18 戊午	六16 丁亥	七16 丁巳	八14 丙戌	九12 乙卯	十12 乙酉	十一10 甲寅	十二10 甲申	一8 癸丑		七3
六 丙戌	二7 癸未	三9 癸丑	四7 壬午	五7 壬子	六6 壬午	七5 辛亥	八4 辛巳	九2 庚戌	十1 己卯	十31 己酉	十一29 戊寅	十二29 戊申		七2
七 丁亥	一27 丁丑	二26 丁未	三27 丙子	四26 丙午	五26 丙子	七24 乙亥	八22 甲辰	九21 甲戌	十20 癸卯	十一19 癸酉	十二18 壬寅	一17 壬申	五 六24 乙巳	六2○
八 戊子	二15 辛丑	三16 辛未	四14 庚子	五14 庚午	六12 己亥	七12 己巳	八11 己亥	九9 戊辰	十9 戊戌	十一7 丁卯	十二7 丁酉	一5 丙寅		六3
九 己丑 6	二4 丙申	三5 乙丑	四4 乙未	五3 甲子	六2 甲午	七1 癸亥	七31 癸巳	八29 壬戌	九28 壬辰	十28 壬戌	十一26 辛卯	十二26 辛酉		六3
一〇 庚寅	一25 辛卯	二23 庚申	三24 己丑	四23 己未	六20 丁巳	七20 丁亥	八18 丙辰	九17 丙戌	十17 丙辰	十一15 乙酉	十二15 乙卯	一14 乙酉	四 五22 戊子	五3●

回曆1237 西曆1821

回曆1247　西曆1831

年	正	二	三	四	五	六	七	八	九	十	十一	十二	閏	回
辛卯 一一	乙卯 二13	甲申 三14	癸丑 四12	癸未 五12	壬子 六10	辛巳 七9	辛亥 八8	庚辰 九6	庚戌 十6	己卯 十一4	己酉 十二4	己卯 一3		五3
壬辰 一二	己酉 二2	戊寅 三2	戊申 四1	丁丑 四30	丁未 五30	丙子 六28	乙巳 七27	乙亥 八26	甲辰 九24	癸卯 十一22	癸酉 十二22	癸卯 一21	九 甲戌 十24	五2•
7 癸巳 一三	癸酉 二20	壬寅 三21	壬申 四20	辛丑 五19	辛未 六18	庚子 七17	己巳 八15	己亥 九14	戊辰 十13	戊戌 十一12	丁卯 十二11	丁酉 一10		四3
甲午 一四	丁卯 二9	丙申 三10	丙寅 四9	丙申 五9	乙丑 六7	乙未 七7	甲子 八5	癸巳 九3	癸亥 十3	壬辰 十一1	壬戌 十二1	辛卯 十二30		四2
乙未 一五	辛酉 一29	庚寅 二27	庚申 三29	庚寅 四28	己未 五27	己丑 六26	戊子 八24	丁巳 九22	丁亥 十22	丙辰 十一20	丙戌 十二20	乙卯 一18	六 己未 七26	四2•
丙申 一六	乙酉 二17	甲寅 三17	甲申 四16	癸丑 五15	癸未 六14	癸丑 七14	壬午 八12	壬子 九11	辛巳 十10	辛亥 十一9	庚辰 十二8	庚戌 一7		三3
1 丁酉 一七	己卯 二5	己酉 三7	戊寅 四5	戊申 五5	丁丑 六3	丁未 七3	丙子 八1	丙午 八31	丙子 九30	乙巳 十29	乙亥 十一28	甲辰 十二27		三3
戊戌 一八	甲戌 一26	癸卯 二24	癸酉 三26	壬寅 四24	辛丑 六22	庚午 七21	庚子 八20	庚午 九19	己亥 十18	己巳 十一17	己亥 十二17	戊辰 一15	四 壬申 五24	三2•
己亥 一九	戊戌 二14	丁卯 三15	丁酉 四14	丙寅 五13	乙未 六11	乙丑 七11	甲午 八9	甲子 九8	癸巳 十7	癸亥 十一6	癸巳 十二6	癸亥 一5		二3
庚子 二〇	壬辰 二3	壬戌 三4	辛卯 四2	辛酉 五2	庚寅 五31	己未 六29	己丑 七29	戊午 八27	戊子 九26	丁巳 十25	丁亥 十一24	丁巳 十二24		二2•

	辛丑 乙 二一	壬寅 二二	癸卯 二三	甲辰 二四	乙巳 3 二五	丙午 二六	丁未 二七	戊申 二八	乙酉 4 二九	庚戌 三〇
正	一23 丁亥	二10 庚戌	一30 甲辰	二18 戊辰	二7 癸亥	一27 丁巳	二15 辛巳	二5 丙子	一24 庚午	二12 甲午
二	二21 丙辰	三12 庚辰	三1 甲戌	三19 戊戌	三8 壬辰	二26 丁亥	三17 辛亥	三5 乙巳	二23 庚子	三14 甲子
三	三23 丙戌	四11 庚戌	三31 甲辰	四18 戊辰	四7 壬戌	三27 丙辰	四15 庚辰	四4 乙亥	三24 己巳	四12 癸巳
四	五21 乙酉	五10 己卯	四30 甲戌	五17 丁酉	五6 辛卯	四26 丙戌	五14 己酉	五3 甲辰	四23 己亥	五12 癸亥
五	六19 甲寅	六9 己酉	五29 癸卯	六16 丁卯	六5 辛酉	五25 乙卯	六13 己卯	六1 癸酉	六20 丁酉	六10 壬辰
六	七18 癸未	七8 戊寅	六28 癸酉	七15 丙申	七5 辛卯	七23 甲寅	七12 戊申	七1 癸卯	七20 丁卯	七9 辛酉
七	八17 癸丑	八6 丁未	七27 壬寅	八14 丙寅	八3 庚申	八22 甲申	八11 戊寅	七30 壬申	八18 丙申	八8 辛卯
八	九15 壬午	九5 丁丑	九24 辛丑	九12 乙未	九2 庚寅	九20 癸丑	九9 丁未	八29 壬寅	九17 丙寅	九6 庚申
九	十15 壬子	十4 丙午	十23 庚午	十12 乙丑	十1 己未	十20 癸未	十9 丁丑	九27 辛未	十16 乙未	十5 己丑
十	十一13 辛巳	十一3 丙子	十一22 庚子	十一10 甲午	十31 己丑	十一19 癸丑	十一8 丁未	十27 辛丑	十一15 乙丑	十一4 己未
十一	十二13 辛亥	十二2 乙巳	十二21 己巳	十二10 甲子	十一29 戊午	十二18 壬午	十二8 丁丑	十一26 辛未	十二14 甲午	十二4 己丑
十二	一11 庚辰	一1 乙亥	一20 己亥	一8 癸巳	十二29 戊子	一17 壬子	一6 丙午	十二26 辛丑	一13 甲子	一2 戊午
閏	三乙卯 四21		七辛未 八25			五乙酉 六24			四戊辰 五22	
回	二3	正3	十二3 正3•	十二3	十二2•	十一3	十一2	十一2•	十3	十3•

回曆1257 西曆1841

清文宗

年	干支	正	二	三	四	五	六	七	八	九	十	十一	十二	閏	回
咸豐元	辛亥	戊子 二1	戊午 三3	戊子 四2	丁巳 五1	丁亥 五31	丙辰 六29	乙酉 七28	乙卯 八27	癸丑 十24	癸未 十一23	壬子 十二22	壬午 一21	八甲申 九25	九4
二	壬子	壬子 二20	壬午 三21	辛亥 四19	辛巳 五19	辛亥 六18	庚辰 七17	己酉 八15	己卯 九14	戊申 十13	戊寅 十一12	丁未 十二11	丙子 一9		九3
三	癸丑 5	丙午 二8	丙子 三10	乙巳 四8	乙亥 五8	乙巳 六7	甲戌 七6	甲辰 八5	癸酉 九3	癸卯 十3	壬申 十一1	壬寅 十二1	辛未 十二30		九2•
四	甲寅	辛丑 一29	庚午 二27	庚子 三29	己巳 四27	己亥 五27	戊辰 六25	戊戌 七25	丁酉 九22	丁卯 十22	丙申 十一20	丙寅 十二20	乙未 一18	七戊辰 八24	八3
五	乙卯	乙丑 二17	甲午 三18	癸亥 四16	癸巳 五16	壬戌 六14	壬辰 七14	壬戌 八13	辛卯 九11	辛酉 十11	辛卯 十一10	庚申 十二9	庚寅 一8		八3
六	丙辰	乙未 二6	乙丑 三7	戊午 四5	丁亥 五4	丁巳 六3	丙戌 七2	丙辰 八1	乙酉 八30	乙卯 九29	乙酉 十29	乙卯 十一28	甲申 十二27		八3•
七	丁巳 6	甲寅 一26	癸未 二24	癸丑 三26	壬午 四24	辛亥 五23	庚戌 七21	庚辰 八20	己酉 九18	己卯 十18	戊申 十一16	戊寅 十二16	戊申 一15	五辛巳 六22	七3
八	戊午	戊寅 二14	丁未 三15	丁丑 四14	丙午 五13	乙亥 六11	乙巳 七11	甲戌 八9	癸卯 九7	癸酉 十7	癸卯 十一6	壬申 十二5	壬寅 一4		七3
九	己未	壬申 二3	壬寅 三5	辛未 四3	辛丑 五3	庚午 六1	己亥 六30	己巳 七30	戊戌 八28	丁卯 九26	丁酉 十26	丙寅 十一24	丙申 十二24		七2•
一〇	庚申	丙寅 一23	丙申 二22	乙丑 三22	乙丑 五21	甲午 六19	癸亥 七18	癸巳 八17	壬戌 九15	辛卯 十14	辛酉 十一13	庚寅 十二12	庚申 一11	三乙未 四21	六3

回曆1268 西曆1851

（六年）嘉道萬年書預推十一甲寅、今從本年時憲書、

	7 辛酉	壬戌	癸亥	甲子	1 乙丑	丙寅	丁卯	戊辰	2 己巳	庚午
	一一	清穆宗同治元	二	三	四	五	六	七	八	九
正	二10 庚寅	一30 甲申	二18 戊申	二8 癸卯	一27 丁酉	二15 辛酉	二5 丙辰	一25 庚戌	二11 癸酉	一31 丁卯
二	三11 己未	三1 甲寅	三19 丁丑	三8 壬申	二26 丁卯	三17 辛卯	三6 乙酉	二23 己卯	三13 癸卯	三2 丁酉
三	四10 己丑	三30 癸未	四18 丁未	四6 辛丑	三27 丙申	四15 庚申	四5 乙卯	三24 己酉	四12 癸酉	四1 丁卯
四	五10 己未	四29 癸丑	五18 丁丑	五6 辛未	四25 乙丑	五14 己丑	五4 甲申	四23 己卯	五12 癸卯	五1 丁酉
五	六8 戊子	五28 壬午	六16 丙午	六4 庚子	五25 乙未	六13 己未	六2 癸丑	六20 丁丑	六10 壬申	五30 丙寅
六	七8 戊午	六27 壬子	七16 丙子	七4 庚午	七23 甲午	七12 戊子	七2 癸未	七20 丁未	七9 辛丑	六29 丙申
七	八6 丁亥	七27 壬午	八14 乙巳	八2 己亥	八21 癸亥	八10 丁巳	七31 壬子	八18 丙子	八8 辛未	七28 乙丑
八	九5 丁巳	八25 辛亥	九13 乙亥	九1 己巳	九20 癸巳	九9 丁亥	八29 辛巳	九16 乙巳	九6 庚子	八27 乙未
九	十4 丙戌	十23 庚戌	十13 乙巳	十1 己亥	十20 癸亥	十9 丁巳	九28 辛亥	十16 乙亥	十5 己巳	九25 甲子
十	十一3 丙辰	十一22 庚辰	十一11 甲戌	十30 戊辰	十一18 壬辰	十一7 丙戌	十27 庚辰	十一14 甲辰	十一4 己亥	十24 癸巳
十一	十二2 乙酉	十二21 己酉	十二11 甲辰	十一29 戊戌	十二18 壬戌	十二7 丙辰	十一26 庚戌	十二14 甲戌	十二3 戊辰	十一22 壬辰
十二	十二31 甲寅	一19 戊寅	一9 癸酉	十二29 戊辰	一17 壬辰	一6 丙戌	十二26 庚辰	一13 甲辰	一2 戊戌	一21 壬戌
閏		九24 八辛巳			六23 五甲子			五22 四戊申		十一23 十癸亥
回	六2•	六3	五3	五3•	五3	四3	四2•	四2	三2•	三3
回曆1278 西曆1861						嘉道萬年書預推四庚寅			嘉道萬年書預推四壬寅	

年	正	二	三	四	五	六	七	八	九	十	十一	十二	閏	回	
辛未 一〇	辛卯 二19	辛酉 三21	辛卯 四20	庚申 五19	庚寅 六18	庚申 七18	己丑 八16	己未 九15	戊子 十14	戊午 十一13	丁亥 十二12	丙辰 一10		二3	回曆1288 西曆1871
壬申 一一	丙戌 二9	乙卯 三9	乙酉 四8	甲寅 五7	甲申 六6	甲寅 七6	癸未 八4	癸丑 九3	壬午 十2	壬子 十一1	壬午 十二1	辛亥 十二30		二3•	日本明治五年十一月行陽曆以十二月三日為明年一月一日。
癸酉 3 一二	辛巳 一29	庚戌 二27	己卯 三28	己酉 四27	戊寅 五26	戊申 六25	丁未 八23	丁丑 九22	丙午 十21	丙子 十一20	丙午 十二20	乙亥 一18	六 丁丑 七24	二3	
甲戌 一三	乙巳 二17	甲戌 三18	癸卯 四16	癸酉 五16	壬寅 六14	壬申 七14	辛丑 八12	辛未 九11	庚子 十10	庚午 十一9	庚子 十二9	庚午 一8		正2	
乙亥 清德宗光緒元	己亥 二6	己巳 三8	戊戌 四6	丁卯 五5	丁酉 六4	丙寅 七3	乙未 八1	乙丑 八31	甲午 九29	甲子 十29	甲午 十一28	甲子 十二28		正2•	
丙子 二	癸巳 一26	癸亥 二25	癸巳 三26	壬戌 四24	辛卯 五23	庚寅 七21	己未 八19	己丑 九18	戊午 十17	戊子 十一16	戊午 十二16	丁亥 一14	五 辛酉 六22	正3 十二3	
丁丑 4 三	丁巳 二13	丁亥 三15	丁巳 四14	丙戌 五13	乙卯 六11	乙酉 七11	甲寅 八9	癸未 九7	癸丑 十7	壬午 十一5	壬子 十二5	辛巳 一3		十二3•	
戊寅 四	辛亥 二2	辛巳 三4	辛亥 四3	庚辰 五2	庚戌 六1	己卯 六30	己酉 七30	戊寅 八28	丁未 九26	丁丑 十26	丙午 十一24	丙子 十二24		十二3	
己卯 五	乙巳 一22	乙亥 二21	乙巳 三23	甲辰 五21	甲戌 六20	癸卯 七19	癸酉 八18	壬寅 九16	辛未 十15	辛丑 十一14	庚午 十二13	庚子 一12	三 甲戌 四21	十二3•	
庚辰 六	己巳 二10	己亥 三11	戊辰 四9	戊戌 五9	戊辰 六8	丁酉 七7	丁卯 八6	丁酉 九5	丙寅 十4	丙申 十一3	乙丑 十二2	甲午 十二31		十二3	

年		正	二	三	四	五	六	七	八	九	十	十一	十二	閏	回
5 辛巳	七	一30 甲子	二28 癸巳	三30 癸亥	四28 壬辰	五28 壬戌	六26 辛卯	七26 辛酉	九23 庚申	十23 庚寅	十一22 庚申	十二21 己丑	一20 己未	七 八25 辛卯	十2
壬午	八	二18 戊子	三19 丁巳	四18 丁亥	五17 丙辰	六16 丙戌	七15 乙卯	八14 乙酉	九12 甲寅	十12 甲申	十一11 甲寅	十二10 癸未	一9 癸丑		十2•
癸未	九	二8 癸未	三9 壬子	四7 辛巳	五7 辛亥	六5 庚辰	七4 己酉	八3 己卯	九1 戊申	十1 戊寅	十31 戊申	十一30 戊寅	十二29 丁未		十3
甲申	一〇	一28 丁丑	二27 丁未	三27 丙子	四25 乙巳	五25 乙亥	七22 癸酉	八21 癸卯	九19 壬申	十19 壬寅	十一18 壬申	十二17 辛丑	一16 辛未	五 六23 甲辰	九3
6 乙酉	一一	二15 辛丑	三17 辛未	四15 庚子	五14 己巳	六13 己亥	七12 戊辰	八10 丁酉	九9 丁卯	十8 丙申	十一7 丙寅	十二6 乙未	一5 乙丑		九3•
丙戌	一二	二4 乙未	三6 乙丑	四4 甲午	五4 甲子	六2 癸巳	七2 癸亥	七31 壬辰	八29 辛酉	九28 辛卯	十27 庚申	十一26 庚寅	十二25 己未		九3
丁亥	一三	一24 己丑	二23 己未	三25 己丑	四23 戊午	六21 丁巳	七21 丁亥	八19 丙辰	九17 乙酉	十17 乙卯	十一15 甲申	十二15 甲寅	一13 癸未	四 五23 戊子	八3
戊子	一四	二12 癸丑	三13 癸未	四11 壬子	五11 壬午	六10 壬子	七9 辛巳	八8 辛亥	九6 庚辰	十5 己酉	十一4 己卯	十二3 戊申	一2 戊寅		八2•
7 己丑	一五	一31 丁未	三2 丁丑	三31 丙午	四30 丙子	五30 丙午	六28 乙亥	七28 乙巳	八26 甲戌	九25 甲辰	十24 癸酉	十一23 癸卯	十二22 壬申		八3
庚寅	一六	一21 壬寅	二19 辛未	四19 庚午	五19 庚子	六17 己巳	七17 己亥	八16 己巳	九14 戊戌	十14 戊辰	十一12 丁酉	十二12 丁卯	一10 丙申	二 三21 辛丑	七3•

嘉道萬年書預推三戊子、

回曆1299 西曆1881

年	序	正	二	三	四	五	六	七	八	九	十	十一	十二	閏	回	附註
辛卯	一七	丙寅 二9	乙未 三10	乙丑 四9	甲午 五8	甲子 六7	癸巳 七6	癸亥 八5	壬辰 九3	壬戌 十3	壬辰 十一2	辛酉 十二1	辛卯 十二31		七3	回曆1309 西曆1891
壬辰	一八	辛酉 一30	庚寅 二28	己未 三28	己丑 四27	戊午 五26	丁亥 六24	丙戌 八22	丙辰 九21	丙戌 十21	乙卯 十一19	乙酉 十二19	乙卯 一18	六丁巳 七24	閏3	
1 癸巳	一九	乙酉 二17	甲寅 三18	癸未 四16	癸丑 五16	壬午 六14	辛亥 七13	辛巳 八12	庚戌 九10	庚辰 十10	己酉 十一8	己卯 十二8	己酉 一7		六3●	
甲午	二〇	己卯 二6	戊申 三7	戊寅 四6	丁未 五5	丁丑 六4	丙午 七3	乙亥 八1	乙巳 八31	甲戌 九29	甲辰 十29	癸酉 十一27	癸卯 十二27		六3	
乙未	二一	癸酉 一26	癸卯 二25	壬申 三26	壬寅 四25	辛未 五24	庚午 七22	己亥 八20	己巳 九19	戊戌 十18	戊辰 十一17	丁酉 十二16	丁卯 一15	五辛丑 六23	閏2	
丙申	二二	丙申 二13	丙寅 三14	丙申 四13	丙寅 五13	乙未 六11	乙丑 七11	甲午 八9	癸亥 九7	癸巳 十7	壬戌 十一5	壬辰 十二5	辛酉 一3		五2●	嘉道萬年書預推正丁酉、
2 丁酉	二三	辛卯 二2	庚申 三3	庚寅 四2	庚申 五2	己丑 五31	己未 六30	戊子 七29	戊午 八28	丁亥 九26	丁巳 十26	丙戌 十一24	丙辰 十二24		五3	
戊戌	二四	乙酉 一22	乙卯 二21	甲申 三22	癸未 五20	癸丑 六19	癸未 七19	壬子 八17	壬午 九16	辛亥 十15	辛巳 十一14	庚戌 十二13	庚辰 一12	三甲寅 四21	四3●	
己亥	二五	己酉 二10	己卯 三12	戊申 四10	戊寅 五10	丁未 六8	丁丑 七8	丙午 八6	丙子 九5	丙午 十5	乙亥 十一3	乙巳 十二3	甲戌 一1		四3	
6 庚子	二六	甲辰 一31	癸酉 三1	癸卯 三31	壬申 四29	辛丑 五28	辛未 六27	庚子 七26	庚午 八25	己巳 十23	己亥 十一22	己巳 十二22	戊戌 一20	八庚子 九24	四3	太陽新曆本年不閏、

	辛丑 7	壬寅	癸卯	甲辰	乙巳 1	丙午	丁未	戊申	己酉 2	庚戌
	二七	二八	二九	三〇	三一	三二	三三	三四	清末帝宣統元	二
正	二19 戊辰	二8 壬戌	一29 丁巳	二16 庚辰	二4 甲戌	一25 己巳	二13 癸巳	二2 丁亥	一22 壬午	二10 丙午
二	三20 丁酉	三10 壬辰	二27 丙戌	三17 庚戌	三6 甲辰	二23 戊戌	三14 壬戌	三3 丁巳	二20 辛亥	三11 乙亥
三	四19 丁卯	四8 辛酉	三29 丙辰	四16 庚辰	四5 甲戌	三25 戊辰	四13 壬辰	四1 丙戌	四20 庚戌	四10 乙巳
四	五18 丙申	五8 辛卯	四27 乙酉	五15 己酉	五4 癸卯	四24 戊戌	五12 辛酉	四30 乙卯	五19 己卯	五9 甲戌
五	六16 乙丑	六6 庚申	五27 乙卯	六14 己卯	六3 癸酉	六22 丁酉	六11 辛卯	五30 乙酉	六18 己酉	六7 癸卯
六	七16 乙未	七5 己丑	七24 癸丑	七13 戊申	七3 癸卯	七21 丙寅	七10 庚申	六29 乙卯	七17 戊寅	七7 癸酉
七	八14 甲子	八4 己未	八23 癸未	八11 丁丑	八1 壬申	八20 丙申	八9 庚寅	七28 甲申	八16 戊申	八5 壬寅
八	九13 甲午	九2 戊子	九21 壬子	九10 丁未	八30 辛丑	九18 乙丑	九8 庚申	八27 甲寅	九14 丁丑	九4 壬申
九	十12 癸亥	十2 戊午	十20 辛巳	十9 丙子	九29 辛未	十18 乙未	十7 己丑	九25 癸未	十14 丁未	十3 辛丑
十	十一11 癸巳	十31 丁亥	十一19 辛亥	十一7 乙巳	十28 庚子	十一16 甲子	十一6 己未	十25 癸丑	十一13 丁丑	十一2 辛未
十一	十二11 癸亥	十一30 丁巳	十二19 辛巳	十二7 乙亥	十一27 庚午	十二16 甲午	十二5 戊子	十一24 癸未	十二13 丁未	十二2 辛丑
十二	一10 癸巳	十二30 丁亥	一17 庚戌	一6 乙巳	十二26 己亥	一14 癸亥	一4 戊午	十二23 壬子	一11 丙子	一1 辛未
閏			六25 五甲申			五23 四丁卯			三22 二辛巳	
回	三2●	三3	三2	二2●	二3	二3	正2●	正3	十二3 正2●	十二2

回曆1319 西曆1901

年	正	二	三	四	五	六	七	八	九	十	十一	十二	閏	回
辛亥 三	庚子 一30	庚午 三1	己亥 三30	己巳 四29	戊戌 五28	丁卯 六26	丙寅 八24	乙未 九22	乙丑 十22	乙未 十一21	甲子 十二20	甲午 一19	六丁酉 七26	十二3•
壬子 民國元	甲子 二18	甲午 三19	癸亥 四17	癸巳 五17	壬戌 六15	辛卯 七14	辛酉 八13	庚寅 九11	己未 十10	己丑 十一9	己未 十二9	戊子 一7		十一3
癸丑 二	戊午 二6	戊子 三8	戊午 四7	丁亥 五6	丁巳 六5	丙戌 七4	乙卯 八2	乙酉 九1	甲寅 九30	癸未 十29	癸丑 十一28	壬午 十二27		十一3
甲寅 三	壬子 一26	壬午 二25	壬子 三27	辛巳 四25	辛亥 五25	庚戌 七23	己卯 八21	己酉 九20	戊寅 十19	丁未 十一17	丁丑 十二17	丙午 一15	五庚辰 六23	十3•
乙卯 四	丙子 二14	丙午 三16	乙亥 四14	乙巳 五14	乙亥 六13	甲辰 七12	甲戌 八11	癸卯 九9	癸酉 十9	壬寅 十一7	壬申 十二7	辛丑 一5		十3
丙辰 五	庚午 二3	庚子 三4	庚午 四3	己亥 五2	己巳 六1	戊戌 六30	戊辰 七30	戊戌 八29	丁卯 九27	丁酉 十27	丙寅 十一25	丙申 十二25		十2
丁巳 六	乙丑 一23	乙未 二22	癸巳 四21	癸亥 五21	壬辰 六19	壬戌 七19	壬辰 八18	辛酉 九16	辛卯 十16	辛酉 十一15	庚寅 十二14	庚申 一13	二甲子 三23	九2•
戊午 七	己丑 二11	己未 三13	戊子 四11	丁巳 五10	丁亥 六9	丙辰 七8	丙戌 八7	乙卯 九5	乙酉 十5	乙卯 十一4	甲申 十二3	甲寅 一2		九3
己未 八	甲申 二1	癸丑 三2	癸未 四1	壬子 四30	辛巳 五29	辛亥 六28	庚辰 七27	己卯 九24	己酉 十24	戊寅 十一22	戊申 十二22	戊寅 一21	七己酉 八25	八3•
庚申 九	戊申 二20	丁丑 三20	丁未 四19	丙子 五18	乙巳 六16	乙亥 七16	甲辰 八14	癸酉 九12	癸卯 十12	壬申 十一10	壬寅 十二10	壬申 一9		八4

丙辰：嘉道萬年書預推正辛未。

回曆1330 西曆1911

年	干支	正	二	三	四	五	六	七	八	九	十	十一	十二	閏	回
一○	5 辛酉	二8 壬寅	三10 壬申	四8 辛丑	五8 辛未	六6 庚子	七5 己巳	八4 己亥	九2 戊辰	十1 丁酉	十31 丁卯	十一29 丙申	十二29 丙寅		八3
一一	壬戌	一28 丙申	二27 丙寅	三28 乙未	四27 乙丑	五27 乙未	七24 癸巳	八23 癸亥	九21 壬辰	十20 辛酉	十一19 辛卯	十二18 庚申	一17 庚寅	六25 五甲子	七2•
一二	癸亥	二16 庚申	三17 己丑	四16 己未	五16 己丑	六14 戊午	七14 戊子	八12 丁巳	九11 丁亥	十10 丙辰	十一8 乙酉	十二8 乙卯	一6 甲申		七3
一三	甲子	二5 甲寅	三5 癸未	四4 癸丑	五4 癸未	六2 壬子	七2 壬午	八1 壬子	八30 辛巳	九29 辛亥	十28 庚辰	十一27 庚戌	十二26 己卯		七2
一四	6 乙丑	一24 戊申	二23 戊寅	三24 丁未	四23 丁丑	六21 丙子	七21 丙午	八19 乙亥	九18 乙巳	十18 乙亥	十一16 甲辰	十二16 甲戌	一14 癸卯	五22 四丙午	六2•
一五	丙寅	二13 癸酉	三14 壬寅	四12 辛未	五12 辛丑	六10 庚午	七10 庚子	八8 己巳	九7 己亥	十7 己巳	十一5 戊戌	十二5 戊辰	一4 戊戌		六3
一六	丁卯	二2 丁卯	三4 丁酉	四2 丙寅	五1 乙未	五31 乙丑	六29 甲午	七29 甲子	八27 癸巳	九26 癸亥	十25 壬辰	十一24 壬戌	十二24 壬辰		六3•
一七	戊辰	一23 壬戌	二21 辛卯	四20 庚寅	五19 己未	六18 己丑	七17 戊午	八15 丁亥	九14 丁巳	十13 丙戌	十一12 丙辰	十二12 丙戌	一11 丙辰	三22 二辛酉	五3
一八	7 己巳	二10 丙戌	三11 乙卯	四10 乙酉	五9 甲寅	六7 癸未	七7 癸丑	八5 壬午	九3 辛亥	十3 辛巳	十一1 庚戌	十二1 庚辰	十二31 庚戌		五3
一九	庚午	一30 庚辰	二28 己酉	三30 己卯	四29 己酉	五28 戊寅	六26 丁未	八24 丙午	九22 乙亥	十22 乙巳	十一20 甲戌	十二20 甲辰	一19 甲戌	七26 六丁丑	五2•

光緒萬年書預推十二庚辰、明年正己酉、今從觀象臺曆、

回曆1340 西曆1921

年	正	二	三	四	五	六	七	八	九	十	十一	十二	閏	回
二〇 辛未	二17 癸卯	三19 癸酉	四18 癸卯	五17 壬申	六16 壬寅	七15 辛未	八14 辛丑	九12 庚午	十11 己亥	十一10 己巳	十二9 戊戌	一8 戊辰		四3
二一 壬申	二6 丁酉	三7 丁卯	四6 丁酉	五6 丁卯	六4 丙申	七4 丙寅	八2 乙未	九1 乙丑	九30 甲午	十29 癸亥	十一28 癸巳	十二27 壬戌		四2
二二 癸酉 1	一26 壬辰	二24 辛酉	三26 辛卯	四25 辛酉	五24 庚寅	七23 庚寅	八21 己未	九20 己丑	十19 戊午	十一18 戊子	十二17 丁巳	一15 丙戌	五 六23 庚申	四2•
二三 甲戌	二14 丙辰	三15 乙酉	四14 乙卯	五13 甲申	六12 甲寅	七12 甲申	八10 癸丑	九9 癸未	十8 壬子	十一7 壬午	十二7 壬子	一5 辛巳		三3
二四 乙亥	二4 辛亥	三5 庚辰	四3 己酉	五3 己卯	六1 戊申	七1 戊寅	七30 丁未	八29 丁丑	九28 丁未	十27 丙子	十一26 丙午	十二26 丙子		三3
二五 丙子	一24 乙巳	二23 乙亥	三23 甲辰	五21 癸卯	六19 壬申	七18 辛丑	八17 辛未	九16 辛丑	十15 庚午	十一14 庚子	十二14 庚午	一13 庚子	三 四21 癸酉	三2•
二六 丁丑 2	二11 己巳	三13 己亥	四11 戊辰	五10 丁酉	六9 丁卯	七8 丙申	八6 乙丑	九5 乙未	十4 甲子	十一3 甲午	十二3 甲子	一2 甲午		二2
二七 戊寅	一31 癸亥	三2 癸巳	四1 癸亥	四30 壬辰	五29 辛酉	六28 辛卯	七27 庚申	九24 己未	十23 戊子	十一22 戊午	十二22 戊子	一20 丁巳	七 八25 己丑	二2•
二八 己卯	二19 丁亥	三21 丁巳	四20 丁亥	五19 丙辰	六17 乙酉	七17 乙卯	八15 甲申	九13 癸丑	十13 癸未	十一11 壬子	十二11 壬午	一9 辛亥		正3
二九 庚辰	二8 辛巳	三9 辛亥	四8 辛巳	五7 庚戌	六6 庚辰	七5 己酉	八4 己卯	九2 戊申	十1 丁丑	十31 丁未	十一29 丙子	十二29 丙午		正3

回曆1350 西曆1931

年	民國	正	二	三	四	五	六	七	八	九	十	十一	十二	閏	回
辛巳 3	三〇	一27 乙亥	二25 乙巳	三28 乙亥	四26 甲辰	五26 甲戌	六25 甲辰	八23 癸卯	九21 壬申	十20 辛丑	十一19 辛未	十二18 庚子	一17 庚午	七24 六癸酉	十二3 正3•
壬午	三一	二15 己亥	三17 己巳	四15 戊戌	五15 戊辰	六14 戊戌	七13 丁卯	八12 丁酉	九10 丙寅	十10 丙申	十一8 乙丑	十二8 乙未	一6 甲子		十二3
癸未	三二	二5 甲午	三6 癸亥	四5 癸巳	五4 壬戌	六3 壬辰	七2 辛酉	八1 辛卯	八31 辛酉	九29 庚寅	十29 庚申	十一27 己丑	十二27 己未		十二2•
甲申	三三	一25 戊子	二24 戊午	三24 丁亥	四23 丁巳	六21 丙辰	七20 乙酉	八19 乙卯	九17 甲申	十17 甲寅	十一16 甲申	十二15 癸丑	一14 癸未	五22 四丙戌	十二3
乙酉 4	三四	二13 癸丑	三14 壬午	四12 辛亥	五12 辛巳	六10 庚戌	七9 己卯	八8 己酉	九6 戊寅	十6 戊申	十一5 戊寅	十二5 戊申	一3 丁丑		十二2
丙戌	三五	二2 丁未	三4 丁丑	四2 丙午	五1 乙亥	五31 乙巳	六29 甲戌	七29 癸卯	八27 癸酉	九25 壬寅	十25 壬申	十一24 壬寅	十二23 辛未		十二2•
丁亥	三六	一22 辛丑	二21 辛未	四21 庚午	五20 己亥	六19 己巳	七18 戊戌	八16 丁卯	九15 丁酉	十14 丙寅	十一13 丙申	十二12 乙丑	一11 乙未	三23 二辛丑	十3
戊子	三七	二10 乙丑	三11 乙未	四9 甲子	五9 甲午	六7 癸亥	七7 癸巳	八5 壬戌	九3 辛卯	十3 辛酉	十一1 庚寅	十二1 庚申	十二30 己丑		十3•
己丑 5	一九四九	一29 己未	二28 己丑	三29 戊午	四28 戊子	五28 戊午	六26 丁亥	七26 丁巳	九22 乙卯	十22 乙酉	十一20 甲寅	十二20 甲申	一18 癸丑	八24 七丙戌	九3
庚寅	一九五〇	二17 癸未	三18 壬子	四17 壬午	五17 壬子	六15 辛巳	七15 辛亥	八14 辛巳	九12 庚戌	十11 己卯	十一10 己酉	十二9 戊寅	一8 戊申		九3

十月一日中華人民共和國成立採用公元紀年、

回曆1360 西曆1941

回曆1371　西曆1951

	辛卯 一九五一	壬辰 一九五二	癸巳 6 一九五三	甲午 一九五四	乙未 一九五五	丙申 一九五六	丁酉 7 一九五七	戊戌 一九五八	己亥 一九五九	庚子 一九六〇
正	丁丑 二6	壬申 一27	丙申 二14	庚寅 二3	乙酉 一24	己酉 二12	癸卯 一31	丙寅 二18	辛酉 二8	乙卯 一28
二	丁未 三8	辛丑 二25	乙丑 三15	庚申 三5	甲寅 二22	戊寅 三12	癸酉 三2	丙申 三20	庚寅 三9	乙酉 二27
三	丙子 四6	辛未 三26	乙未 四14	己丑 四3	甲申 三24	戊申 四11	壬寅 三31	丙寅 四19	庚申 四8	甲寅 三27
四	丙午 五6	庚子 四24	甲子 五13	己未 五3	癸未 五22	丁丑 五10	壬申 四30	丙申 五19	庚寅 五8	甲申 四26
五	丙子 六5	庚午 五24	癸巳 六11	戊子 六1	壬子 六20	丁未 六9	辛丑 五29	乙丑 六17	己未 六6	癸丑 五25
六	乙巳 七4	己巳 七22	癸亥 七11	丁巳 六30	辛巳 七19	丙子 七8	辛未 六28	乙未 七17	己丑 七6	癸未 六24
七	乙亥 八3	戊戌 八20	壬辰 八9	丁亥 七30	辛亥 八18	乙巳 八6	庚子 七27	甲子 八15	戊午 八4	壬午 八22
八	甲辰 九1	戊辰 九19	壬戌 九8	丙辰 八28	庚辰 九16	乙亥 九5	己巳 八25	癸巳 九13	戊子 九3	壬子 九21
九	甲戌 十1	戊戌 十19	壬辰 十8	丙戌 九27	庚戌 十16	甲辰 十4	戊辰 十23	癸亥 十13	丁巳 十2	辛巳 十20
十	癸卯 十30	丁卯 十一17	壬戌 十一7	丙辰 十27	己卯 十一14	甲戌 十一3	戊戌 十一22	壬辰 十一11	丁亥 十一1	辛亥 十一19
十一	癸酉 十一29	丁酉 十二17	辛卯 十二6	乙酉 十一25	己酉 十二14	癸卯 十二2	丁卯 十二21	壬戌 十二11	丙辰 十一30	庚辰 十二18
十二	壬寅 十二28	丙寅 一15	辛酉 一5	乙卯 十二25	己卯 一13	癸酉 一1	丁酉 一20	辛卯 一9	丙戌 十二30	庚戌 一17
閏		五己亥 六22			三癸丑 四22		八己亥 九24			六癸丑 七24
回	九2•	八3	八3	八3•	八4	七3•	七3	六2	六2•	六3

	1 辛丑	壬寅	癸卯	甲辰	2 乙巳	丙午	丁未	戊申	3 己酉	庚戌
	一九六一	一九六二	一九六三	一九六四	一九六五	一九六六	一九六七	一九六八	一九六九	一九七〇
正	二15 己卯	二5 甲戌	一25 戊辰	二13 壬辰	二2 丁亥	一21 庚辰	二9 甲辰	一30 己亥	二17 癸亥	二6 丁巳
二	三17 己酉	三6 癸卯	二24 戊戌	三14 壬戌	三3 丙辰	二20 庚戌	三11 甲戌	二28 戊辰	三18 壬辰	三8 丁亥
三	四15 戊寅	四5 癸酉	三25 丁卯	四12 辛卯	四2 丙戌	三22 庚辰	四10 甲辰	三29 戊戌	四17 壬戌	四6 丙辰
四	五15 戊申	五4 壬寅	四24 丁酉	五12 辛酉	五1 乙卯	五20 己卯	五9 癸酉	四27 丁卯	五16 辛卯	五5 乙酉
五	六13 丁丑	六2 辛未	六21 乙未	六10 庚寅	五31 乙酉	六19 己酉	六8 癸卯	五27 丁酉	六15 辛酉	六4 乙卯
六	七13 丁未	七2 辛丑	七21 乙丑	七9 己未	六29 甲寅	七18 戊寅	七8 癸酉	六26 丁卯	七14 庚寅	七3 甲申
七	八11 丙子	七31 庚午	八19 甲午	八8 己丑	七28 癸未	八16 丁未	八6 壬寅	七25 丙申	八13 庚申	八2 甲寅
八	九10 丙午	八30 庚子	九18 甲子	九6 戊午	八27 癸丑	九15 丁丑	九4 辛未	九22 乙未	九12 庚寅	九1 甲申
九	十10 丙子	九29 庚午	十17 癸巳	十6 戊子	九25 壬午	十14 丙午	十4 辛丑	十22 乙丑	十11 己未	九30 癸丑
十	十一8 乙巳	十28 己亥	十一16 癸亥	十一4 丁巳	十24 辛亥	十一12 乙亥	十一2 庚午	十一20 甲午	十一10 己丑	十30 癸未
十一	十二8 乙亥	十一27 己巳	十二16 癸巳	十二4 丁亥	十一23 辛巳	十二12 乙巳	十二2 庚子	十二20 甲子	十二9 戊午	十一29 癸丑
十二	一6 甲辰	十二27 己亥	一15 癸亥	一3 丁巳	十二23 辛亥	一11 乙亥	十二31 己巳	一18 癸巳	一8 戊子	十二28 壬午
閏			五23 四丙寅			四21 三庚戌		八24 七丙寅		
回	五3	五3•	閏3	四2	四2•	閏2	三2•	三3	二3	二2•

回曆1381 西曆1961

二十史朔閏表

中華人民共和國

	辛亥 一九七一	壬子 一九七二	4 癸丑 一九七三	甲寅 一九七四	乙卯 一九七五	丙辰 一九七六	5 丁巳 一九七七	戊午 一九七八	己未 一九七九	庚申 一九八〇
正	壬子 一27	丙子 二15	庚午 二3	甲子 一23	戊子 二11	壬午 一31	丙午 二18	庚子 二7	乙未 一28	乙未 二16
二	辛巳 二25	乙巳 三15	庚子 三5	甲午 二22	戊午 三13	壬子 三1	丙子 三20	庚午 三9	乙丑 二27	乙丑 三17
三	辛亥 三27	乙亥 四14	己巳 四3	甲子 三24	戊子 四12	壬午 三31	乙巳 四18	己亥 四7	甲午 三28	戊午 四15
四	庚辰 四25	甲辰 五13	己亥 五3	癸巳 四22	丁巳 五11	辛亥 四29	乙亥 五18	己巳 五7	癸亥 四26	丁亥 五14
五	己酉 五24	癸酉 六11	戊辰 六1	壬辰 六20	丁亥 六10	辛巳 五29	乙巳 六17	己亥 六6	癸巳 五26	丁巳 六13
六	戊申 七22	癸卯 七11	丁酉 六30	辛酉 七19	丙辰 七9	庚戌 六27	甲戌 七16	戊辰 七5	壬戌 六24	丙戌 七12
七	戊寅 八21	壬申 八9	丁卯 七30	辛卯 八18	乙酉 八7	庚辰 七27	甲辰 八15	戊戌 八4	壬戌 八23	丙辰 八11
八	丁未 九19	壬寅 九8	丙申 八28	庚申 九16	乙卯 九6	己酉 八25	癸酉 九13	丁卯 九2	辛卯 九21	乙酉 九9
九	丁丑 十17	辛未 十7	乙丑 九26	己丑 十15	甲申 十5	戊申 十23	癸卯 十13	丁酉 十2	辛酉 十21	乙卯 十9
十	丁未 十一18	辛丑 十一6	乙未 十26	己未 十一14	癸丑 十一3	丁丑 十一21	壬申 十一11	丁卯 十一1	辛卯 十一20	乙酉 十一8
十一	丁丑 十二18	辛未 十二6	乙丑 十一25	己丑 十二14	癸未 十二3	丁未 十二21	壬寅 十二11	丙申 十一30	庚申 十二19	甲寅 十二7
十二	丙午 一16	庚子 一4	甲午 十二24	戊午 一12	壬子 一1	丙子 一19	辛未 一9	丙寅 十二30	庚寅 一18	甲申 一6
閏	五乙卯 六23			四癸亥 五22		八己卯 九24			六壬辰 七24	
回	二3	正2	正2•	正3 十二3	十二3•	十二3	十二2•	十一3	十2	十2•

回曆1391 西曆1971

一〇五

勵耘書屋

庚午	1 己巳	戊辰	丁卯	丙寅	7 乙丑	甲子	癸亥	壬戌	6 辛酉	
一九九〇	一九八九	一九八八	一九八七	一九八六	一九八五	一九八四	一九八三	一九八二	一九八一	
一/27 壬辰	二/6 丁酉	二/17 壬寅	一/29 戊寅	二/9 甲申	二/20 庚寅	二/2 丙寅	二/13 壬申	一/25 戊申	二/5 甲寅	正
二/25 辛酉	三/8 丁卯	三/18 壬申	二/28 戊申	三/10 癸丑	三/21 己未	三/3 丙申	三/15 壬寅	二/24 戊寅	三/6 癸未	二
三/27 辛卯	四/6 丙申	四/16 辛丑	三/29 丁丑	四/9 癸未	四/20 己丑	四/1 乙丑	四/13 辛未	三/25 丁未	四/5 癸丑	三
四/25 庚申	五/5 乙丑	五/16 辛未	四/28 丁未	五/9 癸丑	五/20 己未	五/1 乙未	五/13 辛丑	四/24 丁丑	五/4 壬午	四
五/24 己丑	六/4 乙未	六/14 庚子	五/27 丙子	六/7 壬午	六/18 戊子	五/31 乙丑	六/11 庚午	六/21 乙亥	六/2 辛亥	五
七/22 戊子	七/3 甲子	七/14 庚午	六/26 丙午	七/7 壬子	七/18 戊午	六/29 甲午	七/10 己亥	七/21 乙巳	七/2 辛巳	六
八/20 丁巳	八/1 癸巳	八/12 己亥	八/24 乙巳	八/6 壬午	八/16 丁亥	七/28 癸亥	八/9 己巳	八/19 甲戌	七/31 庚戌	七
九/19 丁亥	八/31 癸亥	九/11 己巳	九/23 乙亥	九/4 辛亥	九/15 丁巳	八/27 癸巳	九/7 戊戌	九/17 癸卯	八/29 己卯	八
十/18 丙辰	九/30 癸巳	十/11 己亥	十/23 乙巳	十/4 辛巳	十/14 丙戌	九/25 壬戌	十/6 丁卯	十/17 癸酉	九/28 己酉	九
十一/17 丙戌	十/29 壬戌	十一/9 戊辰	十一/21 甲戌	十一/2 庚戌	十一/12 乙卯	十/24 辛卯	十一/5 丁酉	十一/15 壬寅	十/28 己卯	十
十二/17 丙辰	十一/28 壬辰	十二/9 戊戌	十二/21 甲辰	十二/2 庚辰	十二/12 乙酉	十一/22 庚寅	十二/4 丙寅	十二/15 壬申	十一/26 戊申	十一
一/16 丙戌	十二/28 壬戌	一/8 戊辰	一/19 癸酉	十二/31 己酉	一/10 甲寅	一/21 庚申	一/3 丙申	一/14 壬寅	十二/26 戊寅	十二
五 六/23 乙未			六 七/26 丙子			十 十一/23 辛酉		四 五/23 丙午		閏
六/3	七/4	七/3•	七/3	八/3	八/2•	九/3	九/3•	九/3	十/3	回

回曆1402 西曆1981

中華人民共和國

年	干支	正	二	三	四	五	六	七	八	九	十	十一	十二	閏	回
一九九一	辛未	二15 丙辰	三16 乙酉	四15 乙卯	五14 甲申	六12 癸丑	七12 癸未	八10 壬子	九8 辛巳	十8 辛亥	十一6 庚辰	十二6 庚戌	一5 庚辰		六 2•
一九九二	壬申	二4 庚戌	三4 己卯	四3 己酉	五3 己卯	六1 戊申	六30 丁丑	七30 丁未	八28 丙子	九26 乙巳	十26 乙亥	十一24 甲辰	十二24 甲戌		六 3
一九九三	2 癸酉	一23 甲辰	二21 癸酉	三23 癸卯	五21 壬寅	六20 壬申	七19 辛丑	八18 辛未	九16 庚子	十15 己巳	十一14 己亥	十二13 戊辰	一12 戊戌	三 四22 癸酉	五 2
一九九四	甲戌	二10 丁卯	三12 丁酉	四11 丁卯	五11 丁酉	六9 丙寅	七9 丙申	八7 乙丑	九6 乙未	十5 甲子	十一3 癸巳	十二3 癸亥	一1 壬辰		五 2•
一九九五	乙亥	一31 壬戌	三1 辛卯	三31 辛酉	四30 辛卯	五29 庚申	六28 庚寅	七27 己未	八26 己丑	十24 戊子	十一22 丁巳	十二22 丁亥	一20 丙辰	八 九25 己未	五 3
一九九六	丙子	二19 丙戌	三19 乙卯	四18 乙酉	五17 甲寅	六16 甲申	七16 甲寅	八14 癸未	九13 癸丑	十12 壬午	十一11 壬子	十二11 壬午	一9 辛亥		四 3•
一九九七	3 丁丑	二7 庚辰	三9 庚戌	四7 己卯	五7 己酉	六5 戊寅	七5 戊申	八3 丁丑	九2 丁未	十2 丁丑	十31 丙午	十一30 丙子	十二30 丙午		四 3
一九九八	戊寅	一28 乙亥	二27 乙巳	三28 甲戌	四26 癸卯	五26 癸酉	七23 辛未	八22 辛丑	九21 辛未	十20 庚子	十一19 庚午	十二19 庚子	一17 己巳	五 六24 壬寅	四 3
一九九九	己卯	二16 己亥	三18 己巳	四16 戊戌	五15 丁卯	六14 丁酉	七13 丙寅	八11 乙未	九10 乙丑	十9 甲午	十一8 甲子	十二8 甲午	一7 甲子		三 2•
二〇〇〇	庚辰	二5 癸巳	三6 癸亥	四5 癸巳	五4 壬戌	六2 辛卯	七2 辛酉	七31 庚寅	八29 己未	九28 己丑	十27 戊午	十一26 戊子	十二26 戊午		三 2

回曆1412 西曆1991

魏蜀吳朔閏異同表

三國南北朝朔閏異同既各著於前表之下，惟其殊異較多者，前表限於篇幅，特另著之，以清眉目，同者不著，著其異者，

年		正	二	三	四	五	六	七	八	九	十	十一	十二	閏
癸卯	魏黃初四	庚寅	庚申	己丑	己未	戊子	戊午	丁亥	丁巳	丙戌	丙辰	丙戌	乙卯	
	吳黃武二		乙未		戊午		丁巳		丙辰		乙卯	乙酉		
甲辰	魏黃初五	乙酉	甲寅	甲申	癸丑	癸未	壬子	壬午	辛亥	辛巳	庚戌	庚辰	己酉	
	吳黃武三	甲申		癸未		壬午		辛巳		庚辰		己卯		
乙巳	魏黃初六	己卯	戊申	戊寅	丁丑	丁未	丙子	丙午	乙亥	乙巳	甲戌	甲辰	癸酉	三戊申
	吳黃武四	戊寅			丁未	丙午		乙巳		甲辰		癸卯		四丁丑
丙午	魏黃初七	癸卯	壬申	壬寅	辛未	辛丑	庚午	庚子	庚午	己亥	己巳	戊戌	戊辰	
	吳黃武五	壬寅		辛丑		庚子			己巳		戊辰		丁卯	
丁未	魏太和元	丁酉	丁卯	丙申	丙寅	乙未	乙丑	甲午	甲子	癸巳	癸亥	癸巳	壬戌	十二壬辰
	吳黃武六		丙寅		乙丑		甲子		癸亥		壬戌	壬辰		十二辛卯
戊申	魏太和二	辛酉	辛卯	庚申	庚寅	己未	己丑	戊午	戊子	丁巳	丁亥	丙辰	丙戌	
	吳黃武七		庚寅		己丑		戊子		丁亥		丙戌		乙酉	
己酉	魏太和三	乙卯	乙酉	乙卯	甲申	甲寅	癸未	癸丑	壬午	壬子	辛巳	辛亥	庚辰	
	吳黃龍元		甲申	甲寅		癸丑		壬子		辛亥		庚戌		
庚戌	魏太和四	庚戌	己卯	己酉	戊寅	戊申	戊寅	丁未	丁丑	丙午	乙巳	乙亥	甲辰	九丙子
	吳黃龍二	己酉		戊申		丁未	丁丑		丙子	乙亥		甲戌		八丙午

魏仍用四分曆

吳初用乾象曆

西曆223

干支	紀年	正	二	三	四	五	六	七	八	九	十	十一	十二	閏	
辛亥	魏太和五	甲戌	癸卯	癸酉	壬寅	壬申	辛丑	辛未	庚子	庚午	庚子	己巳	己亥		
	吳黃龍三	癸酉		壬申		辛未		庚午		己巳	己亥		戊戌		
壬子	魏太和六	戊辰	戊戌	丁卯	丁酉	丙寅	丙申	乙丑	乙未	甲子	甲午	癸亥	癸巳		
	吳嘉禾元		丁酉		丙申		乙未		甲午		癸巳		壬辰		
癸丑	魏太和七	壬戌	壬辰	壬戌	辛卯	辛酉	庚申	己丑	己未	戊子	戊午	丁亥	丁巳	五庚寅	
	吳嘉禾二		辛卯	辛酉		庚申	己未		戊午		丁巳		丙辰	五	
甲寅	魏青龍二	丙戌	丙辰	乙酉	乙卯	乙酉	甲寅	甲申	癸丑	癸未	壬子	壬午	辛亥		
	吳嘉禾三		乙卯		甲寅	甲申		癸未		壬午		辛巳			
乙卯	魏青龍三	辛巳	庚戌	庚辰	己酉	己卯	戊申	戊寅	丁未	丁丑	丁未	丙子	丙午		
	吳嘉禾四	庚辰		己卯		戊寅		丁丑		丙子	丙午		乙巳		
丙辰	魏青龍四	乙亥	甲戌	甲辰	癸酉	癸卯	壬申	壬寅	辛未	辛丑	庚午	庚子	庚午	正乙巳	
	吳嘉禾五		甲辰	癸卯		壬寅		辛丑		庚子		己亥	己巳	二甲戌	
丁巳	魏青龍五	己亥	己巳	戊戌	戊辰	丁酉	丙寅	丙申	乙丑	乙未	甲子	甲午	癸亥		魏初用景初曆
	蜀建興一五						丁卯		丙寅		乙丑		甲子		蜀仍用四分曆
戊午	魏景初二	癸巳	壬戌	壬辰	辛酉	辛卯	庚申	庚寅	庚申	己丑	己未	戊午	丁亥	十戊子	
	蜀延熙元		癸亥		壬戌	壬辰	辛酉	辛卯		庚寅			戊子	十己丑	
己未	魏景初三	丁巳	丙戌	丙辰	乙酉	乙卯	甲申	甲寅	癸未	癸丑	壬午	壬子	壬午		
	蜀延熙二		丁亥		丙戌		乙酉		甲申	甲寅	癸未	癸丑			
庚申	魏正始元	辛亥	辛巳	庚戌	庚辰	己酉	己卯	戊申	戊寅	丁未	丁丑	丙午	丙子		
	蜀延熙三	壬子		辛亥		庚戌		己酉		戊申		丁未	丁丑		

西曆231

年	年號	正	二	三	四	五	六	七	八	九	十	十一	十二	閏
辛酉	魏正始二	乙巳	乙亥	甲辰	甲戌	甲辰	癸酉	壬申	壬寅	辛未	辛丑	庚午	庚子	六癸卯
	蜀延熙四	丙午	丙子	乙巳	乙亥		甲戌	癸卯		壬申		辛未		七癸酉
壬戌	魏正始三	己巳	己亥	戊辰	戊戌	丁卯	丁酉	丁卯	丙申	丙寅	乙未	乙丑	甲午	
	蜀延熙五	庚午		己巳	己亥	戊辰	戊戌		丁酉		丙申		乙未	
癸亥	魏正始四	甲子	癸巳	癸亥	壬辰	壬戌	辛卯	辛酉	庚寅	庚申	己丑	己未	己丑	
	蜀延熙六		甲午		癸巳		壬辰	壬戌	辛卯	辛酉	庚寅	庚申		
甲子	魏正始五	戊午	戊子	丁巳	丙辰	丙戌	乙卯	乙酉	甲寅	甲申	癸丑	癸未	壬子	三丁亥
	蜀延熙七	乙未	、	戊午	丁巳		丙辰		乙卯		甲寅	甲申	癸丑	三
乙丑	魏正始六	壬午	辛亥	辛巳	辛亥	庚辰	庚戌	己卯	己酉	戊寅	戊申	丁丑	丁未	
	蜀延熙八	癸未	壬子	壬午		辛巳		庚辰		己卯		戊寅		
丙寅	魏正始七	丙子	丙午	乙亥	乙巳	甲戌	甲辰	甲戌	癸卯	癸酉	壬寅	壬申	辛丑	十二辛未
	蜀延熙九	丁丑		丙子	丙午	乙亥	乙巳		甲辰		癸卯		辛未	十一壬寅
丁卯	魏正始八	庚子	庚午	己亥	己巳	戊戌	戊辰	丁酉	丁卯	丙申	丙寅	丙申	乙丑	
	蜀延熙一〇	辛丑		庚子		己亥	己巳	戊戌	戊辰	丁酉	丁卯		丙寅	
戊辰	魏正始九	乙未	甲子	甲午	癸亥	癸巳	壬戌	壬辰	辛酉	辛卯	庚申	庚寅	己未	
	蜀延熙一一		乙丑		甲子		癸亥		壬戌		辛酉	辛卯	庚申	
己巳	魏正始一〇	己丑	戊午	戊子	戊午	丁亥	丁巳	丙戌	丙辰	乙酉	甲申	甲寅	癸未	九乙卯
	蜀延熙一二	庚寅	己未	己丑		戊子		丁亥		乙卯	乙酉		甲申	八丙戌
庚午	魏嘉平二	癸丑	壬午	壬子	辛巳	辛亥	庚辰	庚戌	庚辰	己酉	己卯	戊申	戊寅	
	蜀延熙一三	甲寅	癸未	癸丑	壬午	壬子	辛巳	辛亥		庚戌		乙酉		

西曆241

年	紀年	正	二	三	四	五	六	七	八	九	十	十一	十二	閏
辛未	魏嘉平三	丁未	丁丑	丙午	丙子	乙巳	乙亥	甲辰	甲戌	癸卯	癸酉	癸卯	壬申	
	蜀延熙一四	戊申		丁未		丙午	丙子	乙巳	乙亥	甲辰	甲戌		癸酉	
壬申	魏嘉平四	壬寅	辛未	辛丑	庚午	庚子	己亥	戊辰	戊戌	丁卯	丁酉	丙寅	丙申	五己巳
	蜀延熙一五		壬申		辛未			己巳		戊辰	戊戌	丁卯	丁酉	五庚午
癸酉	魏嘉平五	乙丑	乙未	乙丑	甲午	甲子	癸巳	癸亥	壬辰	壬戌	辛卯	辛酉	庚寅	
	蜀延熙一六	丙寅	丙申		乙未		甲午		癸巳		壬辰		辛卯	
甲戌	魏嘉平六	庚申	己丑	己未	戊子	戊午	丁亥	丁巳	丁亥	丙辰	丙戌	乙卯	乙酉	
	蜀延熙一七	辛酉	庚寅	庚申	己丑	己未	戊子	戊午		丁巳		丙辰		
乙亥	魏正元二	甲寅	癸丑	癸未	壬子	壬午	辛亥	辛巳	庚戌	庚辰	庚戌	己卯	己酉	正甲申
	蜀延熙一八	乙卯	甲寅		癸丑	癸未	壬子	壬午	辛亥	辛巳		庚辰		正
丙子	魏正元三	戊寅	戊申	丁丑	丁未	丙子	丙午	乙亥	乙巳	甲戌	甲辰	癸酉	癸卯	
	蜀延熙一九	己卯		戊寅		丁丑		丙子	丙午	乙亥	乙巳	甲戌	甲辰	
丁丑	魏甘露二	壬申	壬寅	壬申	辛丑	辛未	庚子	庚午	己亥	己巳	戊戌	丁酉	丁卯	十戊辰
	蜀延熙二〇	癸酉	癸卯		壬寅		辛丑		庚子		戊辰	戊戌	戊辰	九己亥
戊寅	魏甘露三	丙申	丙寅	乙未	乙丑	甲午	甲子	甲午	癸亥	癸巳	壬戌	壬辰	辛酉	
	蜀景耀元	丁酉	丁卯	丙申	丙寅	乙未	乙丑		甲子		癸亥		壬戌	
己卯	魏甘露四	辛卯	庚申	庚寅	己未	己丑	戊午	戊子	丁巳	丁亥	丁巳	丙戌	丙辰	
	蜀景耀二		辛酉		庚申	庚寅	己未	己丑	戊午	戊子		丁亥		
庚辰	魏甘露五	乙酉	乙卯	甲申	甲寅	癸未	癸丑	壬午	辛巳	辛亥	庚辰	庚戌	己卯	七壬子
	蜀景耀三	丙戌		乙酉		甲申		癸未	壬午	壬子	辛巳	辛亥	庚辰	七癸丑

西曆之5/

年	曆	正	二	三	四	五	六	七	八	九	十	十一	十二	閏
辛巳	魏景元二	己酉	己卯	戊申	戊寅	丁未	丁丑	丙午	丙子	乙巳	乙亥	甲辰	甲戌	
	蜀景耀四	庚戌		己酉		戊申		丁未		丙午		乙巳	乙亥	
壬午	魏景元三	癸卯	癸酉	壬寅	壬申	辛丑	辛未	辛丑	庚午	庚子	己巳	己亥	戊辰	
	蜀景耀五	甲辰	甲戌	癸卯	癸酉	壬寅	壬申		辛未		庚午		己巳	
癸未	魏景元四	戊戌	丁卯	丁酉	丙申	乙丑	乙未	甲子	甲午	甲子	癸巳	癸亥	壬辰	三丙寅
	蜀炎興元		戊辰	戊戌	丁卯	丙寅	丙申	乙丑	乙未		甲午		癸巳	四丁酉

西曆561

陳周隋朔閏異同表

年	曆	正	二	三	四	五	六	七	八	九	十	十一	十二	閏	備注
丙戌	陳天嘉七	戊寅	戊申	丁丑	丁未	丁丑	丙午	丙子	乙巳	乙亥	甲辰	甲戌	癸卯		陳仍用大明曆
	周天和元	己卯		戊寅											周初用天和曆
丁亥	陳光大元	癸酉	壬寅	壬申	辛丑	辛未	庚子	己亥	己巳	己亥	戊辰	戊戌	丁卯	六庚午	
	周天和二		癸卯		壬寅		辛丑	庚午	庚子					八己巳	
戊子	陳光大二	丁酉	丙寅	丙申	乙丑	乙未	甲子	甲午	癸亥	癸巳	壬戌	壬辰	壬戌		
	周天和三				丙寅		乙丑		甲子		癸亥				
己丑	陳太建元	辛卯	辛酉	庚寅	庚申	己丑	己未	戊子	戊午	丁亥	丁巳	丙戌	丙辰		
	周天和四									戊子		丁亥			
庚寅	陳太建二	乙酉	乙卯	甲申	甲寅	癸丑	癸未	壬子	壬午	辛亥	辛巳	庚戌	庚辰	四甲申	
	周天和五	丙戌		乙酉										四	

西曆566

西曆571

年	紀年	正	二	三	四	五	六	七	八	九	十	十一	十二	閏	
辛卯	陳太建三	乙酉	乙卯	戊申	戊寅	丁未	丁丑	丙午	丙子	丙午	乙亥	乙巳	甲戌		
	周天和六	庚戌		己酉		戊申		丁未							
壬辰	陳太建四	甲辰	癸酉	癸卯	壬申	壬寅	辛未	辛丑	庚午	庚子	己巳	己亥	己巳	十二戊戌	
	周建德元				癸酉		壬申		辛未		庚午				
癸巳	陳太建五	戊辰	丁酉	丁卯	丙申	丙寅	乙未	乙丑	甲午	甲子	癸巳	癸亥	壬辰		
	周建德二	戊戌							乙未		甲午		癸巳	正戊辰	
甲午	陳太建六	壬戌	辛卯	辛酉	辛卯	庚申	庚寅	己未	己丑	戊午	戊子	丁巳	丁亥		
	周建德三		壬辰									戊午			
乙未	陳太建七	丙辰	丙戌	乙卯	乙酉	甲寅	甲申	癸丑	癸未	癸丑	壬子	辛巳	辛亥	九壬午	
	周建德四	丁巳		丙辰		乙卯		甲寅			壬午			十壬子	
丙申	陳太建八	庚辰	庚戌	己卯	己酉	戊寅	戊申	丁丑	丁未	丙子	丙午	丙子	乙巳		
	周建德五			庚辰		己卯		戊寅		丁丑					
丁酉	陳太建九	乙亥	甲辰	甲戌	癸卯	癸酉	壬寅	壬申	辛丑	辛未	庚子	庚午	己亥		
	周建德六								壬寅		辛丑		庚子		
戊戌	陳太建一〇	己巳	戊戌	戊辰	戊戌	丁卯	丙寅	丙申	乙丑	乙未	甲子	甲午	癸亥	五丁酉	
	周宣政元		己亥				丁酉				乙丑		甲子	六丙寅	
己亥	陳太建一一	癸巳	壬戌	壬辰	辛酉	辛卯	庚申	庚寅	庚申	己丑	己未	戊子	戊午		陳仍用大明曆
	周大成元		癸亥		壬戌		辛酉					己丑			周初用丙寅元曆
庚子	陳太建一二	丁亥	丁巳	丙戌	丙辰	乙酉	乙卯	甲申	甲寅	癸未	癸丑	癸未	壬子		
	周大象二	戊子		丁亥		丙戌		乙酉		甲申					

		正	二	三	四	五	六	七	八	九	十	十一	十二	閏	
辛丑	陳太建一三	壬午	辛亥	庚戌	庚辰	己酉	己卯	戊申	戊寅	丁未	丁丑	丙午	丙子	三辛巳	陳仍用大明曆
	隋開皇元		壬子	辛巳		庚戌		己酉		戊申		丁未		三辛亥	隋仍用丙寅元曆
壬寅	陳太建一四	乙巳	乙亥	乙巳	甲戌	甲辰	癸酉	癸卯	壬申	壬寅	辛未	辛丑	庚午		
	隋開皇二	丙午					甲戌		癸酉		壬申		辛未		
癸卯	陳至德元	庚子	己巳	己亥	戊辰	戊戌	丁卯	丁酉	丁卯	丙申	丙寅	乙未	甲午	十一乙丑	
	隋開皇三		庚午		己巳		戊辰					丙申	乙丑	十二乙未	
甲辰	陳至德二	甲子	癸巳	癸亥	壬辰	壬戌	辛卯	辛酉	庚寅	庚申	庚寅	己未	己丑		
	隋開皇四				癸巳		壬辰		辛卯						
乙巳	陳至德三	戊午	戊子	丁巳	丁亥	丙辰	丙戌	乙卯	乙酉	甲寅	甲申	癸丑	癸未		
	隋開皇五							丙辰		乙卯		甲寅			
丙午	陳至德四	壬子	壬午	壬子	辛巳	辛亥	庚辰	庚戌	己酉	戊寅	戊申	丁丑	丁未	七己卯	
	隋開皇六	癸丑							己卯			戊寅		八己酉	
丁未	陳貞明元	丙子	丙午	乙亥	乙巳	甲戌	甲辰	甲戌	癸卯	癸酉	壬寅	壬申	辛丑		
	隋開皇七	丁丑		丙子		乙亥									
戊申	陳貞明二	辛未	庚子	庚午	己亥	己巳	戊戌	戊辰	丁酉	丁卯	丁酉	丙寅	丙申		
	隋開皇八				庚子		己亥		戊戌						
己酉	陳貞明三	乙丑	乙未	甲子	癸亥	癸巳	壬戌	壬辰	辛酉	辛卯	庚申	庚寅	己未	三甲午	
	隋開皇九				甲午		癸亥		壬戌		辛酉		庚申	四癸亥	

西曆581

此表按西曆每月日數排列，每四年於二月末閏一日，凡七表二十八年，周而復始，其一二三四等字係月之次第，並代表其月之一日。

西曆元年一月一日為漢元壽二年十一月十九日戊寅，是日適為日曜日，以黑點誌其旁，順數而下，遇有失閏不閏及改曆，則須超越他表。

景教碑之立，云在唐建中二年正月七日日曜日，即西曆七八一年二月四日，欲知此日是否為日曜日，檢日曜表四第一年即得。回曆之紀元，云在西曆六二二年七月十六日金曜日，即唐武德五年六月三日，欲知此日是否為金曜日，檢日曜表六第二年即得。

22	23	23•	24	25	25	26	26	27	25•	26	27	27	28	28	29	30•	30	31	五	四	2	31	一•
23	24	24	25	26	26	27•	27	28	26	27	28	28	29•	29	30	31	七	六	2	2•	3	二	2
24	25	25	26•	27	27	28	28	29	27	28•	29	29	30	30	31	八	2•	2	3	3	4	2	3
25•	26	26	27	28	28	29	29•	30	28	29	30	30	31	十•	九	2	3	3	4	4	5•	3	4
26	27	27	28	29•	29	30	30	31	三	30	31•	十二	十一	2	2	3	4	4•	5	5	6	4	5
27	28•	28	29	30	30	31	五	四•	2	31	一	2	2	3	3•	4	5	5	6	6	7	5•	6
28	29	29	30	31	七•	六	2	2	3	二	2	3•	3	4	4	5	6	6	7•	7	8	6	7
29	30	30•	31	八	2	2	3	3	4•	2	3	4	4	5	5	6•	7	7	8	8	9	7	8•
30	31	十	九	2	3	3•	4	4	5	3	4	5	5•	6	6	7	8	8	9	9•	10	8	9
十二	十一	2	2•	3	4	4	5	5	6	4•	5	6	6	7	7	8	9•	9	10	10	11	9	10
2•	2	3	3	4	5	5	6•	6	7	5	6	7	7	8•	8	9	10	10	11	11	12•	10	11
3	3	4	4	5•	6	6	7	7	8	6	7•	8	8	9	9	10	11	11•	12	12	13	11	12
4	4•	5	5	6	7	7	8	8•	9	7	8	9	9	10	10•	11	12	12	13	13	14	12•	13
5	5	6	6	7	8•	8	9	9	10	8	9	10•	10	11	11	12	13	13	14•	14	15	13	14
6	6	7•	7	8	9	9	10	10	11•	9	10	11	11	12	12	13•	14	14	15	15	16	14	15•
7	7	8	8	9	10	10•	11	11	12	10	11	12	12•	13	13	14	15	15	16	16•	17	15	16
8	8	9	9•	10	11	11	12	12	13	11•	12	13	13	14	14	15	16•	16	17	17	18	16	17
9•	9	10	10	11	12	12	13•	13	14	12	13	14	14	15•	15	16	17	17	18	18	19•	17	18
10	10	11	11	12•	13	13	14	14	15	13	14•	15	15	16	16	17	18	18•	19	19	20	18	19
11	11•	12	12	13	14	14	15	15•	16	14	15	16	16	17	17•	18	19	19	20	20	21	19•	20
12	12	13	13	14	15•	15	16	16	17	15	16	17•	17	18	18	19	20	20	21•	21	22	20	21
13	13	14•	14	15	16	16	17	17	18•	16	17	18	18	19	19	20•	21	21	22	22	23	21	22•
14	14	15	15	16	17	17•	18	18	19	17	18	19	19•	20	20	21	22	22	23	23•	24	22	23
15	15	16	16•	17	18	18	19	19	20	18•	19	20	20	21	21	22	23•	23	24	24	25	23	24
16•	16	17	17	18	19	19	20•	20	21	19	20	21	21	22•	22	23	24	24	25	25	26•	24	25
17	17	18	18	19•	20	20	21	21	22	20	21•	22	22	23	23	24	25	25•	26	26	27	25	26
18	18•	19	19	20	21	21	22	22•	23	21	22	23	23	24	24•	25	26	26	27	27	28	26•	27
19	19	20	20	21	22•	22	23	23	24	22	23	24•	24	25	25	26	27	27	28•	28	29	27	28
20	20	21•	21	22	23	23	24	24	25•	23	24	25	25	26	26	27•	28	28	29	29	30	28	29•
21	21	22	22	23	24	24•	25	25	26	24	25	26	26•	27	27	28	29	29	30	30•	31	三	30

11	11	12	12	13	14	14•	15	15	16	15	16	17	17•	18	18	19	20	20	21	21•	22	20	21	22
12	12	13	13•	14	15	15	16	16	17	16•	17	18	18	19	19	20	21•	21	22	22	23	21	22	23•
13•	13	14	14	15	16	16	17•	17	18	17	18	19	19	20•	20	21	22	22	23	23	24•	22	23	24
14	14	15	15	16•	17	17	18	18	19	18	19•	20	20	21	21	22	23	23•	24	24	25	23	24	25
15	15•	16	16	17	18	18	19	19•	20	19	20	21	21	22	22•	23	24	24	25	25	26	24•	25	26
16	16	17	17	18	19•	19	20	20	21	20	21	22•	22	23	23	24	25	25	26•	26	27	25	26	27
17	17	18•	18	19	20	20	21	21	22•	21	22	23	23	24	24	25•	26	26	27	27	28	26	27•	28
18	18	19	19	20	21	21•	22	22	23	22	23	24	24•	25	25	26	27	27	28	28•	29	27	28	29
19	19	20	20•	21	22	22	23	23	24	23•	24	25	25	26	26	27	28•	28	29	29	30	28	29	30•
20•	20	21	21	22	23	23	24•	24	25	24	25	26	26	27•	27	28	29	29	30	30	31•	三	30	31
21	21	22	22	23•	24	24	25	25	26	25	26•	27	27	28	28	29	30	30•	31	五	四	2	31	一
22	22•	23	23	24	25	25	26	26•	27	26	27	28	28	29	29•	30	31	七	六	2	2	3•	二	2
23	23	24	24	25	26•	26	27	27	28	27	28	29•	29	30	30	31	八	2	2•	3	3	4	2	3
24	24	25•	25	26	27	27	28	28	29•	28	29	30	30	31	十	九•	2	3	3	4	4	5	3•	4
25	25	26	26	27	28	28•	29	29	30	29	30	31	十一•	十一	2	2	3	4	4	5•	5	6	4	5
26	26	27	27•	28	29	29	30	30	31	三•	31	一	2	2	3	3	4•	5	5	6	6	7	5	6•
27•	27	28	28	29	30	30	31•	五	四	2	二	2	3	3•	4	4	5	6	6	7	7•	8	6	7
28	28	29	29	30•	31	七	六	2	2	3	2•	3	4	4	5	5	6	7•	7	8	8	9	7	8
29	29•	30	30	31	八	2	2	3•	3	4	3	4	5	5	6•	6	7	8	8	9	9	10•	8	9
30	30	31	十	九	2•	3	3	4	4	5	4	5•	6	6	7	7	8	9	9•	10	10	11	9	10
31	十二	十二•	2	2	3	4	4	5	5•	6	5	6	7	7	8	8•	9	10	10	11	11	12	10•	11
	2	2	3	3	4	5•	5	6	6	7	6	7	8•	8	9	9	10	11	11	12•	12	13	11	12
	3	3	4•	4	5	6	6	7	7	8•	7	8	9	9	10	10	11•	12	12	13	13	14	12	13•
	4	4	5	5	6	7	7•	8	8	9	8	9	10	10•	11	11	12	13	13	14	14•	15	13	14
	5	5	6	6•	7	8	8	9	9	10	9•	10	11	11	12	12	13	14•	14	15	15	16	14	15
	6•	6	7	7	8	9	9	10•	10	11	10	11	12	12	13•	13	14	15	15	16	16	17•	15	16
	7	7	8	8	9•	10	10	11	11	12	11	12•	13	13	14	14	15	16	16•	17	17	18	16	17
	8	8•	9	9	10	11	11	12	12•	13	12	13	14	14	15	15•	16	17	17	18	18	19	17•	18
	9	9	10	10	11	12•	12	13	13	14	13	14	15•	15	16	16	17	18	18	19•	19	20	18	19
	10	10	11•	11	12	13	13	14	14	15•	14	15	16	16	17	17	18•	19	19	20	20	21	19	20•

22	23•	23	24	25	25	26	26	27•	25	26	27	27	28	28	29•	30	30	31	五	四	2	31•	一
23	24	24	25	26	26•	27	27	28	26	27	28	28•	29	29	30	31	七	六	2•	2	3	二	2
24	25	25•	26	27	27	28	28	29	27•	28	29	29	30	30	31	八•	2	2	3	3	4	2	3•
25	26	26	27	28	28	29•	29	30	28	29	30	30	31•	十	九	2	3	3	4	4•	5	3	4
26	27	27	28•	29	29	30	30	31	三	30•	31	十二	十一	2	2	3	4•	4	5	5	6	4	5
27•	28	28	29	30	30	31	五•	四	2	31	一	2	2	3•	3	4	5	5	6	6	7•	5	6
28	29	29	30	31•	七	六	2	2	3	二	2•	3	3	4	4	5	6	6•	7	7	8	6	7
29	30•	30	31	八	2	2	3	3•	4	2	3	4	4	5	5•	6	7	7	8	8	9	7•	8
30	31	十	九	2	3•	3	4	4	5	3	4	5•	5	6	6	7	8	8	9•	9	10	8	9
十二	十一	2•	2	3	4	4	5	5	6•	4	5	6	6	7	7	8•	9	9	10	10	11	9	10•
2	2	3	3	4	5	5•	6	6	7	5	6	7	7•	8	8	9	10	10	11	11•	12	10	11
3	3	4	4•	5	6	6	7	7	8	6•	7	8	8	9	9	10	11•	11	12	12	13	11	12
4•	4	5	5	6	7	7	8•	8	9	7	8	9	9	10•	10	11	12	12	13	13	14•	12	13
5	5	6	6	7•	8	8	9	9	10	8	9•	10	10	11	11	12	13	13•	14	14	15	13	14
6	6•	7	7	8	9	9	10	10•	11	9	10	11	11	12	12•	13	14	14	15	15	16	14•	15
7	7	8	8	9	10•	10	11	11	12	10	11	12•	12	13	13	14	15	15	16•	16	17	15	16
8	8	9•	9	10	11	11	12	12	13•	11	12	13	13	14	14	15•	16	16	17	17	18	16	17•
9	9	10	10	11	12	12•	13	13	14	12	13	14	14•	15	15	16	17	17	18	18•	19	17	18
10	10	11	11•	12	13	13	14	14	15	13•	14	15	15	16	16	17	18•	18	19	19	20	18	19
11•	11	12	12	13	14	14	15•	15	16	14	15	16	16	17•	17	18	19	19	20	20	21•	19	20
12	12	13	13	14•	15	15	16	16	17	15	16•	17	17	18	18	19	20	20•	21	21	22	20	21
13	13•	14	14	15	16	16	17	17•	18	16	17	18	18	19	19•	20	21	21	22	22	23	21•	22
14	14	15	15	16	17•	17	18	18	19	17	18	19•	19	20	20	21	22	22	23•	23	24	22	23
15	15	16•	16	17	18	18	19	19	20•	18	19	20	20	21	21	22•	23	23	24	24	25	23	24•
16	16	17	17	18	19	19•	20	20	21	19	20	21	21•	22	22	23	24	24	25	25•	26	24	25
17	17	18	18•	19	20	20	21	21	22	20•	21	22	22	23	23	24	25•	25	26	26	27	25	26
18•	18	19	19	20	21	21	22•	22	23	21	22	23	23	24•	24	25	26	26	27	27	28•	26	27
19	19	20	20	21•	22	22	23	23	24	22	23•	24	24	25	25	26	27	27•	28	28	29	27	28
20	20•	21	21	22	23	23	24	24•	25	23	24	25	25	26	26•	27	28	28	29	29	30	28•	29
21	21	22	22	23	24•	24	25	25	26	24	25	26•	26	27	27	28	29	29	30•	30	31	三	30

11	11	12	12	13	14•	14	15	15	16	15	16	17•	17	18	18	19	20	20	21•	21	22	20	21	22
12	12	13•	13	14	15	15	16	16	17•	16	17	18	18	19	19	20•	21	21	22	22	23	21	22•	23
13	13	14	14	15	16	16•	17	17	18	17	18	19	19•	20	20	21	22	22	23	23•	24	22	23	24
14	14	15	15•	16	17	17	18	18	19	18•	19	20	20	21	21	22	23•	23	24	24	25	23	24	25•
15•	15	16	16	17	18	18	19•	19	20	19	20	21	21	22•	22	23	24	24	25	25	26•	24	25	26
16	16	17	17	18•	19	19	20	20	21	20	21•	22	22	23	23	24	25	25•	26	26	27	25	26	27
17	17•	18	18	19	20	20	21	21•	22	21	22	23	23	24	24•	25	26	26	27	27	28	26•	27	28
18	18	19	19	20	21•	21	22	22	23	22	23	24•	24	25	25	26	27	27	28•	28	29	27	28	29
19	19	20•	20	21	22	22	23	23	24•	23	24	25	25	26	26	27•	28	28	29	29	30	28	29•	30
20	20	21	21	22	23	23•	24	24	25	24	25	26	26•	27	27	28	29	29	30	30•	31	三	30	31
21	21	22	22•	23	24	24	25	25	26	25•	26	27	27	28	28	29	30•	30	31	五	四	2	31	一•
22•	22	23	23	24	25	25	26•	26	27	26	27	28	28	29•	29	30	31	七	六	2	2•	3	二	2
23	23	24	24	25•	26	26	27	27	28	27	28•	29	29	30	30	31	八	2•	2	3	3	4	2	3
24	24•	25	25	26	27	27	28	28•	29	28	29	30	30	31	十•	九	2	3	3	4	4	5•	3	4
25	25	26	26	27	28•	28	29	29	30	29	30	31•	十二	十一	2	2	3	4	4•	5	5	6	4	5
26	26	27•	27	28	29	29	30	30	31•	三	31	一	2	2	3	3•	4	5	5	6	6	7	5•	6
27	27	28	28	29	30	30•	31	五	四	2	二	2	3•	3	4	4	5	6	6	7•	7	8	6	7
28	28	29	29•	30	31	七	六	2	2	3•	2	3	4	4	5	5	6•	7	7	8	8	9	7	8•
29•	29	30	30	31	八	2	2•	3	3	4	3	4	5	5•	6	6	7	8	8	9	9•	10	8	9
30	30	31	十	九•	2	3	3	4	4	5	4•	5	6	6	7	7	8	9•	9	10	10	11	9	10
31	十二•	十一	2	2	3	4	4	5•	5	6	5	6	7	7	8•	8	9	10	10	11	11	12•	10	11
	2	2	3	3	4•	5	5	6	6	7	6	7•	8	8	9	9	10	11	11•	12	12	13	11	12
	3	3•	4	4	5	6	6	7	7•	8	7	8	9	9	10	10•	11	12	12	13	13	14	12•	13
	4	4	5	5	6	7•	7	8	8	9	8	9	10•	10	11	11	12	13	13	14•	14	15	13	14
	5	5	6•	6	7	8	8	9	9	10•	9	10	11	11	12	12	13•	14	14	15	15	16	14	15•
	6	6	7	7	8	9	9•	10	10	11	10	11	12	12•	13	13	14	15	15	16	16•	17	15	16
	7	7	8	8•	9	10	10	11	11	12	11•	12	13	13	14	14	15	16•	16	17	17	18	16	17
	8•	8	9	9	10	11	11	12•	12	13	12	13	14	14	15•	15	16	17	17	18	18	19•	17	18
	9	9	10	10	11•	12	12	13	13	14	13	14•	15	15	16	16	17	18	18•	19	19	20	18	19
	10	10•	11	11	12	13	13	14	14•	15	14	15	16	16	17	17•	18	19	19	20	20	21	19•	20

22•	23	23	24	25	25	26	26•	27	25	26	27	27	28	28•	29	30	30	31	五	四	2•	31	一
23	24	24	25	26•	26	27	27	28	26	27	28•	28	29	29	30	31	七	六•	2	2	3	二	2
24	25•	25	26	27	27	28	28	29•	27	28	29	29	30	30	31•	八	2	2	3	3	4	2•	3
25	26	26	27	28	28•	29	29	30	28	29	30	30•	31	十	九	2	3	3	4•	4	5	3	4
26	27	27•	28	29	29	30	30	31	三•	30	31	十二	十一	2	2	3•	4	4	5	5	6	4	5•
27	28	28	29	30	30	31•	五	四	2	31	一	2	2•	3	3	4	5	5	6	6•	7	5	6
28	29	29	30•	31	七	六	2	2	3	二•	2	3	3	4	4	5	6•	6	7	7	8	6	7
29•	30	30	31	八	2	2	3•	3	4	2	3	4	4	5•	5	6	7	7	8	8	9•	7	8
30	31	十	九	2•	3	3	4	4	5	3	4•	5	5	6	6	7	8	8•	9	9	10	8	9
十二	十一•	2	2	3	4	4	5	5•	6	4	5	6	6	7	7•	8	9	9	10	10	11	9•	10
2	2	3	3	4	5•	5	6	6	7	5	6	7•	7	8	8	9	10	10	11•	11	12	10	11
3	3	4•	4	5	6	6	7	7	8•	6	7	8	8	9	9	10•	11	11	12	12	13	11	12•
4	4	5	5	6	7	7•	8	8	9	7	8	9	9•	10	10	11	12	12	13	13•	14	12	13
5	5	6	6•	7	8	8	9	9	10	8•	9	10	10	11	11	12	13•	13	14	14	15	13	14
6•	6	7	7	8	9	9	10•	10	11	9	10	11	11	12•	12	13	14	14	15	15	16•	14	15
7	7	8	8	9•	10	10	11	11	12	10	11•	12	12	13	13	14	15	15•	16	16	17	15	16
8	8•	9	9	10	11	11	12	12•	13	11	12	13	13	14	14•	15	16	16	17	17	18	16•	17
9	9	10	10	11	12•	12	13	13	14	12	13	14•	14	15	15	16	17	17	18•	18	19	17	18
10	10	11•	11	12	13	13	14	14	15•	13	14	15	15	16	16	17•	18	18	19	19	20	18	19•
11	11	12	12	13	14	14•	15	15	16	14	15	16	16•	17	17	18	19	19	20	20•	21	19	20
12	12	13	13•	14	15	15	16	16	17	15•	16	17	17	18	18	19	20•	20	21	21	22	20	21
13•	13	14	14	15	16	16	17•	17	18	16	17	18	18	19•	19	20	21	21	22	22	23•	21	22
14	14	15	15	16•	17	17	18	18	19	17	18•	19	19	20	20	21	22	22•	23	23	24	22	23
15	15•	16	16	17	18	18	19	19•	20	18	19	20	20	21	21•	22	23	23	24	24	25	23•	24
16	16	17	17	18	19•	19	20	20	21	19	20	21•	21	22	22	23	24	24	25•	25	26	24	25
17	17	18•	18	19	20	20	21	21	22•	20	21	22	22	23	23	24•	25	25	26	26	27	25	26•
18	18	19	19	20	21	21•	22	22	23	21	22	23	23•	24	24	25	26	26	27	27•	28	26	27
19	19	20	20•	21	22	22	23	23	24	22•	23	24	24	25	25	26	27•	27	28	28	29	27	28
20•	20	21	21	22	23	23	24•	24	25	23	24	25	25	26•	26	27	28	28	29	29	30•	28	29
21	21	22	22	23•	24	24	25	25	26	24	25•	26	26	27	27	28	29	29•	30	30	31	三	30

11	11	12	12	13•	14	14	15	15	16	15	16•	17	17	18	18	19	20	20•	21	21	22	20	21	22
12	12•	13	13	14	15	15	16	16•	17	16	17	18	18	19	19•	20	21	21	22	22	23	21•	22	23
13	13	14	14	15	16•	16	17	17	18	17	18	19•	19	20	20	21	22	22	23•	23	24	22	23	24
14	14	15•	15	16	17	17	18	18	19•	18	19	20	20	21	21	22•	23	23	24	24	25	23	24•	25
15	15	16	16	17	18	18•	19	19	20	19	20	21	21•	22	22	23	24	24	25	25•	26	24	25	26
16	16	17	17•	18	19	19	20	20	21	20•	21	22	22	23	23	24	25•	25	26	26	27	25	26	27•
17•	17	18	18	19	20	20	21•	21	22	21	22	23	23	24•	24	25	26	26	27	27	28•	26	27	28
18	18	19	19	20•	21	21	22	22	23	22	23•	24	24	25	25	26	27	27•	28	28	29	27	28	29
19	19•	20	20	21	22	22	23	23•	24	23	24	25	25	26	26•	27	28	28	29	29	30	28•	29	30
20	20	21	21	22	23•	23	24	24	25	24	25	26•	26	27	27	28	29	29	30•	30	31	三	30	31
21	21	22•	22	23	24	24	25	25	26•	25	26	27	27	28	28	29•	30	30	31	五	四	2	31•	一
22	22	23	23	24	25	25•	26	26	27	26	27	28	28•	29	29	30	31	七	六	2•	2	3	二	2
23	23	24	24•	25	26	26	27	27	28	27•	28	29	29	30	30	31	八•	2	2	3	3	4	2	3•
24•	24	25	25	26	27	27	28•	28	29	28	29	30	30	31•	十	九	2	3	3	4	4•	5	3	4
25	25	26	26	27•	28	28	29	29	30	29	30•	31	十二	十一	2	2	3	4•	4	5	5	6	4	5
26	26•	27	27	28	29	29	30	30•	31	三	31	一	2	2	3•	3	4	5	5	6	6	7•	5	6
27	27	28	28	29	30•	30	31	五	四	2	二	2•	3	3	4	4	5	6	6•	7	7	8	6	7
28	28	29•	29	30	31	七	六	2	2•	3	2	3	4	4	5	5•	6	7	7	8	8	9	7•	8
29	29	30	30	31	八	2•	2	3	3	4	3	4	5•	5	6	6	7	8	8	9•	9	10	8	9
30	30	31	十•	九	2	3	3	4	4	5•	4	5	6	6	7	7	8•	9	9	10	10	11	9	10•
31•	十二	十一	2	2	3	4	4•	5	5	6	5	6	7	7•	8	8	9	10	10	11	11•	12	10	11
	2	2	3	3•	4	5	5	6	6	7	6•	7	8	8	9	9	10	11•	11	12	12	13	11	12
	3•	3	4	4	5	6	6	7•	7	8	7	8	9	9	10•	10	11	12	12	13	13	14•	12	13
	4	4	5	5	6•	7	7	8	8	9	8	9•	10	10	11	11	12	13	13•	14	14	15	13	14
	5	5•	6	6	7	8	8	9	9•	10	9	10	11	11	12	12•	13	14	14	15	15	16	14•	15
	6	6	7	7	8	9•	9	10	10	11	10	11	12•	12	13	13	14	15	15	16•	16	17	15	16
	7	7	8•	8	9	10	10	11	11	12•	11	12	13	13	14	14	15•	16	16	17	17	18	16	17•
	8	8	9	9	10	11	11•	12	12	13	12	13	14	14•	15	15	16	17	17	18	18•	19	17	18
	9	9	10	10•	11	12	12	13	13	14	13•	14	15	15	16	16	17	18•	18	19	19	20	18	19
	10•	10	11	11	12	13	13	14•	14	15	14	15	16	16	17•	17	18	19	19	20	20	21•	19	20

22	23	23	24	25	25	26•	26	27	25	26	27	27	28•	28	29	30	30	31	五	四•	2	31	一
23	24	24	25•	26	26	27	27	28	26	27•	28	28	29	29	30	31	七•	六	2	2	3	二	2
24•	25	25	26	27	27	28	28•	29	27	28	29	29	30	30•	31	八	2	2	3	3	4•	2	3
25	26	26	27	28•	28	29	29	30	28	29	30•	30	31	十	九	2	3	3•	4	4	5	3	4
26	27•	27	28	29	29	30	30	31•	三	30	31	十二	十一	2	2•	3	4	4	5	5	6	4•	5
27	28	28	29	30	30•	31	五	四	2	31	一	2•	2	3	3	4	5	5	6•	6	7	5	6
28	29	29•	30	31	七	六	2	2	3•	二	2	3	3	4	4	5•	6	6	7	7	8	6	7•
29	30	30	31	八	2	2•	3	3	4	2	3	4	4•	5	5	6	7	7	8	8•	9	7	8
30	31	十	九•	2	3	3	4	4	5	3•	4	5	5	6	6	7	8•	8	9	9	10	8	9
十二•	十一	2	2	3	4	4	5•	5	6	4	5	6	6	7•	7	8	9	9	10	10	11•	9	10
2	2	3	3	4•	5	5	6	6	7	5	6•	7	7	8	8	9	10	10•	11	11	12	10	11
3	3•	4	4	5	6	6	7	7•	8	6	7	8	8	9	9•	10	11	11	12	12	13	11•	12
4	4	5	5	6	7•	7	8	8	9	7	8	9•	9	10	10	11	12	12	13•	13	14	12	13
5	5	6•	6	7	8	8	9	9	10•	8	9	10	10	11	11	12•	13	13	14	14	15	13	14•
6	6	7	7	8	9	9•	10	10	11	9	10	11	11•	12	12	13	14	14	15	15•	16	14	15
7	7	8	8•	9	10	10	11	11	12	10•	11	12	12	13	13	14	15•	15	16	16	17	15	16
8•	8	9	9	10	11	11	12•	12	13	11	12	13	13	14•	14	15	16	16	17	17	18•	16	17
9	9	10	10	11•	12	12	13	13	14	12	13•	14	14	15	15	16	17	17•	18	18	19	17	18
10	10•	11	11	12	13	13	14	14•	15	13	14	15	15	16	16•	17	18	18	19	19	20	18•	19
11	11	12	12	13	14•	14	15	15	16	14	15	16•	16	17	17	18	19	19	20•	20	21	19	20
12	12	13•	13	14	15	15	16	16	17•	15	16	17	17	18	18	19•	20	20	21	21	22	20	21•
13	13	14	14	15	16	16•	17	17	18	16	17	18	18•	19	19	20	21	21	22	22•	23	21	22
14	14	15	15•	16	17	17	18	18	19	17•	18	19	19	20	20	21	22•	22	23	23	24	22	23
15•	15	16	16	17	18	18	19•	19	20	18	19	20	20	21•	21	22	23	23	24	24	25•	23	24
16	16	17	17	18•	19	19	20	20	21	19	20•	21	21	22	22	23	24	24•	25	25	26	24	25
17	17•	18	18	19	20	20	21	21•	22	20	21	22	22	23	23•	24	25	25	26	26	27	25•	26
18	18	19	19	20	21•	21	22	22	23	21	22	23•	23	24	24	25	26	26	27•	27	28	26	27
19	19	20•	20	21	22	22	23	23	24•	22	23	24	24	25	25	26•	27	27	28	28	29	27	28•
20	20	21	21	22	23	23•	24	24	25	23	24	25	25•	26	26	27	28	28	29	29•	30	28	29
21	21	22	22•	23	24	24	25	25	26	24•	25	26	26	27	27	28	29•	29	30	30	31	三	30

11	11	12	12•	13	14	14	15	15	16	15•	16	17	17	18	18	19	20•	20	21	21	22	20	21	22•
12•	12	13	13	14	15	15	16•	16	17	16	17	18	18	19•	19	20	21	21	22	22	23•	21	22	23
13	13	14	14	15•	16	16	17	17	18	17	18•	19	19	20	20	21	22	22•	23	23	24	22	23	24
14	14•	15	15	16	17	17	18	18•	19	18	19	20	20	21	21•	22	23	23	24	24	25	23•	24	25
15	15	16	16	17	18•	18	19	19	20	19	20	21•	21	22	22	23	24	24	25•	25	26	24	25	26
16	16	17•	17	18	19	19	20	20	21•	20	21	22	22	23	23	24•	25	25	26	26	27	25	26•	27
17	17	18	18	19	20	20•	21	21	22	21	22	23	23•	24	24	25	26	26	27	27•	28	26	27	28
18	18	19	19•	20	21	21	22	22	23	22•	23	24	24	25	25	26	27•	27	28	28	29	27	28	29•
19•	19	20	20	21	22	22	23•	23	24	23	24	25	25	26•	26	27	28	28	29	29	30•	28	29	30
20	20	21	21	22•	23	23	24	24	25	24	25•	26	26	27	27	28	29	29•	30	30	31	三	30	31
21	21•	22	22	23	24	24	25	25•	26	25	26	27	27	28	28•	29	30	30	31	五	四	2•	31	一
22	22	23	23	24	25•	25	26	26	27	26	27	28•	28	29	29	30	31	七	六•	2	2	3	二	2
23	23	24•	24	25	26	26	27	27	28•	27	28	29	29	30	30	31•	八	2	2	3	3	4	2•	3
24	24	25	25	26	27	27•	28	28	29	28	29	30	30•	31	十	九	2	3	3	4•	4	5	3	4
25	25	26	26•	27	28	28	29	29	30	29•	30	31	十二	十一	2	2	3•	4	4	5	5	6	4	5•
26•	26	27	27	28	29	29	30•	30	31	三	31	一	2	2•	3	3	4	5	5	6	6•	7	5	6
27	27	28	28	29•	30	30	31	五	四	2	二•	2	3	3	4	4	5	6•	6	7	7	8	6	7
28	28•	29	29	30	31	七	六	2•	2	3	2	3	4	4	5•	5	6	7	7	8	8	9•	7	8
29	29	30	30	31	八•	2	2	3	3	4	3	4•	5	5	6	6	7	8	8•	9	9	10	8	9
30	30	31•	十	九	2	3	3	4	4•	5	4	5	6	6	7	7•	8	9	9	10	10	11	9•	10
31	十二	十一	2	2	3	4•	4	5	5	6	5	6	7•	7	8	8	9	10	10	11•	11	12	10	11
	2	2	3•	3	4	5	5	6	6	7•	6	7	8	8	9	9	10•	11	11	12	12	13	11	12•
	3	3	4	4	5	6	6•	7	7	8	7	8	9	9•	10	10	11	12	12	13	13•	14	12	13
	4	4	5	5•	6	7	7	8	8	9	8•	9	10	10	11	11	12	13•	13	14	14	15	13	14
	5•	5	6	6	7	8	8	9•	9	10	9	10	11	11	12•	12	13	14	14	15	15	16•	14	15
	6	6	7	7	8•	9	9	10	10	11	10	11•	12	12	13	13	14	15	15•	16	16	17	15	16
	7	7•	8	8	9	10	10	11	11•	12	11	12	13	13	14	14•	15	16	16	17	17	18	16•	17
	8	8	9	9	10	11•	11	12	12	13	12	13	14•	14	15	15	16	17	17	18•	18	19	17	18
	9	9	10•	10	11	12	12	13	13	14•	13	14	15	15	16	16	17•	18	18	19	19	20	18	19•
	10	10	11	11	12	13	13•	14	14	15	14	15	16	16•	17	17	18	19	19	20	20•	21	19	20

22	23	23	24	25	25•	26	26	27	25	26	27	27•	28	28	29	30	30	31	五•	四	2	31	一
23	24	24•	25	26	26	27	27	28	26•	27	28	28	29	29	30	31•	七	六	2	2	3	二	2•
24	25	25	26	27	27	28•	28	29	27	28	29	29	30•	30	31	八	2	2	3	3•	4	2	3
25	26	26	27•	28	28	29	29	30	28	29•	30	30	31	十	九	2	3•	3	4	4	5	3	4
26•	27	27	28	29	29	30	30•	31	三	30	31	十二	十一	2•	2	3	4	4	5	5	6•	4	5
27	28	28	29	30•	30	31	五	四	2	31	一•	2	2	3	3	4	5	5•	6	6	7	5	6
28	29•	29	30	31	七	六	2	2•	3	二	2	3	3	4	4•	5	6	6	7	7	8	6•	7
29	30	30	31	八	2•	2	3	3	4	2	3	4•	4	5	5	6	7	7	8•	8	9	7	8
30	31	十•	九	2	3	3	4	4	5•	3	4	5	5	6	6	7•	8	8	9	9	10	8	9•
十二	十一	2	2	3	4	4•	5	5	6	4	5	6	6•	7	7	8	9	9	10	10•	11	9	10
2	2	3	3•	4	5	5	6	6	7	5•	6	7	7	8	8	9	10•	10	11	11	12	10	11
3•	3	4	4	5	6	6	7•	7	8	6	7	8	8	9•	9	10	11	11	12	12	13•	11	12
4	4	5	5	6•	7	7	8	8	9	7	8•	9	9	10	10	11	12	12•	13	13	14	12	13
5	5•	6	6	7	8	8	9	9•	10	8	9	10	10	11	11•	12	13	13	14	14	15	13•	14
6	6	7	7	8	9•	9	10	10	11	9	10	11•	11	12	12	13	14	14	15•	15	16	14	15
7	7	8•	8	9	10	10	11	11	12•	10	11	12	12	13	13	14•	15	15	16	16	17	15	16•
8	8	9	9	10	11	11•	12	12	13	11	12	13	13•	14	14	15	16	16	17	17•	18	16	17
9	9	10	10•	11	12	12	13	13	14	12•	13	14	14	15	15	16	17•	17	18	18	19	17	18
10•	10	11	11	12	13	13	14•	14	15	13	14	15	15	16•	16	17	18	18	19	19	20•	18	19
11	11	12	12	13•	14	14	15	15	16	14	15•	16	16	17	17	18	19	19•	20	20	21	19	20
12	12•	13	13	14	15	15	16	16•	17	15	16	17	17	18	18•	19	20	20	21	21	22	20•	21
13	13	14	14	15	16•	16	17	17	18	16	17	18•	18	19	19	20	21	21	22•	22	23	21	22
14	14	15•	15	16	17	17	18	18	19•	17	18	19	19	20	20	21•	22	22	23	23	24	22	23•
15	15	16	16	17	18	18•	19	19	20	18	19	20	20•	21	21	22	23	23	24	24•	25	23	24
16	16	17	17•	18	19	19	20	20	21	19•	20	21	21	22	22	23	24•	24	25	25	26	24	25
17•	17	18	18	19	20	20	21•	21	22	20	21	22	22	23•	23	24	25	25	26	26	27•	25	26
18	18	19	19	20•	21	21	22	22	23	21	22•	23	23	24	24	25	26	26•	27	27	28	26	27
19	19•	20	20	21	22	22	23	23•	24	22	23	24	24	25	25•	26	27	27	28	28	29	27•	28
20	20	21	21	22	23•	23	24	24	25	23	24	25•	25	26	26	27	28	28	29•	29	30	28	29
21	21	22•	22	23	24	24	25	25	26•	24	25	26	26	27	27	28•	29	29	30	30	31	三	30•

11	11	12•	12	13	14	14	15	15	16•	15	16	17	17	18	18	19•	20	20	21	21	22	20	21•	22
12	12	13	13	14	15	15•	16	16	17	16	17	18	18•	19	19	20	21	21	22	22•	23	21	22	23
13	13	14	14•	15	16	16	17	17	18	17•	18	19	19	20	20	21	22•	22	23	23	24	22	23	24•
14•	14	15	15	16	17	17	18•	18	19	18	19	20	20	21•	21	22	23	23	24	24	25•	23	24	25
15	15	16	16	17•	18	18	19	19	20	19	20•	21	21	22	22	23	24	24•	25	25	26	24	25	26
16	16•	17	17	18	19	19	20	20•	21	20	21	22	22	23	23•	24	25	25	26	26	27	25•	26	27
17	17	18	18	19	20•	20	21	21	22	21	22	23•	23	24	24	25	26	26	27•	27	28	26	27	28
18	18	19•	19	20	21	21	22	22	23•	22	23	24	24	25	25	26•	27	27	28	28	29	27	28•	29
19	19	20	20	21	22	22•	23	23	24	23	24	25	25•	26	26	27	28	28	29	29•	30	28	29	30
20	20	21	21•	22	23	23	24	24	25	24•	25	26	26	27	27	28	29•	29	30	30	31	三	30	31•
21•	21	22	22	23	24	24	25•	25	26	25	26	27	27	28•	28	29	30	30	31	五	四•	2	31	一
22	22	23	23	24•	25	25	26	26	27	26	27•	28	28	29	29	30	31	七•	六	2	2	3	二	2
23	23•	24	24	25	26	26	27	27•	28	27	28	29	29	30	30•	31	八	2	2	3	3	4•	2	3
24	24	25	25	26	27•	27	28	28	29	28	29	30•	30	31	十	九	2	3	3•	4	4	5	3	4
25	25	26•	26	27	28	28	29	29	30•	29	30	31	十二	十一	2	2•	3	4	4	5	5	6	4•	5
26	26	27	27	28	29	29•	30	30	31	三	31	一	2•	2	3	3	4	5	5	6•	6	7	5	6
27	27	28	28•	29	30	30	31	五	四	2•	二	2	3	3	4	4	5•	6	6	7	7	8	6	7•
28•	28	29	29	30	31	七	六•	2	2	3	2	3	4	4•	5	5	6	7	7	8	8•	9	7	8
29	29	30	30	31•	八	2	2	3	3	4	3•	4	5	5	6	6	7	8•	8	9	9	10	8	9
30	30•	31	十	九	2	3	3	4•	4	5	4	5	6	6	7•	7	8	9	9	10	10	11•	9	10
31	十二	十一	2	2	3•	4	4	5	5	6	5	6•	7	7	8	8	9	10	10•	11	11	12	10	11
	2	2•	3	3	4	5	5	6	6•	7	6	7	8	8	9	9•	10	11	11	12	12	13	11•	12
	3	3	4	4	5	6•	6	7	7	8	7	8	9•	9	10	10	11	12	12	13•	13	14	12	13
	4	4	5•	5	6	7	7	8	8	9•	8	9	10	10	11	11	12•	13	13	14	14	15	13	14•
	5	5	6	6	7	8	8•	9	9	10	9	10	11	11•	12	12	13	14	14	15	15•	16	14	15
	6	6	7	7•	8	9	9	10	10	11	10•	11	12	12	13	13	14	15•	15	16	16	17	15	16
	7•	7	8	8	9	10	10	11•	11	12	11	12	13	13	14•	14	15	16	16	17	17	18•	16	17
	8	8	9	9	10•	11	11	12	12	13	12	13•	14	14	15	15	16	17	17•	18	18	19	17	18
	9	9•	10	10	11	12	12	13	13•	14	13	14	15	15	16	16•	17	18	18	19	19	20	18•	19
	10	10	11	11	12	13•	13	14	14	15	14	15	16•	16	17	17	18	19	19	20•	20	21	19	20

附日曜表六

22	23	23	24	25•	25	26	26	27	25	26	27•	27	28	28	29	30	30	31•	五	四	2	31	一
23	24•	24	25	26	26	27	27	28•	26	27	28	28	29	29	30•	31	七	六	2	2	3	二•	2
24	25	25	26	27	27•	28	28	29	27	28	29	29•	30	30	31	八	2	2	3•	3	4	2	3
25	26	26•	27	28	28	29	29	30	28•	29	30	30	31	十	九	2•	3	3	4	4	5	3	4•
26	27	27	28	29	29	30•	30	31	三	30	31	十二	十一•	2	2	3	4	4	5	5•	6	4	5
27	28	28	29•	30	30	31	五	四	2	31•	一	2	2	3	3	4	5•	5	6	6	7	5	6
28•	29	29	30	31	七	六	2•	2	3	二	2	3	3	4•	4	5	6	6	7	7	8•	6	7
29	30	30	31	八•	2	2	3	3	4	2	3•	4	4	5	5	6	7	7•	8	8	9	7	8
30	31•	十	九	2	3	3	4	4•	5	3	4	5	5	6	6•	7	8	8	9	9	10	8•	9
十二	十一	2	2	3	4•	4	5	5	6	4	5	6•	6	7	7	8	9	9	10•	10	11	9	10
2	2	3•	3	4	5	5	6	6	7•	5	6	7	7	8	8	9•	10	10	11	11	12	10	11•
3	3	4	4	5	6	6•	7	7	8	6	7	8	8•	9	9	10	11	11	12	12•	13	11	12
4	4	5	5•	6	7	7	8	8	9	7•	8	9	9	10	10	11	12•	12	13	13	14	12	13
5•	5	6	6	7	8	8	9•	9	10	8	9	10	10	11•	11	12	13	13	14	14	15•	13	14
6	6	7	7	8•	9	9	10	10	11	9	10•	11	11	12	12	13	14	14•	15	15	16	14	15
7	7•	8	8	9	10	10	11	11•	12	10	11	12	12	13	13•	14	15	15	16	16	17	15•	16
8	8	9	9	10	11•	11	12	12	13	11	12	13•	13	14	14	15	16	16	17•	17	18	16	17
9	9	10•	10	11	12	12	13	13	14•	12	13	14	14	15	15	16•	17	17	18	18	19	17	18•
10	10	11	11	12	13	13•	14	14	15	13	14	15	15•	16	16	17	18	18	19	19•	20	18	19
11	11	12	12•	13	14	14	15	15	16	14•	15	16	16	17	17	18	19•	19	20	20	21	19	20
12•	12	13	13	14	15	15	16•	16	17	15	16	17	17	18•	18	19	20	20	21	21	22•	20	21
13	13	14	14	15•	16	16	17	17	18	16	17•	18	18	19	19	20	21	21•	22	22	23	21	22
14	14•	15	15	16	17	17	18	18•	19	17	18	19	19	20	20•	21	22	22	23	23	24	22•	23
15	15	16	16	17	18•	18	19	19	20	18	19	20•	20	21	21	22	23	23	24•	24	25	23	24
16	16	17•	17	18	19	19	20	20	21•	19	20	21	21	22	22	23•	24	24	25	25	26	24	25•
17	17	18	18	19	20	20•	21	21	22	20	21	22	22•	23	23	24	25	25	26	26•	27	25	26
18	18	19	19•	20	21	21	22	22	23	21•	22	23	23	24	24	25	26•	26	27	27	28	26	27
19•	19	20	20	21	22	22	23•	23	24	22	23	24	24	25•	25	26	27	27	28	28	29•	27	28
20	20	21	21	22•	23	23	24	24	25	23	24•	25	25	26	26	27	28	28•	29	29	30	28	29
21	21•	22	22	23	24	24	25	25•	26	24	25	26	26	27	27•	28	29	29	30	30	31	三•	30

11	11•	12	12	13	14	14	15	15•	16	15	16	17	17	18	18•	19	20	20	21	21	22	20•	21	22
12	12	13	13	14	15•	15	16	16	17	16	17	18•	18	19	19	20	21	21	22•	22	23	21	22	23
13	13	14•	14	15	16	16	17	17	18•	17	18	19	19	20	20	21•	22	22	23	23	24	22	23•	24
14	14	15	15	16	17	17•	18	18	19	18	19	20	20•	21	21	22	23	23	24	24•	25	23	24	25
15	15	16	16•	17	18	18	19	19	20	19•	20	21	21	22	22	23	24•	24	25	25	26	24	25	26•
16•	16	17	17	18	19	19	20•	20	21	20	21	22	22	23•	23	24	25	25	26	26	27•	25	26	27
17	17	18	18	19•	20	20	21	21	22	21	22•	23	23	24	24	25	26	26•	27	27	28	26	27	28
18	18•	19	19	20	21	21	22	22•	23	22	23	24	24	25	25•	26	27	27	28	28	29	27•	28	29
19	19	20	20	21	22•	22	23	23	24	23	24	25•	25	26	26	27	28	28	29•	29	30	28	29	30
20	20	21•	21	22	23	23	24	24	25•	24	25	26	26	27	27	28•	29	29	30	30	31	三	30•	31
21	21	22	22	23	24	24•	25	25	26	25	26	27	27•	28	28	29	30	30	31	五•	四	2	31	一
22	22	23	23•	24	25	25	26	26	27	26•	27	28	28	29	29	30	31•	七	六	2	2	3	二	2•
23•	23	24	24	25	26	26	27•	27	28	27	28	29	29	30•	30	31	八	2	2	3	3•	4	2	3
24	24	25	25	26•	27	27	28	28	29	28	29•	30	30	31	十	九	2	3•	3	4	4	5	3	4
25	25•	26	26	27	28	28	29	29•	30	29	30	31	十二	十一	2•	2	3	4	4	5	5	6•	4	5
26	26	27	27	28	29•	29	30	30	31	三	31	一•	2	2	3	3	4	5	5•	6	6	7	5	6
27	27	28•	28	29	30	30	31	五	四•	2	二	2	3	3	4	4•	5	6	6	7	7	8	6•	7
28	28	29	29	30	31	七•	六	2	2	3	2	3	4•	4	5	5	6	7	7	8•	8	9	7	8
29	29	30	30•	31	八	2	2	3	3	4•	3	4	5	5	6	6	7•	8	8	9	9	10	8	9•
30•	30	31	十	九	2	3	3•	4	4	5	4	5	6	6•	7	7	8	9	9	10	10•	11	9	10
31	十二	十一	2	2•	3	4	4	5	5	6	5•	6	7	7	8	8	9	10•	10	11	11	12	10	11
	2•	2	3	3	4	5	5	6•	6	7	6	7	8	8	9•	9	10	11	11	12	12	13•	11	12
	3	3	4	4	5•	6	6	7	7	8	7	8•	9	9	10	10	11	12	12•	13	13	14	12	13
	4	4•	5	5	6	7	7	8	8•	9	8	9	10	10	11	11•	12	13	13	14	14	15	13•	14
	5	5	6	6	7	8•	8	9	9	10	9	10	11•	11	12	12	13	14	14	15•	15	16	14	15
	6	6	7•	7	8	9	9	10	10	11•	10	11	12	12	13	13	14•	15	15	16	16	17	15	16•
	7	7	8	8	9	10	10•	11	11	12	11	12	13	13•	14	14	15	16	16	17	17•	18	16	17
	8	8	9	9•	10	11	11	12	12	13	12•	13	14	14	15	15	16	17•	17	18	18	19	17	18
	9•	9	10	10	11	12	12	13•	13	14	13	14	15	15	16•	16	17	18	18	19	19	20•	18	19
	10	10	11	11	12•	13	13	14	14	15	14	15•	16	16	17	17	18	19	19•	20	20	21	19	20

22	23	23	24•	25	25	26	26	27	25	26•	27	27	28	28	29	30	30•	31	五	四	2	31	一
23•	24	24	25	26	26	27	27•	28	26	27	28	28	29	29•	30	31	七	六	2	2	3•	二	2
24	25	25	26	27•	27	28	28	29	27	28	29•	29	30	30	31	八	2	2•	3	3	4	2	3
25	26•	26	27	28	28	29	29	30•	28	29	30	30	31	十	九•	2	3	3	4	4	5	3•	4
26	27	27	28	29	29•	30	30	31	三	30	31	十二•	十一	2	2	3	4	4	5•	5	6	4	5
27	28	28•	29	30	30	31	五	四	2•	31	一	2	2	3	3	4•	5	5	6	6	7	5	6•
28	29	29	30	31	七	六•	2	2	3	二	2	3	3•	4	4	5	6	6	7	7•	8	6	7
29	30	30	31•	八	2	2	3	3	4	2•	3	4	4	5	5	6	7•	7	8	8	9	7	8
30•	31	十	九	2	3	3	4•	4	5	3	4	5	5	6•	6	7	8	8	9	9	10•	8	9
十二	十一	2	2	3•	4	4	5	5	6	4	5•	6	6	7	7	8	9	9•	10	10	11	9	10
2	2•	3	3	4	5	5	6	6•	7	5	6	7	7	8	8•	9	10	10	11	11	12	10•	11
3	3	4	4	5	6•	6	7	7	8	6	7	8•	8	9	9	10	11	11	12•	12	13	11	12
4	4	5•	5	6	7	7	8	8	9•	7	8	9	9	10	10	11•	12	12	13	13	14	12	13•
5	5	6	6	7	8	8•	9	9	10	8	9	10	10•	11	11	12	13	13	14	14•	15	13	14
6	6	7	7•	8	9	9	10	10	11	9•	10	11	11	12	12	13	14•	14	15	15	16	14	15
7•	7	8	8	9	10	10	11•	11	12	10	11	12	12	13•	13	14	15	15	16	16	17•	15	16
8	8	9	9	10•	11	11	12	12	13	11	12•	13	13	14	14	15	16	16•	17	17	18	16	17
9	9•	10	10	11	12	12	13	13•	14	12	13	14	14	15	15•	16	17	17	18	18	19	17•	18
10	10	11	11	12	13•	13	14	14	15	13	14	15•	15	16	16	17	18	18	19•	19	20	18	19
11	11	12•	12	13	14	14	15	15	16•	14	15	16	16	17	17	18•	19	19	20	20	21	19	20•
12	12	13	13	14	15	15•	16	16	17	15	16	17	17•	18	18	19	20	20	21	21•	22	20	21
13	13	14	14•	15	16	16	17	17	18	16•	17	18	18	19	19	20	21•	21	22	22	23	21	22
14•	14	15	15	16	17	17	18•	18	19	17	18	19	19	20•	20	21	22	22	23	23	24•	22	23
15	15	16	16	17•	18	18	19	19	20	18	19•	20	20	21	21	22	23	23•	24	24	25	23	24
16	16•	17	17	18	19	19	20	20•	21	19	20	21	21	22	22•	23	24	24	25	25	26	24•	25
17	17	18	18	19	20•	20	21	21	22	20	21	22•	22	23	23	24	25	25	26•	26	27	25	26
18	18	19•	19	20	21	21	22	22	23•	21	22	23	23	24	24	25•	26	26	27	27	28	26	27•
19	19	20	20	21	22	22•	23	23	24	22	23	24	24•	25	25	26	27	27	28	28•	29	27	28
20	20	21	21•	22	23	23	24	24	25	23•	24	25	25	26	26	27	28•	28	29	29	30	28	29
21•	21	22	22	23	24	24	25•	25	26	24	25	26	26	27•	27	28	29	29	30	30	31•	三	30

11•	11	12	12	13	14	14	15•	15	16	15	16	17	17	18•	18	19	20	20	21	21	22•	20	21	22
12	12	13	13	14•	15	15	16	16	17	16	17•	18	18	19	19	20	21	21•	22	22	23	21	22	23
13	13•	14	14	15	16	16	17	17•	18	17	18	19	19	20	20•	21	22	22	23	23	24	22•	23	24
14	14	15	15	16	17•	17	18	18	19	18	19	20•	20	21	21	22	23	23	24•	24	25	23	24	25
15	15	16•	16	17	18	18	19	19	20•	19	20	21	21	22	22	23•	24	24	25	25	26	24	25•	26
16	16	17	17	18	19	19•	20	20	21	20	21	22	22•	23	23	24	25	25	26	26•	27	25	26	27
17	17	18	18•	19	20	20	21	21	22	21•	22	23	23	24	24	25	26•	26	27	27	28	26	27	28•
18•	18	19	19	20	21	21	22•	22	23	22	23	24	24	25•	25	26	27	27	28	28	29•	27	28	29
19	19	20	20	21•	22	22	23	23	24	23	24•	25	25	26	26	27	28	28•	29	29	30	28	29	30
20	20•	21	21	22	23	23	24	24•	25	24	25	26	26	27	27•	28	29	29	30	30	31	三•	30	31
21	21	22	22	23	24•	24	25	25	26	25	26	27•	27	28	28	29	30	30	31•	五	四	2	31	一
22	22	23•	23	24	25	25	26	26	27•	26	27	28	28	29	29	30•	31	七	六	2	2	3	二•	2
23	23	24	24	25	26	26•	27	27	28	27	28	29	29•	30	30	31	八	2	2	3•	3	4	2	3
24	24	25	25•	26	27	27	28	28	29	28•	29	30	30	31	十	九	2•	3	3	4	4	5	3	4•
25•	25	26	26	27	28	28	29•	29	30	29	30	31	十二	十一•	2	2	3	4	4	5	5•	6	4	5
26	26	27	27	28•	29	29	30	30	31	三	31•	一	2	2	3	3	4	5•	5	6	6	7	5	6
27	27•	28	28	29	30	30	31	五•	四	2	二	2	3	3	4•	4	5	6	6	7	7	8•	6	7
28	28	29	29	30	31•	七	六	2	2	3	2	3•	4	4	5	5	6	7	7•	8	8	9	7	8
29	29	30•	30	31	八	2	2	3	3•	4	3	4	5	5	6	6•	7	8	8	9	9	10	8•	9
30	30	31	十	九	2	3•	3	4	4	5	4	5	6•	6	7	7	8	9	9	10•	10	11	9	10
31	十二	十一	2•	2	3	4	4	5	5	6•	5	6	7	7	8	8	9•	10	10	11	11	12	10	11•
	2	2	3	3	4	5	5•	6	6	7	6	7	8	8•	9	9	10	11	11	12	12•	13	11	12
	3	3	4	4•	5	6	6	7	7	8	7•	8	9	9	10	10	11	12•	12	13	13	14	12	13
	4•	4	5	5	6	7	7	8•	8	9	8	9	10	10	11•	11	12	13	13	14	14	15•	13	14
	5	5	6	6	7•	8	8	9	9	10	9	10•	11	11	12	12	13	14	14•	15	15	16	14	15
	6	6•	7	7	8	9	9	10	10•	11	10	11	12	12	13	13•	14	15	15	16	16	17	15•	16
	7	7	8	8	9	10•	10	11	11	12	11	12	13•	13	14	14	15	16	16	17•	17	18	16	17
	8	8	9•	9	10	11	11	12	12	13•	12	13	14	14	15	15	16•	17	17	18	18	19	17	18•
	9	9	10	10	11	12	12•	13	13	14	13	14	15	15•	16	16	17	18	18	19	19•	20	18	19
	10	10	11	11•	12	13	13	14	14	15	14•	15	16	16	17	17	18	19•	19	20	20	21	19	20

〔一九二五年作爲北京大學研究所國學門叢書之一種出版。一九六二年增補一九四一年至二〇〇〇年朔閏表後，由中華書局出版。現據一九六二年版影印。〕